승자의 뇌
WINNER EFFECT

THE WINNER EFFECT

Copyrights ⓒ 2012 by Ian Robertson
All rights reserved

Korean translation copyright ⓒ 2013 by RH Korea Co., Ltd.
Korean translation rights arranged with Felicity Bryan Associates Ltd.,
through EYA(Eric Yang Agency)

이 책의 한국어판 저작권은 EYA(Eric Yang Agency)를 통한
Felicity Bryan Associates Ltd.와 독점계약한 ㈜알에이치코리아에 있습니다.
저작권법에 의하여 한국 내에서 보호를 받는 저작물이므로 무단 전재와 복제를 금합니다.

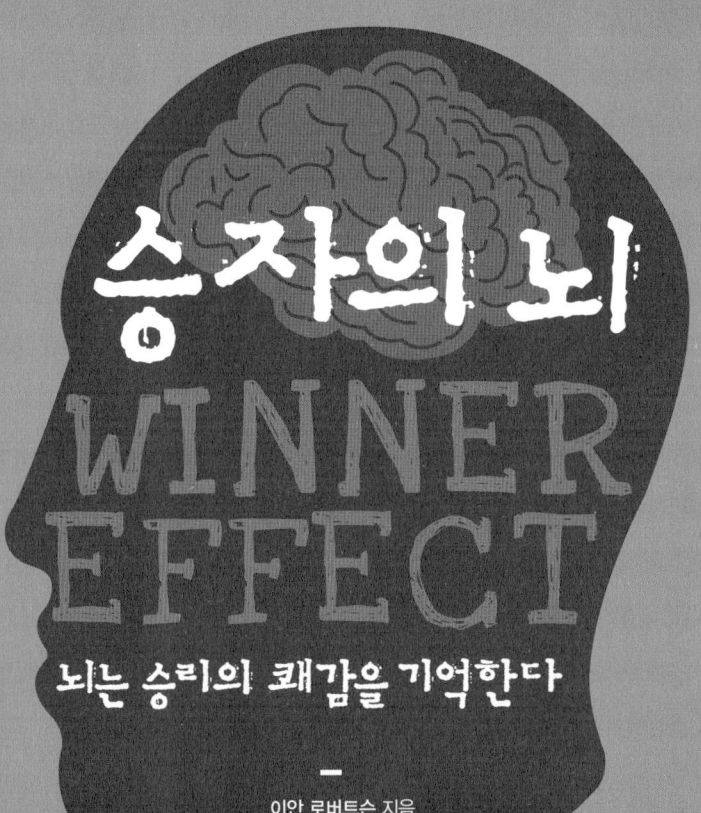

승자의 뇌
WINNER EFFECT
뇌는 승리의 쾌감을 기억한다

이안 로버트슨 지음
이경식 옮김

| 차례 |

서문 6

1장 피카소 아들의 미스터리 16
태어날 때부터 유전자에 의해 승자 혹은 패자가 결정될까?

파블로 피카소는 세계 최고의 화가 중 한 명으로 꼽히는 성공을 거두었다.
그런데 어째서 그의 아들은 평생을 불행하게 술주정뱅이로 살았을까?
그리고 아인슈타인의 아들은 어떻게 저명한 수역학공학자가 되었는가?

2장 변신 물고기의 미스터리 72
우연이나 환경은 승리에 얼마나 영향을 미칠까?

마이크 타이슨이 복귀 무대에서 세계 챔피언에 오른 것이
어느 정도 조작된 승리의 결과라면?
빨간색 셔츠와 파란색 셔츠는 중요한 경기에서 어떤 영향을 미칠까?

3장 토니 블레어의 미스터리 128
사람이 권력을 가지면 어떻게 변할까?

어째서 권력은 명석한 사람의 판단마저도 흐리게 만들까?
세상에서 가장 큰 위험들 가운데 하나는
권력욕이 지나치게 강한 지도자가 한차례 승리를 거둔 뒤에 발생한다.

4장 아카데미상의 미스터리 180
왜 우리는 그토록 이기고 싶어 할까?

왜 아카데미상 수상자는 아카데미 후보에만 오른 사람보다 수명이 길까?
늘 과중한 업무에 시달리는 사람과 느긋하게 일하는 사람의 차이는 무엇일까?
삶의 질을 결정하는 것에 승리 말고 또 다른 요인이 있다면?

5장 전용 제트기를 타는 CEO들의 미스터리 240
승리에는 반드시 부정적 결과가 뒤따를까?

권력자들의 공감능력 결핍현상은 필연적인 걸까?
독재자들은 왜 상상 이상의 위험한 행동으로 인류를 궁지에 몰아넣을까?
세상을 이롭게 바꾸는 지도자가 독재자와 다른 근본적 차이는 무엇일까?

6장 진정한 승자의 정신 314
무엇이 승자를 만드는가?

우리는 승자를 필요로 한다.
진정한 승자는 자신의 자아가 늘 위험하고 사나운 개라는 사실을 알고
권력이라는 무거운 짐을 잘 사용하기 위해 그 개를 멀찍이 떼어놓는다.

책을 마치며 364
감사의 말 373
옮긴이의 말 376
주 380
참고문헌 390

| 서문 |

CEO 프레드 굿윈Fred Goodwin은 단단히 화가 났다. 그 사건 뒤에 그는, 다시 한 번 더 그런 일이 일어나면 단호하게 조치하겠다는 강력한 경고를 담은 이메일을 해당 업무 책임자에게 보내라고 지시했다. CEO는 어쨌거나 거칠고 단호한 모습을 보이는 일을 함으로써 보수를 지급받는다. 직원들이 실수를 하지 않도록 하는 게 자기 업무이기 때문이다. 특히 세계적으로도 손꼽히는 거대 회사를 지휘하는 CEO라면 더욱 그렇다.[1]

도대체 어떻게 이런 일이 일어날 수 있단 말인가? 그것도 다른 곳도 아닌 새로 문을 연 본사 건물에서! 하나하나가 모두 숨이 막힐 정도로 눈부신 스위트룸인 사무실들은 바깥으로 내려다보이는 인근 언덕에서 발산된 부드러운 초록색 빛으로 가득했다. 프레드 굿윈은 가구에 신경을 무척 많이 썼었다. 실크 벽지도 본인이 직접 고른 것이었다. 그런데 그런 낭패가 생기다니…….

이 기업은 자산이라는 측면에서 볼 때 세계 최대였다. 이런 기업을 일군 전략적인 리더십의 찬란함을 보전하려면 높은 성과를 내는 중역들을 이처럼 조직의 다른 부분으로부터 차단할 필요가 있었다. 사장인 자기처럼 높은 자리에 있는 사람들에게는 모든 것이 중요했다. 우선 혈통을 구분해야 했다. 그리고 그런 정도의 높은 자격을 갖춘 사장의 눈으로 볼 때 회사의 모든 것이 아무런 문제도 없이 잘 돌아갈 필요가 있었다. 그것이 바로, 그날 아침 중역실에 놓인 모닝커피 옆 과자 그릇에 분홍색 싸구려 웨이퍼(얇은 두 겹으로 만든 비스킷의 일종)를 섞어둔, 도저히 있을 수 없는 일이 일어나도록 한 직원에게 사장이 단호한 조치 운운하며 겁을 줬던 이유라고, 프레드 굿윈의 한 동료가 술회했다.[2] 문제의 그 거대한 네덜란드 기업을 인수하는 일을 해낸 사람도 다름 아닌 자기가 아니었던가? 만일 그 분홍색 비스킷이 인수 협상이 진행되던 당시의 중역실에 놓여 있었다면 어땠을까? 어쩌면 그 싸구려 과자가 재앙을 불렀을지도 모른다고 굿윈은 생각했다.

그는 자기를 향하는 비판을 고맙게 혹은 기꺼이 받아들일 마음이 전혀 없었다. 자기가 CEO로 재임하는 동안 주가가 하늘 높이 치솟았으니 굳이 그렇게 할 이유가 없었다. 그는 중역들에게 모두 동일한 넥타이를 매라고 지시했다. 그것도 보통 넥타이가 아니고 회사 로고가 박혀 있는 넥타이였다. 그러니 제임스 이든James Eden이라는 회사의 고위직 금융 분석가가 자기를 '과대망상증 환자'라고 묘사하는 무모하기 짝이 없는 만용을 부렸을 때 이 CEO는 마음이 영 편치 않았다.[3]

이런 일이 있기 직전에, 프레드 굿윈은 자기가 이끌던 은행인 스코틀랜드왕립은행RBS이 약 240억 파운드, 미국 달러화로 치면 500억 달러 가까운 손실을 기록했다는 재무 보고를 받고 잔뜩 화가 났다. 그리고 얼마 뒤에 영국 정부는 이 은행에 국민 세금으로 조성한 공적자금 535억 파운드, 미국 달러화로 치면 1,000억 달러를 들여서 국유화했고, 프레드는 순식간

에 일자리를 잃었다.[4]

　금융 전문 기자들은 스코틀랜드왕립은행을 걱정스러운 눈으로 바라보았다. 2007년에 네덜란드 은행인 ABN 암로ABN Amro의 지분을 매입하는 무리수를 두기 전까지만 하더라도 이 은행은 수익성이 무척 좋은 편이었다. 만약 이 매입만 하지 않았더라도 2008년의 금융 위기를 무사히 넘기고 살아남았을 가능성이 높다. 그런 무모한 매입 결정은 CEO 프레드 굿윈이 사치스럽기 짝이 없는 에든버러의 스위트룸 사무실에서 회사 및 세상과 차단된 상태에서 벽지와 분홍색 웨이퍼에만 온통 정신이 빼앗기고 있었을 바로 그 무렵에 이루어졌다.

　우르술라는 두 명의 아버지에게서 태어난 세 아이 가운데 한 명이었다. 그런데 그녀가 살던 주택단지의 많은 어린이들의 경우와 마찬가지로, 아버지는 그녀의 성장에 그다지 큰 영향을 미치지 않았다. 2011년 2월 12일, 우르술라가 살던 저소득층 공공주택단지인 배럭 주택단지Baruch Houses의 한 엘리베이터에서 42세 여성이 칼에 찔린 사체로 발견되었다.[5]

　그런데 이 사건이 발생하고 며칠 뒤에 「뉴욕타임스New York Times」 기자 마이클 윌슨이 로어맨해튼 로즈벨트 드라이브 555번지에 출동했다. 이때 그의 관심을 끈 것은 사체가 발견된 엘리베이터가 무척이나 깨끗하더라는 사실이었다. 다른 엘리베이터들은 모두 한결같이 낙서와 담배꽁초로 어지럽고 지린내가 진동했지만, 어쩐지 그 엘리베이터만 깨끗했던 것이다.[6] 윌슨은 그 살인 사건 기사 마지막 부분을 예전에 그 주택단지에 세 들어 살던 한 남자의 말로 장식했다. 서둘러서 현관을 나가던 그 남자는 자기 아버지를 만나러 잠깐 들른 길이라고 했다.

　"빌어먹을 이곳에서 나는 진작 탈출했습니다."

　우르술라가 제록스에서 여름방학 동안 인턴으로 처음 일을 하기 시작한 지 정확하게 30년 뒤인 2010년, 우르술라는 「포브스Forbes」로부터 세계에서 스무 번째로 영향력 있는 여성으로 선정되었다.[7] 「포춘Fortune」 선정 500대 기업의 CEO로는 최초의 흑인 여성이라는 기록을 가지고 있는 우르술라 번스Ursula Burns는 현재 제록스를 이끄는 CEO다. 그녀는 뉴욕대학교 폴리테크닉 인스티튜트를 졸업했으며, 제록스의 소수민족 출신자 대학원 공학과정 지원 프로그램을 통해서 컬럼비아대학교 석사 과정의 학비 일부를 지원받아,[8] 기계공학 석사학위를 받았다.

우르술라의 어머니는 허리띠를 바싹 졸라매고 절약해서 그녀를 커시드럴 고등학교에 보냈다. 맨해튼의 이스트 56번가에 있는 가톨릭 계통의 여학교였다. 그녀로서는 이 학교가 배럭 주택단지에 만연해 있던 가난과 불우함에서 벗어날 수 있는 탈출구였다. 이 학교에서 교육을 받은 덕분에 그녀는 제록스에서의 그 결정적인 인턴십이 포함된 컬럼비아대학교의 지원 프로그램 혜택을 받을 수 있었다.

우르술라는 1981년에 컬럼비아대학교 대학원을 졸업한 뒤에 제록스의 정식 사원으로 취직했다. 그리고 9년 만에 그녀는 중역이던 웨이랜드 힉스로부터 자기 비서가 되어달라는 제안을 받았다. 처음 제안을 받았을 때는 몸을 사렸다. 비서직이라는 그 자리가 더 이상 올라갈 수 없는 사다리의 마지막 자리가 될지도 모른다는 생각에 두려웠기 때문이다. 그러나 위험을 무릅쓰고 그 제안을 받아들였다. 그리고 다음해에 그녀는 회장 겸 CEO이던 폴 알래어의 수석 비서가 되었으며, 1999년에는 전 세계 생산 담당 부사장이 되었다.

2009년 5월 21일, 우르술라 번스는 퇴임하는 앤 멀케이의 자리를 물려받아 제록스의 CEO로 지명되었다. 그녀는 「포춘」 선정 500대 기업을 이끄는 최초의 흑인 여성일 뿐만 아니라, 「포춘」 선정 500대 기업에서 여성 CEO를 승계하는 최초의 여성 CEO이기도 했다.[9]

방금 소개한 두 이야기는 이 책에서 대답하고자 하는 몇 가지 질문을 던진다. 승자를 만드는 것은 무엇일까? 프레드 굿윈과 같은 사람들은 태어날 때부터 성공을 보장받았을까, 아니면 행운과 환경 덕분에 성공했을까? 우르술라 번스의 경우, 경영자로서의 능력이 불붙게 만들었던 경영진의 일원이라는 높은 지위가 일찌감치 주어지지 않았더라면 과연 경영자로서의 능력을 그렇게 훌륭하게 발휘할 수 있었을까? 과연 그토록 큰 성공을 거둘 수 있었을까?

왜 어떤 사람은 승리하려고 엄청난 노력과 열정을 쏟고 또 어떤 사람은 성공과 권력을 일부러 피하려 할까? 권력 혹은 권력 없음은 사람들에게 어떤 영향을 미칠까? 성공과 권력이 삶을 보다 풍요롭게 만들고 수명까지 연장시켜줄까? 만일 그렇다면 이유가 뭘까? 권력은 정말로 성욕을 촉진할까? 정말 그렇다면 어떻게 그 효과가 발휘될 수 있을까?

승리와 관련된 질문은 우리 삶의 거의 모든 부분을 망라한다. 누가 이기는가 하는 것은 다른 어떤 것보다 더 완벽하게 우리 삶의 구체적 형태를 결정하는 요인이다. 승리는 성욕만큼이나 강력한 추진력이며, 사람은 누구나 의식하든 못 하든 간에 승리를 원한다. 자, 여기서 상상을 한번 해보자. 사무실이다. 어떤 사무실이든 좋다. 그 사무실 책상들 주변에 넘실대는 야망을 상상해보라. 승진을 둘러싼 온갖 투쟁과 이 과정에서 피어나고 충돌하는 온갖 격렬한 감정을 상상해보라. 좀 더 노골적인 광경을 떠올리고 싶은가? 그렇다면 미식축구 경기가 펼쳐지는 경기장을 떠올리면 된다. 경기장에는 이제 겨우 일곱 살밖에 되지 않은 아이들이 뛰고 있고, 경기장 구역을 표시한 금 바로 옆에서는 부모들이 자기 아이를 응원하느라 목이 터지게 고함을 질러댄다. 이 부모들은 무엇을 위해서 외칠까? 그것은 바로 승리이다. 이들은 승리를 갈망한다, 지독할 정도로. 왜 우리는 이처럼 간절하게 혹은 지독하게 승리를 원할까? 그리고 과연 무엇이 승자를 만들까?

　이것이 바로 내가 이 책에서 답변하고자 하는 핵심적인 질문이다. 1장 '피카소 아들의 미스터리'에서는 사람은 태어나면서부터 승자 혹은 패자가 결정되는가 하는 질문을 놓고 따져본다. 이 질문은 추상적인 질문이 아니다. 모든 사람이 자기 삶에 대해서 그리고 더 중요하게는 자기 자식들의 삶에 대해서 스스로 가지고 있는 어떤 믿음과 연관하여 생각해보아야만 하는 구체적이고 긴급한 질문이다. 왜냐하면 자기는 태어나면서부터 성공을 보장받고 태어났다는 믿음, 다시 말해서 성공을 힘들게 쟁취한 게 아니라 승자의 자질을 가지고 태어났다는 믿음은 사람을 타락시키고 심리적 불구로 만들 수 있기 때문이다. 즉, 어떤 사람이 승자인지 아닌지는 승리에 대해서 그 사람이 가지고 있는 믿음에 따라 좌우될 수 있으며, 이런 선입견이 뇌세포를 자극함으로써 자기 충족적인, 즉 말하는 대로 이루어지는(혹은 말이 씨가 되는) 예언으로 작용할 수 있기 때문이다.

　나는 독자가 직접, 자기가 이루었거나 혹은 이루지 못한 성취 뒤에 무엇이 작용했다고 생각하는지, 즉 그와 관련된 선입견을 살펴보도록 하고, 나아가 스스로를 성공으로 이끈 추진력이 무엇인지 살펴보게 할 참이다. 또한 성공에, 더 중요하게는 실패에 어떻게 반응하는지 살펴볼 것이며, 아울러 심리적 기질의 이 핵심적인 측면들을 인간의 뇌가 어떻게 조정하는지 설명할 참이다.

　2장 '변신 물고기의 미스터리'에서는 또 다른 수수께끼를 제시한다. 이 장에서 우리는 태어나면서부터 승자의 자질이 결정되는가 하는 질문에 곧바로 뒤따르는 또 다른 질문을 제기한다. 그 질문은 이렇다. 승리는 **환경이나 행운의 문제일까?** 우르술라는 제록스에서 이룬 자신의 성공이 자기가 여자라는 점이나 흑인이라는 점과 어떤 식으로든 연관이 있지 않을까 하는 의구심을 떨쳐내느라고 적지 않은 고통을 받는다. 그러나 만약 인정 많고 정의감이 넘치던 제록스의 고용주가 그녀에게 기회를 주지 않았더라면 과연 그녀가 그토록 눈부신 성공을 거둘 수 있었을까? 제록스가 그녀에게 제공해준 지위와 권력이 20세기에 세계에서 가장 영향력 있는 여성이 될 능력과 자질을 만들어낸 게 아닐까? 설령 만들어낸 게 아니라 하더라도, 적어도 그 능력과 자질이 발현되도록 자극을 주지는 않았을까?

2장에서 나는 이러한 의문들을 제기한다. 그 해답을 찾기 위해 라스베이거스에 있는 권투 경기장을 찾아가고 생쥐가 벌이는 일대일 결투를 지켜보고 또 올림픽 권투 경기장을 찾아갈 것이다. 홈경기의 이점에서부터 시작해서 어떤 사람이 취하는 동작이나 자세에 이르기까지 얼마나 많은 것이 승리의 기회와 가능성을 만들어내는지 보여줄 참이다. 승자의 본성은 남녀로 구별되는 성$_{gender}$, 인종 그리고 나이와 관련하여 무의식적으로 고려되는 미묘한 효과들, 하지만 우리가 전혀 인식하지 못하는 그 효과들에 의해 촉진되기도 하고 억눌리기도 한다.

3장에서는 빌 클린턴의 친구 '토니 블레어의 미스터리'를 제시한다. 여기에서 제시하는 질문은 이렇다. 권력은 사람의 뇌에 무슨 짓을 할까? 세계에서 가장 영향력 있는 사람들 가운데 한 명이었던 프레드 굿윈이 자기 부하 직원들에게 보였던 행동양식은, 지위나 권력이라는 측면에서 그에게 미치지 못하는 대부분의 사람들 눈으로 보자면 평범하고 일상적인 것과는 거리가 멀었다. 행동양식은 지위나 권력과 연관이 있을까? 권력이 사람의 개성과 행동양식을 변화시킬까? 권력은 어떤 사람의 등을 떠밀어 부정적인 행동을 하도록 할 수 있을까? 그래서 프레드 굿윈이 그런 터무니없는 행동을 했을까? 만일 그렇다면 이것이 바로 이른바 '권력 부패'의 현대적 표현이라고 할 수 있을까? 권력과 부패의 상관성은 과연 얼마나 높을까?

사람은 대부분 자기에게 주어진 권력을 올바르게 다루지 못하는 상사 아래에서 시달린 경험을 가지고 있다. 이 책을 읽는 당신도 그런 고약한 상사를 쉽게 떠올릴 수 있을 것이다. 현재의 상사일 수도 있고 예전의 상사일 수도 있다. 그런데 당신이 상사이거나, 사장이거나, 부모이거나, 교사이거나, 경찰관이거나, 교도관이거나, 혹은 형이나 누나라고 치자. 그렇다면 당신은 지금까지 당신에게 맡겨진 그 역할에서 비롯된 권력을 과연 올바르게 행사했을까? 당신에게 주어진 그 권력이 부정적으로든 긍정적으로든 당신을 바꾸어놓지 않았을까? 물론 당신은 이 질문에 대한 대답을 아직은 모를 수 있다. 권력을 행사할 줄 아는 본인의 능력이나 권력을 향한 본인의 욕구를 스스로는 정확하게 평가할 수 없기 때문이다. 그러나 확실한 것은 당신의 동생이나 자식, 부하 직원, 학생 혹은 수감자들은 좋은 것이건 나쁜 것이건 간에 그 질문에 대한 대답을 너무도 잘 알고 있다는 사실이다. 3장을 읽고 나면 아마도 당신은 권력을 향한 자기 욕구의 실체를 조금은 더 잘 알게 될 것이다.

4장 '아카데미상의 미스터리'에서는 **사람들은 왜 그토록 지독하게 승리를 원할까** 하는 질문을 던진다. 권력의 매력은 무엇일까? 이 질문에 대답을 하려면 자아와 자아의 취약성, 그리고 스트레스 및 사람마다 다른 스트레스 민감성 등을 상세하게 살펴봐야 한다. 또한 원기 넘치는 회복력을 제공하고 나아가서 궁극적으로 수명까지도 결정하는 각 개인이 가진 사고방식의 여러 핵심적 측면들을 놓고 따져볼 것이다.

5장에서는 승리에는 부정적인 결과가 필연적으로 뒤따르는지 질문한다. 성공을 통해서 획득한 권력이 살판난 듯이 미쳐 날뛰다가 결국은 이상하게 변질되어, 때로는 해로운 행동으로 이어지기도 할까? 헨리 키신저(1969~1977년까지 미 국가 안보 담당 보좌관과 국무장관으로 있으면서 닉슨 대통령과 포드 대통령의 외교 정책 수립에 큰 역할을 했다. – 옮긴이)가 주장했듯이 권력은 정말로 성욕을 촉진할까? 그렇다면 성과 권력 사이의 연결고리는 어째서 존재할까?

 남자와 여자는 권력에 동일하게 반응할까, 아니면 다르게 반응할까? 전 세계 최악의 독재자들은 거의 대부분이 남자라는 사실은 단순히 우연의 일치일까, 아니면 그런 정치권력을 잡은 여자는 거의 없었다는 사실의 단순한 반영일 뿐일까? 권력과 도덕성은 어떻게 엇갈릴까? 도덕적인 차원에서 볼 때 권력은 사람을 품위 있게 만들까, 아니면 개처럼 타락하고 부패하게 만들까?

 6장에서는 가장 원초적이고 본질적인 차원에서 무엇이 승자를 만드는가 하는 질문을 던지면서 권력을 보다 가깝고 친밀하게 이해하게 될 것이다. 사람은 거의 누구나 인생을 살면서 각자 어느 정도의 권력을 가지고서 휘두른다. 모든 인간관계 안에는 권력투쟁의 요소가 들어 있다. 권력균형이 제대로 이루어지지 않은 관계에서는(예를 들면 부모-자식 사이의 관계나 형·누나-동생 사이의 관계가 그렇다.) 어느 한쪽이 단순히 보다 많은 권력을 가졌다는 이유만으로 그 사람의 행동이 왜곡되어 나타날까? 친구들에게는 더할 나위 없이 친절하고 따뜻하게 대하면서도 동생에게는 짐승처럼 구는 사람이 있는데, 이 사람은 위선적인 행동을 하는 것일까 아니면 권력의 명백한 법칙에 복종하는 것일까? 어째서 사람은 이처럼 명백하게 모순되는 행동을 할 수 있을까? 그리고 이때 이 사람의 뇌는 그 모순을 어떻게 처리할까? 결혼 생활이나 정치 활동에서 나타나는 온갖 변덕스럽고 악의적인 행동을 명쾌하게 이해할 수 있는 어떤 개념이나 과학적인 원리가 있을까?

 물론 성공과 권력에 관한 이 질문들은 우리 삶의 모든 측면에서 워낙 개인적이고 또 중요하므로, 그 작동방식과 양상에 대해서 우리는 자기 마음속에 있는 이것을 그저 흘낏 바라보는 것 정도밖에 할 수 없다. 그래서 나는 이 책에서 이따금씩 당신에게, 이 무의식적 정신과정이 작동하는 모습을 예시하는 몇몇 훈련 프로그램을 제시할 참이다.

　무엇이 승자를 만들고 또 권력이 어떻게 우리에게 영향을 미치는가 하는 질문들에 대한 해답은 인류 전체의 미래에서 중요할 뿐만 아니라 개개인의 삶에서도 중요하다. 이것은 윤리적인 차원의 쟁점이나 이론적인 차원의 쟁점이 아니라, 개인의 자아와 이 자아가 맞닥뜨린 환경 사이에서 벌어지는 상호작용의 물리적인 산물이다. 권력과 성공의 이 물리적인 근원을 올바르게 인식할 때 우리는 권력이 우리에게 미치는 영향과 우리 주변의 권력을 보다 잘 통제할 수 있을 것이다.

파블로 피카소는 세계 최고의 화가 중 한 명으로 꼽히는 성공을 거두었다.
그런데 어째서 그의 아들은 평생을 불행하게 술주정뱅이로 살았을까?
그리고 아인슈타인의 아들은 어떻게 저명한 수역학공학자가 되었는가?

1

피카소 아들의 미스터리

The Mistery of Picasso's Son

태어날 때부터 유전자에 의해
승자 혹은 패자가 결정될까?

WINNER
EFFECT

여섯 살 소녀와 그녀의 오빠인 여덟 살 소년은 아빠의 손을 하나씩 나누어 잡고 한 저택의 대문 앞에 선다. 셋은 초인종을 누르고 기다린다. 기다리는 동안 세 사람은 부슬부슬 내리는 비가 흩트리는 유칼립투스의 향기를 맡는다. 제법 오랜 시간이 지난 뒤에 늙은 수위가 나타나서 바깥을 살피더니 약속을 하고 왔는지 묻는다. 아빠는 더듬거리면서 그렇다고 말한다.

"주인님이 허락하실지 알아보고 올 테니 기다려요."

수위가 그렇게 말을 하고 간다. 세 사람은 기다린다. 기다리고 또 기다린다.

"너희들은 차에 타고 있거라."

아빠가 말을 했지만, 아이들은 아빠를 잡은 손을 놓지 않는다. 수위가 다시 나타난다. 그런데 골이 난 표정이다.

"주인님이 오늘은 안 만나시겠다네요. 작업을 하시는 중이라서."

세 사람은 발길을 돌려 힘없이 터덜터덜 자동차로 돌아갔다. 침묵 속에 굴욕을 삭히면서……. 벌써 몇 년 동안이나 세 사람은 이 일을 되풀이했다. '주인님'이 그들을 만나줄 때도 있었고 만나주지 않을 때도 있었다.

그러나 다음 주말에는 다행히 주인이 만남을 허락했다. 아버지는 아들과 딸을 아이들의 할아버지 집 거실에다 몰아넣으며 밝은색 눈동자를 가진 노인의 품에 안기라고 눈짓을 한다. 할아버지와 손자, 손녀 사이에 잠시 감돌던 어색한 분위기는 곧 걷히고, 어느새 아이들은 할아버지가 종이에 그려주는 온갖 동물과 새를 바라보는 재미에 푹 빠진다. 아이들의 아버지도 가족적인 분위기에 긴장이 풀려 무심코 손톱 다듬는 줄을 꺼내서 손톱 손질을 한다. 그러자 갑자기 노인이 벌떡 일어나서 쏘아붙인다.

"바보 같으니라고, 손톱 줄을 사용하다니! 내가 하는 방식대로 해라. 손톱 손질은 벽 모서리에다 대고 하란 말이다."

당시 서른 몇 살이던 파울로 피카소Paulo Picasso는 바로 그 순간부터 평생 동안 아버지 파블로 피카소Pablo Picasso가 시킨 그 방식으로 손톱 손질을 했다. 이 아들이 아버지의 습관을 그대로 따른 것은 그것뿐만이 아니었다.

생선을 먹을 때 손으로 잡고 뜯어먹는 것도 그런 특이한 버릇 가운데 하나였다. 파울로의 딸 마리나Marina는 2001년에 쓴 회고록인 『피카소, 나의 할아버지Picasso: My Grandfather』에서 아버지 피카소와 아들 피카소 사이에서 일어났던 수없이 많은 비슷한 일들을 회상하면서 '창피해서 죽을 뻔했다'고 적었다.[1]

아버지 피카소가 1924년에 그린 유명한 그림인 〈어릿광대 복장의 파

파블로 피카소, 〈어릿광대 복장의 파울로〉,
1924년

울로)에서 놀란 듯한 표정으로 어릿광대 복장을 한 세 살짜리 소년의 주인공이었던 파울로는 한평생을 여기저기 떠돌고 방랑하면서 술독에 빠져 무책임하게 살았다. 그는 단 한 번도 직업을 가진 적이 없었다. 심지어 자식에게 권력을 휘두르며 무시했던 자기 아버지에게 독립해서 살 생각조차 하지 않았다. 가족을 부양할 여유가 없었고, 그의 두 아이는 사회복지사들의 관리를 받으면서 성장했다. 그리고 아들 파블리토Pablito는 스물네 살이던 1973년에 할아버지인 파블로 피카소의 장례식 이틀 뒤에 표백제를 마시고 자살했다.

파울로 피카소는 평생 자기 아버지의 그늘에서 벗어날 수 없었던 것 같다. 주말마다 아버지를 찾아가서 거지처럼 구걸하다가 나중에는 이 생활을 청산하고 아버지의 파트타임 기사로 일했다. 그러다가 나중에 자기 가정이 풍비박산 난 뒤에는 아버지의 집에 거주하면서 비서 겸 운전사로 일했다. 아버지는 목표의식 없고 무책임하던 아들을 경멸했을 뿐만 아니라 그런 내색을 전혀 감추려 하지 않았다. 마리나 피카소는 언젠가 할아버지 집을 방문했을 때의 일을 기억한다. 파블로 피카소가 아들을 어떤 방으로 데리고 들어갔는데, 어린 두 오누이는 할아버지가 아버지를 큰소리로 꾸짖는 걸 똑똑하게 들었다.

"넌 어떻게 네 자식들도 네 손으로 거두질 못하냐? 너는 생활력이 전혀 없는 인간이야! 평범한 이류 인간이고 앞으로도 계속 그렇게 살겠지. 넌 지금 내 소중한 시간을 축내고 있어. 나는 왕이야. 그런데 너는? 넌 그냥 내 '물건'이야!"[2]

파울로는 정말로 아버지의 '것', 아버지의 '물건'이었다. 그러나 그것도 오래가지 않았다. 1975년 6월 5일에 54세의 나이로 사망했기 때문이다. 자기 아버지가 죽은 지 2년 뒤였고, 또 가족들 사이에 벌어진 지루한 법정 싸움이 끝나고 파블로 피카소가 남긴 막대한 재산 가운데 16분의 5를 유산으로 받은 뒤였다. 파울로의 슬프고 불쌍한 인생은 세계적인 유명 인사였던 아버지의 인생과 극명하게 대비된다.

그런데 이 이야기가 성공한 아버지와 그 자식 사이에 나타나는 보다 일반적인 어떤 현상을 정확하게 대변한다고 볼 수 있을까?

바로 이 지점에서 이 1장의 중심 질문이 제기된다. 파블로 피카소는 세계 최고의 화가 가운데 한 명으로 꼽히는 성공을 거두었다. 그런데 어째서 그의 아들의 인생에서는 이 같은 성공을 조금도 찾아볼 수 없을까?

여기서 잠깐, 당신에게 묻는다. 당신이 여태껏 인생을 살면서 거두었던 성공 혹은 성공하지 못함에 대해서 생각해보기 바란다. 당신이 성공한(혹은 성공하지 못한) 이유가 무엇이라고 믿는가? 만일 당신이 권력을 가진(혹은 가지지 못한) 어떤 지위에 있다면, 그 영광을(혹은 비극을) 어디에 돌리고 싶은가? 우리가 이따금씩 그러듯이 파울로 피카소도 이런 질문을 스스로에게 던졌을 것이다. 그러나 뒤에서도 확인할 수 있겠지만, 이 질문에 우리가 대답하는 방식이 바로 우리가 나중에 승자가 될 것인지 말 것인지를 결정하는 데 본질적인 영향을 미친다.

위에서 언급한 질문들을 놓고 사람들이 일반적으로 가장 많이 하는 대답은 태어날 때부터 유전자에 의해 승자 혹은 패자가 결정된다는 식이다. 정치, 예술, 사업 혹은 어떤 영역에서든 간에 승자는 혈통에 따라 어느 정도 결정된다는 인식은 상식처럼 굳어져 있다. 수천 년 동안 성공 가능성은 유전자적으로 또 정략적인 결혼을 통해서, 즉 경주마 종마와 유럽 왕실의 혈통 보전을 본뜬, 높은 생산 능력을 가진 인간을 찍어내는 일종의 생산 라인으로, 특권을 부여받은 소수 사람들에게 유리했다. 사실 아닌 게 아니라, 지구상의 수십억 인구는 좋든 싫든 간에 여전히 이런 인식을 가지고서 살고 있으며 이에 반대하는 사람을 이상한 사람으로 바라본다. 이 책을 통해서 나는 사람들이 가지고 있는 이러한 인식, 그 잘못된 명제를 반박하고자 한다.

　이런 발상이 인류 평등주의를 추구하는 몇몇 국가들에서는 낡은 것으로 비치겠지만, 그럼에도 우리는 여전히 의식하든 의식하지 않든 간에 키, 성별, 인종이라는 '혈통' 요인에 추가 점수를 부여한다.「포춘」선정 500대 기업을 대상으로 한 2005년의 어떤 조사에 따르면, 강력한 영향력을 행사하는 최고의 CEO들은 여전히 키가 크고 남성이며 백인이다.[3] 그리고 또 다른 연구 논문이 밝히듯이 IQ는 중역을 선택할 때 특히 중요한 고려사항인데, 지능과 역량 그리고 천재성은 타고나는 것이지 후천적으로 획득되는 게 아니라는 믿음을 여전히 많은 사람이 가지고 있다는 뜻이다. 하지만 바로 여기에서 수수께끼 하나가 불쑥 튀어나온다. 만일 승리가 혈통과 그토록 깊은 관련이 있다면, 어째서 그렇게나 유리한 유전자를 많이 갖고 태어난 그렇게나 많은 사람이(이 가운데는 파울로 피카소도 포함된다.) 성공적인 삶을 누리기 위한 경주는 말할 것도 없고 행복한 삶을 누리기 위한 경주에서조차 뒤처지고 말까?

　아니면, 파울로 피카소의 사례는 오류이거나 예외일까? 2007년 코펜하겐대학교의 모르텐 베네드센 교수와 그의 동료들이 진행했던 연구조사 결과로는 그렇지 않다. 베네드센은 기업가로 성공적인 삶을 살았던 사람들이 설립한 기업들을 살폈다. 이 기업의 창업주들이 경영권을 자식에게 물려준 경우와 가족이 아닌 전문 경영인에게 넘긴 경우를 비교해서 어떤 일이 일어났는지 알아본 것이다.[4]

　만일 승자가 태어날 때부터 예정되어 있다면, 승자의 자식들은 다른 사람들보다 큰 성공을 거두어야 옳다. 하지만 반드시 꼭 그렇지만은 않다. 베네드센은 경영권이 새로운 CEO에게 넘어간 5,000개 기업을 정밀하게 분석한 결과, 놀라운 사실을 확인했다. 외부 전문 경영인이 아닌 가족 구성원에게 경영권이 승계된 경우, 그 기업의 수익성은 4퍼센트 이상 떨어졌다. 게다가 고성장 산업 분야의 보다 규모가 큰 기업인 경우에 수익성 하락의 폭은 한층 더 컸다.

어떤 아이가 성공한 부모에게서 태어났다고 하더라도 이 아이가 나중에 반드시 성공할 것이라는 보장은 없다. 그런데 기업 경영과 예술은 전혀 다른 분야이다. 그리고 파블로 피카소는 당대의 전형적인 아버지 상이 아니었음은 분명하다. 그렇다면 파울로 피카소와 가족 기업 승계자들 사이에 어떤 공통점이 있을까? 물론 있다. 그 연관성은 성공의 심리학에서 찾을 수 있다.

1996년 컬럼비아대학교 사범대학의 수니야 루타 교수와 예일대학교의 카렌 다반조 교수가 15~16세의 청소년 두 집단을 대상으로 조사를 했다. 이 피조사자들은 미국 북동부 지역에 있는 두 군데 고등학교 재학생들이었다.[5] 그런데 이 가운데 한 학교는 가난한 도심 지역에 위치하고 학부모의 소득 수준이 매우 낮았다. 또 이 학교 학생의 13퍼센트만 백인이었고, 전체 학생 가족들 가운데 20퍼센트는 시 당국으로부터 식비 보조를 받고 있었다. 그런데 다른 한 학교는 달랐다. 우선 이 학교는 미국 전체에서도 연평균 소득 수준이 가장 높은 지역에 위치했다. 그리고 학생의 82퍼센트가 백인이었고, 급식비 보조를 받는 학생이 한 명도 없었다.(적어도 그렇게 보였다.) 그런데 부자 부모를 둔 이 학교의 청소년들이 가난한 학교의 청소년들에 비해서 더 많은 걱정에 시달리며 우울증 증상을 보였으며, 술과 담배 그리고 마리화나를 비롯한 불법 약물들도 더 많이 소비했다.(이 사실은 미국 국내외의 수많은 다른 연구 논문들을 통해서 지금도 재검증되고 있다.)[6] 어떻게 이런 일이 있을 수 있을까? 파울로 피카소가 실패의 연속인 삶을 살았던 수수께끼를 풀 수 있는 단서를 이 논문에서 찾을 수 있을까?

겉으로만 보자면 미국 도시 근교에 사는 금융인들이나 변호사들은 파블로 피카소가 가지고 또 누렸던 재산과 명성 그리고 비범한 재능을 찾아보기 어려운 만큼, 이들 가족과 피카소의 가족을 비교하는 건 어쩌면 터무니없는 일처럼 보일 수도 있다. 그리고 파울로 피카소에게 일어났던 일들은 그가 돈을 많이 가지고 있어서 생긴 일이 아니었다. 그는 성인이 되어서도 아버지가 이따금씩 내킬 때마다 쥐어주는 돈으로만 살았다. 거의 평생 동안 아버지의 비정규직 피고용자로 살았으며, 그 바람에 그의 가족은 그가 죽기 얼마 전까지도 가난에 시달렸다. 그런데 파울로는 자기 아버지의 엄청난 재산과 명성 그리고 천재성의 그늘 아래에서 살았다. 뒷부분에서 설명하겠지만, 이런 그늘은 그늘에 덮인 사람의 삶에 모진 시련을 줄 수 있다.

수니야 루타는 그 뒤에 계속 이어진 연구 논문들[7]을 통해서, 부유하고 성공한 삶을 살았던 부모의 자식들이 가난한 부모의 자식들보다 어째서 더 불행해질 수 있는지 탐색했다. 그리고 마침내 한 가지 결론에 도달했다. 이 결론은 경제학자 스테판 린더가 성공의 경제학을 관찰한 내용과 일치했다.[8] 린더는 성공한 사람들의 시간은 가치가 있으며 그가 벌어들이는 수익이 많을수록 그 시간의 가치는 더 높다는 사실을 확인했다. 경제적으로 성공한 부모의 경제 논리는 보다 오랜 시간 일을 해서 가계 소득을 최대화하는 한편, 집안일과 아이를 돌보는 일은 급료가 낮은 사람을 고용하거나 서비스 제공업체에 맡기자는 것이다. 이 점은 루타가 관찰한 내용과 일치했다. 부유한 가정에서 승자로 태어난 아이들은 가난한 집 아이들에 비해서 혼자서 보낸 시간이나 부모 아닌 다른 어른과 보낸 시간이 많았다. 그래서 이 아이들은 가난한 집 아이들에 비해서 정서적으로 부모와 덜 가까웠다. 예컨대 파울로 피카소는 자기 아버지를 만날 약속을 하기도 어려웠다. 그러니 아버지와 '가치 있는 시간'을 함께 보내기 어려웠을 것임은 더 말할 필요도 없다.

마이클 킴멜먼은 1996년 뉴욕 현대 미술관에서 피카소의 작품 전시회가 열렸을 때 「뉴욕 타임스」에 기사를 쓰기 위해 피카소의 이혼한 아내 프랑수와즈 질로Françoise Gilot 및 세 자식을 만났다. 그의 기사는 이들과 나눈 대화를 토대로 작성되었다. "재미있게도 피카소는 자식들이 청소년기에 접어들면 더는 자기 작품의 모델로 삼지 않았다. 작품에서나 실제 삶에서 그는 아장거리며 걸어 다닐 무렵의 자식을 무척 아끼고 좋아했지만 이 아이들이 십 대 청소년으로 성장하고 나면 애정을 거두었다. 어린 아기 때는 이루 말할 수 없이 많은 애정을 쏟았지만 청소년이 되고 나면 애정을 주지 않았던 것이다."[9]

하지만 나이가 들었다고 해도 자식은 자식이고, 아기 때만큼이나 부모의 애정을 필요로 한다. 그런데도 파울로 피카소는 아버지의 애정을 구하기 위해서 빗속에서 기다려야만 했다. 아버지와의 사이에서 먼 거리감을 느꼈던 파울로의 경우는 루타가 분석했던 부유한 집 아이들의 사례와 흡사하다. 그 아이들 가운데 상당수가 정서적으로 부모와 괴리되어 있었다.

루타는, 자기가 분석한 부자 부모는 이기적이거나 의도적으로 아이를 무시한 게 아니라고 주장한다. 오히려 반대로, 그 부모들에게 왜 그렇게 아이와 함께 있을 시간을 희생하면서까지 오랜 시간 열심히 일에 매달리느냐고 물으면 그 사람들은 자식들을 위해서라고 대답했다. 그토록 많은 것을 성취한 부모로서는 자기 자식이 자기보다 못나길 바랄 턱이 없다.

그러나 파블로 피카소는 열심히 노력한 아버지가 아니었다. 그저 무심한 아버지였고 자신의 천재성에 흠뻑 취한 자아도취자였다. 루타가 관찰한 내용을 보면, 도시 근교의 성공한 부모와 그 자식들 사이의 간극은 파블로 피카소와 파울로 피카소 사이의 간극만큼 크진 않다. 그렇다면 무언가 다른 요인이 작동했음이 분명하다.

잘린 귀

화가 미켈란젤로 메리시 다 카라바지오Michelangelo Merisi da Caravaggio(16세기에서 17세기의 전환기에 로마를 중심으로 이탈리아에서 활약한 바로크 회화의 개척자 - 옮긴이)는 1606년에 로마에서 사형 선고를 받은 뒤 탈출했다. 유명한 화가이고 부유한 후원자들이 그의 뒤를 봐주긴 했지만, 그렇다고 해서 그를 온전하게 보호해줄 수는 없었다. 나폴리에서 몰타 그리고 시칠리아로 갔다가 다시 나폴리로 돌아가는 멀고 먼 도망길에서 온갖 말썽이 끊임없이 그의 뒤를 따랐다. 어느 날 밤이었다. 그가 자주 가던 '오스테리아 델 세리글리오'라는 유명한 매음굴이 있었는데, 그날 밤에 그가 항구 근처의 그 지저분한 매음굴을 나설 때 한 무리의 남자들이 그를 둘러쌌고, 이 괴한들 가운데 한 명이 칼로 그의 얼굴을 내리쳤다.[10]

워낙 흉포한 공격이었던 터라 그가 살해되었다는 소문이 로마에까지 퍼졌다. 카라바지오는 평생을 사는 동안 유명하기도 했지만 악명을 높이 떨치던 인물이기도 했다. 매음굴 앞에서 당한 그 공격은 우연한 게 아니었다. 당시 이탈리아의 폭력에는 논리와 상징이 있었는데, 카라바지오의 얼굴에 난 상처는 '스프레지오sfregio', 즉 카라바지오에게 명예와 명성을 모욕당한 사람이 복수를 하기 위해서 청부한 것으로 알려졌다. 실제로 얼굴에 상처를 냄으로써 '체면에 먹칠을 하는loss of face' 상징적인 앙갚음이었던 것이다. 미술사가인 앤드루 그레이엄딕슨은 그 청부를 한 사람이 베자Vezza의 백작 지오반니 로에로라고 주장한다. 몰타에서 카라바지오에게 모욕을 당한 로에로는 나폴리의 뒷골목에서 반드시 야만적인 방법으로 앙갚음을 하겠다고 말했다는 것이다.[11]

카라바지오는 이 공격을 당한 뒤에 다시는 예전의 건강과 원기를 회복하지 못했다. 하지만 로마의 테니스장에서 저질렀던 살인죄를 사면받을 것이라고 믿고 배를 타고 나폴리를 떠나 로마로 향했다. 그러나 그가 탄 배가 로마 가까이에 있던 팔로의 한 작은 포구에 닻을 내리자 그는 체포되어 성채의 한 감옥에 갇혔다. 그 성채의 책임자가 얼마 전에 내려졌던 사면령을 미처 듣지 못했던 것인지, 아니면 카라바지오의 얼굴에 난 상처를 보고 그를 교황의 지명수배자 명단에 오른 다른 탈주범으로 오인했던 것인지는 확실하지 않다.

체포 혐의가 무엇이었던지 간에 카라바지오로서는 차디찬 감옥에 갇히고 말았다는 사실이 중요했다. 그 감옥은 회색빛의 낮은 성벽을 로마에서 북서쪽으로 50킬로미터쯤 떨어져 있는 티레니아 해海 위로 드리우고 있는 황량한 성에 있었다. 카라바지오는 감옥에서 탈출해야 했고, 마침내 성공했다. 말을 잘해서 나왔다는 얘기도 있고 탈옥을 했다는 얘기도 있다. 어쨌든 그는 감옥에서 빠져나왔지만, 그가 타고 왔던 배는 그의 소중한 재산을 실은 채 항구를 떠나고 없었다. 그 재산은 바로 그가 마지막으로 그린 작품들을 둘둘 말아놓은 뭉치였다.

카라바지오는 머리를 뜯으며 절망했다. 4년 전에 로마에서 도망을 쳤었고, 몰타에서는 발레타 성당에 〈세례 요한의 참수〉를 그려준 대가로 기사 작위를 받았었다.(이 성당에는 지금도 이 그림이 걸려 있다.) 그런데 그 기사 작위는 수여받은 직후에 형식적으로 박탈되었다. 아마도 어떤 다툼 때문이 아니었나 하고 미술사가들은 추정한다. 로마에서 몰타와 나폴리를 거쳐서 시칠리아로 갔다가 다시 로마로 돌아오는 이 여행을 하는 동안 그의 화풍은 점점 더 황량해졌으며 그가 얽힌 정치적인 사건들은 한층 더 꼬여갔다.

하지만 카라바지오에게는 여전히 고위직 친구들이 남아 있었고, 그가 죽었다는 소식이 뒤늦게 정정된 직후에 사면장이 로마에서 날아왔다. 그는 사면장과 함께, 누구든 그를 채용하는 사람이 있는 도시로 아무런 방해도 받지 않고 돌아와도 좋다는 약속까지 받았다.

당시에 오늘날 로마의 보르게세 미술관을 가득 채우고 있는 온갖 미술품을 수집하느라 정신없이 바쁘던 시피오네 보르게세Scipione Borghese 추기경이, 카라바지오가 그동안 그렸던 그림들을 자기에게 주면 사면을 받도록 해주겠다고 제안했다. 그러므로 팔로까지 타고 왔던 배가 싣고 가버린 그림들이 없다면 로마로 돌아간다고 해봐야 안전을 보장받을 수 없었다.

그래서 카라바지오는 다시 길을 나섰다. 절망적인 상태의 화가는 병들고 다친 몸을 이끌고 그림을 실은 그 배의 최종 목적지인 포르토 에르콜레로 향했다. 그 과정에서 강도가 우글거리고 말라리아가 빈번하게 발생하는 100킬로미터 가까운 거리의 습지도 건너야 했다. 그것도 그 펠러커(삼각 돛을 단 작은 배-옮긴이)가 나폴리로 다시 돌아가는 뱃길에 오르기 전에……. 카라바지오는 충분히 그 배를 따라잡아 자기 그림을 회수할 수 있으리라고 믿었다. 꼭 그렇게 되기를 희망했다. 하지만 그가 가까스로 포르토 에르콜레에 다다랐을 때 그 배는 이미 나폴리로 떠나고 없었다. 이 사실을 안 직후에 그는 바닷가에서 쓰러졌다. 수도사들이 그를 병자 수용소로 옮겼지만, 결국 이 불운한 화가는 1610년 7월 18일 그곳에서 죽고 말았다. 이 소식을 들은 시피오네 보르게세 추기경은 이미 나폴리에 가 있을 카라바지오의 그림을 손에 놓으려고 무던히도 애를 썼다. 이렇게 해서 결국 그의 손에 들어간 카라바지오의 그림은 단 한 점뿐이었다. 세례 요한을 그린 그림이었고, 이 그림은 지금 로마의 보르게세 공원에 있는 보르게세 미술관에 걸려 있다.

만일 팔로 성의 성주가 범죄자 체포에 그토록 열성적이지만 않았더라면, 서른아홉 살 천재 화가가 얼굴에 자상刺傷을 입게 만들었던 그 멋진 그림들이 어쩌면 지금 미술관에 걸려 있을지도 모르겠다. 그런데 과연 카라바지오의 파란만장한 인생 이야기는 사람들이 태어날 때부터 승자와 패자가 갈린다는 것과 어떤 관련이 있을까?

1973년 11월 11일, 로마에 있는 신문사 일 메사게로 Il Messagero의 접수계 여직원이 우편봉투를 하나 받았다. 내용물이 무엇인지 알 수 없었지만, 봉투는 이상할 정도로 불룩했다. 호기심에 여직원은 봉투를 열었다. 봉투 안에는 조잡하게 타이핑이 된 오자투성이 편지가 들어 있었고, 긴 갈색 머리카락 한 타래가 있었으며, 그리고…… 사람의 잘린 귀 하나가 있었다.[12] 발송지는 나폴리였고 발송일자는 10월 22일이었다. 석 주 만에 신문사에 도착한 셈이었다. 발송자는 이탈리아의 '특급 우편' 제도를 잘 알지 못했던 게 분명했다.

존 폴 게티 3세John Paul Getty III의 어머니 게일 해리스는 그 머리카락이 열일곱 살짜리 자기 아들의 머리카락이라고 확인해줬지만, 이미 부패해버린 그 귀의 출처에 대해서는 아는 게 없다고 했다. 그 귀의 절단면은 면도칼이나 외과용 메스로 잘라낸 듯 매끈했다. 그녀는 이미 아들의 몸값으로 1,700만 달러를 내놓으라는 협박을 받았었다. 그러나 그 두툼한 봉투가 나타나기 전에는 경찰이나 언론 모두 이 납치극이 아들 게티의 자작극이라고만 생각했다. 이탈리아 언론으로부터 '황금 히피'로 불리던 게티는 학교를 중퇴하고 로마 중심지인 피자 나보나에서 보석을 팔았고, 좌파 시위에 참가했으며, 부유한 자기 집안의 탐욕에 욕지거리를 뱉었었다.

법의학 전문가가 문제의 그 귀를 두고 사체에서 잘라낸 게 아니라 살아 있는 사람의 귀에서 잘라낸 것이라고 판정하자, 가족과 경찰은 바짝 긴장했다. 이 소년의 아버지 폴 게티 주니어는 관계가 멀어진 아내 게일에게 생활비를 대줄 형편도 못 되었으니 아들 몸값으로 줄 1,700만 달러가 있을 턱이 없었다. 이 아버지는 억만장자이던 자기 아버지로부터 거의 아무것도 받은 게 없었다. 이 억만장자는 아들이 1960년대의 쾌락주의적 향락에 빠져 있는 게 못마땅했던 것이다.

할아버지인 장 폴 게티Jean Paul Getty는 이미 손주의 몸값을 자기 돈으로 지불하지 않겠다고 천명했었다. 존 말고도 다른 손주가 열네 명이나 된다는 게 그가 내세운 이유였다. 잘린 귀가 등장한 뒤에도 할아버지는 이 고집을 꺾지 않았다. 그러다가 납치된 아들의 어머니이자 넷째 며느리가 간절하게 애원했고, 그제야 노인은 마음을 바꾸었다. 하지만 그는 300만 달러만 온전히 자기 돈으로 내놓았고, 몸값에 필요한 나머지 돈은 소년의 아버지에게 연 4퍼센트 이자로 빌려주겠다고 했다. 이렇게 해서 납치된 소년은 다섯 달 만에, 흥정을 거쳐서 깎인 몸값이 지불되고 난 뒤에야 풀려났다. 나폴리 남쪽에 있는 아우토스트라다(고속도로)를 지나가던 어떤 트럭 운전사가 폭우 속에서 추위와 정신적 충격으로 떨고 있는 한 소년을 발견했는데, 이 소년의 귀 하나는 피범벅이 된 연골만 남은 채 잘려나가고 없었고, 그 위를 긴 갈색 머리카락이 덮고 있었다.[13]

존 폴 게티 3세의 아들이자 영화배우인 발타자 게티Balthazar Getty는 지중해가 내려다보이는 라 포스타 베키아 호텔에서 가장 비싼 스위트룸에 투숙했지만 이 방을 특별히 좋아하지는 않았다. 그러나 나오미 캠벨이나 숀 코네리 같은 배우가 그 방을 썼다면, 자기도 당연히 그 방을 써야 한다고 생각했다. (하지만 사실 그때까지 그가 배우로 거둔 성공이라고 해봐야 〈내추럴 본 킬러Natural Born Killers〉에서의 주유소 점원이나 〈하와이 파이브 오Hawaii-Five-O〉와 같은 수많은 텔레비전 드라마에서의 단역이 기껏이었다.)

그 호텔은 1640년에 오르시니 가문의 해변 휴양지로 세워졌다. 그런데 오르시니가 이 건물을 오데칼키 가문에 팔았고, 오데칼키 가문이 이 건물을 줄곧 소유하다가, 1960년에 라디슬라오 오데칼키가 발타자의 증조할

아버지인 장 폴 게티에게 566,000달러에 팔았다. 이 새로운 소유주는 막대한 재산의 작은 한 부분을 헐어서 이 건물을 웅장하고도 화려하게 복구했다.

그런데 건물을 리모델링하는 과정에서 고고학자들은 그곳이 바로 과거 로마 제국 시절 율리우스 카이사르의 저택이 있던 자리임을 확인했다. 이 놀라운 소식에 존 폴 게티가 흡족해했음은 말할 필요도 없다. 자서전에서 그는 이렇게 말했다.

"'게티 오일 컴퍼니'를 하나의 제국에 비유하고 또 나를 카이사르에 비유하는 것에 대해서 조금도 거리낌을 느끼거나 불편하지 않다."[14]

그 고고학적 발견은 그의 세계관과 멋지게 맞아떨어졌다. 그는 자기가 전생에 로마 제국 황제였다고 믿는다는 말을 자기 친구들에게 종종 했던 것이다.

그러나 장 폴 게티는 정신적으로 그리고 소유권적으로 율리우스 카이사르와 자기가 연결되어 있다는 사실만으로 만족했다. 그가 라 포스타 베키아 호텔에서 잠을 잔 날은 겨우 17일밖에 되지 않았던 것이다. 편집증 환자이던 이 거부는 지중해가 내려다보이는 창문에 쇠창살을 설치했으며, 심지어 잘 때는 반드시 장전된 엽총을 침대맡에 뒀다고 한다.

라 포스타 베키아 호텔 바로 옆에 또 다른 역사적인 건물 하나가 있었는데, 이 건물에는 발타자 게티로서는 아마도 분명 알지 못했을 어떤 역사가 담겨 있었다.(게티 왕조를 소재로 많은 책이 나와 있는데 이 책들을 읽어보았느냐는 질문에 발타자가 '나는 알고 싶은 게 있으면 책을 읽지 않고 다른 사람에게 물어봅니다.'[15]라고 대답한 점으로 미루어보자면, 그는 독서를 그다지 좋아하지 않는 게 분명하다.) 자기 그림자를 라 포스타 베키아의 수영장 및 나무가 무성한 정원에 드리우는 그 건물은 카라바지오가 마지막으로 갇혔던 바로 그 팔로의 성채였으며, 오데칼키 가문이 1960년에 라 포스타 베키아를 발타자의 증조할아버지에게 팔 때까지도 줄곧 오데칼키 가문이 소유해왔던 건물이었다. 이 건물은 일시적인 화려한 사치와 운명의 기괴한 분위기를 라 포스타 베키아 호텔의 정원에 드리웠다.

게티 가문의 최근 세 세대인 발타자, 납치된 적이 있는 그의 아버지 존 폴, 그리고 60년대의 쾌락주의자 할아버지 장 폴 주니어는 모두 헤로인 복용자였다.[16] 2011년 2월 5일에 발타자의 아버지 존 폴은 런던 인근에 있던 집에서 쉰세 살 나이로 사망했다. 약물 남용 후유증에 따른 발작으로 눈이 거의 멀고 몸이 부분적으로 마비된 상태로 오랜 기간 동안 투병 생활을 한 뒤였다.[17] 성공을 거둔 부유한 사람의 아이가 정서 장애를 겪고 약물에 중독되는 현상은, 일에 빠져서 바쁘게 돌아다니느라 자식들에게 소원했던 아버지를 둔 사람들이 끊임없이 변덕을 부리며 우울해하고 환각 물질에 빠져드는 모습을 줄곧 관찰했던 수니야 루타로서는 전혀 놀라운 일이 아니었다. 발타자가 라 포스타 베키아의 최고급 스위트룸이던 자기 방을 그다지 좋아하지 않은 것도 그런 부잣집 도련님의 불안한 들뜸과 비슷한 증상이었다. 그게 아니면 증조할아버지의 망령이나 카이사르나 카라바지오의 망령이 그를 괴롭혔을지도 모른다. 과장일 수도 있지만, 진실은 알 수 없는 법이니까……

카라바지오의 삶과 게티 가문 사람들의 삶이 바다를 접한 그 섬뜩한 분위기의 팔로 성채 주변에 얽혀 있다. 카라바지오의 명성과 성공(물론 이 성공은 재정적 성공이 아니라 미술가로서의 성공이다. 재정적으로 그는 무척이나 무절제하게 살았다.)은 성공한 부모가 자식에게 지울 수 있는 부담에서 온전히 해방된 상태에서 활짝 꽃을 피웠다. 그의 가문 배경은 게티 가문의 후손들이나 파울로 피카소의 경우와 달랐다. 그는 그럭저럭 괜찮은 가문에서 태어났다. 그러나 1577년에 전염병으로 할아버지와 아버지가 같은 날 밤에 세상을 떠나면서 그의 가문은 가난의 구렁텅이로 빠져들기 시작했다. 아버지가 대영주이거나 위대한 예술가가 아니라는 사실이 카라바지오에게는 오히려 행운이었을까? 파울로 피카소와 게티 가문의 후손들은 아버지 혹은 할아버지가 거둔 성공과 재산의 저주를 받았을까?

만일 이게 사실이라면, 우리 앞에 또 다른 수수께끼가 나타난다. 부모의 성공이 때로 자식들에게서 성공의 열매를 빼앗는다면, 부모의 성공이 과연 무슨 의미가 있을까? 성공의 심리학은 다음 세대로 이어질까? 그리고 이 성공의 심리학은 피카소의 아들을 둘러싼 미스터리를 설명할 수 있을까? 그렇다. 다음 세대로 이어지고, 또 그 미스터리를 설명할 수 있다. 그러나 이런 내용을 온전하게 이해하려면, 우리 인간이 가지고 있는 동기와 개성의 가장 중요한 몇몇 측면들 가운데 하나를 먼저 살펴봐야 한다.

다음 문항을 읽고 정직하게 '예' 혹은 '아니오'로 대답하라.

1. 평온한 삶을 살기보다 남보다 앞서는 삶을 중요하게 여기는가?
2. 직장에서 자기가 다른 사람들과 거의 비슷한 수준의 성과밖에 올리지 못한다는 사실 때문에 속을 끓이는가?
3. 만일 본인이 시간을 낭비하고 있다고 느낀다면, 당신은 이것 때문에 마음이 불안하고 불편한가?
4. 언제나 자기가 하는 일에서 최고가 되고자 노력하는가?
5. 다른 사람과 협력 작업을 할 때 즐겁긴 하지만 능력이 떨어지는 사람보다 까다롭더라도 능력이 뛰어난 사람을 선호하는가?
6. 야망을 가지고 있는가?
7. '인생을 닥치는 대로 그냥 산다'고 생각하면 마음이 불편해지는가?
8. 자기 경력의 미래에 대해서 계획을 세우고 있는가?
9. '게으르다'는 말을 들으면 화가 나는가?
10. 누군가 혹은 어떤 것으로부터 다그침을 받는다고 느끼는가?

당신이 '예'라고 대답한 문항이 몇 개인가? 이 숫자가 많을수록 당신의 성취동기는 크다고 볼 수 있다. 이 문항들은 오스트레일리아의 심리학자 J. J. 레이_J. J. Ray_가 고안한 이른바 '레이-린 AO 검사'에서 동원하는 문항들과 비슷하다.[18]

만일 당신이 이 문항들에서 '예'라는 대답을 많이 했다면, 어떤 일을 성취하겠다는 동기가 거의 육체적인 차원에서 자기를 몰아붙이는 느낌이 든다는 말이 무슨 뜻인지 이해할 것이다.

일본 오사카시립대학교의 미즈노 케이 교수와 그의 동료들은 사람의 뇌에서 작동하는 성취동기를 눈으로 직접 확인하고자 했다.[19] 실험 진행자들은 우선 실험에 참가한 피실험자 학생들을 대상으로 위에서 소개한 것과 비슷한 문항들로 학술적 성취욕을 자극했다. 그런 다음에 실험 진행자들은 피실험자들에게 어려운 학습 과제를 제시하고 기능성자기공명영상_fMRI_ 장치를 이용해서 그들의 뇌 활동을 관찰했다. 그런데 실험 진행자들은 피실험자들을 두 집단으로 나누었다. 그리고 각각의 집단에 대한 보상 체계를 다르게 설정했다. 한 집단에게는 성취 정도에 따라서 최대 75달러의 돈을 차등적으로 지급하겠다고 했다. 한편 다른 집단에게는 그 실험이 지능검사라고 일러주고 검사 결과를 알려주겠다고 했다. 구체적으로 말하면 문제를 많이 해결할수록, 즉 지능이 높은 것으로 판명될수록 주어진 사각형들 가운데 보다 많은 사각형들의 색깔이 파란색으로 변할 것이라고 했다.

결과는 놀라웠다. 돈으로 보상을 하겠다는 약속을 받은 집단에서는 실험 진행자가 제시한 질문이 뇌에서 동기 부여를 담당하는, 뇌의 한가운데 선조체_線條體, striatum_(뇌의 기저핵에서 주로 정보를 받아들이는 영역 – 옮긴이) 속 깊숙한 곳에 있는 난각막_卵殼膜, putamen_의 활동과 연계되지 않았다. 그런데 이 난각막은 잠시 뒤에 설명할 보상 체계_reward network_의 핵심적인 부분이다.

하지만 그 실험이 지능검사라고 알고 있었던 집단에서는 전혀 다른 양상이 펼쳐졌다. 성취동기가 발동한 것이다. 파란색 사각형 말고는 아무런 구체적 보상이 제시되지 않았음에도 불구하고, 난각막 활동과 성취동기 사이에 강력한 연계성이 작동한 것이었다. 피실험자들을 학술적으로 보다 강력하게 밀어붙이면 밀어붙일수록, 동기와 보상을 담당하는 이 뇌 부분이 보다 강력하게 '점화'되었다.(신경이나 근에 활동전류가 발생하는 현상을 '점화'라고 표현한다. - 옮긴이) 하지만 이 경우에도 피실험자들이 자기 지능을 검사받고 있다고 생각할 때만 그랬지, 단지 돈이 보상으로 주어질 때는 그렇지 않았다.

물리적인(신체적인) 차원에서 느껴지는 성공에 대한 성취욕은 환상이 아니다. 야망에 불탈수록 뇌 속 깊은 곳에서 점화되는 신경활동의 수준은 그만큼 더 활발해진다. 그리고 이 성취동기의 결정적 측면은 내면, 즉 내재적 동기에서 비롯된다는 사실, 다시 말해서 외적인 유인물에 의해서만 비롯되는 게 아니라는 사실이다.

물론 우리는 대개 내적 동기와 외적 동기가 뒤섞이면서 동기부여가 된다. 가장 보편적인 외적 동기는 돈이다. 그러나 우리는 또한 다른 사람으로부터 인정받고 싶거나 어떤 것이 두려워서 공부를 하고 또 일을 하기도 한다. 유능한 관리자는 자기 부하들이 지속적으로 동기부여가 되도록 유지하려면 내면적 자극과 외면적 자극을 적절하게 결합해야 한다는 걸 잘 안다. 하지만 최고의 관리자는 부하의 뇌 속에 있는 내면적인 동기의 비밀 스위치를 켜는 방법을 알고 있다. 이 스위치를 켜서 내적 동기가 활성화되면(지능검사라는 말을 듣고 동기부여가 된 미즈노 케이의 피실험자 학생들처럼), 직원들은 자기가 얼마나 많은 돈을 보수로 받을 것인지는 거의 생각도 하지 않은 채 열성을 다해서 일을 한다. 이때 관리자는 그 직원들에게 외면적인 보상을 어떻게 해주겠다는 말로써 내적 추동력의 뒷다리를 붙잡지 않아야 한다. 여기에 대해서는 뒤에서 다시 설명하겠다.

성취동기는 인생을 살면서 성공을 거두는 데 결정적인 요소이며, 또한 어떤 사람을 승자로 만드는 데 없어서는 안 될 요소이기도 하다. 우리는 파울로 피카소의 성취동기가 어느 정도였는지 알지 못한다. 하지만 승자가 되고자 하는 그의 욕구는 어린 시절에 유복한 생활을 했다고 해서 약해지지 않았을 것임은 분명하다. 그러므로 어쩌면 그의 음주벽은 성취를 이루고자 하는 욕구에 대한 왜곡된 반응이었을 수 있다. 학술적 성취동기는 효능감과 성취감을 쌓아주는 학술적 보상(예를 들면 높은 점수와 교사의 칭찬)에 의해서 촉진된다.[20] 그리고 이와 동일한 과정은, 우리가 월급에서 얻는 만족뿐만 아니라 훌륭하게 해낸 일처리나 동료로부터 받는 존경심과 인정에서도 거의 확실하게 적용된다. 어쩌면 파울로 피카소는 본인이 이룬 성취가 아무리 훌륭했다 하더라도 그에 대한 어떤 보상을 한 번도 받지 못했을지 모른다. 그래서 마음속에 가지고 있던 아주 작은 야망조차도 완전히 말살되어버리지 않았을까 싶다. 하지만 기능성자기공명장 차원이 아니라 실제 삶의 현장에서는 외적 보상과 내적 보상이 칼로 자르듯이 분명하게 나뉘지 않는다. 앞에서도 언급했듯이, 비록 사장이나 교사 그리고 부모가 외적 보상과 내적 보상을 구별하는 게 중요하긴 하지만, 실제 현실에서 우리는 돈과 같은 외적 보상을 직무 만족과 같은 내적 보상과 절대적으로 구분할 수 없다. 외적 동기와 내적 동기는 거의 언제나 한데 뒤엉켜 있다. 예를 들어서 투자은행처럼 금전적인 보상이 지배하는 금융 업계에서조차도 돈을 중심으로 한 보상이 전적으로 외적 동기로 작용하는 경우는 거의 없다. 이는 지위나 성취에 대한 결정적인 기호, 즉 어떤 사람의 유능함을 나타내는 기호로 작용한다. 그러므로 금전적인 보상은 야망을 가진 사람들의 뇌 속에 있는 성취동기 네트워크 안으로 깊이 파고든다.

우리가 이런 말을 하는 것은 보상 체계라 불리는 우리 뇌의 어떤 한 부분이 어떻게 작동하는지 알기 때문이다. 이 체계가 하는 핵심적인 일은 우리가 스스로에게 도움이 되고 우리 유전자의 생존에 도움이 되는 일(이 중 가장 중요한 것이 먹고 마시고 섹스하는 것이다.)을 할 때 좋은 기분을 느끼게 만들어주는 것이다. 이 체계의 중심적인 연료는 도파민dopamine이라는 화학적 메신저이다. 치즈 한 조각을 먹었을 때, 무더운 여름날에 시원한 얼음물 한 잔을 마셨을 때 혹은 오르가슴 뒤에 느긋하게 늘어져 있을 때 느끼는 쾌감은 모두 도파민이 보상 체계를 통해서 방출될 때 나타난다.

그러나 사람은 대부분 다른 것들로도 보상을 받는다. 유치원생이나 초등학생이 교사가 자기 공책에 '참 잘했어요!' 도장을 찍어주는 모습을 볼 때나, 직장인이 직속상사로부터 업무를 잘 처리했다고 칭찬받을 때도 보상 체계에서는 도파민이 분출된다. 동물의 보상 체계에 자극기를 이식해두면, 이 동물은 도파민 분출에 따른 쾌감 때문에 심지어 굶어 죽을 때까지 음식을 먹지 않는다. 앞서 지능검사를 받는다고 생각하던 피실험자들을 대상으로 기능성자기공명장치를 동원해서 확인하고자 했던 것도 바로 이 보상 체계였다.

금전적인 보상이 중요 동기로 작동하는 금융업의 문제로 다시 돌아가서 말하면, 은행이나 증권사에 일하는 사람들에게 동기를 부여하는 중요한 요인이 외면적인 보상의 절대적인 크기라고만은 단정할 수 없다. 이런 사실은, 독일 본대학교의 클라우스 플리스바흐 교수와 그의 동료들이 보상 체계는 본인이 직접 받는 보상뿐만 아니라 보다 결정적으로는 자기와 같은 다른 사람들이 받는 보상에 의해서도 작동함을 보여줌으로써 이미 확인되었다.[21] 이 실험을 증명하는 연구에 대해서는 5장에서 설명하겠다.

그러므로 앞선 실험에서 돈으로 동기부여된 피실험자들이 실험 과정에서 동료 피실험자들이 자기보다 많은 돈을 버는 것을 눈으로 직접 보았다면, 아마도 그 돈이라는 보상은 순수한 외적 보상에서 외적 보상과 내적 보상이 결합된 또 다른 것으로 바뀔 수도 있었을 것이다. 이것이 실제 삶 속에서 나타나는 보다 정확한 모습이다. 그렇다. 우리는 될 수 있으면 많은 돈을 벌길 원한다. 그러나 거의 대부분은 내 옆에 있는 사람보다 어떤 것으로든 더 낫길 원한다. 자기 옆에 있는 사람보다 어떤 것으로든 더 못하길 바라는 사람은 분명 아무도 없을 것이다. 주체할 수 없을 만큼 많은 돈을 가지고 있는 사람들이 자기가 가진 돈에서 만족하지 않고 보다 많은 돈을 모으려고 아등바등 애를 쓰는 이유도 바로 여기에 있다. 이 사람들에게 동기를 부여하는 돈의 가치는 더 이상 외적인 보상이 아니다. 그것은 성취욕의 또 다른 표현이다. (또한 이것은 일반적으로 권력욕이기도 하다. 권력욕에 대해서는 다음 장에서 살펴볼 것이다.)

성취동기는 분명 학술적인 성취에 관한 것만은 아니며 뇌에서만 나타나는 것도 아니다. 교사든 농부든 비서든 회계원이든 배우든 혹은 전기기술자든 간에 직업을 가진 사람은 대부분 외적 보상과 내적 보상 두 가지를 동시에 추구한다. 뉴욕주립대학교 버펄로 캠퍼스의 존 마이너 교수와 그의 동료들이 하이테크 업종에 종사하는 사람들을 대상으로 한 연구에서 이 같은 사실을 입증했다. 신생 기업의 중역들이 가지고 있는 성취동기의 수준이 해당 기업의 성공, 다시 말해서 수익 증가 및 직원 수의 증가를 예측할 수 있는 강력한 지표가 된다는 점을 발견한 것이다.[22]

그리고 뉴사우스웨일스대학교의 J. J. 레이 교수는 펀자브 지역의 농부 200명을 대상으로 연구한 끝에, 농부가 가지고 있는 성취동기를 보면 다음 5년 동안에 그가 어느 정도로 수확을 할지 예측할 수 있음을 확인했다.[23]

효능감과 성취감을 얻기 위해서 어떤 것을 하고자 하는 내적 동기는 돈과 같이 순수하게 외면적인 보상과 정반대로, 내면 깊은 곳의 야망을 파고드는 것 같다. 마찬가지로 자기가 장차 수십억 달러의 유산을 상속받을 것임을 알고 있는 사람이라면, 그 정보로 인해 내적 동기의 발전을 가로막을 수 있다. 왜 이런 일이 일어날까? 우리가 하는 일 가운데 처음부터 내적 동기에 따라서 수행하는 일은, 음식물을 섭취하는 것이나 성행위를 하는 것 따위의 기본적 활동을 빼고는 거의 찾아보기 어렵다. 그래서 우리는 어릴 때 예컨대 악기를 배우더라도 점점 더 능숙하게 다루게 되는 과정을 거치면서 마침내 성취감을 얻게 되고 이로써 동기부여를 학습한다. 그러나 아이들은 대부분의 경우에 외면적인 보상으로 유도되어 그 같은 활동의 초기 단계를 거치는데, 그러다가 마침내 그 활동 자체를 보상으로 받아들인다. 보통 부모와 교사는 떼를 쓰고 고집을 부리는 아이들을 초기 성장 단계에서 좋은 말로 구슬리고 격려한다. 하지만 초기에 외면적인 자극이 없다면 아이들은 스스로 좋아서 어떤 일을 하려고 하는 단계, 즉 활동 자체가 내적 보상이 되는 그 어려운 단계로 나아가지 못할지도 모른다.

자기 부모가 엄청난 부자라는 정보는 어떤 기술을 익혀서 마침내 그 기술을 구사하는 활동이 그 자체로 내면적인 만족이 되는, 결코 만만치 않은 그 초기 성장 단계들로 나아가기 어렵게 만든다. 어차피 자기는 부자로 잘살 텐데 굳이 대학교에서 이 어려운 것들을 힘들게 공부할 필요가 있을까 하고 생각하는 것이다. 사람은 자기가 유능하다고 느끼고 내적으로 동기부여가 되기 시작하는 그 지점까지 도달하려면 외면적인 동기의 자극을 받을 필요가 있다. 그래서 전 세계 수백만 명의 어린이와 청소년이 일단 가정이라는 울타리 바깥으로 나서면, 스스로를 돌보고자 하는 오래된 욕구가 이들에게 외면적인 동기를 제공한다. 그러나 대단한 성공을 거둔 사람들의 어떤 자식들은 그런 동기부여를 받지 못한 채 아무런 목적의식도 없이 인생을 살아간다.

어쩌면 파울로 피카소는 스스로 동기부여가 되고 자기가 유능하다고 느낄 수 있는 영역을 향한 난관을 넘어설 수 있도록 외적 자극을 받지 못한 바람에 무기력하고 무책임한 성인으로 성장했을 수도 있다. 이것은 부분적으로는 위대한 천재를 아버지로 두었다는 점 때문일 수도 있다. 보통 사람과 다른 특이한 개성의 소유자였던 이 천재 아버지는 아들이 인생에서 어떤 동기를 부여받을 수 있도록 자극을 주기는커녕 거의 관심도 기울이지 않았기 때문이다. 그러나 설령 부자 부모가 자기 아이에게 시간을 할애해서 본질적인 동기부여를 구축해주는 관심을 베푼다 하더라도, 수백만 달러를 부모가 자식에게 유산으로 상속할 수 있고 또 자식이 부모에게서 상속받을 수 있다는 인식은, 아이가 난관을 극복해서 동기부여를 내면화하고 성취욕을 내면화하는 그 지점까지 힘들게 나아가야 한다는 단호한 결심과 노력을 아이와 부모 차원에서 동시에 방해할 수 있다.

마이크로소프트의 창업자 빌 게이츠와 같은 억만장자들은 막대한 유산을 자식에게 물려줄 경우에 이런 잠재적인 탈동기부여의 저주가 자기 자식에게도 떨어질 수 있음을 진작 예견했다. 그래서 빌 게이츠는 자식들에게 재산을 물려주긴 하겠지만, 그 금액은 자기 전체 재산 가운데서 지극히 작은 일부일 것이라고 선언했다.[24] 게이츠 부부는 재산의 대부분을 공익적인 목적으로 희사했으며, 워런 버핏과 페이스북 창업자 마크 주커버그를 비롯한 다른 많은 억만장자들도 자기처럼 하라고 설득해왔다.[25]

하지만 성취동기에 대한 이러한 발상이 과연 단순 명쾌하게 모든 것을 정리할 수 있을까? 파울로 피카소가 무책임하고 실패한 삶을 산 원인을, 그가 난관을 극복해서 자발적인 성취로 나아갈 수 있도록 자기 아버지가 도와주지 않았다는 점에만 한정할 수 있을까? 결코 그렇지 않다. 성취동기는 그처럼 단순하지 않다.

좋은 것도 한두 번이지

　　　　　　　　　　　　대학생 시절 나에게는 피터라는 친구가 있었다. 그런데 어느 날 피터가 어떤 여자아이와 얘기를 나누는 걸 우연히 엿들은 적이 있다. 피터는 자기가 과학계에서 세상을 바꾸어놓을 중요한 어떤 발견을 하고 싶다는 말을 진지하고도 열정적으로 하고 있었다. 나는 피터가 전에도 그와 비슷한 말을 하는 걸 들었었다. 피터는 마치 제2의 다윈이 되고 싶어 하는 것 같았다. 하지만 그런 일이 있고 일 년도 지나지 않아서 피터는 휴학을 하고 대학교를 떠났다. 갑작스럽게 동기부여를 상실해버린 것 같았다.

　그러나 피터는 영리한 청년이었다. 전혀 다른 영역에서 일을 시작한 것이다. 그리고 몇 년 지나지 않아서 그는 그 분야의 정상 가까이까지 다가섰다. 그런데 비록 자주는 만나지 못했지만 만날 때마다 그는 무슨 일인지 초조한 빛을 드러냈고 심지어 불만을 터트리기도 했다. 그리고 다시 대학교에 돌아와서 전혀 다른 과목을 전공했는데, 여기에서 최상위권의 성적으로 졸업을 했다. 그리고 그 분야의 선두적인 기관에 취직해서 일을 시작했다. 그런데 또다시 그는 그 일을 때려치우고, 예전에 뼈를 묻기로 결심했던 두 영역 가운데 하나로 다시 돌아왔다.

　피터는 내게, 예전에 직장에 잘 다니다가 그만두겠다고 폭탄선언을 해서 직장 사람들을 깜짝 놀라게 할 때마다, 직장 상사들이 자기더러 어쩐지 늘 우울해 보이더라는 말을 하더라고 했다. 아닌 게 아니라 피터는 실제로 조금 우울한 상태였다고 나는 생각한다. 생물학 분야에서 획기적인 돌파구를 마련하겠다는 불가능한 목표를 세워놓고서는 결국 그 목표를 달성하지 못했는데, 이 생각을 하면서 피터는 늘 자책감에 괴로워했던 것이다.

문제는 그가 어떤 한 분야에 고집스럽게 매달렸다 하더라도 그 목표를 달성할 수 없었을 것이라는 게 아니다. 그는 지적으로 매우 뛰어났고, 얼마든지 그런 성취를 이룰 수 있었기 때문이다. 하지만 경영 분야와 마찬가지로 과학 분야에서는 아무리 계획을 철저하게 세운다고 해도 성공을 보장받을 수 없다. 비록 끈기와 헌신이 가능성을 높여주긴 하지만, 어쨌거나 대단한 성공을 거두려면 운이 따라줘야 한다. 할리우드의 명제작자인 새뮤얼 골드윈도 '열심히 노력하면 그만큼 운도 더 따라준다.'고 하지 않았던가.

그러므로 동기가 부여된 상태를 유지한다는 것은, 지능검사를 받고 순전히 상징적인 어떤 점수를 따는 데에 신경망이 점화되었던 미즈노 케이 교수의 일본 학생들처럼, 하루하루의 일상적 과제들을 해결하는 데서 내적 만족을 얻는다는 것을 의미한다. 만일 당신이 멀고 거대한 목표에 초점을 맞춘다면, 당신은 당신이 거두는 하루하루의 작은 성취들이 보잘것없다고 평가절하할 것이다.

바로 이 같은 일이 피터에게 일어났던 것 같다. 그가 그처럼 불안해하고 불평했던 것도 단기적이거나 중기적인 목표를 달성하기 위한 과제들에 그의 보상 체계가 작동하지 않았다는 사실에서 비롯되었다. 그가 세우고 있던 거대한 목표에 비하면 그런 것들은 터무니없을 정도로 사소했기 때문이다. 마치 2008년 말 한순간에 휴짓조각처럼 되어버린 리먼 브라더스 주식처럼. 그랬기에 피터는 늘 불만 속에서 우울할 수밖에 없었다. 자기가 이룬 모든 성과가 그의 눈에는 모두 실패로 비칠 뿐이었다.

하버드대학교의 저명한 심리학자 데이비드 맥렐런드 교수는 수십 년 동안 성취를 추구하는 욕구를 연구한 끝에, 본인이 추구하던 것의 대부분을 성취한 사람, 즉 승자는 대체로 골디락스Goldilocks(언제나 알맞은 중간 수준을 선택하는 영국의 전래동화 속 주인공 소녀 - 옮긴이)처럼 죽이 너무 뜨겁

지도 않고 너무 차갑지도 않은 걸 좋아하는 사람들임을 발견했다. 실제로 원하던 것을 대부분 이룬 사람들은 대체로 적절한 수준의 도전적인 목표, 즉 쉽지는 않지만 달성할 수 있는 목표를 꾸준하게 설정했다.[26] 눈높이를 지나치게 낮게 잡아서 자기는 도저히 해낼 것 같지 않다고 생각하면 필연적으로 높은 성취를 이룰 수 없다. 반대로 피터처럼 눈높이를 너무 높게 잡아도 비슷한 결과가 빚어진다.

대단한 성공을 거둔 부모의 자식들은 대체적으로, 야망의 목표를 골디락스의 영역에 설정하는 것, 즉 적절한 수준의 야망을 설정하는 것을 무척 어려워한다. 부모 두 사람이 모두 천재라면, 이런 부모를 둔 자식은 부모가 이룬 성취 수준의 그림자에서 벗어날 수 없다. 부모가 이룬 그 어마어마한 업적과 비교해서 사소하게 보이지 않을 어떤 것을 목표로 설정해야 하는데, 그 일을 자식이 어떻게 해낼 수 있겠는가 말이다. 설령 아버지 혹은 어머니가 파블로 피카소보다는 훨씬 더 자식에게 관심을 기울이는 사람이라고 하더라도, 아들로서는 부모가 이룬 것보다 더 큰 성공을 이루어내면서 내면적인 성취감을 느끼기는 어렵다.

파울로 피카소는 인생에서 승자가 아니었다. 가족을 가난 속으로 내몰았고, 쉰네 살에 술주정뱅이로 삶을 마감했다. 위대한 화가의 천재성이 드리우는 그림자, 존재 자체만으로도 기가 죽을 수밖에 없는 그 그림자가 한 가정이 이룰 수도 있었던 성공의 싹을 말라비틀어지게 만들었다.

자, 이제 우리 스스로에게 질문을 던져보자. 그렇다면 우리는 피카소 아들의 미스터리를 해결했는가? 그 아들은, 자기 아버지의 눈부신 업적에 비하면 자기가 이룬 성취는 언제나 보잘것없게 비쳤던 까닭에, 어쩔 수 없이 인생의 패배자로 내몰릴 수밖에 없었을까?

이 질문에는 '그렇다.'라고 대답할 수 있다. 그러나 부분적으로만 그렇다. 만일 그렇지 않고 위의 명제가 전적으로 참이라면, 인생에서 성공한 사람들의 자식들은 모두 패자가 되어야 한다는 결론이 나온다. 하지만 실제로는 그렇지 않다. 그렇다면 또 다른 요인이 작동하는 게 분명하다. 부모의 명성이 가정생활을 엉망으로 만들어버리고, 정상적인 가족 관계가 이루어지지 않음으로써 자식이 승자가 될 가능성을 방해받았기 때문이라고 볼 수도 있다. 하지만 이 주장에도 반론을 제기할 수 있다. 파블로 피카소가 오늘날까지 회자될 정도로 여러 가정을 복잡하게 꾸렸던 것은 분명한 사실이다. 그러나 이 같은 가족 관계에서도 인생에 성공한 사람들은 많이 있다. 미국 대통령 버락 오바마가 가장 좋은 예이다. 그의 아버지는 케냐인이었고, 이 아버지는 아들이 겨우 걸음마를 떼던 시기에 아내와 아들을 버리지 않았는가. 그렇다면 가족의 분열도 피카소 아들의 미스터리를 완전하게 설명하지 못한다.

그렇다면, 도대체 무엇으로 그 미스터리를 설명할 수 있을까?

사다리 숨기기

율리우스 카이사르는 기원전 47년에 쉰세 살의 나이로 공화정의 실권을 쥐고 있던 원로원 지배를 완전히 타도하고 로마의 절대적인 지배자가 되었다. 당시의 로마법으로 1인 지배 체제는 일시적인 것이었지만, 3년 뒤에 카이사르는 스스로를 1인 지배자로 임명했다. '정복되지 않는 반인반신'이라는 문구를 새긴 조상彫像을 자기 자신에게 수여하는 행사가 곁들여졌다. 하지만 그는 1인 지배자의 역할을 오래 지속하지 못했다. 1인 지배자로 오른 바로 그해 3월 15일에 공화정으로의 복귀를 획책하던 집단에게 살해되었다.

라 포스타 베키아 호텔의 창문에 쇠창살을 친 스위트룸에서 장전된 엽

총을 곁에 두고 혼자 폴렌타(옥수수·보리·밤 가루 따위의 죽 - 옮긴이)를 먹고 무화과를 씹었던 장 폴 게티는 자기가 황제와 비슷하다고 말했을 뿐만 아니라 실제로 자기가 황제라고 천명했다. 그는 자기가 브리타니아에 하드리아누스 성벽을 짓고 로마에 판테온을 지은 뛰어난 정복자였던 로마 하드리아누스 황제의 현신現身이라고 했다.

고대 로마는 스스로를 신이라고 여기던 살아 있는 황제들을 경계했다. 이런 사실을 율리우스 카이사르는 죽음을 대가로 치르고서 깨달아야 했다. 로마인들의 경계는 정당했다. 황제들은 하나같이 자기가 설령 신이 아니라 하더라도 신의 지명을 받은 존재라는 믿음의 함정에 빠져들었기 때문이다. 그게 황제의 운명이었다. 장 폴 게티가 외로운 저택의 비참한 사치 속에서 스스로를 신의 경지에 오른 특별하고 전능한 존재로 느꼈다고 하더라도 놀라운 일은 아니다.

마리나 피카소는 회고록에서 아버지 파울로가 생활비를 얻으려고 오빠와 자기를 데리고 주말마다 칸 인근에 있던 할아버지 파블로 피카소의 저택인 라 칼리포니에 찾아갔다고 회상한다. 하지만 라 칼리포니의 문은 이들이 찾아갈 때마다 매번 열리지는 않았다. 파블로 피카소는 이따금씩만 그들을 맞아들였을 뿐이다. 거절당할 때 세 식구가 들었던 말은 '태양이 방해를 받을 수는 없다.'였다고 마리나는 회상했다. 그 위대한 화가를 시중드는 사람들은 그를 신은 아니라 하더라도 적어도 신과 같은 존재로 여겼던 것 같다. 태양이야말로 세상 만물의 생존에 없어서는 안 되는 영원한 에너지의 원천이니까 말이다. 파블로 피카소도 자신의 천재성을 언급하면서 스스로를 (비록 '신'보다는 겸손한 표현이긴 하지만) '왕'이라고 칭했다.

태양이나 신과 같은 아버지를 둔 자식이라면 그 대단한 태양계 속에서 자기 존재가 미미하다는 사실을 인정할 수밖에 없다. 그렇다면 이것이 파블로 피카소 아들의 미스터리에 대한 대답이 될 수 있을까? '황제'의 자식들은 부모가 이룬 신의 업적과 같은 어마어마한(적어도 그렇게 보이는) 성취 앞에서 스스로를 티끌과 같은 보잘것없는 존재로 느낄까? 어느 정도는 그렇다. 하지만 인생에서 상당한 성공을 거둔 사람들의 어떤 자식들은 자기 부모만큼은 아니라고 하더라도 역시 상당한 성공을 거둔다. 미디어 황제 루퍼트 머독의 아들 라클랜 머독이 그 예이다. 또한 앨버트 아인슈타인의 아들 한스 아인슈타인도 저명한 수역학 공학자가 되었다. 이 두 아들들은 모두 자기 아버지와의 사이가 무척 좋지 않았지만, 이런 점이 두 사람의 삶을 파울로 피카소의 삶과 똑같게 만들지는 못했다.

그렇다면 승자의 아들이 자기 아버지의 성공을 어떻게 생각하는가에 따라서 차이가 빚어지는 게 아닐까? 아일랜드의 더블린에 있는 비콘병원의 임상심리학자 피오나 오도허티가 대단한 성공을 거둔 부모의 자식들이 거둔 성취 정도가 의외로 낮은 특이한 현상을 연구해왔다.[27] 다음은 그녀가 쓴 글의 한 부분이다.

"이 문제를 다음과 같이 생각해보자. 아이는 성공의 나무 높은 곳에 앉아 있는 자기 아버지 혹은 어머니를 바라본다. 그리고 아버지 혹은 어머니가 거기까지 어떻게 올라갔는지 의아해한다. 그런데 부모는 그 해답을 알고 있다. 사다리를 타고 올라갔다. 그 사다리에는 많은 발판이 있었다. 그 많은 발판을 하나씩 밟고 거기까지 올라갔다. 어떤 발판은 행운이었고, 어떤 발판은 끈기였고, 또 어떤 발판은 갈고닦은 기술이었다. 그런데 이 성공한 사람들이 어떤 고약한 짓을 저지른다. 그 사다리를 숨겨버리는 것이다. 성공한 사람들은 자기가 이룬 성공에 대한 자기만족 속에서 자기들의 위대함을 찬양받고 싶은데, 만일 누가 자기가 밟고 올라온 사다리와 그 사다리의 수많은 발판을 본다면 그 위대함이 훼손될까 두려운 것이다. 그래서 사다리를 숨긴 것이다."

사다리를 숨기는 방법으로는 자기를 신과 같은 존재로 여기게 만들고 자신의 업적을 신의 업적이라고 여기게 만드는 것보다 더 좋은 방법이 있을까? 이것이 바로 율리우스 카이사르와 같은 수많은 황제들이 조작하고 강화해온 환상이다. 카이사르의 조상에 새겨진 '정복되지 않는 신'이나 자기가 하드리아누스 황제의 현신이라는 장 폴 게티의 믿음 그리고 파블로 피카소가 스스로를 '왕'이라고 불렀던 점 모두 조작된 환상의 증거이다. 그러니 파울로 피카소는 자기 아버지의 성공이 신이 내려준 천재성에 의한 것으로 생각할 수밖에 없었고, 그런 성공을 자기로서는 도저히 도달할 수 없는 나무 위 높은 곳이라고 여길 수밖에 없었던 게 아닐까? 그런데 여기에서 다시 새로운 질문이 제기된다. 왜 어떤 부모들은 자식에게 사다리를 숨길까?

대학생 시절에 피터 말고 테리라는 친구도 있었다. 테리는 우리가 일상적으로 보던 다른 친구들과 그다지 많이 달라 보이지 않았다. 그러나 어쩐 일인지 거의 모든 학생들이 그를 알았고, 또 그가 생각에 잠겨서 교정을 걸어갈 때면 그가 누구인지 금방 알아보았다. 테리는 대학원생이었다. 하지만 그가 도서관에 있는 모습을 본 사람은 아무도 없었다. 그는 굳이 공부를 해야 할 필요가 없는 것 같았다. 워낙 똑똑하기 때문이라고 모든 사람이 입을 모아서 말했다.

그러나 결국 테리는 특별히 성공하지는 못했다. 크게 성공한 교수가 되지도 못했고, 심지어 임시직 교수 자리도 얻지 못했다. 테리는 그저 똑똑한 사람으로서만 인생을 살았다. 그는 느릿하긴 하지만 나쁘지 않게 인생을 걸었다. 그러나 일반적인 의미의 승자는 아니었다. 테리에게 어떤 일이 일어났을까? 그렇게나 똑똑했음에도 불구하고 성공을 타고난 것이 아니었단 말인가? 그렇게도 전도양양하던 청년이 성공하지 못한 이유는 과연 무엇일까?

테리의 운명을 설명해줄 이유를 찾기 전에 우선 토니에 대해서 생각해보자. 토니는 내가 인턴 임상심리학자이던 시절에 만났던 열여섯 살 소년이었다. 혈색이 좋고 잘생겼으며 건강해 보이는 아이였다. 그런데 토니의 얼굴에는 어딘지 모르게 쫓기는 듯한 표정이 서려 있었다. 창백해 보였고 무언가에 사로잡힌 듯했으며, 유복한 집안의 아이들이 대개 그렇듯이 눈빛에 총기가 넘치지 않았다. 비록 내가 진료했던 대부분의 다른 아이들에 비해서는 나은 편이었지만…….

토니의 부모 역시 조금 창백했고 무척 근심이 많아 보이는 얼굴이었다. 아무렴 고민거리가 있었으니까 외아들을 런던의 정신·심리 병원으로 데리고 왔을 것이다. 그런데 도대체 무슨 문제일까? 토니의 학교 성적은 좋지 않았다. 침울했고, 또 동기부여가 되어 있지 않았다. 토니는 면담에도 적극적이지 않았다. 그저 조용히 앉아 있었다. 마치 자기와 아무 상관없다는 듯한 표정이었고, 슬퍼 보이기까지 했다.

솔직히 당시에 나는 이런 환자에 대해서는 경험이 부족했고 어떻게 대처해야 할지 확신이 서지 않았다. 내가 해줄 수 있는 게 과연 있기나 할까? 그러나 토니의 아버지가 한 말을 듣고 나는 해결점을 발견했다. 그런데 토니 아버지가 무슨 말을 했는지 밝히기 전에, 먼저 해야 할 일이 있다. 당신 이야기이다. 자, 지금부터 당신은 어린 시절로 시간여행을 한다.

당신이 고등학생이던 시절을 생각해보라. 다음 문항들을 읽고 자기에게 해당되는 것에 표시하기 바란다. 최대한 솔직하고 진지하게 해주기 바란다.

1. 수학 시험이 어렵다고 느낄 때, 그 이유가 무엇인가?
   a. 수학 과목을 충분히 열심히 공부하지 않기 때문에

b. 문제가 너무 어려웠기 때문에

2. 시험 성적이 좋게 나왔을 때, 그 이유가 무엇인가?

   a. 시험 준비를 철저하게 잘 했기 때문에

   b. 시험 문제가 쉬웠기 때문에

3. 기대했던 것보다 시험 성적이 좋게 나왔을 때, 그 이유가 무엇인가?

   a. 문제를 열심히 풀었기 때문에

   b. 다른 사람이 도와줬기 때문에

4. 어떤 문제를 빠르게 풀었다면, 그 이유가 무엇인가?

   a. 그 문제에 집중했기 때문에

   b. 그 문제가 쉬웠기 때문에

5. 선생님이 가르쳐주신 어떤 걸 잊어먹었을 때, 그 이유가 무엇인가?

   a. 그걸 암기할 정도로 충분히 많이 노력하지 않았기 때문에

   b. 그 선생님이 알기 쉽게 설명하지 않았기 때문에

6. 누군가가 당신을 그다지 똑똑하지 않다고 생각한다면, 당신은 어떠할까?

   a. 노력을 한다면 그 사람의 마음을 바꿀 수 있다.

   b. 무슨 노력을 어떻게 하든 간에 누군가는 당신을 그다지 똑똑하지 않다고 생각한다.

자, 당신이 한 대답 가운데는 a가 많은가 아니면 b가 많은가? 이 문항들은 오하이오에 있는 펠스연구소Fels Research Institute의 버지니아 크랜달과 그녀의 동료들이, 학생들이 자기가 받는 학과 성적에 대해서 어떻게 생각하는지 알아보기 위해서 1965년에 고안했던 문항들과 비슷하다.[28] 크랜달의 이 문항들은 그로부터 13년이 지난 다음에야 비로소 중요성을 인정받기 시작했다. 크랜달이 했던 연구는 상세하게 살펴볼 가치가 있는데, 우리 자신의 어린 시절 심리학적 기질을 통찰하는 데 강력한 도구로 활용

할 수 있기 때문이다.

1978년에 일리노이대학교의 캐럴 디에너 교수와 캐럴 드웩은 아이들이 어려운 문제에 어떻게 접근하는지 알아보기 위한 연구에서 크랜달의 문항을 사용했다.[29] 이들은 열한 살 어린이 70명에게 두 개의 도안이 그려진 일련의 카드 뭉치를 주고, 각자 시행착오를 거쳐서 추론으로 풀어야 하는 문제의 올바른 해답이 그려진 카드를 한 장씩 선택하게 했다. 각각의 도안은 바깥 형태는 사각형이거나 삼각형이고 안의 형태는 점이거나 별이며, 이 도안들은 붉은색이거나 파란색이다. 그래서 예를 들면 어떤 아이는, 그 도안의 색깔이나 내부의 형태가 무엇이든 간에 정답을 결정하는 '규칙'이 '삼각형'이라고 판단해서 줄기차게 삼각형 대답을 선택할 수도 있다. 이것은 IQ 검사에서 많이 사용되는 문제 해결 수수께끼와도 비슷하다. 전형적인 형태의 도안은 다음과 같다.(여기에서는 붉은색과 파란색이 각각 흰색과 회색으로 대치되었다.)

첫 번째 카드에서 만일 당신이 정답을 결정하는 규칙이 형태라고 판단하고 삼각형이 올바른 형태라고 추측한다고 치자. 그렇다면 당신은 첫 번째 카드에서 정답은 '왼쪽'이라고 말할 것이다. 이어서 두 번째 카드에서도 '왼쪽', 세 번째 카드에서는 '오른쪽', 네 번째 카드에서는 다시 '왼쪽'이 정답이라고 말할 것이다. 하지만 만일 색깔이 규칙이라고 판단하고 '회색'이 정답이라고 본다면(원래는 붉은색과 파란색이었던 것을 여기에서는 회색과 흰색으로 표현했다), 당신은 첫 번째 카드에서부터 네 번째 카드까지 차례대로 '오른쪽', '오른쪽', '오른쪽', '왼쪽'이 정답이라고 말할 것이다. 또 만일 점이나 별이 핵심적인 규칙이고 '별'이 정답이라고 생각한다면, '왼쪽', '오른쪽', '오른쪽', '오른쪽'이 정답이라고 말할 것이다.

아이들은 어떻게 해야 하는지 실험 진행자들의 도움을 받아서 충분히 연습했다. 그리고 필요할 경우에는 실험 진행자가 아이들에게 다음과 같이 힌트를 주기도 했다.

"정답은 삼각형이나 사각형 둘 중 하나예요. 자, 그럼 어느 게 정답인지 알 수 있나요? 이번 카드들에서는 모두 오른쪽이 정답이네요. 그렇죠?"

이렇게 해서 모든 아이들이, 매번 답을 말할 때마다 '맞았어!' 혹은 '틀렸어!'라는 피드백을 받는 시행착오를 통해서, 정답을 결정하는 규칙과 그 규칙 속에서의 정답을 찾아냄으로써 모든 테스트를 마쳤다. 그런데 이어서 더 어려운 문제들이 아이들을 기다리고 있었다.

아이들에게는 비슷한 카드 스무 장이 새로 주어졌다. 하지만 이번에는 먼젓번과 다르게 아이들은 네 번째 대답을 할 때만 '맞았어!' 혹은 '틀렸어!'라는 반응을 실험 진행자로부터 얻었다. 즉, 아이들은 전체 카드의 4분의 3에 대해서는 맞는지 틀리는지 피드백을 받지 못하는 상태에서 정답을 찾아내야 했다. 스무 장의 카드는, 아이들이 어느 것이 정답을 결정하

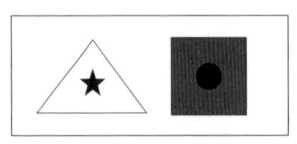

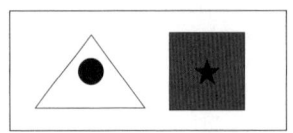

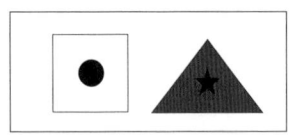

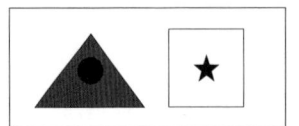

는 규칙일지 다양하게 추측하고 시도하기에 충분히 많았다. 그런데 꼭 기억해야 할 사실은, 모든 아이들이 이 과제를 어떻게 수행해야 하는지 연습을 통해서 이미 잘 학습했다는 점이다. 어떻게 해야 할지 모르는 아이는 아무도 없었다는 말이다. 이번의 과제가 먼젓번에 했던 과제와 다른 점은 '맞았어!' 혹은 '틀렸어!'라고 얘기해주는 피드백과 그 스무 장의 카드에 대한 올바른 해결책으로 유도해주는 안내가 훨씬 적다는 조건을 아이들이 견뎌내어야 한다는 것이었다.

이와 같은 문제를 풀 때 효율적 전략

이 있고 비효율적 전략이 있다. 줄리는 첫 번째 카드를 본다. 왼쪽에는 흰색 삼각형 안에 별이 있고 오른쪽에는 회색 사각형 안에 점이 있다. 줄리는 왼쪽과 오른쪽 가운데 하나를 정답으로 선택해야 한다. 만일 색깔이 정답을 결정하는 규칙이라고 생각한다면, 회색이 정답이라고 추측하고 삼각형이든 사각형이든 회색으로 된 것을 언제나 선택할 수 있다. 일단, 회색 삼각형을 선택했다고 치자. 그런데 만일 줄리가, 인생을 살면서 많은 경우에 그렇듯이 '틀렸어!'라는 말을 들으면, 자기가 왜 틀렸는지 이유를 알지 못한다. 어쩌면 정답을 결정하는 규칙이 색깔이 맞긴 한데 흰색이 아니라 회색을 선택해서 틀렸을 수도 있다. 만일 이렇게 생각한다면, 다음 차례 시도에서는 흰색을 선택할 수 있다. 또 혹은, 정답을 결정하는 규칙이 색깔이 아니라 형태라는 판단을 시험해보려고 다음 카드의 회색 사각형을 선택할 수도 있다. 그런데 이번에도 실패를 하면, 도형 안에 들어 있는 점에 초점을 맞출 수 있다. 그래서 여기에 입각해서 선택을 해 정답을 찾으려고 노력한다. 효율적인 문제 해결 전략을 보여주는 아이들은 이런 방식으로 자기가 생각하는 것들을 차례대로 확인해서 마침내 '맞았어!'라는 말을 듣는다.

하지만 이에 비해서 비효율적 전략은 결코 정답으로 이어지는 경로를 따라가지 않는다. 예를 들면 이렇다. 제임스는 실험 진행자의 피드백과 상관없이 무조건 흰색만 선택하고, 메리는 피드백 내용이 뭐든 간에 무조건 오른쪽이 아니면 왼쪽을 선택하고 왼쪽이 아니면 오른쪽을 선택한다. 잭은 무조건 왼쪽만 선택한다.

자, 이제 위에서 내가 제시했던 여섯 개 문항으로 돌아가서 어린 시절 당신을 생각해보자. 당신이 한 대답 가운데 a가 많은가, 아니면 b가 많은가? 디에너와 드웩이 했던 이와 비슷한(그러나 문항은 훨씬 많았던) 연구에서 만일 당신이 a를 많이 선택했다면, 두 연구자는 당신을 '숙달 지향적이다mastery-oriented'라고 규정했을 것이다. 반대로 b를 많이 선택했다면 '무기력하다helpless'리고 규정했을 것이다. 자, 당신은 어느 쪽인가? 디에나와 드웩이 실시한 테스트에서 a를 많이 선택하는 아이와 b를 많이 선택하는 아이의 성적은 확실하게 다르게 나타난다.

a를 많이 선택한 아이들은 '실패'를 경험한 뒤에, 즉 자기가 한 대답이 틀렸다는 말을 들은 뒤에, 문제를 해결하기 위해서 효율적인 전략을 구사하는 경향이 높았다. 반면에 b를 많이 선택한 아이들, 즉 '무기력한 아이들'은 한밤중에 자동차 전조등 불빛을 정면으로 받으면 꼼짝도 하지 못하고 가만히 서 있는 토끼처럼 한 번 선택한 전략을 결코 수정하지 않는다. 그리고 최악의 경우에는 피드백 내용과 상관없이 언제나 동일한 형태를 고집한다거나 오른쪽과 왼쪽을 끊임없이 오간다. 그런데 꼭 기억할 일이 있다. '숙달 지향적인 아이'와 '무기력한 아이' 모두 훈련을 받는 연습 과정에서는 주어진 과제를 똑같이 잘 수행했다는 사실이다. 정신능력mental ability이 동일하다는 뜻이다. 하지만 두 집단을 가르는 결정적인 차이는 실패에 대한 각자의 반응에 있었다. 모든 테스트 과정이 끝난 뒤에 '문제를 푸는 데 왜 어려움을 겪었느냐?'라는 질문을 하자, b를 많이 선택한 아이들 가운데 자그마치 절반이 '내가 똑똑하지 못해서.'라는 대답을 했다. 그렇다면 a를 많이 선택한 아이들 가운데서는 이런 대답을 한 아이가 얼마나 있었을까? 단 한 명도 없었다. 다시 한 번 더 말하지만, 두 집단에 속한 어린이들의 똑똑함 정도는 전혀 차이가 없었다. 그런데 놀랍게도 그런 결과가 나왔다.

한편 a를 많이 선택한 '숙달 지향적인 아이들'은 테스트 과정이 끝난 뒤에 동일한 질문을 받고 뭐라고 대답했을까? 전체의 약 4분의 1이 자기들이 열심히 시도하지 않았기 때문이라고 대답했으며, 약 5분의 1은 운이

나빴기 때문이라고 했고, 또 다른 5분의 1은 문제가 연습할 때보다 어려웠기 때문이라고 했으며, 또 다른 5분의 1은 실험 진행자가 공정하지 않았기 때문이라고 했다. 중요한 점은, 이들 중 그 누구도 자기가 충분히 똑똑하지 않아서라고 대답하지 않았다는 사실이다. 이 점이 b를 많이 선택한 집단과 결정적으로 다른 점이었다. 아이들을 대상으로 한 두 번째 연구에서는 아이들더러 문제를 풀려고 시도할 때 큰 소리로 말을 하게 했는데, 이때도 역시 두 집단 사이에는 커다란 차이가 드러났다. '숙달 지향적인 아이들' 가운데 절반 이상은 문제를 푸는 데 실제로 도움이 되는 말을 자기 자신에게 했다. 예를 들면 '문제가 점점 어려워지면 나도 그만큼 더 열심히 할 필요가 있다.'거나 '침착하게 마음을 가라앉히고 풀어보자.'는 따위의 말이었다. '숙달 지향적인 아이들' 가운데 압도적인 다수는 '나는 지금 충분히 집중을 하지 않고 있다.'와 같은 이른바 '자기 관찰적인self-monitoring' 말을 자기 자신에게 했으며, '무기력한 아이들' 가운데 많은 아이가 그랬던 것처럼 '에이, 포기할래.'와 같은 사기를 떨어뜨리는 말을 한 아이는 한 명도 없었다. 똑똑하긴 하지만 '무기력한 아이들'이 보여준 '자동차 전조등에 비친 토끼의 행동'은 문제 해결과 상관이 없거나 실제로 문제 해결을 방해하는 말을 자기 자신에게 하는 것으로 이어졌다.

첫 번째 연구가 있은 지 2년 뒤에 했던 두 번째 연구[30]에서 디에너와 드웩은 동일한 테스트를 '무기력한 아이들'과 '숙달 지향적인 아이들'을 대상으로 실시했는데, 전체 집단 가운데 절반은 어떤 문제에 답을 제시하고 틀렸다는 말을 들은 직후에, 그리고 나머지 절반은 맞았다는 말을 들은 직후에, 테스트를 중단한 다음 각자 자기가 하는 것에 대해서 어떻게 생각하는지 물었다. '무기력한 아이들'은 그때까지 자기가 성취했던 성공을 실제보다 낮게 평가했으며 자기들이 거둔 성공을 자기 능력이 발휘된 증거로 바라보지 않았고, 아울러 앞으로도 자기가 잘할 수 있을 것이라고 기대하지 않았다. 그러나 '숙달 지향적인 아이들'은 앞으로는 자기가 더 잘할 수 있을 것이라는 불굴의 낙관적인 태도와 전망을 보였다.

그런데 과연 학교 교실에서 이루어진 성공과 실패에 대한 이 반응들이 실제로 중요할까? 만일 그렇다면 여기에 대해서 부모가 자식에게 어떤 것이든 해줄 수 있는 게 있을까? 뒤에서 살펴보겠지만 대부분의 부모는 모두 그렇게 한다. 또 대개 실제로 그렇게 할 능력을 가지고 있다.

여기에서 다시 몇 가지 질문을 당신에게 하겠다. 각각의 항목에 대해서 당신이 얼마나 동의하는지 혹은 동의하지 않는지 평가해보기 바란다.

1. 사람이 가지고 있는 지능 수준은 대체로 고정되어 있어서 많이 바뀌지 않는다.
2. 본인이 아무리 많이 학습을 하더라도 지능 수준을 바꿀 수는 없다.
3. 사람은 열심히 노력하는 데 따라서 자기 지능 수준을 개선할 수 있다.
4. 아무리 현재의 지능 수준이 높다 하더라도 얼마든지 더 높게 개선할 수 있다.

이 질문들은 앞서 아이들이 답해야 했던 문제들과 공통점이 많다. 드웩은 크랜달의 질문항을 이 주된 쟁점사항, 즉 사람들이 자기 지능에 대해서 가지는 믿음 체계의 문제로 좁혔다. 드웩은 위의 네 가지 질문과 비슷한 몇 가지 질문을 사용해서 무기력한 사람들과 숙달 지향적인 사람들이 자기가 이룬 지적 성과에 대해서 각각 어떻게 느끼는지 알아보고자 했다. 어떤 사람들은 자기의 지능을 거의 혹은 전혀 통제하지 못하는 실체로 바라보고, 또 어떤 사람들은 그것을 점진적으로 변화 가능한 것으로 바라본다. 바뀌지 않는 어떤 것 혹은 점진적으로 변화할 수 있는 어떤 것으로 바라보는 관점의 차이는 디에너와 드웩이 했던 연구에서 드러난 무기력한 아이들과 숙달 지향적인 아이들의 차이와 매우 비슷했다.

컬럼비아대학교의 리사 블랙웰 교수는 드웩 및 다른 사람들과 팀을 이루어서 사람들이 자기 지능에 대해서 가지고 있는 믿음이 그들의 삶에 어떤 영향을 주는지 조사했다.[31] 이들은 막 중등학교에 진학한 열두 살에서 열세 살 청소년 약 400명의 학교 성적을 추적했다. 블랙웰이 자기 지능을 바뀌지 않는 것으로 파악하는 학생들의 성적 변화와 이들과는 다르게 점진적으로 변화하는 것으로 파악하는 학생들의 성적 변화를 비교하는 작업을 했는데, 그 결과 놀라운 사실을 발견했다.

7학년(중학교 1학년) 과정의 9월에 두 집단은 수학 표준 시험에서 비슷한 성적을 기록했다. 그런데 8학년 봄에 자기 지능이(높든 낮든 상관없이) 바뀌지 않는다고 믿는 학생들의 성적은 지난 가을과 비교할 때 변하지 않았다. 그런데 이에 비해서 지능은 하기에 따라서 얼마든지 좋아질 수 있다고 믿는 학생들의 성적은 꾸준하게 향상되었다.

이 현상은 7학년 때 치른 수학 시험에서 낮은 점수를 받았던 학생들에게도 동일하게 나타났다. 지능이 점진적으로 좋아질 수 있다고 믿은 학생의 성적은 향상된 반면에, 7학년 때 높은 점수를 받았다 할지라도 자기 지능이 바뀌지 않는다고 믿은 학생의 성적은 변화가 없었던 것이다.

이 사실을 확인하는 순간, 언젠가 병원에서 토니의 아버지가 토니와 관련해서 나에게 했던 말이 떠올랐다. 토니가 어째서 동기부여가 부족한지 갑자기 깨달을 수 있게 해줬던 바로 그 말이었다. 그때 토니의 아버지는 이렇게 말했다.

"어느 날 우리가 살던 곳에서 전람회가 열렸는데, 거기에 멘사 부스가 있었습니다. 거기에서 말하길, 토니의 지능지수가 매우 높으니 추가로 검사를 받으러 꼭 오라고 했습니다."

아, 그거였구나!

멘사는 지능지수 상위 2퍼센트 안에 드는 사람들이 회원으로 가입하는 단체이다. 만일 어떤 사람이 멘사 회원이라고 한다면, 그 사람의 지능지수가 매우 높다고 봐도 된다. 앞에서 내가 대학생 때 알던 친구라고 했던 대학원생 테리가 바로 그 멘사의 회원이었다. 테리가 비록 학교에서 뻔질나게 자기의 똑똑함을 과시하고 다니긴 했지만, 그렇다고 해서 그가 멘사 회원이라는 사실을 내가 알 수 있었던 길은 뭐였을까? 테리가 자기 입으로 자기가 멘사 회원이라고 툭 하면 말했다는 사실, 그것뿐이었다.

아직 중학생이던 토니의 지능지수는 평균보다 조금 높은 정도였다. 아동용 웩슬러 지능검사를 통해서 내가 직접 확인한 결과가 그랬다.(이 검사 방법은 면접시험으로 결과를 확인하는 데까지 많은 시간이 걸리지 않는데도 다양한 정신 기능 전반에 걸친 능력을 확인하는 방법이다.) 토니는 결코 최상급에 속할 만큼 똑똑하지는 않았다. 전람회의 멘사 부스에서 그가 받았던 검사는 지필 검사 방법이었는데, 이 검사법 가운데 일부는 위에서 언급한 디에너와 드웩의 테스트와 비슷한 부분도 있었다. 전람회장의 멘사 부스에서 토니의 부모가 들은 내용이란, 방금 검사한 것은 일종의 선별시험일 뿐이니 아들의 정확한 지능지수를 확인하려면 꼭 정확한 검사를 받아봐야 한다는 말과 토니가 '지능이 매우 높다.'는 말뿐이었다. 그런데 토니는 멘사 부스에 있던 사람들의 조언을 따르지 않았다. 정확한 검사를 받지 않은 것이다. 그런데 문제는, 실제로 그의 지능지수는 평균보다 조금 높은 수준이지 결코 예외적일 정도로 높은 수준은 아니라는 데 있었다. 그리고 앞에서도 살펴봤듯이 설령 그가 실제로 그렇게 예외적으로 높은 지능을 가지고 있다 하더라도, 지능지수가 예외적으로 높다는 식으로 '딱지가 붙는 것'은 결코 좋은 일이 아니다.

토니에게 그 좋지 않은 결과는 심각하게 나타났다. 일반적으로 지능지수에 몰두해 있는 이론심리학자들은 지능지수가 유전된다고, 다시 말하면 변하지 않는 실체로 한 개인에게 주어진다고 확신한다. 그리고 드웩의 연구에서 드러났듯이 어떤 학생이 자기 지능은 고정된 어떤 것이며 변화하지 않는다고 믿을 때, 지능이 얼마든지 좋아질 수 있다고 믿는 학생에 비해서 실패의 경험을 쉽게 잘 극복하지 못하는 경향을 보인다.

토니는 계속해서 부모와 자기 자신을 실망시켰다. 예외적일 만큼 높은 지능을 가지고 있음에도 불구하고 학업 성적은 전반적으로 평균 수준에 머물렀기 때문이다. 토니의 부모가 토니에게 가지고 있던 기대 때문에 매우 높은 것으로 여겨지던 토니의 지능지수는 그 자체로, 토니의 키나 얼굴 표정처럼 토니라는 존재를 구성하는 하나의 고정된 실체가 되어버렸다. 그러나 토니가 가지고 있던 '나는 매우 똑똑하다.'라는 자아 인식의 근본적인 한 측면이 학업 성적이라는 거부할 수 없는 실체와 여기에 따른 부모의 실망에 의해서 날마다 공격받고 상처받았다. 그러니 그 가여운 토니가 그처럼 얼굴이 어두울 수밖에 없었던 것이다.

테리는 똑똑하다고 소문이 나 있었다. 그러나 다른 학생들에게 그런 사실을 어떻게 아느냐고 물어보면(예를 들면, '토니가 획기적 학술 논문을 썼나?'라고 물으면), 거의 대부분은 얼굴을 찌푸리며 잠시 생각에 잠겼다가 이렇게 대답하곤 했다.

"어쨌든 테리는 멘사 회원이잖아."

그런데 테리는 실제로 많은 것을 성취하지 못했다. 왜냐하면 높다고 소문이 난 그의 지능지수를 시련에 들게 만드는 일에는 엄청난 위험이 뒤따를 터였기 때문이었다. 만일 그가 쓴 책이 전 세계를 휩쓸지 않는다고 해서 문제될 건 없었다. 책으로서는 결코 실패가 아닐 터였다. 다만 그의 자아의 핵심적 어떤 특성의 실패일 따름이었다.

캘리포니아대학교 버클리 캠퍼스의 마틴 코빙턴 교수는, 자기가 거둔 성적을 변하지 않는 자기 지능의 구체적인 표현이라고 믿는 테리와 같은 사람들은 '성과' 목표에 초점을 맞추는 경향이 있음을 증명했다.[32] 이런 유형의 목표에 또 다른 명칭이 붙어 있는데, 그것은 바로 '자아 목표ego-goal'이다. 토니와 테리에게 자기가 얻은 성적은 테니스를 잘 칠 수 있는 기술이나 숙련과 같은 차원의 것이 결코 아니었다. 그것은 자기 자아의 표출(드러남)이었다. 그런데 일단 그 성적(지능 혹은 지성)이 이런 식으로 드러나 보이기 시작하면, 이 성적은 총체적인 위험이 된다. 그리고 이때 위험에 노출되는 것은 총체적인 자존심이다. 테리가 눈부실 정도로 찬란한 자기의 똑똑함을 실제로 어떤 시험에도 노출시키지 않고 피했다는 사실은 결코 놀라운 일이 아니다. 테리와 같은 사람들은 다른 사람들을 꺾고 일등의 자리에 오르는 일에 끊임없이 초점을 맞춘다. 이들은 그 결과에 끊임없이 집착한다. 충분히 그럴 만도 한 게, 이들에게 모든 결과는 자기 자아를 공개적으로 시험하는 것이기 때문이다. 그래서 만일 자기가 다른 사람들을 이길 것이라고 확신하지 않을 때는 경쟁을 슬그머니 피하고 만다.

대학교 때 친구들 가운데는 성적이나 결과에만 초점이 맞추어진 자아 목표에 짓눌리지 않았던 친구들이 있다. 이 친구들은 나중에 성공했다. 이들은, 코빙턴의 용어를 빌자면 '학습에 초점을 맞추었기' 때문이다. 이들이 설정한 목표는 자기들 앞에 닥친 어려운 문제들을 넘어서는 도전에서 비롯된 것이었다. 이들은 스스로에게 '나는 이것을 잘하지 못해.'라고 말하지 않고 '나는 지금 충분히 집중을 하지 않고 있다.'라고 말했던, 디에너의 연구에서 a라는 대답을 더 많이 했던 아이들이었다. 예를 들어 디에너의 연구에서 시험 진행자가 '틀렸어!'라고 말할 때, 아마 이들은 심호흡을 한 차례 하고 나서 더 열심히 집중했을 것이다. 그리고 이때 그들의 눈은 아마도 총기와 의지로 반짝거렸을 것이다.

이에 비해서 테리와 토니는 디에너의 연구에서 b라는 대답을 더 많이 했을 '무기력한 아이들'이었을 것이다. 진행자가 '틀렸어!'라고 말을 할 때

이들의 심장은 쿵쾅거리며 마구 뛰었을 테고, 무섭고 끔찍한 생각이 온 머리에 가득 차 정신이 아득해져서, '어쩌면 나는 똑똑하지 않을지도 몰라!'라는 말을 했을 것이다. 테리는 아마도 무작위적으로 반응했을 것이다. 그러고는 진행자에게 자기가 멘사 회원이라고 말했을 것이다. 토니는 아마도 한층 더 침울해져서 상처받은 자아를 붙잡고 보다 깊은 고민에 빠졌을 것이다.

만일 테리와 토니가 컬럼비아대학교의 제니퍼 맹글스 교수와 그녀의 동료들이 했던 뇌 영상법 brain imaging(뇌의 구조나 활동을 측정하여 영상으로 보여주는 기법 - 옮긴이) 연구[33]의 대상이었다면, 아마도 이 취약한 자아의 모습을 뇌 영상으로 확인할 수 있었을 것이다. 이 연구자들은 두 집단으로 분류된 피실험자 학생들을 대상으로 뇌 영상 기록을 했다. 한 집단은 지능이 변하지 않는다고 믿는 학생들이었고, 다른 한 집단은 지능은 얼마든지 좋아질 수 있다고 믿는 학생들이었다.

우리가 실험실에서 자주 하는 테스트 가운데 하나로, 피실험자들에게 일련의 소리를 들려주다가 조금 다른 소리를 들려주면서 그 소리가 들리면 버튼을 누르게 하는 식이다. 이때 피실험자의 뇌파를 기록하면, 그 목표 소리가 나타날 때 뇌 활동을 나타내는 그래프에 커다란 뇌파 하나가 나타난다. 신경과학자들은 이 뇌파를 'P3b파'라고 부른다. 하지만 때로 완전히 '특이한' 소리가 나타나기도 한다. 우지직거리는 이상한 소리다. 그리고 이 소리에 반응해서 전혀 다른 뇌파가 발생한다. 이것이 이른바 'P3a파'이다. 이 뇌파는 '가만, 이건 도대체 뭐지?'라는 뇌 반응을 의미하는데, 뇌의 앞부분에서 특히 나타난다.

맹글스와 그녀의 동료들은 컬럼비아대학교의 학생들을 대상으로 일반적인 지식 테스트를 했다. 예를 들면 '오스트레일리아의 수도는 어디인가?'와 같은 질문들로 구성된 테스트였다. 그런데 이 테스트를 받는 동안 피실험자들은 뇌에서 일어나는 전기 활동을 측정하는 뇌파 감지 장치에 연결되었고, 이 같은 방식으로 연구자들은 두 집단의 뇌파 활동을 비교했다. 그렇다면 학생들이 어떤 문제에 대한 답을 말할 때 '틀렸어!'라는 반응을 실험 진행자로부터 들을 경우 어떤 현상이 일어났을까? 지능이 변하지 않는다고 믿는 집단에서는 지능이 변할 수 있다고 믿는 집단에 비해 뇌 앞부분에서 훨씬 큰 P3a파가 나타났다. 이 집단에서는 실패를 알리는 이 피드백이 실제로 '도대체 이게 뭐지?'라는 강한 의문을 촉발했다는 뜻이다. 이 지점이 바로 자아의 위협에 대한 인식이 뇌 활동으로 드러나는 순간이다.

하지만 훨씬 더 중요한 반응은 도움이 되는 피드백에 대한 반응이었다. 즉, 어떤 질문에 대한 정답이 번쩍거리며 떠올랐을 때, 예를 들어 오스트레일리아의 수도가 무엇이냐는 질문에 대한 반응으로 캔버라가 떠올랐을 때, 이 정답에 뇌가 반응하는 양태가 훨씬 중요했다. 지능이 점진적으로 좋아질 수 있다고 믿는 집단에 속한 학생들은 정보를 확보하고 기억을 저장하는 기능, 즉 부호화encoding 기능과 관련이 있는 것으로 알려진 뇌 활동으로 뇌파에서 커다란 굽이 파도 하나가 나타났다. 이것은 전두엽frontal lobes의 몇몇 부분과 함께 측두엽temporal lobes에서 나타났다.

지능의 점진적인 개선을 믿는 집단에 속한 피실험자들의 뇌는 실험 진행자의 피드백을 스펀지처럼 받아들였고 이것이 지식 테스트 전 과정에서 긍정적으로 작용해서 높은 성적을 유도했다. 처음에 자기들이 정답을 몰랐던 몇몇 질문에서조차 정답을 말할 수 있었기 때문이다. 그러나 지능이 변하지 않는다고 믿는 집단에 속한 피실험자들의 경우는 어땠을까? P3a의 도전을 받는 그들의 자아는 어땠을까? 그들의 뇌는 '틀렸어!'라는 반응으로 생성된 자아에 대한 위협에 지나치게 사로잡힌 나머지, 그다음 질문에서 보다 나은 결과를 낳는 데 도움이 될 피드백을 온전하게 흡수할 수 없었다. 이들의 측두엽 기억 부호화 반응은 전자 집단의 피실험자들에 비해서 작았다. 이것은 이들이 피드백을 통해서 학습을 제대로 많이 하지 않았음을 의미한다.

바로 이 지점에서 우리는 테리와 토니가 성공적이지 못할 수밖에 없었던 이유를 포착한다. 자기들이 틀렸다는 사실을 발견하는 일은 자기들의 자아에는 너무도 도전적인 커다란 위협이었다. 이 위협이, 실패를 통해서 학습을 하고 지적인 능력을 개선하는 뇌의 능력을 방해한 것이다. 그러나 분명하게 말하지만, 이런 반응도 얼마든지 바뀔 수 있다. '선천적으로 고정된' 것이 아니라는 말이다. 그 반응은 단지 하나의 믿음일 뿐이다. 믿음은 얼마든지 바뀔 수 있다. 때로 믿음은 엄청나게 쉽게 그리고 빠르게 바뀌기도 한다. 나는 토니와 그의 부모에게 토니가 명석한 건 맞지만 그렇다고 해서 천재라고 할 정도는 아니라고 말해줬다. 그리고 그렇다 하더라도 토니가 꾸준히 노력한다면 얼마든지 좋은 성적을 거둘 수 있다는 말도 했다. 부모는 조금 풀이 죽는 눈치였다. 그러나 토니는 충격을 받은 것 같았다. 안도의 충격이었다. 그리고 얼마 뒤에 토니는 자기 어깨 위에 놓여 있던 무거운 짐을 벗어버린 듯 밝고 쾌활해졌다.

토니에 대한 나의 치료법은 자기가 가진 능력에 대해서 b가 아니라 a라고 대답할 수 있는 믿음을 갖도록 가르치는 것이었다. 나는 토니가 자신의 지적 능력이 점진적으로 나아질 수 있다는 관점을 가지도록 가르쳤던 것이다. 그리고 또 노력하고 응용하는 것에 대해서도 믿음을 가지도록 가르쳤다. 어려움을 수동적인 의미의 고통이 아니라 능동적인 의미의 도전으로 바라보도록 가르쳤다. 그게 효과가 있었다고 나는 생각한다. 그러나 나는 인턴이었던 터라 얼마 뒤에 또 다른 훈련 기회를 찾아 다른 병원으로 자리를 옮겨야 했고, 그 뒤로 토니가 어떻게 바뀌었는지는 알지 못한다. 그러나 자기가 가진 능력의 용량이 고정불변이라고 생각하는 아이라고 할지라도 얼마든지 그 생각을 바꿀 수 있다는 사실에 대해서는 이견이 있을 수 없다. 이 아이도, 성공 혹은 실패가 태어날 때부터 주어진 게 아니라 노력 여하에 따라서 달라지는 것임을 얼마든지 깨달을 수 있다. '나는 수학에 소질이 없어.' 혹은 '나는 원래 운동을 잘 못해.'와 같은 생각은 '나는 학교에서 수학을 배우면서 흥미를 잃어버렸어.' 혹은 '나는 내 능력에 맞는 운동을 알아볼 필요가 있어.'와 같은 생각으로 바뀌어야 한다. 변하지 않는다는 생각에서 얼마든지 점진적으로 변할 수 있다는 생각으로 바뀌어야 한다.

테리와 토니는 자기들에게 씌워진 저주를 이고 살았다. 자신의 지적 능력이 변하지 않는다는 확신이 그 저주였다. 이것은 현대인이 일상적으로 안고 살아가는 저주이다. 이 저주는 지능의 영역을 넘어서서 훨씬 넓은 분야에 퍼져 있다. 이것이 바로 '유전자적 숙명론'이라는 무거운 짐이다.

유전자적 숙명론의 저주

인간 게놈 배열은 우리 시대의 어떤 핵심적 믿음을 널리 퍼트리는 데 결정적으로 기여했다. 이 믿음은 인간의 존재 및 행동의 많은 부분이 이미 유전자에 의해 결정되어 있다는 것으로, 생물학적인 운명 예정설의 한 형태이다. 대부분의 유전 과학자들은 인간이 하는 복잡한 행위들과 저마다의 개인적 특성이 유전자에 의해 어느 정도 결정되는지 궁금해한다. 그러나 유전자는 겨우 2만~3만 개밖에 되지 않는다. 이것만으로 미묘하고 복잡하기 짝이 없는 인간 행동의 그 많은 측면이 통제된다고 보기에는 너무도 적은 숫자이다. 그리고 인간은 환경에서 무엇인가를 학습하기 위해서 유전자적으로 진화했다. 그렇기 때문에 현명한 유전 과학자들은 '자연 대 훈육nature versus nurture'이라는 개념보다는 '훈육이 합쳐진 자연nature with nurture'이라는 개념을 주장한다.

그러나 제각기 다른 여러 이유를 대면서 심리학적인 문제나 인간의 개성 그리고 지능이 유전자의 영향을 얼마나 많이 받는지를 매우 과장하는 논리를 펴는 심리학자들과 정신과 의사들이 있다. 물론 그렇다. 그런 것들에 유전자가 많은 영향을 미친다. 하지만 영향력이라는 차원에서 볼 때 유일하거나 주된 요인으로 작용하는 유전자는 지극히 소수일 뿐이다. 그러나 유전자가 지능과 개성과 심리학적인 여러 문제를 지배한다는 믿음이 갖는 문제는, 인생이라는 드라마 속 주인공인 당신을 아무것도 주체적이고 주동적으로 할 수 없는 무기력한 존재로 바라보고 또 그렇게 만들려고 한다는 데 있다. 당신이 유전자에 대해서 할 수 있는 것은 아무것도 없다. 그러나 자기가 하는 행동이 주로 유전자에 의해 결정된다는 어느 뛰어난 학술 논문의 내용을 당신이 믿는 순간, 그 믿음은 말이 씨가 되는 예언으로 자리를 잡는다.

자신의 지적 능력이 고정된 불변의 것이라고 믿는 바람에 테리와 토니가 어떻게 망가졌는지는 앞에서도 살펴보았다. 지적 능력이 별로 중요한 요인으로 작용하지 않는 상황임에도 불구하고 유전자적인 숙명론이 실제로 한 아이의 학습을 어떻게, 그리고 얼마나 방해하는지 살펴보았다. 아이를 칭찬할 때는 그 아이가 '똑똑하다'고 칭찬해서는 안 된다. 어떤 성과를 이루기 위해서 그 아이가 얼마나 끈기 있게 노력했고 또 창의성을 발휘했는지 말해주면서 칭찬해야 한다. 그렇지 않을 경우, 유전자적 숙명론의 저주를 그 아이에게 내릴 수도 있기 때문이다.

펜실베이니아대학교의 앤절라 덕워스 교수와 그의 동료들은 이런 끈기와 투지야말로 아이비리그 학부생들의 학업 성적, 심지어 7~15세 아이들의 철자법 능력까지도 좌우하는 매우 상관성 높은 요인임을 발견했다.[34]

이 연구자들은 '투지'를 평가하는 기준으로, 오랜 시간에 걸친 관심의 일관성, 그리고 꾸준하게 노력을 기울이는 인내력이라는 두 가지 요소를 동원했다. 일관성을 확인하기 위한 문항은 '몇 달씩 길게 이어지는 프로젝트들을 지속적으로 따라가는 일을 나는 힘들어한다.'와 같은 것들이었고, 인내력을 확인하기 위한 문항은 '나는 무슨 일을 시작하든 보통 끝장을 보는 편이다.', '나는 열심히 노력하는 편이다.' 혹은 '나는 실패를 해도 실망하지 않는다.'와 같은 것들이었다. 이러한 항목들에서 높은 점수를 받은 아이나 어른은 그렇지 않은 집단에 비해서 승자가 될 가능성이 높았다.

간단히 말해서 유전자적 숙명론의 저주는 투지를 갉아먹는다. 투지는 삶에서 가장 중요한 요소들 가운데 하나로 꼽을 수 있는 덕목이다. 예컨대 학업 성적뿐만 아니라 직장 생활에서, 사람들과 맺는 인간관계에서, 그리고 스트레스와 질병을 이겨내는 데서 그렇다.

알츠하이머병과 밀접하게 연결되어 있는 뇌의 갈색 반점 amyloid plaques(아밀로이드 플라그)과 신경섬유매듭 neurofibrillary tangles이라고 불리는 단백질 덩어리를 포착하는 방법론으로 뇌 영상법을 구사하는 데까지 이미 과학은 접근해 있다. 만일 누군가 자기 기억력이 의심스럽다고 걱정을 하면 의사가 알츠하이머병의 이 핵심적인 인자들을 확인하기 위해서 뇌 스캐닝 검사를 받아보라고 권유할 날도 이제 머지않았다. 이렇게 되면 아마도 과학자들은 알츠하이머병이 뇌에 큰 손상을 입히기 전인 조기에 이 병을 포착해서 그 진전을 막아줄 새로운 치료법 개발에 착수할 수 있을 것이다. 그런데 문제는, 커다란 효과를 보장하는 치료법이 아직 마련되어 있지도 않은 상황에서 그런 진단을 받는다는 것은 매우 우울하고 답답한 경험이 될 수밖에 없다는 데 있다.

그런데 과연 문제가 그처럼 간단하기만 할까? 시카고에 있는 러시대학교 메디컬센터의 데이비드 베넷과 그의 동료들은 노인들로 구성된 어떤 집단을 설정한 다음 이 노인들을 추적하면서 그들이 살아 있는 동안의 기억과 인식능력의 추이를 관찰했다.[35] 그리고 관찰 대상자가 사망한 뒤에는 그 사람 뇌의 알츠하이머병에 의한 손상 정도가 얼마나 되는지 측정했다. 결과가 어땠을 것 같은가? 사람들은 보통 살아 있을 때의 기억력 및 정신능력은 뇌에 발생한 병리 정도와 강한 상관성을 가질 것이라고 생각한다. 베넷이 확인한 것도 그랬다. 하지만 모든 사람이 다 그렇지는 않았다.

상대적으로 고립된 생활을 했던 노인, 즉 적어도 한 달에 한 번씩은 볼 수 있는 가족이나 친구의 수가 적었던 노인의 경우, 뇌에 발생한 병리 정도가 상대적으로 높을수록 생전의 정신기능이 보다 빈약했다. 하지만 친구나 가족 등 사회적 연결망을 풍부하게 가지고 있던 노인들에게는 이러한 상관성이 존재하지 **않았다**. 뇌에 발생한 '고약한 것들'과 살아 있을 때 그들이 보여준 정신능력 사이에는 **아무런 관련이 없었던 것이다**.

이 사실에서 추론할 수 있는 것은, 주변에 친구와 가족이 있다는 사실에서 비롯되는 정신적인 도전, 자극 그리고 의욕은 설령 손상을 입은 뇌라고 하더라도 그럭저럭 괜찮게 작동하도록 해준다는 사실이다. 뇌는 말할 수 없을 정도로 유연하다. 이러한 유연성은 그 사람의 나이와 상관없이 발휘된다. 그리고 풍부한 사회적인 관계를 유지함으로써 외부로부터 보다 많은 자극을 받는 사람의 뇌에는 알츠하이머병의 요인도 상대적으로 적은 영향밖에 미치지 못한다. 물론 환자 주변에 가족이나 친구가 많다고 해서 알츠하이머병이 치료되는 것은 분명 아니다. 그러나 환자의 뇌에 일어난 변화에도 불구하고 환자의 뇌는 보다 잘 기능할 수 있다.

만일 내가, 알츠하이머병에 대한 약물 치료법이 개발되기 전에 초기 알츠하이머병 진단을 위한 새로운 뇌 영상 검사를 받았던 최초의 의심 환자들 가운데 한 명이었더라면, 아마도 나는 내 운명은 끝났고 내가 할 수 있는 건 아무것도 없다는 우울하기 짝이 없는 숙명론적 저주에 무릎을 꿇고 싶은 끔찍한 충동에 사로잡혔을 것이다. 하지만 언제나 그런 충동에 사로잡힐 필요는 없다. 우리의 정신능력이 우리 뇌의 병리에 의해서 매우 강력하게 영향을 받는다 할지라도(예컨대 알츠하이머병의 경우처럼), 우리의 뇌는 워낙 복잡하기 때문에 칼로 두부 자르듯이 정신적으로 완전히 접어버리고 모든 것을 포기하는 일은 쉽게 일어나지 않는다.

그러므로 유전자적이건 생물학적이건 간에 숙명론은 사람을 불구로 만들 수 있으며, 또한 많은 경우에 과학적으로 입증되지도 않았다. 그러나 많은 사람이 자신의 개성과 행동을 스스로 통제할 수 없는 고정불변의 것으로 생각함으로써 스스로에게 족쇄를 채운다. 그리고 만약 정말로 우리의 개성과 행동이 우리가 통제할 수 있는 범위 바깥에 존재한다면, 분명 우리는 그것들을 통제할 수 없을 것이다. 하지만 과연 그럴까?

예를 들어서 캐럴 드웩은 다음과 같은 사실을 입증했다. 새로 전학을 간 학교에서 왕따를 당한 아이들이 자기가 경험하는 실패가 자기 안에 있는 어떤 것 때문이라고 생각할 때, 즉 '쟤들은 진짜 자기들끼리만 놀아. 그러니 나는 다른 아이를 찾아봐야지.'(변화를 믿는 믿음)라고 생각하지 않고 '나는 다른 아이들과 잘 사귀지 못해.'(고정불변의 신화에 사로잡힌 믿음)라고 생각할 때, 자기 안으로 움츠러들어서 친구를 사귈 시도를 포기하는 경향이 상대적으로 더 많다는 것이다.[36] 이 아이들은 결국 사회적인 배척의 악순환 고리 속으로 빨려들고 만다. 그리고 이 아이들은 다른 아이들이 자기를 인정해줄 수 있는 행동을 회피하기 때문에 앞으로도 영원히 다른 사람들 사이에서 인기를 끌지 못할 수 있다. 이 모든 것은 그 아이들이 자기 능력과 개성은 본질적으로 바뀌지 않는다는 귀납적이고 무력한 숙명론에 사로잡혀 있기 때문이다.

유전자적 숙명론은 간단하게 말해서 지능, 능력, 개성, 자아 통제, 행복

등의 여러 속성을 생각할 때 이것들이 어떤 정해진 양만큼만 자기에게 주어져 있다고 믿는 것이다. 이런 믿음 혹은 평계는 스스로를 바꾸기 위해서 할 수 있는 모든 시도를 자동적으로 가로막고 또 그 시도의 효과를 삭감한다. 즉, 그 사람의 능력이 온전하게 발휘되지 못하도록 방해한다. 파울로가 스스로를 '태양'인 파블로 피카소의 아들이라고 인식하는 순간, 다시 말해서 태양과 같은 세계적인 천재의 천재성은 타고나는 것이지 어떻게 후천적으로 만들어질 수 있겠느냐고 믿는 순간, 그는 심각한 정신적 불구 상태에 빠졌다. 이런 상태의 파울로에게 아버지 파블로의 성공은, 파블로의 아버지가 미술 교사였다는 점이나 파블로가 어린 시절에 다른 놀이는 하지 않고 오로지 집중해서 그림만 그렸다는 점, 다시 말해서 수많은 시간 동안 오로지 그림 그리기 훈련만 했다는 점 등은 아무런 연관성이나 의미도 없었다.

위대한 사람이 자기가 거둔 성공을 초자연적 힘이 작용한 결과라고 믿을 때 그리고 당신이 이 믿음을 진리라고 믿을 때, 자기 혼자 열심히 노력해서 성공을 이루겠다는 믿음이 당신의 머릿속에 들어설 여지는 어디에도 없다.

플로리다주립대학교의 앤더스 에릭슨 교수가 주장했듯이 천재성은 10,000시간의 연습과 훈련을 거친 뒤에야 비로소 드러나기 시작한다.[37] 물론 가장 뛰어난 성취를 이룩한 사람들에게는 천부적인 소질과 환경적인 상승효과가 어느 정도 있기는 하다. 그러나 노력과 인내력 없이는 어떤 천재도 태어날 수 없다. 모차르트, 로스트로포비치, 아인슈타인, 피카소와 같은 천재들 혹은 이들을 닮은 천재들도 모두 마찬가지이다. 피오나 오도허티의 표현을 빌자면, 그 10,000시간은 천재들이 높은 나무에 올라갈 때 사용했던 사다리의 발판이다. 그런데 어떤 천재들은 그 사다리를 자기 자식들이 보지 못하게 숨기고, 결국 자기 자식을 불구로 만들었다.

앞에서 나는 왜 성공한 부모들은 종종 그 사다리를 숨길까 하는 질문을 던졌다. 여기에 대한 첫 번째 대답은 자기들이 거둔 성공을 타고난 것으로 돌렸기 때문이다. 이들은 자기들이 세상에서 거둔 눈부신 성공이 태어나면서부터 지닌 천재성 덕분이라고 생각한다.(다시 말해서 이들은 유전자적인 숙명론을 신봉하기 때문에 이들에게는 사다리를 숨기는 것 외에 다른 선택의 여지가 없다.) 왜냐하면 그들의 눈에는 자기를 위대한 성공으로 이끌어 준 사다리가 보이지 않기 때문이다.

부모 자아의 저주

                               몇몇 부모들이 사다리를 숨기는 두 번째 이유가 또 있다. 이 이유는 어머니보다 아버지에 더 많이 해당되는데 성공이 자아에 미칠 수 있는 왜곡 효과와 관련이 있다. 즉, 이런 부모는 자기가 성공의 꼭대기에 올랐던 어지러운 등정 과정에서 행운이나 지독한 수고로움이 일정 부분 작용했을지도 모른다는 생각을 참을 수 없이 수치스럽게 생각한다. 그만큼 오만함으로 똘똘 뭉쳐진 것이다. 이런 부모의 자아가 가장 듣기 싫어하고 또 들을 필요가 없는 말은, 자기 자식들도 힘들게 노력하고 행운이 따라주기만 하면 그런 성공을 거둘 가능성이 있다는 것이다. 천재성은 불변의 천생이라고 믿게 된 자아가 자기 정체성을 유지한다는 것은 세속적인 노력의 사다리를 부정하고 성공을 유전자나 신의 뜻으로 돌리는 것을 의미한다.

    신이 허락한 천재성이라는 매력적인 환상은 파블로 피카소와 장 폴 게티가 동일하게 엮여 있는 심리적 운명이다. 그렇기에 이런 사람을 아버지로 둔다는 것, 다시 말해서 신을 아버지로 둔다는 것은 끔찍한 저주이다.

그런데 어째서 성공이 그 같은 자아들을 만들어낼까? 앞에서도 살펴보았듯이 승자는 분명 반드시 타고난 운명에 따라 결정되지는 않는다. 그러므로 성공이 환경의 산물인지 아닌지, 다시 말하면 우연한 사건들이 사람의 운명을 결정하는지 아닌지에 관한 의문이 제기된다. 이 의문이 우리를 '변신 물고기의 수수께끼' 앞으로 데리고 간다.

―――――――――

마이크 타이슨이 복귀 무대에서
세계 챔피언에 오른 것이 어느 정도 조작된 승리의 결과라면?
빨간색 셔츠와 파란색 셔츠는 중요한 경기에서 어떤 영향을 미칠까?

2

변신 물고기의 미스터리

Mystery of the Changeling Fish

우연이나 환경은
승리에 얼마나 영향을 미칠까?

WINNER
EFFECT

동아프리카 탕가니카 호수의 얕고 따뜻한 물에서 사는 아프리카 물고기 시클리드 하플로크로미스 부르토니Haplochromis burtoni의 수컷은 두 종으로 나뉜다. 하나는 T 시클리드로 파란색이나 노란색이며 한 가닥의 검고 두꺼운 줄이 눈을 가로질러 주둥이 쪽으로 나 있고, 다른 하나는 NT 시클리드로 쉽게 눈에 띄지 않는 우중충한 회색이며 같은 종의 암컷과 색깔이 매우 비슷하다.

보통 T 시클리드는 '멋진 사윗감'을 찾는 잠재적인 장모 시클리드가 한눈에 빠질 정도로 훌륭한 자질을 타고났으며 암컷에게 매력적이다. 또 이 물고기는 NT 시클리드에게 공격적이다. 그런데 이 물고기는 우수한 피를 이어받았음에도 불구하고 굳이 이렇게 NT 시클리드에게 공격적이어야 할 이유가 있을까?

한편 NT 시클리드는 순종적이고 생식력이 없다. 이 녀석은 쪼그라들어 아무짝에도 쓸모가 없어져버린 생식기를 달고는 어두운 곳에서 존재감 없이 살아간다. 이에 비해서 T 시클리드는 으스대고 다니면서 자기의 귀중한 DNA를 은혜로운 유전자 풀에 뿌리고 다닌다. '태어날 때부터 승자로 태어난' 콧대 높은 우생주의자라면 무척 바람직한 현상이라고 여길 만하다. 어쩌면 이 물고기는 다음과 같이 생각할지도 모른다.

"생물학적으로 열등한 종인 인간이 지나치게 빠른 속도로 번식하는 것을 두고 나는 줄곧 그들에게 재앙이 닥칠 것이라고 경고해왔고, 지금도 그렇게 경고하고 있다. 인간은 시클리드에게서 한두 가지쯤 배울 게 있을걸?"

어떤 종 가운데서 최적자는 자기에게 주어진 선택된 적합성과 좋은 혈통을 통해서 대대로 자기 영토의 군주가 되며, 이 군주는 전체 위계질서 속에서 가신家臣(높은 벼슬아치를 받드는 사람)을 거느린다. 시클리드 세계에서 T 시클리드의 가신은 NT 시클리드이다.

그런데 가만, 내가 이 이야기를 소개할 곳을 잘못 선택한 게 아닐까? 태어날 때부터 승자인 시클리드 이야기는 1장에서 다루어야 했던 게 아닐까? T 시클리드는 넓은 영주의 저택에서 태어나서 자라고 NT 시클리드는 어둡고 변변찮은 곳에서 눈에 띄지 않게 죽은 듯이 살아가고, 게다가 이 모든 것이 유전자적으로 결정되니까 말이다. 그렇다. 이 이야기는 물론 1장에서 다루기에도 좋은 소재이다. 그러나 한 가지 사실 때문에 나는 이 이야기를 2장에 실었다. 이따금씩 매우 특이한 일이 이들 세계에서 일어나기 때문이다.

NT 시클리드를 몇 시간에 걸쳐서 관찰하다 보면, 아주 이따금씩 특이한 변모 과정이 나타난다. 이 물고기의 우중충한 비늘 색깔이 화려한 청록색이나 강렬한 햇살 같은 노란색으로 바뀌는 것이다. 그리고 점차 T 시클리드의 색깔을 띠면서 쪼그라들어 있던 생식기가 점점 커지고, 이때 분출되는 테스토스테론이 이 물고기의 행동을 완전히 바꾸어놓는다. 영국 작가 로버트 스티븐슨의 소설 속 등장인물인 온순한 지킬 박사가 위험한 괴물 하이드로 바뀌는 것을 연상하면 된다. 새롭게 생식력을 획득한 이 녀석은 공격적으로 바뀐다. 암컷 꽁무니를 졸졸 따라다니고, 또 예전의 동료였던 NT 시클리드가 자기가 가는 길에서 얼쩡거리기라도 하면 사납게 공격한다. 그리고 이어서 예전에 자기를 괴롭혔던 T 시클리드 무리를 상대로 달콤한 복수를 한다. 이제는 동등한 자격으로 경쟁을 해서 그들이 거느리는 암컷을 빼앗는 것이다.

자, 이 현장에서 도대체 무슨 일이 일어나는 걸까? T 시클리드와 NT 시클리드는 동일한 종이며, 이들의 변모는 몇 시간 사이에 일어난다. 변모를 좀 더 자세하게 설명하면 다음과 같다. 어떤 것이 NT 시클리드의 뇌에 있는 한 무리의 세포들을 기존보다 여덟 배 정도 크게 부풀게 만든다. 그리고 이 세포들이 생식샘자극호르몬분비호르몬gonadotropin releasing hormone이라는 특정한 성호르몬을 분출한다. 이렇게 분출된 호르몬이 비늘 색깔과 생식기의 크기, 성격 그리고 생식력을 마치 마술과도 같이 바꾸어놓는다. 그리고 때로는, 비록 이보다 덜 자주 일어나는 일이긴 하지만 반대 경로로의 변모도 이루어진다. 즉 T 시클리드가 화려하던 비늘색을 잃고 생식기도 쪼그라들어 NT 시클리드로 바뀐다. 시클리드의 세계에서 과연 무슨 일이 일어나는 걸까? 무엇이 이런 변화를 일으킬까? 이 물고기들이 먹는 어떤 것 때문일까? 물고기 버전의 폐경기 현상일까? 호수의 수온이 바뀌었기 때문일까? 물의 화학적 성분이 바뀌었기 때문일까? 그것도 아니면 이들이 서식하는 환경에 어떤 무작위적 변화가 일어났기 때문일까?

물론 성인 남자의 경우에도 비록 NT 시클리드의 경우처럼 극적이지는 않다 하더라도 두드러진 변모가 나타나긴 한다. 그렇다면 무엇이 이런 변모를 일으킬까? 혹시 유전자적으로 원래 그렇게 변모하도록 예정된 것일까? 하지만 그럴 가능성은 거의 없다. 성인 남자의 신체에 두드러진 변화가 나타나는 이유로는 환경과 관련된 어떤 변화가 훨씬 더 그럴 듯하다.

바로 이 의문들이 이번 장에서 다룰 핵심적인 질문이다. 환경의 변화가 우리가 장차 승자가 될지 패자가 될지 결정하는 핵심적인 요인일까? 우연한 경험과 환경이 우리를 승자 혹은 패자로 만들까?

이 문제의 해답을 찾기 위해서 세계 각국의 통화와 채권, 상품 그리고 선물先物이 거래되는 런던의 한 금융사 객장으로 나가보자.

2008년 금융 위기를 겪고 난 주식 중개인과 은행원에게 2006년은 행복했던 먼 옛날의 환상 속 꿈처럼 비친다. 그동안 약간의 주가 하락 양상은 있어왔다. 엔론의 무지막지한 폭락도 그중 하나였다. 그러나 2006년은 전 세계가 흥청거리던 시기였다. 특히 명품으로 온몸을 휘감고 포르쉐를 몰고 다니던 뉴욕과 런던의 주식 중개인들에게는 더할 나위 없이 멋진 나날이었다.

하지만 주식 중개인들의 삶에서 오르막과 내리막은 늘 있는 일이었고, 이들의 재산과 삶의 방식은 시장 등락이 상대적으로 크지 않았던 당시의 금융 시장 상황에 따라서 좌우되었다. 몇몇 케임브리지 과학자들이 런던의 주식 중개인 열일곱 명의 투자 양상을 연구하기로 결정한 것은 리먼 브라더스 사태가 일어나기 전, 즉 금융시장이 상대적으로 평화롭던 시기였다.

연구자들은 피실험자들을 대상으로 해서 아침과 오후에 테스토스테론 수치를 측정했다. 이 열일곱 명의 주식 중개인들의 아침 테스토스테론 수치는 어떤 사람은 높고 어떤 사람은 낮았다. 그리고 평균적으로 보면 이 수치가 높을 때 당사자들은 수익을 올렸고, 이 수치가 낮을 때는 수익을 올리지 못했다. 그러니까 테스토스테론이 이 사람들을 보다 모험적이고 전투적으로 만들었으며, 이런 투자 스타일 덕분에 그들은 보다 높은 수익을 올렸고, 보다 많은 보너스를 받았으며, 또 포르쉐 차기 모델의 가격 결정에도 기여했다.

테스토스테론은 남성과 여성의 성 충동을 촉진하며 이들을 보다 공격적으로 만드는 호르몬이다. 테스토스테론이 뇌의 화학적 구성을 바꾸어 놓음으로써 이러한 변화가 일어난다.[1] 그러나 놀랍게도, 이것이 승리와도 관련이 있는 것 같다는 사실을 케임브리지의 과학자들이 밝혀냈다. 그 주식 중개인들의 아침 테스토스테론 수치가 보다 높다는 사실은 그날의 거래에서 보다 높은 수익을 거둘 것임을 예측하는 신호이기도 했던 것이다. 테스토스테론은 위험을 무릅쓰는 용기를 북돋워 대담한 수익을 낚아챌 가능성을 높여주는 것 같았다.

성공에 성공을 거듭하던 밝은색 넥타이와 멜빵 차림의 이 주식 중개인들은 T 시클리드처럼 대담하고 공격적이며 언제든 위험을 맞이할 준비가 되어 있었던 걸까? 그랬다. 그뿐만 아니라, 비록 T 시클리드보다는 덜 극적이긴 해도 그들의 성격 역시 그들이 거두는 하루하루의 실적에 따라서 엎치락뒤치락했다. 수익을 내지 못한 날에는 이들의 넥타이도 단정치 못하고 후줄근했다.

그렇다. T 시클리드의 미스터리는 인간과 비슷한 데가 있는 것 같다. 하지만 도대체 왜 사람은 남자나 여자 할 것 없이 모두 테스토스테론 수치가 큰 폭으로 오르내릴까? 또 그런 상태로 사람들은 살아가고 있을까? 이 문제에 답을 하기 위해서는 유명한 월드컵 경기가 열렸던 해로 잠깐 시간 여행을 다녀올 필요가 있다.

캘리포니아 패서디나에 있는 로즈바울에서 브라질과 이탈리아의 월드컵 결승전이 열렸다. 1994년 7월 17일이었다. 그 경기는 두 나라에게 매우 중요했다. 이탈리아는 지난번 대회가 열렸던 1990년 자국의 경기장에서 아쉽게 고배를 마셨다. 로마 경기장에서 열린 준결승전에서 이탈리아의 영웅이던 로베르토 바조가 페널티킥을 실축하면서 이탈리아는 4 대 3으로 아르헨티나에 패하고 말았다. 바조로서는 뼈아픈 일이었지만 이탈리아 월드컵 당시에 바조보다 더 큰 충격을 받은 선수가 있었으니, 그는 바로 콜롬비아의 안드레 에스코바였다. 에스코바가 6월 22일에 미국과 겨룬 조별 리그 경기에서 자살골을 넣은 바람에 콜롬비아는 2 대 1로 지고, 결국 조별 예선에서 탈락했다. 불명예 속에 귀국한 지 열흘 뒤에 그는 메데인에 있는 한 술집 앞에서 총을 맞고 살해되었다. 스포츠의 세계에서 사람들은 이처럼 승패 여부를 매우 심각하게 받아들인다.

그래서 그 뜨겁던 여름날에 펼쳐진 그 경기를 이탈리아 국민과 브라질 국민 수억 명이 지켜보면서, 자국 대표팀이 이기기를 간절한 마음으로 응원했다. 조지아주립대학교의 연구자들은 술집에서 이 경기의 중계방송을 지켜보던 브라질 팬 몇 명의 타액을 채취해서 그들의 테스토스테론 수치를 측정했고, 또 인근에 있던 한 피자 가게에서도 역시 이 중계방송을 지켜보던 이탈리아 팬 몇 명의 타액으로 테스토스테론 수치를 측정했다.[2] 그리고 그 경기가 끝난 뒤에(승부차기 끝에 브라질이 이탈리아를 이겼다.) 연구자들은 다시 동일인들을 대상으로 테스토스테론 수치를 한 번 더 측정했다. 나중에 측정한 수치는 놀라운 변화를 보였다. 브라질 팬들의 테스토스테론 수치는 평균 28퍼센트 올라갔고, 이탈리아 팬들의 수치는 평균 27퍼센트 떨어졌다.

그리고 경기가 끝난 뒤에 이 두 나라 팬들이 보여준 행동도 달랐다. 브라질 팬들 가운데 일부는 경찰에 체포될 정도로 흥분해서 거리에서 과도한 세리머니를 펼치며 날뛰었지만, 이탈리아 팬들은 풀이 죽어 냉담하기조차 했다. 어떤 이탈리아 팬은 경기가 끝나자마자 곧바로 주차장으로 가서 차를 타고 귀가하려는 바람에, 이들로부터 경기 후 테스토스테론 수치를 측정할 타액을 채취해야 했던 연구자들이 황급하게 뒤쫓는 일이 벌어졌다. 이 조사를 한 연구자들은 다음과 같이 결론을 내렸다.[3]

"테스토스테론 그리고 이것과 연관이 있는 권력의 감정은 피실험자들이 승리에 들떠 있을 때 증가하고, 쓰디쓴 패배를 당했을 때 감소한다."

이것이 바로 T 시클리드와 런던의 주식 중개인들의 수수께끼를 푸는 첫 번째 단서이다. 승리 그 자체가 테스토스테론의 강력한 분출을 유도해서 몸과 마음 그리고 행동까지도 완전히 새롭게 바꾸어놓을까?

자, 여기서 T 시클리드를 다시 한 번 더 찾기 전에 우선 필라델피아의 한 권투 경기장으로 가보자.

마이크 타이슨과 토마토 통조림 깡통

1995년 8월 19일이다. 마이크 타이슨Mike Tyson은 사막 바람이 뺨에 뜨겁게 훅 불어오는 걸 느낀다. 비록 리무진에서 내린 다음 특설 링이 마련된 라스베이거스의 그랜드 아레나 호텔의 옆문으로 들어가는 딱 2초 동안이긴 하지만……. 실내에서는 17,000여 명의 팬이 환호성을 지른다. 이들은 무려 45달러 95센트나 되는 입장권을 사서 그 자리에 들어온 사람들이다. 타이슨 덕분에 자기들이 즐길 수 있는 시간에 대한 대가로는 결코 많은 돈이 아니라고 생각하는 사람들이다. 타이슨으로서는 열여덟 살 여성을 강간한 죄로 감옥에서 3년 동안 복역하고 출소한 뒤에 처음 갖는 경기이다. 사람들의 함성을 들을 수 있는 시간은 겨우 몇 초밖에 되지 않지만, 그 격앙된 흥분의 분위기는 그렇지 않아도 그 흥분감 때문에 예전에도 곤란을 겪었던 타이슨의 마음을 흔들어놓은 게 분명하다.

그의 상대는 보스턴에 살던 아일랜드인 후손 피터 맥닐리였다. 맥닐리는 경기가 시작되길 기다리며 자기 코너에서 가볍게 스텝을 밟으면서 허공을 향해 잽을 날려본다. 타이슨이 3년 동안 감옥에서 먹었던 음식과 감방의 네온 불빛이 타이슨의 근육을 충분히 물러터지게 만들었을 것이라고 믿는 게 분명하다. 그러나 타이슨을 링으로 불러내는 장내 아나운서의 목소리와 관중의 함성은 귀가 먹먹할 정도였고, 맥닐리는 어쩐지 압도되는 불길한 느낌에 사로잡힌다.

마침내 종이 울려 경기는 시작된다. 그런데 맥닐리는 타이슨 앞에서 무기력할 뿐이다. 스코틀랜드의 스포츠 평론가 윌리엄 매킬버니가 표현했듯이 '어서 죽음을 맞이하고 싶은 금욕주의 수도사'의 모습이다. 비록 타이슨의 주먹이 서툴고 타이밍이 잘 맞지 않았음에도 불구하고, 결국 맥닐리는 경기가 시작된 지 89초 만에 부정 실격패를 당하고 만다. 그의 코치가 타이슨의 주먹에 처참하게 무너지는 자기 선수를 보호하려고 미친 듯이 링 위로 올라갔기 때문이다.[4] 관중은 너무도 실망하고 분노해서 고함을 지르며 욕을 한다.

이번에는 1995년 12월 16일이다. 타이슨이 자기 리무진에서 내려 특설 링이 마련된 사우스 필라델피아 코어스테이츠 스펙트럼으로 들어가는 몇 초 동안에 동부 해안 도시의 차갑고 축축하다 못해 쓰라린 느낌까지 강요하는 바람이 그의 얼굴을 때린다. 그가 출소한 뒤 두 번째로 갖는 경기이고, 이번 상대는 버스터 마티스 주니어이다. 이번에는 경기가 3회까지 이어진다. 매킬버니는 이 경기를 관전한 뒤에 다음과 같이 썼다.

"타이슨이 상대에게 조금이라도 충격을 받았다면, 상대가 이따금씩 던지던 새의 깃털로 만든 먼지떨이처럼 가벼운 훅보다는 오히려 상대가 공격을 피하려고 껴안을 때마다 자기 가슴에 와 닿던 상대의 덜렁거리는 가슴살 때문이었을 것이다."

3회 마지막 순간까지도 이런 양상은 지속되고, 타이슨은 경기 시간 내내 거구의 상대방을 밀쳐내기만 한다. 타이슨으로서도 당혹스런 상황이다. 수완 좋은 프로모터 돈 킹조차도 경기 내용이 이렇게나 허접스러울 줄은 예측하지 못했다.

타이슨의 복귀 무대 상대를 현역 챔피언으로 삼고 싶지 않았던 킹의 의도가 반영된 두 경기였다. 그리고 우리는 킹의 심정을 충분히 이해할 수 있다. 그러나 '토마토 통조림 깡통'(권투계에서 손쉬운 상대를 가리키는 은어 – 옮긴이)을 상대로 한 이 두 경기로 헤비급 전 챔피언은 관중으로부터 찬사보다 조롱을 더 많이 받지 않았을까? 그리고 이 조롱이 타이슨의 자신감을 꺾고 최강의 복서로서의 재기를 위험하게 만들지 않았을까?

킹은 오랜 세월 동안 그 분야에서 산전수전을 다 겪은 사람이었다. 본능적인 직감으로도 타이슨을 그렇게 허접스런 상대와 붙여서는 안 된다는 걸 알았을 것이다. 그런데 왜 그랬을까? 이 질문에 답을 하려면, 1951년의 시카고로 시간 여행을 떠날 필요가 있다.

제2차 세계대전이 끝나자 많은 사람들은 왜 인간은 바보 같은 행동을 할까, 특히 왜 인간은 다른 사람을 지배하려고 할까 하는 의문에 휩싸였다. 1950년대의 새로운 10년이 시작되던 벽두에 시카고대학교의 란다우H. G. Landau 교수는 무엇이 동물들로 하여금 위계질서를 구축하게 하는가 하는 문제로 눈을 돌렸다. 닭에서부터 인간에 이르기까지 대부분의 동물 종이 위계질서를 구축하는데 그 이유가 무엇일까 하는 주제에 란다우는 초점을 맞추었다.

아돌프 히틀러가 죽은 지 채 5년도 지나지 않았던 터라, 독일 제3제국의 위험한 위계 체계는 여전히 사람들의 마음을 사로잡고 있었고, 그랬기에 란다우는 연구 조사에 필요한 자금을 지원받을 수 있었다. 권위에 대한 맹목적인 복종 그리고 그 뒤에 이어진 야수성, 전쟁에서 살아남은 사람들의 기억에서 너무도 생생하게 살아 있던 그 야수성을 고려할 때, 사회적 위계라는 문제에 그가 매료된 것은 1950년까지의 최근 역사를 놓고 볼 때 매우 적절했다고 할 수 있다. 1949년에 스탈린 체제의 소련이 핵실험에 성공했기 때문이다.

히틀러는 다윈의 진화론을 인종적으로 그리고 생물학적으로 '잘 적응하지 못한' 사람들을 말살해야 한다는 야만적인 이념으로 타락시켰다. 하지만 사실 히틀러의 이 발상은 인간의 삶을 보다 일반적 차원에서 '우생주의적' 접근을 했던 사고의 극단적인 결과였다. 그리고 이러한 서구의 우생주의적 접근은 나치의 발상에 비하면 훨씬 덜 치명적이긴 하지만 지금도 여전히 살아남아서, 계급이나 서열은 사람이 태어날 때부터 타고난 능력의 차이 때문에 주로 결정된다는 논리를 뒷받침한다. 암탉의 세계에도 명백하게 서열이 있으며 이러한 서열은 자연스러운 것이기도 하려니와 닭장 안의 효율적인 운영에 도움이 되는 것과 마찬가지로, 인간의 계급과 서열에 대해서도 제2차 세계대전 이전의 전통적인 관념은 여전히 이어지고 있었다. '태어날 때부터 승자는 이미 정해져 있다'는 발상은 전쟁 전 소비에트 블록 바깥에 있던 사람들의 마음을 강력하게 움직였다.

란다우 교수는 생물학자였고 위계질서의 문제를 수학적으로 해결하고자 했다. 그는 첫 번째 논문을 1951년에 발표했다. '동물 사회의 지배 관계와 구조'라는 제목의 이 논문은 「수리생물학회지 Bulletin of Mathematical Biophysics」에 실렸다.[5] 제목에서도 알 수 있듯이 란다우는 이 첫 번째 연구에서 안정적인 위계질서 혹은 서열을 '선천적인 특성', 즉 크기, 키, 성호르몬의 집중 정도(예를 들면 테스토스테론 수치) 및 그 밖의 선천적인 요소들을 바탕으로 설명하고자 했다. 그 특정 요소들이 각 개인을 자연스러운 사회적 위계 속에서 어떤 위치에 놓이도록 결정짓는다는 것이 그가 설명하고자 하는 핵심 내용이었다.

란다우는 다양한 차원에서 측정하고 계산했으며, 마침내 닭들이 무리를 지어 생활하는 어떤 닭장이나 혹은 사람들이 사는 어떤 마을에 각 구성원이 각자 타고난 특성들이 퍼져 있다는 사실만으로는 위계 체계가 발생할 가능성은 거의 없다는 결론에 다다랐다. 사람들 사이의 안정적이고 영속적인 능력과 경향의 상이한 양상들 자체만으로는 어떤 위계 체계도 만들어내지 않았다. 위계 체계를 설명하려면 또 다른 요소가 필요했다.

란다우의 두 번째 논문은 '동물 사회의 지배 관계와 구조 2 – 사회적인 여러 요인이 미치는 효과'였다.[6] 바로 이 논문에서 란다우는 어떤 동물이 다른 동물과 다퉈서 이기고 이 승리가 다음 대결에서도 이 동물이 승리를 거둘 가능성을 높여줄 때 위계 체계가 발생한다는 사실을 발견했다. 란다우가 순수하게 수학적이고 통계적인 여러 모델을 이용해서 이른바 '승자 효과winner effect'를 발견한 것이다. 그런데 란다우는 워낙 조심스런 학자였기 때문에 한 번 싸움에서 이긴 경험이 다음 싸움에서 이길 확률을 높여주는 이유까지는 파고들지 않았다. 그가 말할 수 있었던 것은 위계 체계가 발생하고 또 오랜 시간 유지되는 것을 설명하려면 반복적인 양상, 즉 규칙이 필요하다는 게 전부였다.

란다우가 수학적인 방법으로 예측했던 것을 생물학자들이 실제 실험을 통해서 확인하기 시작한 것은 그로부터 오랜 세월이 지난 뒤였다.

전 세계 권투계의 프로모터들이 란다우 교수의 논문을 놓고 충실하게 공부했을 것 같지는 않지만, 어쨌거나 돈 킹은 1996년 3월 16일에 마이크 타이슨이 다시 한 번 더 라스베이거스의 그 건조한 사막 바람을 쐬고 MGM 그랜드 호텔의 특설 링에서 포효하도록 주선했다. 이번 상대는 '토마토 통조림 깡통'이 아니었다. WBC 세계 챔피언이던 영국의 프랭크 브루노였다. 타이슨은 브루노를 3회에 눕혔다. 이렇게 해서 가석방 출소자 타이슨은 다시 한 번 세계 챔피언의 자리에 올랐다. 란다우가 수학적으로 증명했던 '승자 효과'는 라스베이거스의 눈부신 조명과 함성 속에서 실현되었다. 그렇다면 객관적이고 과학적인 증거가 과연 란다우 교수의 수학적 결론을 따라잡았을까?

따라잡았다. 그러나 란다우가 제2차 세계대전 직후에 연구를 시작한 이래로 사우스다코타대학교의 아서 맥도널드 교수가 공격적인 성향으로 악명이 높은 그린선피시green sunfish의 행동 연구[7]로 란다우의 가설을 검증하기까지는 무려 17년이라는 세월이 걸렸다. 맥도널드는 우선 이 물고기 한 무리를 두고 사흘 동안 관찰하면서, 각 물고기가 다른 물고기에 반응하는 방식을 분석해서 어느 녀석이 지배적인 존재이며 어느 녀석이 순종적인지 파악했다. 그리고 지배적인 유형에 속한 물고기들을 세 집단으로 나눈 뒤, 한 집단은 혼자 따로 있게 했고, 또 한 집단은 자기보다 덩치가 큰 물고기 한 마리와 함께 있게 했고, 나머지 한 집단은 자기보다 덩치가 작은 물고기 한 마리와 함께 있게 했다. 그리고 이 물고기들이 이렇게 바뀐 환경에서 닷새 동안 생활하도록 두었다.

그 닷새가 지난 뒤에 이 물고기들을 원래 있던 어항으로 옮긴 다음 이들의 공격성을 관찰했다. 결과는 란다우가 예측했던 그대로였다. 자기보다 덩치가 큰 녀석과 닷새 동안 생활했던 물고기는 스트레스 속에서 '패자'로 살아야 했던 경험으로 인해 이전에 보여주었던 공격성보다 훨씬 낮은 공격성을 보였다. 이에 비해서 자기보다 덩치가 작은 녀석과 생활했던 물고기는 예전보다 훨씬 더 강한 공격성과 지배적인 태도를 보였다.

돈 킹은 바로 이런 효과를 노리려고, 다시 말해서 타이슨에게서 승자 효과를 한층 높이기 위해서 맥닐리나 마티스와 같은 '덩치가 작은 물고기'와 시합을 하도록 주선했고 결국에는 타이슨이 세계 챔피언의 자리에 올라설 수 있도록 했던 것이다. 란다우가 제시한 가설은 옳았다. 그 후 다른 동물 종을 대상으로 하는 실험들이 이어졌다. 이 중 전형적인 실험 하나를 소개하면 다음과 같다. 생쥐 두 마리를 '특설 링'에 오르게 한다. 그런데 이 가운데 한 마리에게는 링에 오르기 전에 안정제를 먹인다. 이 경우 안정제를 먹이지 않은 생쥐가 이길 것임은 누가 봐도 뻔한 결과이다. 그런데 이 조작된 경기의 결과는 다음 차례의 경기에서 놀라운 결과를 만들어낸다. 한 차례 승리를 맛본 생쥐는, 안정제를 먹고 축 처져 있던 생쥐를 대상으로 승리를 맛보지 않았다면 훨씬 낮은 승률밖에 기록할 수 없었을 테지만, 정상적이고 강한 상대를 맞아서도 용감하게 싸우고 훨씬 높은 승률을 기록했다.

승자 효과가 여러 종의 동물 실험에서 연이어 확인되었지만, 여전히 풀리지 않는 문제가 하나 있었다. 무엇이 승자 효과를 일으킬까? 얼마 지나지 않아서 과학자들은 '여러 성호르몬'의 수치를 측정하기 시작했다. 그 성호르몬은 란다우가 '타고난' 것으로만 여겼던 요인이었다. 그러나 호르몬은 마치 우유가 우유병 안에 담겨 있는 것처럼 그렇게 우리 신체에 일정한 양으로 가만히 있지 않다. 호르몬과 행동은 가깝게 연결되어 있으며, 호르몬이 행동을 결정할 뿐만 아니라 행동이 호르몬 수치를 바꾸어놓기도 한다는 것이 명백한 사실로 판명되었다.

수많은 연구들이 이어졌고, 이 연구들은 승리가 테스토스테론 분출을 유발하며, 또 승리를 맛본 동물이 다음번 대결에서도 승리를 거둘 확률이 높은 가장 큰 이유도 바로 여기에 있음을 밝혀냈다. 테스토스테론이 보다 많이 분출됨에 따라서 그 동물은 덜 불안해지고 더 공격적으로 바뀌며 고통을 견딜 수 있는 임계점도 더 높아진다. 테스토스테론이 승리를 거두는 동물을 더욱 강하게 만들어준 것이다.

어떤 사람이 다른 사람을 쓰러뜨리려고 할 때 테스토스테론이 중요한 이유는 상당히 분명한 것 같다. 하지만 보다 지적이고 문명적인 차원에서도 동일한 적용이 가능할까? 집에서든 혹은 직장에서든 일상생활 전반에 대해서도 동일한 적용이 가능할까? 시라큐스대학교의 앨런 마주어 교수가 인간 활동 가운데서 가장 문명적이고 또 부드러운 활동 하나를 연구함으로써 이 질문에 대한 답을 얻는 데 힘을 보탰다.

마주어와 그의 동료들은 한 도시에 있는 체스 클럽 회원 열여섯 명을 설득해서 중요한 토너먼트 체스 경기 때 각 회원이 경기를 하기 전과 하는 동안 그리고 끝낸 뒤의 타액을 채취해서 각각의 테스토스테론 수치를 측정하고 분석했다.[8] 그리고 승자들의 테스토스테론 수치가 매우 높다는 사실을 확인했다. 또, 경기 전에 테스토스테론 분출이 가장 많았던 사람들이 경기에 이기는 경향이 있다는 사실도 확인했다.(이 사실은 런던의 주식 중개인들의 경우와도 일치한다.)

승자 효과는 긴장이 특별히 고조되는 도전 과제에만 한정되는 게 아니다. 일상생활을 하면서 우리는 끊임없이 어떤 도전을 수행하며 다른 사람들과 경쟁한다.(남자가 특히 더 이러한 경향을 보이는데, 여기에 대해서는 나중에 설명하겠다.) 그리고 이 도전과 경쟁에서 우리가 거두는 결과는 단지 그 과제를 수행하기 직전의 마음 상태나 호르몬 활동 상태뿐만 아니라, 과거의 승리 경험 여부에 따라서도 달라진다. 일반적으로 볼 때, '토마토 통조림 깡통'처럼 약한 상대를 붙여주어 테스토스테론이 최대한 분출되게 만들어서, 강력한 상대와 싸울 때 보다 큰 힘과 용기를 발휘할 수 있도록 해주는 돈 킹과 같은 유능한 프로모터를 곁에 둔 사람은 많지 않다.

생쥐나 권투 선수 혹은 체스 선수가 진정제를 복용한(그래서 테스토스테론 수치가 낮아진) 상대를 맞이해서 승리를 거둘 때, 이 승리로 인해 촉발된 테스토스테론 분출은 며칠이나 몇 주 혹은 몇 달 뒤에 맞붙을 강력한 상대에게 적용된다. 승자의 호르몬 분출은 공격적인 투지를 촉진해서 승리할 가능성을 높여준다. 타이슨과 '토마토 통조림 깡통'들 사이의 시합도 이 맥락에서 설명할 수 있을 것 같다. 그러나 여전히 우리에게는 수수께끼가 하나 남아 있다. 단 한 차례의 승리에 따른 테스토스테론 분출이 어떻게 몇 달 동안 효과를 지속할 수 있는가 하는 점이다. 승리 효과의 테스토스테론은 타이슨이 강적이던 세계 챔피언을 꺾는 데 정확하게 어떤 식으로 도움을 줬을까?

승자의 뇌에서 일어나는 화학작용

캘리포니아 생쥐인 페로미시쿠스 캘리포니쿠스Peromyscus californicus는 공격적인 성향과 일부일처의 습성을 가지고 있고 시클리드처럼 자기만의 세력권, 즉 영역을 가지고 있다. 이 동물은 마이크 타이슨처럼 승자 효과의 왕성한 수혜자로서, 설령 아무리 쉬운 싸움이었다 하더라도 싸움에 한 번 이긴 적이 있으면 보다 강력한 상대를 만나서도 쉽게 이기는 경향을 보여준다. 그러나 이 녀석은 호기심 많은 과학자에게 타이슨을 연구하는 데 한 가지 확실한 이점을 보장해준다. 승자 효과가 작동되는 동안에 이 녀석의 뇌에서 어떤 일이 일어나는지 살펴볼 수 있다는 이점이다.

위스콘신대학교 매디슨 캠퍼스의 매튜 푹스예거와 그의 동료들은 수컷 생쥐들이 세 차례에 걸쳐 다른 생쥐와 싸워서 이기도록 했다. 그런 다음에 이 생쥐들이 네 번째 싸움을 승리로 이끈 뒤에, 각 생쥐의 뇌의 핵심 부분에서 남성호르몬수용체androgen receptor가 얼마나 많이 있는지 연구했다. 남성호르몬수용체는 테스토스테론을 받아들이는 것으로, 이게 많으면 많을수록 테스토스테론 분출이 뇌에 미치는 영향은 더욱 커진다.

푹스예거와 그의 동료들은 일련의 싸움에서 이긴 경험이 사회적인 공격성을 통제하는 뇌의 한 부분에 존재하는 남성호르몬수용체의 수를 늘려준다는 사실을 발견했다. 아울러 이것은 또, 이른바 중격의지핵nucleus accumben이라는 뇌의 보상 체계 및 동기부여체계 그리고 쾌락의 중추로 일컬어지는 복측피개영역ventral tegmental area에 존재하는 남성호르몬수용체의 수도 늘려준다. 그런데 푹스예거와 그의 동료들은 전혀 다른 사실 한 가지도 함께 발견했다.

그 캘리포니아 생쥐는 순종적이고 충직할 뿐 아니라 자기 영역 밖으로는 잘 나다니지 않는다.(적어도 그렇게 보인다.) 푹스예거는 이 생쥐가 자기 영역에서 어떤 상대를 꺾은 다음에야 비로소 타이슨이 경험했던 것과 같은 승자 효과를 보인다는 사실을 발견했다. 즉, 자기 영역을 벗어나서 벌인 싸움에서 경험한 승리는 다음 차례의 싸움에서 승리를 거두는 데 도움이 되지 않았던 것이다. 도대체 무슨 일이 일어나고 있었던 것일까?

이 질문의 해답을 찾을 수 있는 실마리는 이 캘리포니아 생쥐를 대상으로 한 또 다른 연구에서 찾을 수 있다. 사회적인 공격성을 관장하는 뇌 부분에 있는 그 수용체의 수는 이 생쥐의 영역 안에서든 혹은 영역 바깥에서든 승리를 거둘 때마다 늘어나긴 했지만, 동기부여를 담당하는 부분에서는 달랐다. 오로지 자기 영역 안에서 승리를 거두었을 때만 그 수용체의 수가 늘어났지, 자기 영역 바깥에서, 즉 원정 시합에서 승리를 거두었을 때는 이 효과가 나타나지 않았다. 그런데 승리의 능력과 상관성이 있는 것은 동기부여를 담당하는 뇌 부분의 변화였다.

자기 영역에서 거둔 승리만이 이 생쥐의 뇌 구조와 화학적 구성을 변화시켰을 뿐, 뇌에서 노골적인 공격성을 높이는 것만으로는 그 효과가 발생하지 않았다. 그러나 동기부여 회로의 수를 늘리고 투지를 높일 때는 그 효과가 발생했다.

자기가 있는 곳이 어디인지에 따라서 뇌의 변화가 달라진다는 사실이 무척 낯설게 들릴지 모르겠다. 푹스예거의 생쥐가 자기 영역 안에서 싸울 때만 이 결정적인 뇌 상태 변화가 나타난다는 점이 무척 특이하게 느껴질 것이다. 그러나 이런 일은 사람들에게도 일어난다. 베트남전 당시에 이와 비슷한 일이 일어났다. 당시에 미군 가운데 다수가 헤로인을 복용했는데, 전체 미군의 20퍼센트가 헤로인에 중독되어 있었던 것으로 추정된다. 그래서 그 엄청난 수의 중독자가 본국으로 돌아갈 때 재앙과 같은 일이 일어날지도 모른다는 공포가 팽배했지만,[9] 그건 기우였다. 이 중독자들이 미국으로 돌아가서는 마약을 끊었던 것이다. 이 사실은 마약 중독 전문가들에게는 그야말로 수수께끼였다. 그들로서는, 헤로인 중독은 생물학적으로 결정된 질병이며 따라서 한번 여기에 빠진 다음에는 빠져나오기가 매우 어렵다고 알고 있었기 때문이다.

캐나다 맥매스터대학교의 셰퍼드 시겔Shephard Siegel 교수가 이 수수께끼를 풀었다.[10] 시겔은 생쥐를 대상으로 약물 중독을 연구했고, 동물이나 인간이 약물에 중독되면 해당 약물에 대한 내성이 증가해서 동일한 효과를 얻으려면 보다 많은 양의 약물이 필요하게 된다는 사실을 알았다. 그가 실험한 중독자 생쥐는 비중독자 생쥐라면 치사량에 해당할 정도로 많은 양의 헤로인에 끄덕도 하지 않았다. 이런 사실을 고려하면 인간 가운데 과연 얼마나 많은 사람이 실제로 헤로인 과다 복용으로 목숨을 잃을까 하는 의문이 시겔을 사로잡았다. 몸에 내성이 생긴 중독자라면, 이런 일은 일어나지 않을 테니까…….

이 의문을 파고들기 위해서 시겔은 우선 생쥐들을 특정한 환경 아래에서(즉, 독특한 색깔과 냄새로 다른 환경과 구별이 되는 그들만의 공간에 줄곧 가두어두면서) 헤로인 중독자로 만들어서 몸에 내성이 생기도록 했다. 이렇게 상당한 양의 헤로인에도 특별한 해를 입지 않게 만든 다음에, 이 생쥐들을 두 집단으로 나누었다. 절반은 예전부터 있던 공간에 계속 놓아두었고, 나머지 절반은 색깔도 다르고 냄새도 다른 공간으로 옮겼다. 그리고 이들에게 다량의 헤로인을 투여했다. 그러자 놀라운 결과가 나왔다. 예전부터 기거하던 우리에 있던 생쥐 집단에서는 전체 생쥐의 3분의 1만 약물 과다 복용으로 죽었지만, 우리를 바꾼 생쥐 집단에서는 무려 3분의 2나 죽었다. 환경을 바꾸는 것만으로 사망률이 두 배나 높아진 것이다. 치명적인 약물에 대한 신체의 반응이라는 생물학적 과정의 가장 본질적인 요인이 학습과 환경에 의해서 형성될 수 있음을 시겔이 입증한 것이다.

이 결과는 인간의 약물 과다 복용에 대해 시겔이 품었던 의문에 해답을 주었다. 즉 만약 어떤 중독자가 특정 환경에서만, 예를 들어 자기 집 침대에서 주로 약물을 투여한다고 치자. 그러면 그의 몸은, 자기 집 침대가 헤로인이 자기 혈관 속으로 들어갈 것이라 기대하는 '신호'이며 이 침대가 생리적 보상을 촉발해줄 것임을 학습할 것이다. 하지만 이 침대는 그 약물에 기대하는 효과를 줄여주는 역효과로 작용해서, 그가 투여한 헤로인이 뇌에 미치는 영향을 감소시킨다. 이런 결과는 중독자가 바라는 결과가 결코 아니다. 그는 강력하게 취한 상태를 원하므로, 자기 신체와 뇌에 미치는 영향의 크기가 줄어든 만큼 이것을 보충할 수 있도록 점차 투여량을 늘려나간다.

자, 그런데 여기에서 이 같은 상황을 상상해보자. 이 중독자가 보다 많은 헤로인을 구하려고 집 바깥으로 나간다. 그리고 약물을 투여하고 싶은 욕구가 워낙 급박해서, 늘 하던 대로 자기 집 침대에서가 아니라 싸구려 모텔의 화장실 따위에서 원래 투여하던 양의 헤로인을 투여했다고 치자. 이 상황은 시겔의 실험 중 공간을 바꾼 상태에서 과다한 약물이 투여된 생쥐의 상황과 같다. 그래서 그 중독자는 평소 투여하던 양밖에 투여하지 않았음에도 불구하고 의식불명 상태에 빠지고 얼마 뒤에 모텔 관리인에 의해 발견된다. 약물을 투여하는 환경이 달라짐에 따라서, 즉 눈에 보이는 것이나 귀에 들리는 것 그리고 냄새 등 모든 것이 다른 낯선 화장실이라는 환경 때문에 이 중독자의 몸은 동일한 양의 헤로인이었는데도 거기에 미처 준비가 되지 않았다. 즉 그 양은 그의 평소 내성을 초과하는 양이 되고 말았고, 그는 약물 과다 복용 사체로 발견된다.

베트남전 참전 용사는 제대와 동시에 낯설고 스트레스가 가득한 환경에서 해방되었다. 그들이 중독 상태에서 익숙하던 '공간'은 베트남의 뜨거운 열기와 전쟁 현장의 공포, 풍경, 소음, 냄새 등이었다. 하지만 이들이 미국으로 다시 돌아왔을 때 이들을 둘러싼 환경은 예전과 달라졌다. 헤로인 중독과 관련된 '신호'들을 찾아볼 수 없을 정도로 완전히 달라졌다. 그래서 헤로인 내성이 사라졌을 뿐만 아니라, 시겔의 연구에서 추론할 수 있는 것처럼 내성의 어두운 약점이라고 할 수 있는 헤로인을 향한 강력한 열망도 사라졌다. 간단하게 말하면, 이 제대 군인들은 헤로인 중독을 마치 뱀이 허물을 벗듯이 베트남의 무논에 벗어던지고 귀국한 것이다.

시겔의 연구는 우리 신체의 화학적 상태가 물리적, 사회적 그리고 심리적 환경에 맞추어서 조정됨을 보여준다. 그런데 승리를 둘러싼 화학적 구성도 마찬가지라고 말할 수 있을까? 테스토스테론이 마구 분출되었던 마이크 타이슨의 승자 효과가 뇌와 신체의 화학적 상태가 환경에 의해서 바뀐다는 또 하나의 사례라고 할 수 있을까?

푹스예거의 탁월한 연구는 이 질문에 '그렇다'고 대답했다. 뇌의 화학적 상태가 자기 영토에서 거둔 승리에 의해 새롭게 조정될 뿐만 아니라 뇌가 바뀌고 남성호르몬수용체가 왕성하게 만들어짐을 보여주었다. 그런데 만일 어떤 새로운 줄기세포 치료법이 이런 성공을 거두었다고 치자. 그랬다면 전 세계의 언론이 떠들썩하게 떠들어댔을 테고 또 누구나 다 이 멋진 개가를 올린 연구자들이 노벨상을 받아야 한다고 한 마디씩 했을 것이다.

베트남전의 전투 현장에서, 그리고 라스베이거스의 특설 링에서 사람의 뇌는 마치 줄기세포 치료법으로 치료를 받는 것처럼 새롭게 조정된다. 하지만 이 현상을 지탱하는 것은 '카멜레온 화학'이라고 할 수 있는, 뇌가 환경에 의해서 새롭게 조정된다는 낯선 유형의 화학 이론이다. 우리의 뇌는 어디까지나 우리가 몸담고 있는 물리적이고 사회적이며 심리적인 세상에 의해서 형성된다.

그리고 바로 이 사실은 승자 효과에 대한 두 번째 질문, 즉 타이슨이 맥닐리와 마티스를 꺾은 효과가 어째서 브루노와의 일전을 벌일 때까지 몇 달 동안이나 오래 지속되었을까 하는 질문에 해답을 제시한다. 만일 푹스예거의 실험을 일반화할 수 있다면, 토마토 통조림 깡통들을 상대로 한 손쉬운 승리가 타이슨의 뇌를 물리적으로 새롭게 구성해서 동기부여를 담당하는 부분에 남성호르몬수용체를 증가시켰다.

권투 경기든 체스 경기든 간에 어떤 경연이라도 테스토스테론 분출을 촉발한다. 그러므로 타이슨이 브루노와 운명의 일전을 벌이러 갔을 때, 두 사람의 뇌에서 테스토스테론이 강력하게 분출되었을 것임은 말할 필요도 없었다. 그러나 푹스예거의 실험 결과를 일반화해서 사람에게 적용한다면, 타이슨의 뇌는 테스토스테론을 스펀지처럼 흡수해서 테스토스테론이 뇌와 투지에 미치는 효과를 증폭시키는 남성호르몬수용체를, 토마토 통조림 깡통들을 꺾지 않았을 경우보다 더 많이 만들어냈다고 볼 수 있다.

승자 효과가 단순히 다음 시합 때까지 테스토스테론 수치를 높은 상태로 유지하는 것으로만 작동하지 않음은 거의 확실하다. 승자라 하더라도 상당한 피해를 입게 마련이며, 또 승자는 워낙 강한 공격성 때문에 부상의 위험을 감수할 수밖에 없기 때문이다. 물론 승리는 테스토스테론 수치를 높여주며, 장기간에 걸쳐서 예전보다 더 높은 수준으로 이 수치를 유지해준다. 그러나 승리의 진정한 효과는 뇌를 물리적으로 재조정해서 이 뇌가 마치 동일한 연료를 투입했음에도 불구하고 보다 강력한 힘을 발휘하는 터보 엔진을 장착한 자동차처럼 움직이도록 하는 데 있다.

하지만 이러한 변화들은 맥락 의존적context dependent이다. 맥락은 장소를 의미한다. 눈에 보이는 풍경, 소리, 냄새를 포함한 장소이다. 예를 들면 무균실일 수도 있고 베트남의 열대우림일 수도 있다. 마이크 타이슨에게 맥락은 링에서 들리는 소리와 맡을 수 있는 냄새가 포함될 것이다. 맥락은 또한 사람을 의미하기도 한다. 예를 들면 아내나 애인, 싸워서 이겨야 할 적, 혹은 직장 상사가 함께 있는 상황이 그런 것이다. 또 맥락은 회사 혹은 학교와 같은 어떤 기관 전체를 의미할 수도 있다. 하지만 맥락이라고 할 때 가장 중요한 것은 바로 내면 풍경mental landscape, 즉 의식적일 수도 있고 무의식적일 수도 있지만 문제의 사건이나 시합을 모두 아우르는 여러 가지 믿음과 정서와 감정이다.

이것이야말로 진정 가장 중요한 발견이다. 우리는 주변 세상과 총체적으로 연결되어 있으며, 이 주변 세상의 변화하는 풍경에 따라서 우리의 상태가 조정된다. 심지어 유전자로 표시되는 단백질까지도 이 과정에서 바뀐다. 승리는 뇌와 우리 주변 세상 사이에 존재하는 상호 연결의 온갖 양상들이 쉬지 않고 변화함에 따라서 빚어진 하나의 중요한 결과일 뿐이다. 그러므로 당신은 내일 아침에 무슨 옷을 입고 집을 나설지 결정하기 전에, 당신이 내일 성공을 거두도록 영향을 미칠 수 있는 환경의 그다음 측면을 고려해야 한다.

2004년 아테네 올림픽 대회 때 있었던 일이다. 벨라루시의 헤비급 권투 대표선수인 빅토르 주예프는 결승전에서 쿠바의 오드라니에르 솔리스를 만났다. 그런데 주예프는 링 위에서 상대와 싸울 때는 자기가 지고 있는지 전혀 알지 못했다. 판정 결과 솔리스가 22 대 13으로 이겼고, 솔리스는 시상대에 서서 자기 나라 국가가 연주되는 걸 들었다. 한편 솔리스보다 한 계단 낮은 단상에 서서 은메달을 손으로 꼭 쥔 주예프는 낙담한 얼굴이었다.

링 위에서 입었던 셔츠가 그에게는 다소 불리한 조건으로 작용했었다. 주예프는 파란색 셔츠를 배정받았다. 북유럽 사람 특유의 눈동자 색깔이 이 파란색과 특별히 잘 어울리기 때문이 아니라, 경기 진행자들이 무작위로 정한 색깔이 마침 그 파란색이었기 때문이다. 그런데 상대방은 행운이 따랐는지 빨간색을 배정받았다. 올림픽 경기에서는 태권도나 그레코로만형 레슬링 및 자유형 레슬링에서와 마찬가지로 복싱에서도 서로 맞붙는 두 선수는 빨간색과 파란색 중 하나의 색깔을 배정받았다.

영국 잉글랜드에 있는 더럼대학교의 러셀 힐과 로버트 바턴은 아테네 올림픽에서 서로 맞붙는 두 선수가 빨간색 셔츠와 파란색 셔츠를 각각 입고 경기했을 때의 결과를 분석해서 셔츠의 색깔과 관련된 새로운 사실을 발견했다. 힐과 바턴은 객관적인 전력이 대등한 두 선수가 맞붙는 경기를 분석했다.[11] 객관적인 전력이 대등한지는 대회 직전까지 각 선수가 가지고 있던 세계 랭킹을 확인하면 되었다. 그런데 분석 결과는 놀라웠다. 빨간색 셔츠를 입은 선수들의 승률은 62퍼센트였지만 파란색 셔츠를 입은 선수들의 승률은 38퍼센트였던 것이다.

그런데 이 현상은 우연이었을까? 우연이 아니었다. 힐과 바턴은 축구 경기도 분석해서 그 사실을 확인했다. 토너먼트 방식으로 진행되는 축구대회에서 어떤 팀은 자기들이 평소에 입는 셔츠 색깔과 다른 색깔의 셔츠를 입어야 할 때가 있다. 상대 팀이 평소에 입는 셔츠 색깔과 비슷할 때 이런 일이 일어난다. 그래서 힐과 바턴은 여러 축구팀이 특정 색(특히 빨간색)의 셔츠를 입을 때와 다른 색의 셔츠를 입을 때 승률에 어떤 차이가 있는지 살폈다. 분석 대상으로 삼은 대회는 유로 2004 대회였다. 그런데 놀랍게도, 빨간색 셔츠를 입은 팀들이 다른 팀보다 승률이 높았고 또 골도 더 많이 넣었다.

이 현상을 어떻게 설명할 수 있을까? 우선 상상을 한번 해보자. 남자 둘이 있고, 이 두 사람은 서로를 노려보며 거칠게 말다툼을 한다. 한 사람의 얼굴은 매우 붉고 다른 사람의 얼굴은 매우 희다. 그렇다면 이 두 사람의 상대적인 정신 상태에 대해서 우리는 어떤 결론을 내릴 수 있을까? 대부분의 사람은 얼굴이 붉은 사람이 화가 나 있으며 얼굴이 흰 사람은 겁에 질려 있다고 생각할 것이다. 이 신호들을 인식하는 데 탁월한 솜씨를 발휘했던 우리의 유전자적 조상은 이를 이용해서 겁에 질려 창백해진 상대방을 이기고 지배했다. 이 현상은 승자의 생존을 보장했을 뿐만 아니라, 승자가 여성에게 접근할 기회를 더 많이 보장함으로써 자기 유전자를 후대에 전할 가능성을 상대적으로 높여주었다.

이렇게 빨간색은 우리의 유전자 속에 승리와 연관되어 각인되어 있다. 단순히 빨간색 셔츠를 입고 있다는 것만으로도 상대방에서 위압감을 준다. 빨간색은 뇌에 승리 및 지배라는 원시시대 때부터의 연상을 촉발하기 때문이다. 빨간색 셔츠를 입는 것만으로도 테스토스테론 수치를 높여주는 약물을 복용한 효과가 발생한다. 반대로 상대방은 상대의 빨간색에 위축되어 테스토스테론 수치가 떨어진다.

또한 빨간색은 위험을 알리는 색깔이기도 하다. 피를 연상시키기 때문이 아닐까 싶다. 쇼핑을 할 때와 같은 상황에서의 빨간색은 사람을 긴장하고 흥분하게 만든다. 애리조나주립대학교의 조셉 벨리치 교수는 매장 구역의 주된 색깔이 빨간색인 경우 파란색인 경우보다 매장 손님이 보다 적극적으로 구매를 결정한다는 사실을 입증했다.[12]

빨간색은 자연계에서도 지배의 기호로 존재한다. 오스트레일리아 시드니에 있는 맥쿼리대학교의 세라 프라이크 교수는 호금조 Gouldian Finch라는 새를 연구했다. 이 새들은 유전적으로 머리 색깔이 빨간색 아니면 검은색이다. 머리가 빨간색인 새들은 예컨대 먹이를 주는 사람에게도 먼저 다가가는 등 먹이 경쟁에서 거의 언제나 머리가 검은색인 새들을 이긴다. 그런데 프라이크는 아직 머리 색깔이 채 확정되지 않은 어린 호금조 여러 마리를 대상으로 해서 한 가지 실험을 했다. 이들 가운데 절반에게는 빨간색 머리띠를 착용시킨 것이다. 그런데 이 단순한 변화만으로도 그 머리띠를 한 새들은 전체 실험 집단 속에서 공격적이고 지배적인 승자로 군림했다.[13]

뉴햄프셔에 있는 다트머스대학교의 세라 칸 교수와 그녀의 동료들은 푸에르토리코에 사는 야생 짧은꼬리원숭이 무리에서도 비슷한 현상을 발견했다. 연구자들은 빨간색 티셔츠를 입은 사람과 초록색이나 파란색을 입은 사람 가운데서 원숭이들이 어느 쪽을 상대로 사과를 더 잘 훔치는 경향이 있는지 실험했고, 그 결과 원숭이들은 빨간색 복장을 한 사람에게는 잘 다가가지 않고 사과도 덜 훔친다는 사실을 확인했다.[14]

이런 사실은 아프리카 담수어인 시클리드의 수수께끼를 푸는 데 조금 더 가깝게 다가갈 수 있는 실마리를 제공한다. 그러나 화려한 색깔의 T 시클리드로 신비롭게 변모한 NT 시클리드는 관대한 호수의 신으로부터 지배자로 군림할 수 있는 비늘 색깔을 부여받지 않았다. 그렇다면 이들에게는 무슨 일이 있었던 걸까? 이 수수께끼의 근원에 보다 가까이 다가가려면, 베를린 장벽이 무너진 직후에 미국과 소련의 정상이 우연히 만났던 어떤 이상한 만남에 대한 질문부터 먼저 할 필요가 있다.

홈, 스위트 홈

1989년 12월 2일이었다. 백악관의 사회 담당 비서인 로리 파이어스톤은 조지 부시 미국 대통령과 미하일 고르바초프 소련 공산당 서기장 사이의 역사적인 정상회담을 위해서 성대한 연회를 준비했다.(고르바초프는 1990년 3월에 소련 대통령이 된다. ― 옮긴이) 그런데 갑자기 돌발 상황이 벌어졌다. 고르바초프로부터 결국 연회가 마련된 미군 순양함 벨크냅호로 오지 않겠다는 소식이 날아든 것이다. 결국 연회는 취소되었다. 이것은 그녀의 회고록 『잊지 못할 추억An Affair to Remember: State Dinners for Home Entertaining』에 나오는 내용이다. 도대체 무슨 일이 있었던 걸까?

정상회담이 열리기까지 몇 주 동안 전 세계는 소비에트 제국이 해체되는 모습을 숨죽이며 지켜보았다. 동유럽의 공산주의 독재 체제가 하나씩 무너졌고, 각 나라에서는 제2차 세계대전 이후로 보지 못했던 엄청난 정치적 격랑이 일었다. 새로운 세계 질서를 강화하는 동시에 동유럽의 불안한 정치 정세가 위험한 사태로 발전하지 않도록 제어하기 위해서 고르바초프 소련 공산당 서기장이 부시 미국 대통령을 만난다는 것은, 소련으로서도 이른바 '페레스트로이카'(1985년 4월에 선언된 소련의 사회주의 개혁 이데올로기)라는 개혁 프로그램에 필수적인 과정이었다.

그러나 사정이 이렇게 긴박했음에도 불구하고 두 정상 사이의 만남을 위한 실무적인 작업은 지지부진하기만 했다. 정치적이거나 군사적인 의제 설정과 관련된 이견 때문이었을까? 어쩌면 두 진영 가운데 한 진영에서(혹은 두 진영에서 모두) 이 정상회담을 방해하는 사람들이 지속적인 방해 공작을 폈을지도 모른다. 혹은 고르바초프가 정상회담 때문에 암살을 당할까봐 겁을 먹었을지도 모른다. 정말 그랬을까?

아니다. 그런 것들이 이유가 아니었다. 일정이 미뤄진 이유는 전혀 다른 데 있었다. 정상회담을 진행할 장소를 놓고 양측이 합의를 보지 못했던 것이다. 낡은 정치 질서가 무너지는 가운데 독재 체제가 해체되면서 핵미사일들로 가득한 벙커들이 불확실한 정치 세력의 손으로 넘어갈 불안한 상황이 전개되었는데도, 미국과 소련의 정상회담 장소를 어디로 할지 결정을 내리지 못하고 있었다.

전 세계의 안위가 두 사람이 어떻게 하느냐에 따라서 달라질 수 있었다. 당시는 한겨울이었는데, 두 사람은 햇살 좋은 어느 해변을 선택할 수도 있었고 아니면 새들이 지저귀는 소리가 들리는 호젓한 숲을 택할 수도 있었다. 그리고 그곳에서 전 세계의 안전을 도모할 계획을 함께 구상함으로써 워싱턴과 모스크바를 뒤덮고 있던 그 매서운 추위와 공포를 걷어낼 수 있었다. 그렇다면 두 정상이 그 추운 12월의 정상회담 장소로 결국 합의한 곳은 어디였을까? 겨울 지중해의 매서운 청회색 물결이 넘실거리는 몰타의 마살록 항구 가까운 곳에 정박한 두 배였다.

미하일 고르바초프가 소련의 정기 여객선 막심 고리키호에서 멀미로 고생할 때, 미군 순양함 벨크냅호의 선원들은 로리 파이어스톤이 두 정상을 위해서 준비했지만 취소되고 만 연회를 대신 즐겼다. 고르바초프는 강한 동풍에 6미터나 되는 높은 파도가 일자 너무 놀라서 감히 작은 배를 타고 부시가 있는 벨크냅호까지 갈 엄두를 내지 못했던 것이다. 부시 대통령과 그의 보좌진은, 합의된 그날 일정대로라면 고르바초프가 자기들 쪽으로 와야 하지만 겁이 나서 그렇게 하지 못한다면, 자기들이 고르바초프를 찾아가는 게 옳다고 판단을 내렸다. 강한 바람이 불고 파도가 높은데도 불구하고 미국 대통령이 작은 배를 타고서 아무런 두려움도 느끼지 않은 채 뱃전에 서서 멀미로 고생하는 고르바초프 소련 공산당 서기장의 배로 찾아가는 모습을 사진 기자들이 사진으로 담는다면 멋진 홍보 효과

가 발휘될 것이라고 믿었다.[15]

장차 '멀미 정상회담'으로 일컬어질 이 회담이 진행되는 동안에 두 정상은 아프가니스탄에서 유럽에 이르는 폭넓은 주제로 토론을 했다. 이 만남에서 냉전 종식을 선언하자는 합의도 도출되었다. 그런데 도대체 무슨 까닭으로 양측은 차가운 겨울 바다의 배 위에서 만나기로 했을까?

이 의문에 대한 힌트는 앞서 설명했던 캘리포니아 생쥐가 제공한다. 매튜 푹스예거의 실험이 보여주었듯이, 자기 영역 안에서 거둔 승리만이 생쥐의 뇌를 변화시킨다. 부시나 고르바초프의 보좌진은 캘리포니아 생쥐의 이러한 특성에 대해서 알지 못했겠지만, 그럼에도 불구하고 돈 킹과 같은 프로모터들과 마찬가지로 승리를 둘러싼 환경적 요인에 대해서는 잘 알고 있었다. 사실 양측에서 모두 스포츠계의 경험을 통해서 홈그라운드에서 싸울 때 유리하다는 걸 알고 있었을 수 있다. 이른바 홈그라운드 이점은 대부분의 경기에서 나타난다. 영국 잉글랜드에 있는 노섬브리아 대학교의 닉 니브와 샌디 울프슨은 축구 경기에 임하는 선수들로부터 경기가 시작되기 전에 타액을 채취해서 테스토스테론 수치를 측정했는데, 원정 경기보다 홈경기 때 이 수치가 더 높다는 사실을 확인했다. 특히 서로 앙숙인 팀끼리 매우 중요한 경기를 앞두고 있을 때 특히 더 그랬다.[16]

많은 종목의 운동에서 홈경기를 할 때 선수들은, 캘리포니아 생쥐가 자기 영역 안에서 승리를 거둘 때 누리는 이점과 동일한 이점을 누린다. 여기에서 다시 한 번 강조하지만, 홈경기에서 승리를 거둘 때 캘리포니아 생쥐의 뇌는 새로운 남성호르몬수용체를 만들어내서 투지를 보다 강화해주고, 다음 차례에 맞붙을 상대에게도 역시 이길 가능성을 높여준다. 그런데 이와 비슷한 현상이 인간에게서, 특히 운동 경기에서 나타나는 것 같다.

몇몇 경기가 특히 인기가 높은 현상도 바로 이런 사실로써 설명할 수 있다. 예를 들어 서로 앙숙 관계인 두 팀이 경기를 벌인다고 치자. 이 경우 뇌의 동기부여 회로들은 급격하게 늘어나고, 양 팀의 선수들은 자기의 모든 것을 그 경기에 바치려 한다. 그런데 어떤 팀들은 다른 팀들에 비해서 홈그라운드의 이점을 보다 많이 누린다. 예를 들어서 세르비아를 비롯한 발칸 반도의 국가들은 북유럽 국가들에 비해서 홈경기 승률이 훨씬 높다.[17] 이렇게 높은 승률을 거두는 이유는, 프로 팀이든 국가대표 팀이든 간에 자기 영역에서 경기를 한다는 사실에 보다 더 많이 후끈 달아오르기 때문이 아닐까 싶다.(민족주의적 성향이 상대적으로 강해서 이 같은 결과가 빚어질 수도 있다.) 그리고 이 경기에 참가한 선수들은 홈경기를 승리로 이끎으로써, 나중에도 홈경기에서는 보다 강력한 승자 효과를 발휘한다.

이 현상은 운동선수들에게서는 확실히 나타난다. 그런데 세계의 정치를 논하는 두툼한 살집의 풍채 좋은 외교관이나 늙은 대통령에게도 이 현상을 적용할 수 있을까? 적용할 수 있을 것 같다.

브리티시콜롬비아대학교의 그레이엄 브라운과 워싱턴대학교의 마커스 배어는, 경영학과 학생들이 실제처럼 협상 훈련을 하는 것을 지켜보았다. 이 학생들은 대형 호텔 체인에 납품되는 커피를 놓고서 구매자 혹은 판매자로서 최고의 가격을 얻어내어야 했다.[18] 어떤 학생들은 자기의 '홈그라운드'에서 협상했고, 어떤 학생들은 중립적인 지역에서 협상했으며, 또 어떤 학생들은 상대방의 홈그라운드로 원정을 가서 협상했다.

결과는 놀라웠다. 구매자든 판매자든 가리지 않고 홈그라운드에서 협상을 한 학생들은 중립적인 장소나 원정 협상에 나선 학생들보다 더 나은 조건의 결과를 이끌어냈다. 구매자는 가격을 최대로 낮추었고, 판매자는 가격을 최대로 높인 것이다.

또 어떤 연구자들은 정치 협상에서의 홈그라운드 이점을 증명했다. 예를 들어서 제2차 세계대전이 끝나갈 무렵에 영토 할당을 의제로 다룬 정상회담의 장소를 소련 점령지이던 독일의 포츠담이 되도록 스탈린이 결론을 이끌어냈는데, 그 바람에 소련이 제2차 세계대전 이후의 인류 역사를 결정적으로 바꾸어놓았다고 주장하는 학자도 있다.[19] 역사적으로 보면, 서로 경쟁 관계에 있는 두 주체가 어떤 조약을 체결할 때 그 장소는 서로의 홈그라운드 이점을 차단하기 위해서 일반적으로 중립적인 곳을 선택했다. 예를 들면 1807년 7월 7일에 프랑스 황제 나폴레옹과 러시아의 차르 알렉산더 1세가 네만 강 한가운데 띄운 뗏목에서 이른바 틸지트 조약을 체결함으로써 피비린내 나던 전쟁에 마침표를 찍었는데, 네만 강은 두 제국의 경계선이었다.

그래서 부시 대통령이 미끄러운 발판을 걸어올라 막심 고리키호에 오르고 또 로리 파이어스톤이 선원들이 먹다 남긴 음식들을 바라볼 때, 미국과 소련 양측 협상 팀은 어느 쪽도 홈그라운드의 이점을 누릴 수 없었다. 하지만 누가 알겠는가, 그 덕분에 정상회담이 성공을 거둘 수 있었는지……. 사실 부시가 러시아 여객선을 찾아가서 정상회담을 하긴 했지만, 고르바초프 입장으로 보자면 미국 전함 벨크냅호로 자기가 찾아가서 만나기로 했던 약속을 어긴 것에 따른 굴욕의 무게감이 자국 여객선에서 회담을 가질 때 기대할 수 있는 테스토스테론의 분출 효과보다 아마 더 중요했을 것이다.

그렇다면 이제 우리는 시클리드 물고기의 미스터리를 푸는 데 조금 더 가까이 다가섰을까? 시클리드의 신비한 변모가 홈그라운드의 이점과 어떤 관련이 있지 않을까? 이 문제에 답을 하기 전에 우선 승리가 사람에게 미치는 효과에 대해서 좀 더 살펴보기로 하자. 승자 효과를 설명하려 할 때 사람들이 어떤 생각을 할까?

가위바위보 게임은 누구나 잘 알 것이다. 여기에서 한번 해보자. 먼저 가위를 낸 상태에서 자기 자신에게 낸 몇 가지 질문에 대답해라. 각각의 진술이 자기에게 어느 정도나 맞는지 1에서 5까지의 숫자로 나타내라. 이때 1은 '전혀 아니다'이고 5는 '매우 그렇다'이다.

당신은 자기 자신이 어떻다고 생각하는가?

(a) 단호하다.

(b) 끈질기다.

(c) 우유부단하다.

(d) 무서움을 잘 느낀다.

(e) 호평을 받는다.

(f) 존경받는다.

(g) 억울해한다.

(h) 모욕을 받는다.

자, 이번에는 주먹을 낸 상태로 다시 다음 질문에 대답해라.
당신은 자기 자신이 어떻다고 생각하는가?

(a) 단호하다.

(b) 끈질기다.

(c) 우유부단하다.

(d) 무서움을 잘 느낀다.

(e) 호평을 받는다.

(f) 존경받는다.

(g) 억울해한다.

(h) 모욕을 받는다.

어떤가? 두 경우의 결과를 놓고 볼 때, 본인이 스스로에게 던진 질문에 대해서 가위를 내고서 한 답과 주먹을 내고서 한 답 사이에 차이가 있는가? 원래 이 질문 장치는 한 무리의 피실험자들을 두 집단으로 나눈 다음 한 집단에게는 가위를 낸 상태에서 질문에 답하게 하고 다른 집단에게는 주먹을 낸 상태에서 질문에 답하게 하는 것으로 고안되었다. 그래서 개인이 이 두 가지를 모두 할 때에는 결과의 차이가 전혀 나지 않을 수도 있다. 그러나 네덜란드 암스테르담에 있는 프리대학교의 토머스 슈베르트와 산데르 쿨레가 무작위로 집단을 나눈 피실험자들을 대상으로 이 실험을 했을 때, 주먹을 낸 상태로 대답하게 한 집단이 가위를 낸 상태로 대답하게 한 집단에 비해서 스스로를 보다 단호하다고 또 호평받는다고 생각하는 것으로 드러났다.[20] 이 과정에 도대체 무슨 일이 있었기에 이러한 결과가 나왔을까?

설명을 하기 전에, 한 가지 실험을 더 소개하겠다. 이 실험에는 준비물이 필요하다. 연필이다. 이 연필을 이빨로 물어라. 하지만 이때 입술을 벌려야 한다. 그다음, 이제는 이빨 대신 입술로 그 연필을 물어라. 수백 명을 대상으로 해서 각각의 경우에 기분이 어떤지 등급을 매겨서 평가하라고 하면, 사람들은 일반적으로 입술로 연필을 물 때에 비해서 이빨로 연필을 물 때 기분이 더 좋다는 것으로 나온다. 이 차이가 비록 크지는 않지만 통계적으로는 유의미한 수준이다. 그리고 이 현상에 대한 설명은 앞선 가위와 바위의 차이와 비슷하다.

정신과 뇌 그리고 신체는 모두 긴밀하게 연결되어 있다. 자, 잠깐 눈을 감고 상상해보자. 당신은 지금 무거운 가방을 들어 올린다. 가방을 당신 눈높이까지 들어 올린 채 가방 무게를 버티고 있다. 가방의 무게가 느껴지는가? 뇌에서는 당신이 실제로 무거운 가방을 들어 올릴 때 당신의 뇌 각 부분에서 일어나는 일이 이를 상상할 때도 똑같이 일어난다. 그뿐만 아니다. 그런 상상을 할 때 당신 신체의 근육도 마찬가지로 동작한다. 즉, 당신의 신체는 당신이 무거운 가방을 들어 올리는 일을 상상하고 거기에 대해서 생각하는 걸 돕는다.

그러나 이 과정은 반대 방향으로도 작동한다. 생각과 감정이 정상적으로는 신체적인 표현을 동반하지만, 거꾸로 생각과 감정이 신체적 표현에 의해서 촉발된다는 말이다. 내가 슬프다고 느끼면 내 입꼬리는 아래로 처진다. 그래서 연필을 입술로 물어서 인위적으로 입꼬리가 처지게 만들면, 마음속에서 어떤 슬픈 생각이 일어난다. 이와 반대로 이빨로 연필을 물어서 입꼬리를 인위적으로 위로 올리면 행복한 감정이 조성된다. 물론 이것은 행복감을 관장하는 뇌의 활동에 따른 것이다. 주먹도 마찬가지다. 주먹을 쥐는 행위는 원시적이고 육체적인 경쟁 관계에서 보자면 위협과 지배라는 감정과 연관되는데, 이것은 여성보다 남성에게서 훨씬 더 보편적인 현상이다. 이것이 문화적인 이유인가 아니면 생물학적인 이유인가 하는 질문은 의미가 없다. 남성들 사이에서 주먹을 쥐는 것은 단호함 및 우월함과 연관이 있다. 하지만 여성들 사이에서는 그렇지 않다. 이 점에 대해서는 나중에 5장에서 다시 살펴볼 것이다. 브라질 대표팀과 이탈리아 대표팀 사이의 월드컵 결승전 경기 영상을 보면, 브라질 대표팀이 이기자 브라질을 응원하던 사람들이 주먹을 쥐고 흔들며 환호하는 모습을 볼 수 있다. 이 경기뿐만이 아니다. 어떤 경기에서든 승자의 환호는 주먹을 쥐는 것으로 나타난다. 이 모습은 전 세계적으로 동일하다. 주먹은 바로 승리와 권력의 보편적인 기호이기 때문이다. 정치 집회에서 연설을 하는 사람이 청중으로 하여금 주먹을 쥔 손을 흔들게 하려고 애를 쓰는 이유도 여기에 있다. 이렇게 할 때 집회 참가자들의 마음속에서 자기 행동에 대한 자신감과 자존감이 커지기 때문이다. 정치 집회뿐만 아니라 종교 집회에서도 그렇고, 심지어 작업 현장에서도 그렇다.

월드컵 결승전에서 브라질이 이탈리아를 꺾었을 때 실제로 그런 일이 일어났다. 브라질을 응원하던 사람들에게 심리적으로 긍정적인 효과가 실제로 발생했다. 그뿐만 아니라 브라질 국민에게 구체적인 경제적 편익이 발생했다. 그처럼 중요한 승리를 경험한 브라질 국민의 테스토스테론의 분출은 결코 놀라운 일이 아니다.

주먹을 쥐게 한 다음 감정이 어떤 상태인지 묻는 이런 사소해 보이는 심리 실험들이 실제 현실 세계에서 일어나는 일들을 과연 제대로 설명할 수 있을지 의아하게 여기는 사람도 있을 것이다. 하지만 분명히 말하지만 실제로 그렇다. 이 점을 증명하기 전에 먼저 또 다른 예를 하나 들어볼까 한다. 세계 외교 무대에서 실제로 벌어졌던 일이다.

2007년 10월 22일, 프랑스의 니콜라 사르코지 대통령이 모로코 국왕 모하메드 6세를 마라케시(모로코에서 네 번째로 큰 도시–옮긴이)에 있는 왕궁에서 만났다. 무역 협정 서명식을 하기 위해서였다. 모하메드 곁에 앉은 사르코지는 다리를 꼰 자세로 의자에 편안하게 앉았다. 그런데 위로 포갠 사르코지 다리의 신발 바닥이 모하메드를 향했다. 이 광경을 본 관리들은 놀랐다. 이슬람 세계에서 자기 신발의 바닥을 남에게 보이는 것은 상대방에게 모욕을 주는 행위였다. 그런데 그런 행위를 국왕에게 하다니, 도저히 용서받을 수 없는 일이었다. 모로코 주재 미국 대사는 워싱턴에 보낸 전문에서 '모로코 정가에서는 프랑스 대통령이 의자에 단정치 못하게 '지나치게 편안한' 자세로 앉아 있었던 점을 두고 뒷말이 많음'이라고 썼다.[21]

사르코지 대통령이 '단정치 못하게' 다리를 꼬고 앉은 것은 단지 편안한 자세를 취하기 위해서만은 아니었다. 그것은 느긋함의 표현이었다. 실제로 다리를 꼬고 앉으면 그렇지 않을 때보다 공간을 많이 차지한다. 이 자세는 우월한 존재의 고전적인 특징이다. 사람뿐만이 아니라 동물 세계에서도 마찬가지이다. 화려한 꼬리를 활짝 펼치는 수컷 공작이나 자기 가슴을 두 주먹으로 쾅쾅 치는 고릴라와 같은 이른바 '알파형 유형'(공격적이고 경쟁적이며 성과 지향적인 유형. 반대 개념은 베타형 유형이다. - 옮긴이)은 우월함을 과시하려고 자기 신체를 확장하고 확대한다.

사르코지 대통령이 바로 그런 행위를 했던 것이다. 물론 그는 느긋하고 편안한 마음이었을 것이다. 하지만 이것은 자기가 우월하며 그 상황을 자기가 통제한다고 느꼈기 때문이다. 그리고 그의 확장된, 그래서 조금은 불경스러운 자세는 이러한 우월감이 반영된 것이었다. 나중에도 설명하겠지만 이 우월한 권력은, 어떤 위협이나 위험에 대처할 때 작동되는 비상 반응 체계의 결정적인 한 부분인 스트레스 호르몬 코티졸stress hormone cortisol 수치를 낮춤으로써 긴장을 풀어주는 기능을 한다. 이러한 코티졸은 어떤 골치 아픈 문제에서 벗어나는 데 유용한 물질이다. 그러나 코티졸 수치가 장기적으로 높은 수준을 계속 유지할 때는 신체에 나쁜 결과가 일어날 수도 있다. 여기에 대해서는 다음에 이어질 3장과 4장에서 살펴볼 것이다.

모하메드 6세나 사르코지 대통령 주변에 있던 외교관들이나 국무위원들은 그 권력자들 앞에서 자신의 육체를 최소한 작게 보이고자 노력했을 것임을 누구나 쉽게 상상할 수 있다. 예를 들어서 두 손을 앞으로 가지런히 모은다든가, 다리를 최대한 모으고 선다든가, 고개를 조금 숙인다든가, 어깨를 구부린다든가 하는 등……. 강력한 권력자 앞에서 사람은 누구나 이 같은 자세를 취한다. 이는 우리가 다른 사람들과 함께 있을 때 그 집단 속에서 자기 서열이 어디인지, 자기가 있어야 할 자리가 어디인지 잘 안다는 뜻이다.

이런 모습은 기업계에서도 흔히 볼 수 있다. 회의를 한다고 치자. 이때 가장 서열이 높은 사람이 의자에 앉는 자세는 남다르다. 상체를 뒤로 젖히고 두 손을 뒷머리에 깍지를 끼고 양 팔꿈치를 활짝 벌리며 다리도 앞으로 길게 뻗는다. 이에 비해 같은 자리에 있는 서열이 낮은 사람들은 탁자 위로 상체를 구부리고 두 손은 다른 사람의 영역으로 침범하지 않도록 가지런하게 모은다. 조심할 줄 아는 낮은 서열의 사람은 자기가 차지하는 공간을 최소한으로 줄이려고 애쓴다. 사르코지 대통령을 수행하던 외교관들이 그랬다.

이런 모습은 권력을 둘러싼 세계인 정치계에서만 찾아볼 수 있을까? 보통 사람들의 일상적인 생활과는 아무런 관련이 없을까? 아니다. 앞서 주먹을 쥐었을 때 어떤 기분이 드는지 살펴보는 실험에서, 감정과 신체적 표현 사이의 연관성, 이 학습된 연관성 때문에 주먹을 쥘 경우 우월감을 느낀다는 사실을 확인했다. 그런데 니콜라스 사르코지가 했던 행동, 단정치 못하게 자기 신체 및 자기가 차지하는 공간을 최대한 확대한 행동은 어땠을까? 이 행위 역시 우월감을 확대시켰을까?

다나 카니는 컬럼비아대학교와 하버드대학교의 동료들과 함께한 실험을 통해서 이 질문을 확인했다. 이 연구자들은 피실험자들을 상대로 사르코지가 했던 것과 같은 자기 몸을 최대한 확대하는 자세 혹은 사르코지 곁에 있던 외교관들이 했던 것과 같은 몸을 최대한 축소하는 자세를 일 분 동안 취하게 했다.[22] 이른바 '권력자' 자세는 의자에 기대 누운 채 두 다리를 탁자에 올려놓는 것이었다. 이때 실험 진행자는, 다리의 위치를 심장 높이 이상으로 둘 때의 생리적 상태를 확인하기 위해서라고 피실험자들에게 설명했다. 한편 '종속자'에게는 두 다리를 모으고 두 팔은 가슴에 교차해서 붙이고 상체를 약간 숙이는 자세를 취하게 했다.

그런데 피실험자들에게 이 자세를 각각 일 분씩만 취하게 했음에도 불구하고, 권력자 자세를 취한 집단은 종속자 자세를 취한 집단에 비해서 더 큰 '책임감'과 '권력'을 느꼈으며, 두 집단의 이 차이는 유의미한 수준이었다.

　이러한 발견이 별것 아닌 것처럼 비칠 수도 있다. 특정한 자세를 딱 일 분 동안 취하게 한다고 해서 그 사람들이 책임감을 더 느끼거나 덜 느낀다는 게 말이 되는가 하는 의문을 품을 수 있다. 그런데 놀랍게도 그 짧은 시간의 변화가 승자 효과를 좌우하는 핵심적인 것, 즉 테스토스테론 분출량을 바꾸어놓았다. 전체 피실험자는 여자 26명과 남자 16명이었는데, 이 가운데서 권력자 자세를 취한 사람들은 그들의 강화된 '책임감' 혹은 '권력'에 걸맞게 테스토스테론 수치가 상당한 수준으로 높아졌다. 이에 비해서 종속자 자세를 취한 사람들은 반대로 낮아진 '책임감' 혹은 '권력'에 걸맞게 테스토스테론 수치가 비슷한 수준으로 낮아졌다.

　그런데 이 각각의 자세는 또 하나의 중요한 호르몬 변화를 이끌어냈다. 스트레스 호르몬인 코티졸 수치가 권력자 자세를 취한 뒤에는 낮아졌으며, 반대로 종속자 자세를 취한 뒤에는 높아진 것이다. 이런 점을 놓고 보면, 사르코지가 그렇게나 느긋하게 보인 것도 결코 놀라운 일이 아니었다. 사르코지가 우월감을 느끼며 그 상황을 자기가 통제한다고 생각함으로써 그의 테스토스테론 수치는 높아지고 불안과 관련된 호르몬인 코티졸의 수치가 낮아져 그가 그토록 느긋하게 보였던 것이다.

　이 실험을 통해서 얻을 수 있는 교훈은 가정생활에서부터 사회생활에 이르는 모든 삶의 영역에서 상당히 중요하게 고려할 필요가 있다. 자세를 비록 아주 짧은 시간 동안만 바꾼다고 해도 우리는 우리의 신체와 뇌를 심오하게 바꿀 수 있다. 청소년을 자식으로 둔 부모가 몸가짐을 단정하게 하라고 입버릇처럼 당부하는 것도 다 이유가 있다. 영국의 육군사관학교인 샌드허스트와 미국의 육군사관학교 웨스트포인트가 사관생도들이 바른 자세를 가지고 가슴이 딱 벌어지는 건장한 체격을 가꾸도록 하는 데 많은 시간을 들이는 것도 바로 이런 이유 때문이다. 또 노동조합 간부가 집회에서 승리를 장담하며 불끈 쥔 주먹을 흔드는 이유 역시 여기에 있다.

이 실험이 주는 교훈은 명백하다. 내가 내면적으로 무엇을 느끼든 간에, 내가 느끼고자 하는 것을 느끼는 것처럼 **행동하면** 이 감정이 저절로 따라온다는 것이다. 이렇게 되면 나는 선순환의 고리 속으로 들어가게 되고, 다른 사람들은 내가 처음에 일부러 지어낸 이 감정을 지지하고 강화하는 방향으로 나를 대한다.

만일 우리가 비록 승자도 아니면서 승자인 것처럼 행동한다면, 이런 행위가 우리를 승자로 만들어줄까? NT 시클리드 물고기가 평소와 다르게 행동하도록 해서 신체에 극적인 변화가 일어나도록 촉발하는 어떤 것이 있을까? 그런데 기존의 T 시클리드 물고기는 NT 시클리드의 이런 변화에 어떻게 반응할까? 평소 자기가 짓궂게 괴롭히던 NT 시클리드에게서 새롭게 발견하는 우월감을 T 시클리드는 어떻게 받아들일까? 우리는 지금 NT 시클리드의 미스터리를 해결할 수 있는 지점으로 점점 가깝게 다가가고 있다. 그러나 최종적인 대답을 구하기 전에, 다른 사람들이 우리에게 어떻게 반응할까 하는 질문부터 먼저 처리해야만 한다.

1954년, 아일랜드의 공무원이던 앤 피니는 더블린에 있는 자기 부서 책임자에게 사직서를 제출했다. 명석하고 또 야심가였던 그녀는 직장을 그만두고 싶지 않았지만, 법이 정한 대로 그렇게 할 수밖에 없었다. 결혼을 앞두고 있었기 때문이다. 아일랜드에서는 여성 공무원은 결혼과 동시에 직장을 떠나야만 하는 규정이 1973년까지 존속되었다.

1962년 8월 5일, 이른 아침 시각에 미국 중앙정보국CIA의 귀띔을 받은 한 무리의 경찰관들이 어떤 집으로 들이닥쳐서 남자 한 명을 체포했다. 그리고 이 남자는 그로부터 27년 동안이나 감옥에서 살아야 했다. 이 남자는 넬슨 만델라였다.

이 두 가지 사건은 인간이라는 종족은 자기 아닌 다른 사람이 인생에서 승자가 될 기회를 박탈하는 데 얼마나 놀라운 수완을 발휘하는지 잘 보여준다. 인종이나 성 혹은 정치적·종교적 신념 때문에 특별한 집단으로 분류된 사람들이 인생을 살면서 자기 스스로에게 어떤 영향력을 행사할 수 있는 기회 혹은 성공할 수 있는 기회를 체계적으로 박탈당하는 일은 전 세계에서 지금도 여전히 일어나고 있다.

시클리드 물고기의 미스터리를 놓고 곰곰이 생각하면, 수백만 명의 사람을 부당하게 억압하는 편견과 차별을 설명할 수 있는 생물학적인 근거라는 게 과연 존재할까 하는 의문이 떠오른다. T 시클로드는 NT 시클로드를 체계적으로 억압하면서 남아프리카공화국의 백인 엘리트 구성원처럼 행동하는 걸까? T 시클로드는, 자신의 지배력을 유지할 목적으로 여성에게서 일할 권리와 교육받을 권리, 나아가 공직에 진출할 권리까지 금지하는 보수적인 남성처럼 행동하는 걸까?

1950년대에 아일랜드의 여성을 억압했으며 또 남아프리카공화국에서 흑인을 차별했던 제도만큼이나 노골적이던 유리 천장(여성의 기업 고위직 진출을 가로막는 보이지 않는 장벽을 뜻하는 말 – 옮긴이)은 양성평등법이나 시민불복종운동 등과 같은 사회운동을 통해서 꾸준하게 제거되어왔지만, 지금도 여전히 견고하게 남아 있다. 심지어 여성 차별을 금지하는 강력한 규범이나 법규가 마련되어 있는 선진국에서도 그렇다. 「포춘」 선정 500대 기업의 CEO를 대상으로 한 2009년 조사 결과를 보면, 전체 500명 가운데서 여성은 겨우 15명밖에 되지 않는다.[23] 이는 남성이 여성을 직장에서 성공하지 못하도록 하는 방해나 차별이 기업계에 공공연하게 존재한다는 사실을 명백히 보여준다.

버락 오바마와 무의식의 장벽

2008년 5월이었다. 버락 오바마와 힐러리 클린턴은 2008년 11월에 있을 미국 대통령 선거의 민주당 후보로 지명되려고 각 주의 예비선거에서 치열하게 경쟁을 했다. 그런데 이 당시에 플로리다주립대학교의 애슈비 플랜트와 그의 동료들은 미국 시민의 표본 집단 구성원들의 뇌에서 놀라운 어떤 변화가 일어나는 현상을 발견했다.[24]

이 변화를 설명하려면 우선 남녀의 성gender에 대한 태도를, 특히 이 태도를 측정하는 방법을 간략하게나마 살펴볼 필요가 있다. 이를테면 내가 대학교의 정교수 서열에 들어가는 여성의 숫자를 늘리려고 노력하는 행동에 대해서 당신이 어떻게 생각하는지 알고 싶다고 치자. 이 경우 나는 당신에게 이 행동을 얼마나 지지하느냐고 묻는다. 당신이 대답할 수 있는 범위는 '매우 많이 지지한다'에서부터 '전혀 지지하지 않는다'까지이다. 그러나 이 상식적인 방법은 당신 마음속의 단지 한 부분, 즉 의식적인 접근이 가능한 '명시적explicit' 태도들에만 적용된다. 그러나 이 태도들은 우리 뇌 속에 있는 전체 신경망에서 전개되는 정신적 처리 과정 전체를 놓고 보자면 아주 작은 부분일 뿐이다.

뇌 안에서 진행되는 것은 거의 대부분 무의식 차원에서 진행된다. 우리가 어떤 순간에서든 말하고 행동하고 느끼는 것은 이 무의식적인, 즉 '암묵적implicit'인 과정에 의해 강력하게 형성된다. 흔히 이 의식적인 체계와 무의식적인 체계가 충돌하면서 우리는 매우 모순적인 방식으로 행동한다. 인간의 행동이 자주 일정한 원칙도 없이 변덕스럽고 비이성적인 이유 가운데 하나가 바로 여기에 있다.

그런데 여기에서 문제가 하나 발생한다. 어떤 사람의 생각이나 감정을 본인 스스로도 알지 못하는데 이것을 어떻게 연구한단 말인가 하는 문제이다. 간단하게 답부터 말하면, 이른바 '암묵 연합 검사IAT'라는 방법을 사용하면 가능하다. IAT의 가장 전형적인 버전은 2001년 루트거스대학교의 로리 루드먼과 그녀의 동료들이 사용했다.[25] 이 연구진은 컴퓨터의 모니터 화면에 여러 단어들을 불쑥불쑥 띄운 다음에 피실험자들에게 컴퓨터 자판에서 오른쪽 화살표나 왼쪽 화살표를 누르게 하는 방식을 동원해서 '성에 대한 암묵적인 태도'라는 문제에 접근했다. 연구진이 동원한 단어들은 남자 혹은 여자 이름의 목록이었고, 피실험자들이 그 이름이 각각 남자 이름이라고 판단하면 왼쪽 버튼을 누르게 하고 여자 이름이라고 판단하면 오른쪽 버튼을 누르게 했다. 이어서 새로 제시하는 어떤 조합의 단어들이 강한 형용사인지(예를 들어 '강하다', '대담하다' 등) 혹은 약한 형용사인지(예를 들면 '상처받기 쉽다', '겁이 많다' 등) 판단한 다음, 각각의 형용사에 해당하는 것으로 두 개의 버튼 가운데 하나를 선택해서 누르게 했다.

그다음에는 이름과 형용사로 이루어진 단어 조합이 하나씩 나올 때, 여자 이름과 약한 형용사에 대해서는 왼쪽 버튼을 누르고 남자 이름과 강한 형용사에 대해서는 오른쪽 버튼을 누르게 했다. 그리고 이어서 이 테스트를 한 번 더 수행하게 했는데, 이번에는 여자 이름과 강한 형용사 조합에 대해서는 왼쪽 버튼을 누르고 남자 이름과 약한 형용사 조합에는 오른쪽 버튼을 누르게 했다. 다른 말로 하면, '여자'와 '강력하다'라는 조합과 '남자'와 '약하다'는 두 개의 불편한 조합에 대해서 피실험자들이 어떤 반응을 보이는지 살피고자 했다.

그런데 여기에서 결정적으로 중요한 것은 각각의 단어 혹은 단어 조합에 피실험자들이 최대한 빠르게 반응하도록 하는 것이다. 즉, 피실험자들이 자기가 가지고 있는 상충적인 고정관념을 의식하고 제시된 문제에 대한 자기 반응을 의식적으로 바꾸지 못하도록 최대한 빠르게 진행하고 또 빠른 시간 안에 많은 판단을 내리도록 했다. 피실험자들의 반응 속도가 빠르게 이루어지도록 유도해야 피실험자 각각의 뇌에 각인되어 있는 암묵적이고 무의식적인 연상이 반영되기 때문이다.

각각의 반응이 피실험자가 가지고 있는 고정관념과 '양립 가능'할 때(예를 들면, 남성-강함에 대해서 오른쪽 버튼) 피실험자들이 최대한 빠르게 반응하는 속도와, 각각의 반응이 그 고정관념과 '양립 불가능'할 때(예를 들면, 여성-강함에 대해서 오른쪽 버튼) 최대한 빠르게 반응하는 속도가 이 실험의 중요한 비교 대상이었다. 루드먼이 발견한 사실은 남자와 여자 피실험자 모두 여성-약함이나 남성-강함에 반응하는 시간보다 남성-약함과 여성-강함에 반응하는 시간이 느리다는 것이었다.(그 효과는 여자에 비해서 남자에게서 더 강하게 나타났다.)

플랜트가 대학교의 정교수 서열에 여성을 많이 포함시키는 문제에 대한 '의식적인' 의견을 물으면서 무의식적인 태도를 조사하기 위해서 암묵연합 검사 방법론을 사용할 수 있다. 예를 들어서, 정교수 자리에 성차별을 없애고 보다 많은 여성을 임명하는 문제로 돌아가서, 여자의 이름과 '정교수'와 같은 직위의 단어를 한 단어 조합으로 하고 또 남자의 이름과 '조교수'와 같은 직위의 단어를 한 단어 조합으로 해서, 피실험자에게 오른쪽 버튼 혹은 왼쪽 버튼을 선택하게 할 수 있다. 이 검사에서 여성-조교수 조합에 비해서 여성-정교수 조합에 대한 당신의 반응 시간이 느리다면, 여기에서 여성의 승진에 대한 당신의 무의식적이고 암묵적인 태도를 통찰할 수 있다.

그러므로 자유주의적인 경향을 지닌 어떤 사람이 자기는 대학교 교수 세계에서의 여성 승진 문제와 관련된 성차별 장벽을 무너뜨리는 데 '강력하게 지지한다'고 아주 솔직하게 말한다 하더라도, 이 사람의 무의식적인 태도는 그와 반대로 여성 승진에 대해서 부정적일 수 있다.(하지만 이 경우에도 본인은 자신의 무의식적인 태도가 그 문제에 부정적인지 전혀 알지 못한다. 그걸 깨달을 수 있는 단서는 어디에도 없기 때문이다.) 게다가 우리가 실제로 행동할 때는, 흔히 무의식적이고 암묵적인 태도가 우리가 내리는 결정을 좌우한다.

플랜트와 그의 동료들은 성에 대한 태도를 연구하는 조사에서 사용되었던 암묵 연합 검사와 비슷한 방법론을 사용해서, 버락 오바마의 민주당 대통령 후보 지명을 위한 예비선거 과정에서 나타났던 비흑인들의 암묵적인 인종적 태도를 연구했다. 그리고 이들은 민주당의 예비선거 기간 동안에 측정한 흑인에 대한 무의식적인 편견의 수준이 예전에 측정했던 수준보다 상당히 낮다는 사실을 발견했고, 그 사실에 당황했다. 지성 수준이 매우 높으며 또 출중한 지위에 있는 매우 유능한 흑인(버락 오바마)이라는 긍정적인 사례에 노출됨으로써, 유권자의 뇌에 보이지 않게 각인된 무의식적인 태도가 재구성되었던 것 같다.

이러한 태도를 뒷받침하는 뇌의 물리적 변화에 대해서 우리가 진정으로 말하고자 하는 것을, 뉴욕대학교의 엘리자베스 펠프스와 그녀의 동료들이 수행한 연구 작업이 분명하게 제시했다. 이 연구진들은 흑인과 백인의 낯선 사람 사진들을 백인 피실험자들에게 보여주었다. 그리고 연구진은 사전에 이 피실험자들이 가지고 있는 인종적 편견 정도를 두 가지 방식으로 측정했다. 하나는 표준적인 태도와 관련된 질문항에 대한 답변을 토대로 측정하는 것이었고, 또 하나는 암묵 연합 검사를 통해서 무의식적인 편견을 측정하는 것이었다.[26] 펠프스는 기능성자기공명영상 장치를 사용해 뇌의 사진을 찍어서 편도체에서 나타나는 활동성을 관찰했다. 편도체는 측두엽 내부에 존재하는 뇌의 한 부분이며 공포나 분노와 같은 여러 감정을 관장한다. 그런데 질문항으로 측정한 의식적인 인종적 편견은 편도체에서 확인되는 활동성과 상관없는 데 비해서, 무의식적이고 암묵적인 편견은 피실험자들이 백인의 얼굴 사진을 볼 때보다 흑인의 얼굴 사진을 볼 때의 편도체의 활동성과 한층 강력한 상관성을 나타냈다.

 의식적인 생각은 느리게 진행된다. 또 이것은 폭이 매우 좁은 병목을 가지고 있다. 무슨 말이냐 하면, 의식적인 생각을 두 가지 이상 동시에 진행하기 매우 어렵다는 말이다. 이에 비해서 무의식적인 생각은 매우 빠르게 진행되며, 또 이 무의식의 영역에서는 병목 현상 따위는 일어나지 않는다. 이런 단순한 이유로 해서 우리는 일상생활을 하는 거의 대부분의 시간 동안에 의식적인 생각보다는 무의식적이고 암묵적인 생각의 통제를 훨씬 더 많이 받는다. 이 점에 비추어보자면 정치, 성, 인종 그리고 그 밖의 여러 비슷한 문제들에 대해서 우리는 느끼는 것을 본인이 어떻게 생각하는가 하는 사항은, 주어진 어떤 상황에서 우리가 어떻게 행동할지 예측한다고 해도 뇌의 관련 부분에서 나타나는 활동성과 직접적으로 관련이 없다는 사실은 전혀 놀라운 게 아니다. 즉, 어떤 사람이 어떤 것을 더 선호하는지 측정할 때, 그 사람이 암묵 연합 검사에서 받는 성적은 그가 의식적으로 하는 생각이나 자기 자신이나 다른 사람에게 하는 말보다 더 정확한 지표라고 할 수 있다는 말이다.

 당신은 암묵 연합 검사 유형의 검사법을 사용해서 본인의 무의식적인 편견을 심층적으로 확인할 수 있다.(원한다면 당신도 하버드대학교의 웹사이트 'https://implicit.harvard.edu/implicit/'에서 이 검사를 해서 결과를 받아볼 수 있다.) 나는 이 웹사이트에서, 앞에서 설명했던 것들과 비슷한 암묵 연합 검사법을 사용해서 다양한 연령 집단에 대해서 내가 가지고 있는 암묵적인 태도를 측정하는 실험을 해봤다. 제시되는 질문에 무의식적으로 대답하는 반응 시간을 측정하는 방법으로 나는 어떤 연령층을 가장 긍정적으로 대하는지 알 수 있었다. 어린이와 중년층에 가장 긍정적이었고, 그

다음 노년층이 근소한 차이로 그 뒤를 이었다. 그런데 청년층에 대한 내 무의식적인 태도는 다른 집단에 비해서 상당한 수준으로 낮았다. 그래도 내가 명색이 대학교 교수인데 이래도 되는가? 나는 자책을 하면서 결국 그날 술을 마셨다. 그러나 의식적인 편견이나 고정관념은 매우 보편적인 것이기도 하다. 앤 피니나 넬슨 만델라가 경험했던 차별 대우에서 암묵적이거나 무의식적인 것은 아무것도 없었다. 하지만 편견이 의식적인 것일 때, 이 편견은 인식 가능한 것이 되고 따라서 논쟁 혹은 투쟁의 대상이 될 수 있다. 하지만 인식하기 어려운 편견일 경우에는 어떨까? 스스로 편견을 가지는 무의식적인 태도들이 감추어져 있다. 이렇게 감추어진 무의식적인 태도들에 대처하고 또 이 태도들을 처리하기란 매우 어렵다. 명시적인 편견과 암묵적인 편견이 결합한 것이 진정으로 편견에 사로잡힌 정신에 내재되어 있을 때, 이것은 차별을 반대하는 집단이 승리로 나아가려면 넘어서야 하는 여러 장벽들 중 가장 끔찍한 장벽이 된다. 암묵적인 편견과 관련된 바로 이 문제의 핵심은, 암묵 연합 검사와 같은 검사법으로 자신의 무의식을 면밀하게 살피지 않을 경우 본인의 무의식적인 태도가 자기가 세상을 살면서 하는 거의 모든 행동을 실제로 통제하고 결정함에도 불구하고 자기가 편견에 사로잡혀 있다는 사실을 전혀 알지 못한다는 데 있다.

그런데 승리로 나아가는 길을 가로막는 한층 더 음험한 장벽이 있다. 이 장벽은 차별을 당하는 사람의 뇌 안에 있다.

뇌의 유리 천장

1964년 3월 28일, 미국 플로리다의 세인트오거스틴. 스물아홉 살의 바버라 앨런이 한 간이식당에 자리를 잡고 앉았다. 그런데 몇 분 뒤에 한 무리의 경찰관들이 식당으로 들이닥쳐서는 그녀에게 식당에서 나가라고 명령했다. 그녀가 그 명령을 거부했고, 경찰은 전류가 흐르는 소몰이용 막대를 그녀의 몸에 댔다. 그녀는 경련을 일으키며 쓰러졌고, 경찰관들이 그녀를 밖으로 질질 끌고 나갔다.[27]

바버라는 인권운동가였고, 뉴욕에 있다가 플로리다에서 인권운동을 하려고 왔었다. 미국에서 유럽인이 세운 도시로는 가장 오래된 도시이던 세인트오거스틴의 인권 개선 수준은 쿠클럭스클랜Ku Kluk Klan(KKK단이라 불리우는 백인 우월주의를 표방하는 미국의 극우비밀조직)과 경찰 및 사법 기관의 격렬한 저항 때문에 매우 낮은 상태였다. 흑인이던 바버라는 식당에서 벌어졌던 그 일로 우체국에서 해고되었다. 범죄자라는 기록이 따라붙은 것이었다. 그뿐만 아니라 간호사가 되려고 전문대학에 입학하려고 했지만 그마저도 거부당했다.

바버라 앨런을 포함한 수천 명이 희생한 덕분에 마침내 1964년에 시민적 권리에 관한 법률, 이른바 '공민권법'이 연방법으로 제정되었다. 시민 인권을 주장하는 사람들에 대한 테러는 야만적이리만치 가혹하던 때였다. 심지어 남부의 몇몇 주에서는 인권운동가들이 살해되기도 했다. 이런 와중에 자유주의적인 기풍이 강하던 뉴욕대학교의 어윈 카츠와 '인간관계 연구 센터'에 소속되어 있던 그의 팀은 인종적 편견을 연구하기 시작했다. 이들이 낸 첫 번째 연구 논문의 제목을 보면 자유로운 권리를 누리고 있는 현대인으로서는 어쩌면 연민의 눈물을 흘릴지도 모르겠다. '흑인의 부호숫자 짝짓기 검사 성적을 바탕으로 한, 과제의 어려움, 시험관의 인종 그리고 지시사항이 끼치는 여러 가지 영향'이라는 이 논문은 저 유명한 학술지 「성격 및 사회심리학지Journal of Personality and Social Psychology」를 통해서 발표되었다.[28]

카츠와 그의 팀은 인종 갈등이 첨예한 긴장 속에 팽팽하던 남부로 가서, 남부의 흑인 학생들을 대상으로 (지능지수의 국제적 표준 측정법인) 웩슬러 성인용 지능검사의 하위검사인 부호숫자 짝짓기digit symbol 검사를 했다. 이 검사는 주어진 시간 안에 1부터 9까지의 숫자와 추상적인 기호를 올바르게 짝짓도록 하는 것인데, 시험 진행자의 반은 흑인이고 반은 백인이었다. 그리고 결정적인 조건이 이 실험에 동원되었는데, 연구자들은 일부 학생들에게 이 검사가 눈과 손의 조응 능력을 검사하는 것이라고 했고, 나머지 학생들에게는 지능을 검사하는 것이라고 했다.

결과는 놀라웠다. 시험 진행자가 흑인일 경우, 학생들이 거둔 성적은 그 시험이 지능검사라고 들은 집단이 눈과 손의 조응력 검사라고 들은 집단에 비해서 아주 조금 높았다. 그런데 시험 진행자가 백인일 경우에는 양상이 완전히 달랐다. 지능검사라고 들은 집단의 성적은 형편없이 낮았고, 눈과 손의 조응력 검사라고 들은 집단의 성적은 매우 높았다.

이 실험이 중요한 이유는 어디에 있을까? 이 실험은 편견으로 인해 피해를 보는 희생자의 뇌에 편견이 각인되어 있음을 처음으로 드러냈다. 피해자의 뇌에 들어간 편견의 악의적 이식물이 실제 현실에서 그 편견이 일어나도록 만든 것이다. 많은 사람들에 의해 흑인은 백인에 비해서 지능 수준이 떨어진다고 믿게끔 강요를 받았다. 이 잘못된 고정관념이 흑인의 정신에 무의식적으로 파고들었던 것이다.

사람의 뇌에 존재하는 이 유리 천장은 믿을 수 없을 만큼 강력한 힘으로 승리를 차단한다. 이것은 바버라 앨런이 맞서 싸웠던 노골적인 인종차별보다 여러 가지 점에서 훨씬 더 넘기 어려운 장벽이었다. 자기 머릿속에 든 것을 상대로 어떻게 싸우겠는가? 그 대상은 무의식적인 것인데 말이다. 더 나아가, 이 문제는 단지 흑인의 문제만은 아니다. 고정관념과 차별로 피해를 받는 다른 집단에게도 똑같이 적용되는 문제이다. 성과 관련된 문제를 예로 들어보겠다. 여자는 남자보다 수학을 잘하지 못한다는 고정관념이 있다. 만일 여자들에게 수학 문제들을 제시하고 이 문제들은 '수학적 능력을 진단하는 것이 아니다.'라고 말할 경우, 똑같은 문제들을 제시하면서 '수학적 능력을 진단하는 것이다.'라고 말할 때보다 훨씬 더 좋은 성적을 기록한다.[29]

사람의 정신 속에 내면화된 이 유리 천장들은 나이와 관련된 고정관념에도 적용된다. 뉴욕대학교의 존 바그 교수와 그의 동료들이 실험한 내용을 살펴보자.[30] 실험 진행자는 학생들에게 카드를 다섯 장씩 나누어주었다. 각각의 카드에는 단어가 하나씩 적혀 있었다. 예를 들면, '달렸다ran', '포크fork', '개dog', '그the', '집으로home'와 같은 단어들이었다. 그리고 진행자는 학생들에게 제시받은 다섯 개의 단어 가운데 네 단어로 문장을 만들라고 했다. 예를 들면 '그 개가 집으로 달려갔다the dog ran home'라는 식이었다. 피실험자들은 이 같은 문제를 서른 개 풀었다. 그리고 실험이 끝난 줄 알았다. 하지만 그렇지 않았다. 이 실험에는 연구자들이 설정한 교묘한 장치가 담겨 있었다.

피실험자들은 실험 전에는 말할 것도 없고 실험이 끝난 뒤에도 몰랐지만, 연구자들이 피실험자들 가운데 절반의 집단에게 제시한 전체 서른 개 조합 가운데 스무 개 조합은 노화의 부정적인 측면을 연상시키는 단어들로 구성되어 있었다. 예를 들면, '늙은old', '외로운lonely', '백발grey', '건망증forgetful', '은퇴retired'로 구성된 조합 같은 것이었다. 이에 비해서 나머지 절반의 피실험자들은 나이에 대해서 중립적인 단어들로만 구성된 조합들을 받았다.

그리고 연구자들은 놀라운 사실을 발견했다. 피실험자들이 모든 실험이 끝났다고 생각하고 교실에서 나갈 때, 실험 관계자임을 티 내지 않은 채 복도에 앉아 있던 학생이 피실험자들이 복도를 걸어가는 속도를 측정했다. 어땠을까? 무의식적으로 노령화와 관련된 단어들에 노출된 피실험자들의 걸음걸이는 놀라우리만치 느렸다.

다른 말로 하면, 바그와 그의 동료들은 피실험자들이 단어 조합 문제를 푸는 동안 이들의 뇌 속에 유리 천장을 만들었던 것이다. 그래서 이 피실험자들은 노인과 관련된 고정관념에 맞추어서 행동하도록 무의식적으로 '프로그램되어', 노인의 특성 가운데 하나인 느리게 걷기를 자기도 모르게 몸소 실천한 것이다. 이 피실험자들은 무엇이 자기를 그렇게 만들었는지 전혀 알지 못했다. 심지어 그들은 자기가 평소보다 느리게 걷는다는 사실조차도 인식하지 못했다.

노인이 겪는 또 한 가지 말썽거리가 기억력인데, 이 기억력에 대해서도 마찬가지의 일이 일어날까? 기억력이라는 것은 순전히 뇌에서 일어나는 불변의 생물학적 과정의 한 특성인데, 무의식을 사소하게 조작한다고 해서 과연 기억력이 영향을 받을 수 있을까? 이 질문에 대한 답은 명쾌하다. 영향을 받는다. 노스캐롤라이나주립대학교의 토머스 헤스 교수와 그의 동료들은 청년과 노인 집단들을 대상으로 기억력 검사를 했다.[31] 이들은 바그가 사용했던 것과 동일한 단어 조합 검사 방법을 조금 변형시켜서 사용했다.

청년과 노인 피실험자 집단 각각의 절반에게는 전체 서른 개 조합 가운데 스무 개 조합을 노인 및 노화를 부정적으로 표현하는 단어들로 구성했다. 예를 들면, '덧없는brittle', '한탄하는complaining', '헛갈리는confused', '까다로운cranky', '의존적인dependent', '침울한depressed', '힘없는feeble', '잊어버리는forgot', '기운이 없는fragile', '심술궂은grumpy', '쓸모없는incompetent', '융통성이 없는inflexible', '외로운lonely', '엄격한rigid', '움직이기 싫어하는sedentary', '노쇠한senile', '병약한sickly', '느린slowly', '완고한stubborn', '지친tired' 등이다. 그리고 나머지 절반에게는 노인 및 노화와 관련된 긍정적인 단어들로 구성된 조합을 제시했다. 예를 들면 '성취를 이룬accomplished', '의욕적인active',

'기민한alert', '위엄 있는dignified', '탁월한distinguished', '경험experience', '관대한generous', '독립independence', '통찰력이 넘치는insightful', '흥미 있는interesting', '친절kindness', '아는 게 많은knowledgeable', ' 사랑스러운loving', '인내patience', '자부심pride', ' 존경받는respected', '사교적인sociable', '성공을 거둔successful', '이해력이 넘치는understanding', '현명한wise' 등이다.

이어서 헤스는, 무의식적으로 이식된 부정적인 단어에 의해 유리 천장이 구축된 절반의 피실험자들과 그렇지 않은 피실험자들을 대상으로 기억력 검사를 했다. 새로 제시하는 단어들을 기억하게 하는 검사였다. 19~30세까지의 젊은 사람들은 62~84세에 이르는 노인보다 많은 단어들을 기억했다. 사실 이건 전혀 놀랄 일이 아니다. 또 유리 천장 효과는 젊은 사람에게는 작동하지 않았다. 젊은 사람들의 기억력은 노인 및 노화와 관련된 긍정적인 단어나 부정적인 단어에 별 영향을 받지 않았다.

그러나 노인 집단에서는 전혀 다른 양상이 펼쳐졌다. 무의식적으로 긍정적인 단어의 세례를 받은 집단은, 청년 집단이 62퍼센트 기억한 전체 단어 가운데 53퍼센트를 기억했다. 그러나 부정적인 단어의 세례를 받은 노인 집단은 겨우 40퍼센트밖에 기억하지 못했다.

헤스와 그의 동료들은 다른 사실도 발견했다. 노인 집단 가운데 일부는 부정적인 고정관념으로 기억력이 약화되는 경향성을 덜 나타냈던 것이다. 이 사람들은 어떤 사람들이었을까? 노인 및 노화에 대한 암묵적이고 무의식적인 태도가 덜 부정적인 사람들이었다. 즉, 암묵적인 유리 천장이 노인 및 노화와 관련된 부정적인 단어들에 반응해서 기억력을 떨어뜨리는 결정적인 요인으로 작용했을 수 있다는 말이다.[32]

앞서 흑인의 지능지수 검사나 여성의 수학적 능력 검사 실험에서 확인한 것처럼, 기억력은 무의식을 아주 살짝만 건드려도 감퇴될 수 있다. 어떤 낙인이 찍힌 집단의 구성원이 인생에서 승자가 될 가능성은 그 사람의 뇌에 이식된 고정관념의 방해를 받는다. 그 고정관념이 무의식적인 유리 천장을 만들어내고, 이 유리 천장이 자기가 만들어낸 부정적인 예측을 실현시키기 때문이다. 달리 말하면, 이 사람들은 다른 사람들이 가지고 있는 태도나 믿음 때문에 T 시클로드 물고기가 될 기회를 차단당할 뿐만 아니라, 바로 그 부정적인 태도와 믿음을 무의식적으로 받아들이고 사용함으로써 스스로의 발에 족쇄를 채우는 셈이다.

버락 오바마가 대통령으로 선출된 일이 미국 최대의 대중적인 신경학적 개입이라고 할 수 있을까? 우리는 애슈비 플랜트의 연구를 통해서 오바마의 긍정적인 업적들이 일반 대중의 무의식적인 두뇌 속 처리 과정을 바꾸어놓은 것 같다는 사실을 확인했다. 그런데 과연 그 일이 흑인의 뇌에 구축되어 있던 유리 천장의 일부를 제거할 수 있었을까? 흑인 대통령의 등장을 통해 NT 시클리드가 T 시클리드로 바뀌는 패자에서 승자로의 변신과 (비록 그만큼 극적이지는 않다 하더라도) 기본적으로는 동일한 어떤 현상을 설명할 수 있을까?

시클리드 물고기가 변신할 수 있었던 이유

우리가 아는 한 NT 시클리드의 뇌에는 유리 천장이 없다. 세인트오거스틴의 경찰관들이 바버라 앨런에게 가했던 조직적인 핍박의 행위를 할 능력을 갖추고 있는 T 시클리드도 없다. 그렇다면 순종적인 태도의 NT 시클리드가 지배적인 태도의 T 시클리드로 바뀌는 이 기괴한 변신을 촉발하는 것은 무엇이란 말인가?

정답은 이렇다. 변신에 동반되는 화려한 색깔은 변신한 시클리드가 다른 NT 시클리드 무리 속에서 두드러지게 만든다. 그런데 이 화려한 색깔이 암컷 시클리드의 관심을 사로잡는 데 유용하긴 하지만, 동시에 이것은 치명적인 약점이 되기도 한다. 화려한 색깔을 하고 있으면 먹잇감을 찾아 호수 위를 날아다니는 새들의 눈에 쉽게 띄기 때문이다. 그래서 T 시클리드는 새에게 잡아먹힐 확률이 NT 시클리드에 비해서 훨씬 높다. 그리고 이런 일이 일어날 때, 근처에 있던 운 좋은 NT 시클리드는 가엾게도 새에게 잡아먹힌 T 시클리드의 영역을 다른 시클리드가 차지하기 전에 먼저 차지할 수 있다.

살아 있는 NT 시클리드가 죽은 T 시클리드의 영역을 차지할 때, 영역을 소유한다는 이 단순한 경험이 바로 수컷 시클리드가 NT에서 T로 변하는 믿을 수 없는 변신을 촉발하는 자극으로 기능한다. 칙칙하고 순종적인 패자가 아름답고 지배적인 승자로 변신한 것은 환경의 변화에 따른 어떤 기회의 결과였던 것이다.

그렇다면 인간에게도 이와 비슷한 현상이 있을까? 승리는 그저 우연한 행운이나 팔자 때문일까? 누군가로부터 영역을(이 영역은 실제 영역일 수도 있고 영역을 상징하는 것일 수도 있다.) 물려받는 행운이 승자와 패자를 갈라놓을까? 단지 영주이거나 부서장이거나 혹은 일류 학교의 학생이라는 사실이, 지킬 박사와 괴물 하이드를 동시에 몸 안에 두고 있는 우리를 T 시클리드 물고기로 바꾸어놓을까? 그저 시간의 경과에 따른 우연한 결과일 뿐일까? 그렇다면 어떤 사람이 거둔 성공은 그 사람에게 할당된 역할, 다른 사람들이 그 사람에게 부여한 힘(권력)으로 만들어진 것일까?

GE의 잭 웰치나 제록스의 우르술라 번스 등과 같은 유명한 CEO가 가지고 있는 승자의 덕목들(예를 들면 판단력, 카리스마, 결단력 등)은 그 사람이 본인에게서 찾는 어떤 역할들에서 비롯될까? 어떤 사람이 대통령이 되면 그 막중한 역할에 걸맞은 능력과 자질이 그 사람에게 새롭게 생성될까? 올림픽 권투 결승전 경기에서 쿠바의 오드라니에르 솔리스 선수가 금메달을 차지한 것은 파란색 셔츠가 아닌 빨간색 셔츠를 배정받은 덕분일까? 과연 우리는 NT 시클리드처럼 우연한 환경의 변화 혹은 사업 '영역'의 변화에 힘입어 기업계의 T 시클리드로 변모할 수 있을까?

만일 그렇다면 우리는 이 사실을 일반화해서, 각 국가나 가정 그리고 기업이 의식적으로 혹은 무의식적으로 자기에게 부여된 한계 설정 때문에, 그리고 자기 주변에 설정된 유리 천장 및 실제적 제약 때문에 자신의 T 시클리드 역량을 박탈당한 채 막대한 잠재력을 낭비하고 있다고 파악할 수 있다. 바로 여기에서 과연 우리 가정에, 학교에, 각종 공동체 및 조직에 있는 NT 시클리드에게 T 시클리드가 될 수 있는 기회를 어떻게 제공할 수 있을까 하는 과제가 대두된다.

다른 사람들에 의해서 그리고 자기 자신의 무의식적인 여러 태도에 의해서 '만들어진' 승리와 성공은, 그저 승자처럼 행동할 수 있는 기회와 그런 기대의 결과일 뿐인 것처럼 보인다. 이 설명은 1장에서 설명했던 '태어날 때부터 승자로 태어난다'는 이론보다 더 강한 설득력을 가진다. 그러나 여전히 한 가지 문제는 남는다. 누구나 다 아는 사실이지만, 어떤 사람에게 어떤 지위를 부여한다고 해서 이런 행위가 그 사람이 그 지위에 맞는 역할을 잘 할 것이라는 보장이 되지 못한다는 점이다. '뛰어난 2인자'가 얼마나 많았는지 생각해보자. 1인자를 멋지게 잘 보좌했으며 그 1인자가 물러날 때 그의 뒤를 이어서 1인자가 될 것이라고 당연히 생각했던 그 사람들이 정작 1인자가 되어서는 형편없는 실수를 저지르면서 주저앉은 경우가 얼마나 많았던가? T 시클리드의 영역을 고스란히 물려받았음에도 불구하고 말이다.

그렇다. 승리는 단지 우연이나 환경의 문제만은 아니다. 우리는 태어나면서 승자로 태어나는 것이 아닌 만큼 환경에 단순히 종속만 되어 있지 않다. 여기에서 다시 또 하나의 질문이 제기된다. 만일 성공이 출생에 따른 필연적인 결과가 아니라면, 그리고 또 만일 어떤 사람을 승자 혹은 패자로 만드는 것이 단지 우연이나 환경이 아니라면, 승자를 결정짓는 또 다른 요인들로는 무엇이 있을까?

이 질문에 대답하려면 권력(힘)이라는 주제를 좀 더 파고들 필요가 있다. T 시클리드가 아프리카의 한 호수라는 특정한 환경에 놓이면서 획득하는 것과 비슷한 권력을 어떤 사람이 가질 때, 그에게는 어떤 일이 일어날까? 영국의 철학자 버트런드 러셀의 말을 믿는다면, 권력은 인간관계에서 가장 근본적인 소양이다. 그러나 권력이 인간관계를 바꾸는 것 이상의 어떤 것을 할 수 있을까? 즉, 권력이 사람을 바꾸어놓을 수 있을까? 권력이 개인의 인간관계뿐만 아니라 그 사람의 개성을 바꾸어놓는 뇌 속의 어떤 화학적 변화를 유발할까?

자, 그럼 이제 권력이 우리에게 어떤 것을 할 수 있을까 하는 질문으로 눈을 돌려보자. 빌 클린턴의 친구와 관련된 수수께끼를 풀어볼 차례이다.

어째서 권력은 명석한 사람의 판단마저도 흐리게 만들까?
세상에서 가장 큰 위험들 가운데 하나는
권력욕이 지나치게 강한 지도자가 한 차례 승리를 거둔 뒤에 발생한다.

3

토니 블레어의 미스터리
Mystery of Anthony Blair

사람이 권력을 가지면
어떻게 변할까?

WINNER
EFFECT

1997년 5월 28일, 빌 클린턴 대통령과 그의 아내 힐러리가 친구 부부와 함께 런던의 한 레스토랑에서 타워브리지(템즈 강에 놓인 다리로 국회의사당의 빅벤과 함께 런던을 상징한다. ─옮긴이)를 바라보면서 저녁을 먹었다. 네 사람 모두 똑똑한 사람들이었고, 게다가 상당한 권력을 행사하는 변호사들이었다. 이들은 모두 성공한 사람들이었다. 최근 재선에 성공하긴 했지만 국내의 정적들 때문에 심란해 있던 대통령으로서는 그날의 만남으로 모처럼 기분을 풀 수 있었다. 클린턴 대통령의 소속 정당인 민주당은 상원과 하원 양쪽에서 모두 소수당이었으며, 그의 의료 개혁 법안들은 모두 다수당인 공화당 의원들의 반대로 무산되고 만 상태였다. 게다가 수많은 그리고 막강한 정치적 위험 요소들이 먹이를 노리는 상어처럼 수면 아래에서 그를 노리며 선회하고 있었다.

며칠 전이었다. 빌 클린턴의 친구는 영국 선거에서 압도적인 승리를 거두었다. 미국 대통령인 클린턴이 그처럼 빠르게 그리고 비중 있게 이 친구를 방문했다는 사실은 두 사람 사이 인간관계에서 힘의 균형이 어디로 쏠렸는지 정확하게 일러준다. 클린턴은 동안童顔의 토니 블레어에게서 오 년 전 자기 모습을 떠올렸을지도 모른다. 클린턴 휘하의 사람들이 블레어를 도와 총선에서 압도적인 승리를 거두도록 이끌었으며, 이 두 사람은 또한 이른바 '제3의 길'이라는 정치적 비전을 공유했다.(1997년 영국 노동당 당수 블레어는 총선에서 전통적인 좌파의 사회민주주의와 우파의 신자유주의를 뛰어넘자는 내용을 담은 이른바 '제3의 길'이라는 슬로건을 내세워 보수당에 압승을 거두었다. - 옮긴이)

그리고 그로부터 겨우 일 년이 지난 뒤에 클린턴을 노리던 상어 한 마리가 드디어 수면 밖으로 모습을 드러냈다. 모니카 르윈스키와의 스캔들이었다. 그것도 블레어가 워싱턴을 공식 방문하기 전날에……. 클린턴의 상태가 가장 좋지 않을 때 블레어는 백악관에서 친구인 클린턴을 지지하는 감동적인 연설을 했다. 블레어의 지지는 클린턴이 절실하게 필요로 하던 정치적인 힘이 되었다. 그러나 일 년 뒤에 빌 클린턴은 토니 블레어의 등에 칼을 꽂았다. 무슨 일이 있었던 걸까? 이 질문에 대한 대답을 온전하게 이해하기만 하면, 승자는 권력에 어떻게 대응하느냐에 따라서 결정된다는 사실의 이유와 그 과정을 온전하게 이해할 수 있다.

1999년 3월에 텔레비전 방송국들은 당시 유고슬로비아의 대통령이던 슬로보단 밀로셰비치가 자행한 인종 청소를 피해서 고향인 코소보를 탈출했다가 낙오한 노인과 어린이 그리고 여성의 처참한 모습을 방송했다. 미국과 나토의 유럽 동맹국들은 밀로셰비치에게 학살을 중단하지 않으면 폭격을 가하겠다는 최후통첩을 보냈다. 하지만 동맹국들은 밀로셰비치를 축출하는 데 궁극적으로 지상군이 필요할 것인지를 두고서는 의견이 갈렸다.

3월 24일, 클린턴 대통령은 미군 비행기가 나토 동맹군과 함께 세르비아 군대를 공격하는 작전에 참가했었다는 내용으로 성명서를 발표했고 이 내용은 텔레비전으로 중계되었다. 그런데 이 방송이 있기 불과 몇 분 전에 클린턴 대통령은 '나는 우리 군대를 코소보에 투입해서 전쟁을 치르게 할 생각은 없습니다.'라는 문장을 연설문에 넣었다고, 데이비드 핼버스탬이 자신의 책 『평화 시기의 전쟁 War in a Time of Peace: Bush, Clinton and the Generals』에서 밝혔다.[1]

그러자 런던에 있는 클린턴의 친구 블레어는 불같이 화를 냈다. 지상군 투입을 배제한다는 것은 기본적으로 군사 작전을 아무런 의미 없게 만드는 것이며 결국은 밀로셰비치의 손안에서 놀아나는 것이라고 믿었던 것이다. 한 달 뒤 블레어는 시카고에서 연설을 했는데, 이 연설에서 그는 다음과 같이 말했다.

"다국적군이 코소보에 진격해서 난민들이 고향으로 돌아가도록 조치를 취하기 전에는 우리는 결코 성공을 거두지 못할 것입니다."

밀로셰비치의 유고 연방 국경선 전역에서 선제적인 공격을 가하자는 격렬하고도 강경한 연설이었다. 블레어는 계속해서 '그런데 이런 상황에서 오히려 미국은 세계의 나머지 부분에서 일어나는 분쟁에 대해서 개입할 필요성을 느끼지 않고 있다'면서, 설령 그렇다 하더라도 주말에 워싱턴에서 예정된 국제회의는 자기가 지지하는 군사적 행동에 찬성하는 통일된 결의를 할 것이라고 자신했다.

클린턴이 블레어에 대해서 역시 불같이 화냈을 것임은 두말할 필요가 없다. 그러나 블레어의 발언을 미국 여론은 긍정적으로 받아들였다. 월남전 당시에 병역을 회피한 전력과 성 추문으로 클린턴의 입지가 매우 좁아져 있던 상황에서 블레어의 전투적이고 도덕적인 발언은 클린턴과 대조를 이루면서 미국인에게 상당히 호의적으로 받아들여졌던 것이다.

토니 블레어의 배신으로 갈라진 두 사람 사이의 우정은 그다지 대단한 수수께끼라고 할 수 없다. 얼마든지 설명할 수 있는 일이다. 그러나 바로 이 지점에서, 클린턴 대통령과 블레어 총리 사이의 관계를 압박하는 두 사람의 견해 차이는 어떻게 해서 나타났을까 하는 질문이 생긴다. 그것은 단지 정치적인 견해 차이였을 뿐일까, 아니면 거기에 다른 심리적인 요인이 개입되었을까?

1999년 10월 3일, 소말리아 모가디슈에서 소말리아 민병대의 휴대용 대전차 유탄발사기(RPG-7) 공격을 받아 미군 헬리콥터 두 대가 추락하고 세 대가 피해를 입었다. 이 헬리콥터들은 미국이 이끌던 다국적군의 일부였는데, 이 다국적군은 소말리아의 여러 군벌들 사이에서 벌어진 갈등의 전화戰禍 속에서 인도적 지원 활동을 보호할 정지 작업을 하기 위해 유엔의 승인 아래 파견된 부대였다. 추측하건대, 이 부대가 공격을 받고 또 헬리콥터가 추락한 뒤에 이어진 지상 전투에서 미군 18명이 사망했으며 74명이 부상을 입었고, 소말리아 민병대에서도 수백 명의 사상자가 발생했다.[2] 추락한 블랙호크 헬리콥터와 거리에 질질 끌려다니는 미군 사체 영상에 미국은 발칵 뒤집어졌다. 그리고 클린턴이 여섯 달 안에 미군은 소말리아에서 철수하라고 서둘러 지시함에 따라서 클린턴에 대한 지지 여론은 지독할 정도로 악화되었다.

소말리아에서 그 사건이 터진 지 딱 일주일 뒤에 미군 승무원 200명을 태운 미 전함 할란 카운티호가 아이티 정부로부터 포르토프랭스 정박을 거부당했다. 방파제에 몰려든 군중이 '소말리아! 소말리아!'라고 외치는 바람에 이 배는 미국으로 돌아갔는데, 핼버스탬은 이 사건을 미국의 현대사에서 가장 당혹스러운 사건 가운데 하나라고 규정했다.

코소보에서의 위기가 정점으로 치닫고 블레어가 저 유명한 시카고 연설을 할 때 클린턴은 이미 소말리아와 아이티에서 굴욕을 당했을 뿐만 아니라 의료보험 개혁안도 이미 실패로 돌아갔으며, 상하원에 대한 장악력도 놓쳐버린 상태였다. 또 르완다에서 벌어진 끔찍한 인종 청소를 손 놓고 바라보기만 한다고 격렬한 비판을 받고 있었다. 그런데 이런 상황에서 그는 자신과 자국 군대를 위험으로 몰아넣을 수 있는 또 다른 복잡하기 짝이 없고 불확실한 코소보 위기에 개입하라는 압박을 받았던 것이다.

이에 비해서 토니 블레어는 북아일랜드에서 400년 동안이나 지속되었던 갈등을 북아일랜드 자치정부 발족으로 해소함으로써 불가능해 보이던 일을(비록 빌 클린턴과 아일랜드 총리 버티 아헌의 도움을 받긴 했지만) 성공적으로 해냈으며, 또한 영국의 헌법을 개정하는 등 굵직한 성과를 올린 상태였다.

그러므로 클린턴이 그동안 겪은 몇 차례의 패배 경험을 놓고 볼 때 그가 코소보에 지상군을 투입하는 걸 꺼렸다는 사실은 놀라운 일이 아니다. 이 맥락에서 클린턴과 블레어의 우정에 금이 간 것은 '승자 효과'의 부산물이라고 할 수 있을까? 그렇다면 이런 블레어를 두고, 몇 차례 허약한 상대를 쓰러뜨리고 승리를 맛본 터라 신체적으로나 정신적으로 한층 강력해져서 이제는 훨씬 더 강력한 상대라도 얼마든지 쓰러뜨릴 수 있게 된 실험실 생쥐의 인간 버전이라고 할 수 있을까? 이에 비해서 클린턴은 몇 차례의 패배로 역(逆)승자 효과(패자 효과)에 젖어 있는 실험실 생쥐처럼 겁에 질려서, 자기가 구성한 내각에서 지지하는 군사적인 행동조차 꺼리게 되었다고 할 수 있을까? 두 국가 지도자의 우정에 난 금은 승자의 뇌와 패자의 뇌 사이의 차이를 반영하는 것이었을까?

어쩌면 그럴지도 모른다. 하지만 클린턴도 몇 가지 성공을 거두긴 했었다. 1995년에 보스니아에서 내전이 일어났을 때 개입해서 문제를 해결했다. 또 미국 경제를 되살렸으며 1996년에 재선에도 성공했다. 그러므로 재임 초기의 몇몇 문제들이 위험을 감수하고자 하는 마음을 붙잡았을 수도 있지만, 그래도 그는 여전히 두 사람 사이 우정에서 강자이지 약자는 아니었다. 그런데 만일 승자 효과 혹은 패자 효과가 두 사람 사이 우정의 갈라진 틈을 설명하지 않는다면, 이것을 무엇이라 설명할 수 있을까?

대통령이나 총리가 대단한 자리이긴 하지만 대통령이나 총리라고 해서 혼자 결정하고 행동하지 않는다. 국무위원과 자문위원 그리고 수백 명의 고위 공직자들의 온갖 자문, 토론, 로비 그리고 경연을 통해서 결정하고 행동한다. 이 점을 고려한다면, 국제적인 여러 갈등을 국가 지도자 한 개인의 심리 차원에서 해석하는 것은 너무나 고지식하고 순진한 접근이 아닐까?

전적으로 그렇지만은 않다. 뒤에서도 살펴보겠지만 국가 지도자의 심리 상태는 역사가 진행되는 데 상당히 중요한 요인으로 작용한다. 하지만 물론 클린턴과 블레어 사이의 우정에 금이 가게 했을 정책의 차이점을 이해하려는 과정에서 다른 중요한 정치인들이나 군사 및 행정 전문가들을 깡그리 무시할 수 있다는 발상은 충분히 고지식하다고 할 수 있다. 두 사람 사이에 어떤 일이 있었는지 알아보기 위해서 우리는 1980년대의 악명 높은 어느 봄날로 시간 여행을 떠날 필요가 있다.

1986년 4월 26일, 지평선을 온통 뒤덮은 거대한 먹구름이 동에서 서로 서서히 움직이면서 햇빛을 완전히 지워버린다. 그리고 맹렬한 빗줄기가 마치 포탄처럼 대지를 때린다. 나는 스코틀랜드의 어느 섬에 있는 산의 높은 곳에 있다. 나는 어쩔 수 없는 상태로 폭포수처럼 쏟아지는 비를 고스란히 맞는다. 방사능 물질인 세슘 137이 빗방울을 더 무겁거나 더 가볍게, 혹은 더 달콤하게 만듦으로써 빗방울의 형태를 바꿀 수 있었을까 하고 나는 지금 생각해본다.

체르노빌 원자력 발전소의 4호 원자로가 그날 오전 01시 23분에 폭발했다.³ 하루 전인 4월 25일에 이 발전소의 직원들이 발전소의 부소장이던 아나톨리 댜틀로프 지휘 아래 한 실험을 진행했다. 어떤 사고로 전원이 예기치 않게 끊어진 상태에서 원자로의 냉각 펌프가 터빈 발전기의 회전 관성으로 얼마나 오랫동안 작동할 수 있는지 알아보기 위한 실험이었다. 소련의 원자로는 서구의 핵발전소에서는 이미 설치하고 있던 이중 안전장치가 마련되어 있지 않다는 사실과 소련의 전력 공급이 불안정하다는 점을 고려한다면, 이 실험이 전혀 터무니없는 것만은 아니었다.

댜틀로프는 짜증을 잘 내고 제멋대로인 성격으로 이미 유명한 사람이었다. 그는 문제의 그날 밤에 특히 더 짜증을 냈다. 아마도 그는 상부로부터 상당한 압박을 받았을 것이다. 소련 체제는 고도로 권위주의적이고 관료적이었다. 한편으로는 제정 러시아의 유산이었고 또 한편으로는 전제적 마르크스-레닌주의의 결과였다. 이 같은 체제에서는 누구든 상부의 지시를 이행해야 한다. 그렇지 않으면 징계나 좌천 혹은 심지어 숙청과 같은 응분의 대가를 치러야 한다.

아프리카의 습지가 말라리아모기의 이상적인 서식지인 것과 마찬가지로, 러시아나 소련과 같은 계급적 사회는 이른바 '침묵 효과mum effect'의 완벽한 서식지이다.⁴ 침묵 효과는 권력이 불평등하게 배분되어 있는 국가나 조직에서 중요한 기능을 발휘한다.

국가마다 그리고 문화권마다 위계 체계가 다르다. 즉, 사회적 위계의 가파름 정도가 제각각이다. 네덜란드의 사회심리학자 헤이르트 호프스테드Geert Hofstede가 고안한 이른바 '권력-간격 지수power-distance index, PDI'⁵라는 척도는 각각의 사회계층에 권력이 얼마나 불평등하게 배분되어 있는지 측정한다. 이렇게 해서 나오는 수치는, 어떤 조직이나 사회에서 권력을 덜 가진 사람들이 권력이 불평등하게 배분되었음을 인정하는 정도를 나타낸다. 즉, 아래에서 보는 것처럼 서열이 얼마나 가파른지 나타내는 수치이다. 이 수치는 사회적 혹은 국가적 위계 속에서 상대적으로 낮은 위치에 있는 사람들이 주어진 질문들에 답변한 내용을 바탕으로 해서 도출한다.

권력-간격 지수가 높은 국가에서는 서열이 높은 사람은 상당히 많은 권력을 가지는 반면에 서열이 낮은 사람은 권력을 거의 가지지 않는 게 당연시 된다. 서열이 낮은 사람들은 상대적으로 권력을 박탈당한 상태인데, 이러한 상태가 이 사람들로 하여금 조직에 어떤 문제가 있다는 사실을 알고도 그 사실을 윗사람에게 알리지 못하게 가로막는다. 윗사람은 워낙 큰 권력을 가지고 있어서, 그 문제에 책임이 있는 사람이 아니라 그 나쁜 소식을 전한 사람을 화풀이 차원에서 처벌할지도 모르기 때문이다. 이런 일은 권위적인 문화권에서 흔히 일어나는 일이다. 이렇게 해서 침묵 효과가 일어난다.

러시아의 권력-간격 지수는 거의 최고치인 93이나 되는데, 이 수치는 전 세계에서 거의 가장 높은 수준이다. 러시아보다 높은 나라는 몇 되지 않는데, 말레이시아가 104로 가장 높으며, 필리핀은 94이고 파나마와 과테말라가 똑같이 95이다.[6] 그리고 이스라엘과 덴마크 그리고 뉴질랜드는 각각 13, 18, 22로 가장 낮다. 한편 영국과 미국은 각각 35와 40으로 전체에서 하위 3분의 1 지점에 있다.

그런데 재미있는 것은, 고대 여러 제국들의 흔적이 오늘날의 사회적 위계 속에 여전히 남아 있음을 분명히 확인할 수 있다는 점이다. 예를 들어 유럽에 있는 몇몇 라틴계 국가들에서 가파른 위계 체계를 용인하는 관습의 뿌리는 로마제국의 절대 권력과 그 뒤를 이은 로마가톨릭교회의 절대 권력으로 거슬러 올라간다. 이에 비해서 지배자가 보다 많은 책임을 져야 했던 정치사를 가진 국가들(예를 들면 네덜란드나 영국)에서는 권력의 불평

등에 대해서 보다 덜 관용적이다.[7]

4월 25일 체르노빌의 원자로 4호기에서 댜틀로프의 팀은 일 분 미만의 짧은 시간 동안 전원 공급이 되지 않는다 하더라도(여기에서 일 분을 기준으로 잡은 것은 디젤 발전기를 비상 가동해서 전원을 공급하는 데 걸리는 시간을 일 분으로 보았기 때문이다.) 거대한 전기 터빈들이 관성의 힘으로 회전을 계속해서 원자로에 냉각수를 충분히 공급할 수 있을 정도의 전기를 생산할 것이라고 계산했다.

그런데 여러 현실적인 문제들 때문에 댜틀로프의 실험은 자정이 지난 다음에야 시작될 수 있었다. 그런데 이 자정이라는 시각에 발전기 담당 팀의 근무 교대가 있었다. 그 실험의 전체 과정에 대해서 잘 알고 있던 팀이 떠나고 다른 팀으로 교체되었지만, 이 과정에서 실험과 관련해서 적절한 인수인계가 이루어지지 않았다.

근무를 마치고 나가는 팀의 기술자들은 애초에 자기들이 준비했던 것과 다른 양상이 펼쳐지는 것을 마뜩치 않게 여기며, 실제로 일어나고 마는 그 사고를 예방할 수도 있었을 몇 가지 조치를 취할까 하는 생각을 여러 번 했었다. 예를 들면 실험을 진행하느라 일시적으로 정지시켜놓았던 자동제어 시스템을 다시 가동시키는 조치였다. 그러나 여기에서 침묵 효과가 발생했다. 일어나지도 않은 일을 예방하려고 어떤 조치를 취한다고 해서 보상이 주어지지도 않는데 굳이 애쓸 필요가 있겠냐는 것이었다. 게다가 문제가 될 수도 있는 그 어떤 일이 확실하게 일어날 것이라는 보장도 없는 상황에서……. 소련의 권력 위계 체계에서 침묵은 거의 언제나 미래를 보장해주는 가장 안전한 선택이었다. 만일 그 담당 기술자들이 실험을 중지시켰더라면, 이들은 댜틀로프로부터 실험을 지연시켰다는 이유로 심각한 문책을 받을 게 뻔했다. 댜틀로프는 상사에게 문책을 받을 터였고, 또 그 상사 역시 마찬가지였을 테고, 이런 상황은 소련 권력의 꼭대기까지 이어졌을 테니까…….

사실 이와 비슷한 유형의 실험은 과거에도 한 번 있었다. 원자로가 가동에 들어가기 전인 1984년이었다. 이 실험은 사실상 실패했다. 그러나 소련의 지도자는 일정보다 앞당겨서 원전 건설을 마무리해 이른바 '노동의 승리'를 달성하라고 기술자들을 무자비하게 압박했다. 이 압박은 체르노빌의 책임자 빅토르 브류하노프에게 전달되었고, 그는 자기 상사의 지시를 이행하기 위해서 그 발전소가 사실상 안전하며 가동 준비가 완료되었음을 확인하는 문서에 서명했다. 그런데 사실 그는 자기도 모르는 사이에, 전력 공급이 중단될 경우 원자로에 냉각수가 공급되지 않는 원자력 발전소를 안전하다고 확인하고 말았던 것이다. 결국 이 발전소는 가동을 시작했고, 그때부터 핵폭탄이 터지는 일은 그저 시간문제일 뿐이었다. 그러나 만일 브류하노프가 문제의 그 문서에 서명을 하지 않았더라면, 그와 수천 명의 기술자 및 노동자는 불복종의 대가를 치러야 했을 것이다.

아무튼, 문제의 그날 4월 26일 0시부터 야간 근무조의 조장이던 알렉산데르 아키모프와 그의 지휘를 받던 경험이 부족한 기술자 레오니드 토프투노프가 근무를 시작했다. 그런데 시간이 얼마 지나지 않아서 아키모프는 당황하기 시작했다. 원자로로부터 혼란스러운 신호들이 계속 나왔던 것이다. 그런데 그는 자기가 근무를 시작하기 이전 시간 동안에 무슨 일이 있었는지 알지 못했기 때문에, 그 신호들을 전력 공급이 불안정한 상황이라고 해석할 수밖에 없었다. 무슨 까닭으로 그랬는지 지금도 여전히 수수께끼로 남아 있지만, 토프투노프는 출력을 높이려고 제어봉을 원자로로 지나치게 멀리까지 밀어넣었고, 그 바람에 원자로 가동이 거의 중단되는 상황이 발생했다. 그리고 결국 오전 1시 23분 45초에 거대한 폭발이 일어났고, 원자로 윗부분이 날아갔으며, 방사능 물질을 머금은 거대한 구름이 하늘로 치솟아 올랐고, 곧 서쪽으로 이동할 채비를 갖추었다. 아키모프는 원자로에 냉각수 공급을 시도하던 중에 방사능에 피폭되어 심각한 화상을 입었고 몇 주 뒤인 5월 11일에 사망했다. 그로부터 사흘 뒤에 토프투노프 역시 방사능 피폭이 원인이 되어 사망했다. 이들을 죽인 방사능 구름은 서쪽으로 이동해서 유럽 전역으로 퍼졌다. 이 죽음의 구름은 침묵 효과의 치명적인 유산인 셈이다.

가파른 위계 체계에서 높은 자리에 있는 사람일수록 낮은 자리에 있는 사람보다 더 많은 권력을 가진다. 이 권력은 심리적인 것일 수도 있고 경제적인 것일 수도 있고 물리적인 것일 수도 있다. 당신이 가지고 있는 권력은 당신의 혈액에 테스토스테론을 주입하고, 이 테스토스테론은 (승자 효과를 매개로 해서) 다음번에 있을 싸움에서도 당신이 승리하도록 도움으로써 당신의 권력을 더욱 크게 키워준다.

그런데 이 현상의 이면에는 다른 양상이 전개된다. 만일 어떤 가파른 위계 체계 속에 당신이 낮은 위치에 놓여 있다면 당신이 가지고 있는 권력은 그만큼 적고, 따라서 당신에게는 상관의 지시에 맞설 용기가 호르몬적으로 그만큼 작을 수밖에 없다. 역사적으로 볼 때 대부분의 혁명에서 혁명 지도자가 사회적인 서열의 하층 출신이 아니라 상층이나 중간층 출신이었던 여러 이유 중 하나가 바로 여기에 있다. 테스토스테론이 결핍된 아랫사람이 윗사람에게 어떤 질문을 하길 꺼리는 경향이 조직에 치명적인 결과를 초래할 수 있음은 체르노빌 원전사고를 통해 명백하게 확인할 수 있다.

클린턴 정부의 어떤 특성을 침묵 효과로 설명할 수 없음은 확실하다. 국무위원들과 자문관들 사이에서는 경쟁과 이견으로 늘 시끄러웠기 때문이다. 클린턴은 자기가 결정해야 할 사안들을 놓고 서로 엇갈리는 주장들을 많이 들었다. 어쩌면 그런 주장들을 너무 많이 들었을지도 모른다. 그랬기에 그에게는 쉴 새 없이 태도를 바꾼다는 이미지가 붙었고 또 '뺀질이 월리Slick Willie'라는 별명도 붙었다. 특히 유명한 사례 하나를 꼽자면, 아이티 대실책 때 그는 미국 정부의 정책을 반대하며 단식 투쟁을 벌이던 시위자를 지지하는 발언을 하기도 했다.

하지만 토니 블레어는 달랐다. 영국 정부의 의사 결정 방식을 내각 구성원 전원이 합의하는 방식이 아니라 자기 주도하는 방식으로 바꾸었던 것이다. 내각 책임제의 핵심적인 의사 결정 방식은 사라졌다. 쟁점 토론은 소수의 핵심 구성원들 사이에서만 격렬하게 진행되었고, 여기에서 의사 결정이 이루어졌다. 중요한 결정들이 블레어가 신뢰하는 몇몇 사람들로 구성된 소모임인 그의 이른바 '소파 내각'에서 이루어졌던 것이다. 이 소파 내각에서 거의 모든 중요한 결정이 이루어졌는데, 영국 여론이 압도적으로 반대하던 이라크 침공도 바로 이 자리에서 결정되었다.

블레어의 핵심 측근 가운데 한 명이던 조너선 포웰은 블레어 내각의 이 특성을 부정적으로 묘사하는 것에 반박하면서, 자기를 비롯한 블레어의 또 다른 핵심 측근인 공보수석 앨러스테어 캠벨은 블레어의 의견에 격렬하게 반대하며 다른 대안을 주장한 적이 한두 번이 아니라고 했다. 아무런 반대로 하지 못하고 그저 지시만 따르는 그런 무력한(즉, 권력을 박탈당한) 자문자가 아니었다는 말이다.[8]

블레어의 회고록과 캠벨의 회고록은 캠벨과 포웰이 블레어의 스파링 파트너였다고 동일하게 지적한다. 그러나 내각의 장관들에 대해서 이야기할 때는 두 사람 어조에 어떤 우월감 혹은 상대방에 대한 경멸감까지 묻어 있다. 이 장관들이 어떤 판단을 하고 결정을 내릴 때는 블레어의 판단과 결정에 전적으로 의존했다는 말이다. 두 사람의 회고록에 담긴 일화들이나 두 사람의 어조로 보자면, 블레어 총리는 오랜 기간 동안 자기 곁에서 자문 역할을 했던 이 사람들에게 자신의 막대한 권한을 일임했으며, 캠벨과 포웰은 사고방식이나 언어 습관에서까지도 자기 상사인 블레어와 비슷했다.

2010년에 블레어 내각의 장관이던 클레어 쇼트는 이라크 전쟁 참전을 결정하던 블레어 내각의 국무회의가 어떤 식으로 진행되었는지 한 신문사와의 인터뷰에서 묘사했다.[9] 그녀는 그 내각이 의사 결정 기구가 아니었다고 했다.

"무슨 안건이었든 간에 국무회의에서 충분하게 논의된 적이 한 번도 없었던 것 같습니다. 누가 토니 블레어에게 어떤 쟁점을 제기하면, 그는 그냥 그 안건을 묵살해버리곤 했습니다. 2002년 7월에 내가 이라크에 대해서 이야기를 좀 해보고 싶다고 말했을 때도 그랬습니다. 그는 그런 이야기가 언론으로 새나가는 걸 원하지 않는다고 말했습니다."

쇼트에 따르면 국무회의는 '의사 결정을 하는 자리라기보다는 수다를 떠는 자리'였다.

"회의는 단 한 번도 없었습니다. 무슨 말이냐 하면, '당면한 문제가 무엇인가? 우리는 지금 어떤 목표를 세우고 이 목표를 달성하기 위해 어떻게 노력해야 하는가? 우리에게 주어진 대안들에는 어떤 것들이 있는가?'와 같은 안건을 놓고 토론을 해본 적이 없다는 말입니다."

쇼트는 또한 이라크 전쟁이 개전 사흘 전에 국무회의 안건으로 상정되었는데, 이 전쟁의 적법성에 대한 간략한 법률적 조언과 관련된 논의를 그 회의 자리에서 하고 싶었지만 블레어가 그렇게 하지 못하도록 막았다고 했다. 이라크 전쟁의 적법성에 문제가 있을 수 있다는 내용으로 우려의 말을 했을 때 그녀에게 돌아온 것은 야유와 조롱이었다. 그저 입을 다물고 가만히 있으라는 강압이었고, 이 강압에 따를 수밖에 없었다. 그 상황을 그녀는 이렇게 표현했다.

"총리가 조용히 있으라고 말하면 그냥 시키는 대로 조용히 있어야 합니다."

내각 구성원들이 지켜야 할 규칙으로 법률적 조언은 반드시 사전에 충분히 회람해야 한다는 규정이 있음에도 불구하고, 국무위원들 사이에서는 이라크 전쟁 직전에 아주 짧은 요약본만 회람되었을 뿐이라고 쇼트는 말했다. 이라크 전쟁에 반대하던 외무부 장관 로빈 쿡이 개전 사흘 전에 토니 블레어의 방침에 반대하며 사임한 것도 이런 맥락에서였다. 이처럼 블레어가 독단적으로 국무회의를 운영하면서 정상적인 절차와 지침을 무시했음에도 불구하고, 남아 있던 장관들 가운데서 반대 의사를 표명한 사람은 쇼트를 제외하고는 아무도 없었다. 게다가 쇼트도 반대 의사를 표명하긴 했지만 쿡처럼 장관 자리를 내던지지도 않았다.

토니 블레어 정부에서 이라크 전쟁 개전 문제뿐만 아니라 그보다 몇 해 전인 코소보 사태와 관련해서도 침묵 효과가 나타났다는 결론을 부정하기는 어렵다. 국무위원 각각이 자기에게 부여된 권한(즉, 권력)을 박탈당한 채 침묵을 지키게 만듦으로써 블레어는 클린턴 정부가 하지 못했던 일, 즉 코소보에 지상군을 투입하는 정책을 추진할 수 있었던 것이다.

자, 그렇다면 이제 그 수수께끼는 완전히 풀렸을까? 승자 효과로 테스토스테론이 마구 분출되던, 또 마찬가지로 그 남성호르몬의 세례에 흠뻑 젖어 있던 포웰과 캠벨이라는 두 조언자의 지지를 받던 블레어가 자기 주변을 남성호르몬이 고갈된 국무위원들로 채워서 이들이 코소보에 대한 자기 결정을 말없이 따르도록 했던 것일까? 이렇게 함으로써 블레어는, 1999년 4월 22일의 시카고 연설로 빌 클린턴에게, 즉 두 사람만 놓고 보자면 자기보다 분명 강자이긴 하지만 일련의 패배로 한층 기가 꺾인 그 동반자에게 굴욕을 안겨주었던 것일까?

이 설명만으로는 충분하지 않다. 이라크 전쟁이 일어나기 직전인 2002

~2003년에 걸친 몇 달, 즉 블레어가 조지 W. 부시 대통령의 장단에 맞춰서 전쟁을 예고하는 북을 열심히 쳐대던 시기를 살펴보자. 블레어의 내각에서는, 쇼트가 말했던 것처럼 블레어에게 반대하고 나설 배짱을 가진 사람이 거의 없었을 뿐만 아니라, 내각 구성원들이 고도의 정보통들이자 노련한 전문가들이었는데도 비판적인 판단을 전혀 하지 못한 채 이라크에 대량 살상 무기가 존재한다는 전혀 설득력이 없는(그래서 결국 나중에 허위로 밝혀지는) 정보를 사실인 것처럼 받아들였다.

그러므로 클린턴과 블레어의 우정에 틈이 벌어진 미스터리를 두 사람이 각각 선택했던 정책의 차이를 들어서 설명할 수도 있다. 즉 (데이비드 핼버스탬이 묘사했듯이) 블레어 정부의 한층 더 가파른 권력 서열 구조가, 클린턴 정부로서는 미처 감당할 준비가 되어 있지 않았던 모험을 감행하도록 블레어에게 힘을 실어줬기 때문에 두 사람의 우정에 금이 가지 않았을까?

하지만 이렇게 설명한다 하더라도 여전히 명쾌하지 않은 부분은 남는다. 아일랜드와 시에라리온 그리고 코소보 등의 문제에서 탁월하고도 용기 있는 결정을 내린 바 있는 토니 블레어와 그의 자문자들이 무슨 이유로 그 같은 판단을 내렸을까?(시에라리온은 1990년대 초반부터 10년 가까이 내전의 소용돌이에 휘말렸는데, 여기에 파병된 영국군이 2002년 내전을 종식하고 평화를 정착하는 데 주도적 역할을 했다. - 옮긴이) 블레어 스타일의 정부가 블레어 및 그의 조언자들의 생각에 영향을 미쳤을까? 만일 그랬다면 이것이 블레어와 클린턴 사이의 돈독하던 우정에 금이 가게 만든 또 하나의 요인일까?

나폴레옹과 히틀러, 러시아를 침공하다

1812년 6월 22일, 프랑스의 나폴레옹 보나파르트는 러시아 침공을 감행했다. 그리고 1941년 바로 그날에도 러시아의 광활한 초원 지대로 돌격하는 아돌프 히틀러의 전격적이고도 맹렬한 기습 작전이 시작되었다. 그런데 이 두 침공은 나중에 결국 지도자에게 그리고 그의 조국과 수백만 명의 남자와 여자 및 어린이에게 치명적인 독으로 돌아갔다. 나폴레옹과 히틀러 모두 철저한 서열 체제이던 자신의 제국에서 절대 권력을 휘두르던 독재자였다. 두 사람 모두 연승 행진을 벌이고 있었다. 그리고 이들에게 연승을 안겨준 상대는 이들의 조직적인 무력 앞에서 맥도 추지 못하고 쉽게 무릎을 꿇은 허약한 상대인 경우가 대부분이었다. 예를 들어서 독일은 그 직전에 폴란드, 노르웨이 그리고 프랑스의 군대를 격파했으며 영국 해외 파견대에게는 됭케르크(프랑스 북부의 항구 도시 - 옮긴이)에서 치명적인 굴욕을 안겨줬었다. 나폴레옹과 히틀러는 둘 다 손쉬운 승리로 한껏 고조되어 있었다. 그리고 테스토스테론 세례에 한껏 젖어서 보다 많고 또 보다 큰 정복에 목말라 했다.

석 달로 예정되었던 작전의 초기에 히틀러가 거둔 눈부신 성공들은 승자 효과의 시나리오를 따랐다. 히틀러의 군대는 러시아의 심장을 맹렬한 기세로 휘저으며 파죽지세로 달렸다. 겉으로 보기에는 무모한 공격도 전혀 무모하게 보이지 않았다.(독일군의 많은 고위 지휘관들은 히틀러가 무서워서 무모한 공격이라는 말을 감히 하지 못했다.) 히틀러는 자기가 빠른 시일 안에 승리를 거둘 것이라고 확신했기에 러시아로 침공한 독일군은 월동 채비도 갖추지 않았다. 하지만 그의 예상은 빗나갔고, 독일군은 참혹한 대가를 치러야 했다. 독일군 약 14,000명이 동상에 걸린 손이나 발을 절단해야만 했던 것이다.

히틀러의 러시아 침공으로 러시아인 2,000만 명 이상이 목숨을 잃었다. 러시아로 진격했던 나폴레옹의 군대는 당시 역사상 최대 규모이던 60만 명이었는데, 이 가운데 겨우 3분의 1만이 살아서 돌아왔다. 나폴레옹과 히틀러가 감행했던 이 두 작전은 무모하기로 악명이 높다. 보급로와 퇴각로에 대한 계획을 제대로 세우지도 않은 상태에서 전쟁을 시작했기 때문이다. 히틀러의 경우는 나폴레옹의 실패한 선례가 있었다는 점에서 한층 더 기묘하달 수밖에 없는데[10] 히틀러는 자기가 상대하는 적을 우수한 민족이 당연히 소멸시켜야 한다고 믿었던 인간 이하의 존재로 여기며 경멸함으로써 상황을 한층 더 악화시켰다.

나폴레옹이나 히틀러 모두 그릇된 판단이 재앙을 불렀다는 사실을 인정할 수 없었던 것 같다. 그러니 패배가 명백한 상황에서조차 퇴각을 고려할 수 없었다. 두 사람 다 건전한 판단을 내릴 능력을 상실했으며 수백만 명이 목숨을 잃는 현실을 보지 못했던 것 같다. 도대체 이들에게서 무슨 일이 일어났던 것일까? 승리는 승자의 공격성을 강화하며 아울러 이 승자가 미래에도 승리할 가능성을 높여준다. 그렇다면 권력이 지도자들의 판단을 왜곡할 수 있을까? 연이어 성공을 거둔 덕분에 토니 블레어가 획득했던 권력이, 연이어 실패를 경험한 빌 클린턴의 경우와 다르게, 그의 생각과 판단을 왜곡했을까? 히틀러나 나폴레옹과는 비교가 되지 않을 정도로 온당한 대처 능력을 가지고 있고 또 법률을 중시하는 정치인인 블레어에게서 어째서 이 같은 일이 일어난 것일까? 이 질문에 대답하기 위해서 다음과 같은 간단한 실험을 해보자. 이 실험에는 독성이 없는 수성 펜만 있으면 된다.

자, 먼저 당신이 다른 사람에게 어떤 권력을 휘두르던 과거의 어느 때를 머리에 떠올려라. 여기에서 내가 '권력을 휘두르던 때'라고 표현한 것은 다른 사람이 원하는 것을 통제할 힘을 당신이 가지고 있다거나 혹은 당신이 다른 사람을 판단해서 그 사람의 점수를 매길 위치에 있을 때를 뜻한다. 예를 들어서 직장에서 후배의 평가 점수를 매기거나 혹은 학교에서 학생의 평가 점수를 매기는 위치에 있어본 사람은 권력을 휘둘러본 사람이라는 말이다. 눈을 감고 1~2분 동안 그 경험을 떠올려라. 단지 어떤 사건만 떠올리지 말고 그때 당신이 무슨 생각을 했으며 또 그때의 느낌이 어땠는지 떠올려라. 그리고 이 내용을 간략하게 글로 정리해라.

여기까지 하고 나면 수성펜을 내려놓고, 아무런 생각도 하지 말고 빠른 속도로 다음 지시대로 따라라.

- 오른손 엄지손가락과 집게손가락을 다섯 번 튕겨서 소리를 내라.(왼손잡이인 경우에는 왼손을 써라.)
- 수성펜을 집어서 자기 이마에 대문자 'E'를 써라.
- 이제, 그 글자를 당신의 관점에서 썼는지, 아니면 당신을 바라보는 누군가의 관점에서 썼는지 자기 자신에게 물어라. 다시 말하면, 'E'라는 그 글자를 쓸 때 당신은 본인의 시점親點으로 그 글자와 세상을 바라보고 있었는지, 아니면 당신 맞은편에 서 있는 누군가의 시점으로 그 글자를 썼는지 물어라.

노스웨스턴대학교의 심리학자인 애덤 갈린스키Adam Galinsky 교수와 그의 동료들은 이 실험 결과가 피실험자들이 마음으로 느끼는 권력에 대한 느낌 정도에 따라서 달라진다는 사실을 발견했다.[11] 자기가 누군가에 대해서 권력을 행사했던 때를 떠올렸던 사람들은 그 글자를 자기 앞에 선 다른 사람이 봤을 때 거울에 비쳐서 뒤집혀 보이는 이미지로 이마에 쓰는 경향이 높았다. 그런데 자기가 누군가의 권력 아래에 놓여 있었던 때의 경험을 글로 적은 사람들은 그 글자를 자기가 아닌 자기 앞에 서 있는 사람의 시점에서 정확하게 보이게끔 이마에 쓰는 경향을 보였다.

심리학 실험에서의 이러한 일시적인 권력 조작은 나폴레옹이나 히틀러가 자기 군대에 관한 결정을 내릴 때 가지고 있었던 어마어마한 권력에 비추어보자면 아무것도 아닐 수 있다. 그러나 이 연구가 보여주는 것은, 우리의 뇌가 권력과 관련된 아주 사소한 양의 기억에 의해 자극을 받을 때도 우리는 심리적인 차원에서 변화한다는 사실이다. 권력은 우리를 보다 자기(자아)중심적으로 만들 수도 있고, 또 반대로 타인(사회) 중심적으로 만들 수도 있다는 말이다.

만일 권력과 관련된 사소한 변화가 평범한 사람들로 하여금 자기가 아닌 다른 사람의 관점을 가지게 만들 수 있다면, 나폴레옹이나 히틀러처럼 오랜 세월 동안 무제한적으로 절대 권력을 가지고 있을 때는 어떤 결과가 나올까? 실제 현실에서 극단적인 권력을 가질 때는 자기 자신의 시점에서 벗어날 수 있는 능력이 장기적으로 손상되는 결과가 빚어지는데, 이것은 잠재적으로 치명적인 약점이다. 예를 들어서 한 체스 선수가 상대방 선수의 관점에서 체스판을 시각화하는 법을 배우지 않는다면, 그는 나중에 이 치명적인 약점을 뼈저리게 느낄 것이다.

이렇듯 나폴레옹이 러시아의 초원지대에서 저질렀던 것과 똑같은 실수를 히틀러가 저지른 것은 권력으로 빚어진 자기중심주의 때문이다. 그러나 그런 실수를 설명하는 데 과연 이것만으로 충분할까?

노름꾼의 오류

주사위가 어떤 숫자를 나타내게 할지 통제할 수 있는 힘이 자기에게 있다는 믿음이 바로 노름꾼이 가지고 있는 못 말리는 어리석음이다. 미신에 사로잡히든 혹은 행운이나 운명에 대한 어떤 믿음에 사로잡히든 간에, 수많은 사람이 현실에서 무작위로 펼쳐지는 사건들을(예컨대 카지노에 있는 룰렛 판의 회전을) 통제할 힘이 자기에게 있다는 환상 속에서 재산을 탕진했다.

만약 당신이 알고 있는 어떤 사람이 이런 환상에 쉽게 사로잡히는지 어떤지 알고 싶다면 다음 실험을 해보면 된다. 만일 그 사람이 주사위의 숫자를 정확하게 예측한다면 그 사람에게 약간의 돈을 주기로 한다.(주사위가 없으면 동전으로 대신할 수도 있다.) 그런데 그 사람이 그 숫자를 맞혀서 당신이 돈을 잃을 확률은 6분의 1밖에 되지 않으므로 그다지 걱정하지 않아도 된다.(동전일 경우에는 2분의 1이다.) 그런 다음에 그 사람에게 주사위를 본인이 직접 던질지 아니면 당신이 던질지 선택하라고 해라. 그리고 이 실험을 다른 몇몇 사람들을 대상으로도 해라.

그런데 당신의 제안을 받은 사람들 가운데는 주사위를 자기가 직접 던지겠다고 하는 사람들이 있지 않는가? 만일 그렇다면 그 사람들은 이른바 '통제의 환상illusion of control'에 사로잡힌 사람들이다. 이 사람들은 주사위는 무작위로 어떤 수를 나타낼 것이라는 사실, 즉 이 수는 주사위를 누가 던지는가 하는 것과 전혀 별개임을 부정한다.

스탠퍼드대학교 캘리포니아 캠퍼스의 너대니얼 패스트와 데버러 그루엔펠드는 아주 적은 양의 권력도 이런 환상에 빠질 수 있는 경향성을 높여준다는 사실을 발견했다.[12] 이 연구진은 일부 피실험자들에게는 자기가 다른 사람에게 권력을 휘둘렀던 때를 생각하라고 했고, 다른 피실험자들에게는 자기가 다른 사람이 휘두르는 권력 아래에 놓여 있을 때를 생각하라고 했다.

그런 다음에 피실험자들에게 주사위를 직접 던질 것인지 아니면 다른 사람이 주사위를 대신 던지게 할 것인지 선택하라고 했다. 권력을 휘두른 경험을 상기했던 집단에서는 주사위를 자기가 직접 던지고자 하는 경향을 보였다. 즉 주사위의 결과를 어느 정도는 통제할 수 있다고 믿은 것이다. 이에 비해서 권력의 대상이 되었던 경험을 상기했던 집단에서는 다른 사람이 대신 주사위를 던져주는 선택을 하는 경향을 보였다.

피실험자들에게 인위적으로 설정된 어떤 실험에서 다른 피실험자들을 평가하거나 관리하는 역할을 하는 권한을 부여할 때도, 이 피실험자들에게서 자기가 주사위를 통제할 수 있다는 믿음이 상승했다. 그런데 이 사람들은 또한 정치적인 사건이나 경제적인 사건을 자기가 통제할 수 있다는 느낌을 더 많이 느낀다고 답하는 경향을 보였다. 예컨대 다음번 총선에서는 반드시 투표권을 행사할 것이라고 말하는 경향이 높았다.

그런데 이 같은 차이가 개인적 차원의 특성 차이가 아님을 명심해야 한다. 실험을 진행할 때 피실험자들을 높은 권력 집단과 낮은 권력 집단으로 무작위로 나누었기 때문이다. 피실험자들에게 과거에 아주 사소한 어떤 권력의 주체가 되었던 경험을 상기하라고 하거나 실험 과정에서 일시적인 권력을 행사하게 하는 것만으로도, 그 사람으로 하여금 정치적인 사건에 자기가 더 많은 영향력을 행사할 수 있다고 혹은 경제 상황을 자기가 보다 많이 통제할 수 있다고 느끼게 만들기에 충분하다.

어떤 사람의 뇌에서 권력과 관련된 생각들이 순간적으로 활성화되는 것만으로도 그 사람의 통제 감각은 증가했다. 심지어 그 통제가 한낱 상상에 지나지 않을 때조차도 마찬가지의 결과가 나왔다. 권력은 근본적인 동기로 작동하는데, 과거에 경험했던 사소한 권력 행사의 기억이나 인위적인 상황에서 수행하는 일시적 권력 행사만으로도 그 사람의 인생관을 상당한 수준으로 바꿀 수 있다. 이 과정에서 그 사람의 낙관성과 자존감이 높아지기도 한다.

권력에서의 이 작은 증가치를 천 배쯤 확대해서 히틀러나 나폴레옹이 휘둘렀던 권력만큼 크다고 설정해보자. 만일 권력의 사소한 증가가 사건에 대한 본인의 통제감sense of control을 바꾸어놓을 수 있다면, 히틀러나 나폴레옹이 휘둘렀던 절대 권력은 두 독재자의 통제감을 엄청나게 확대시켰을 것임이 분명하다. 아마도 거의 착각이나 환상 수준으로 바뀌었을 것이다.

수백만 명을 대상으로 엄청난 권력을 휘두른 결과, 나폴레옹과 히틀러의 뇌 기능 역시 엄청나게 바뀌었을 것이다. 이 커다란 변화는 판단과 관련해서 두 가지 중요한 결과를 낳는다. 하나는 자기 주변에서 일어나는 사건들을 자기 관점이 아닌 다른 사람들의 관점으로 바라보는 경향성이 줄어드는 것이고, 또 하나는 통제할 수 없을 정도로 광대하고 복잡한 사건들을 자기가 통제할 수 있다는 환상에 쉽게 빠져드는 것이다.

빌 클린턴과 토니 블레어 이야기로 돌아가보자. 블레어의 시카고 연설 이후 두 사람 사이에서 빚어진 불화는 성공 및 권력에 대한 두 사람의 각기 다른 경험이 원인이라는 또 다른 증거가 있을까?

있다. 저명한 정치심리학자인 마거릿 허먼은 지도자의 특성과 동기부여 수준을 측정하는 이른바 '원격at-a-distance' 평가 방법을 개발했다. 그녀는 전 세계 지도자들에게서 다수의 핵심적인 행동 양상들을 꼽았는데, 이 중 하나가 주변 사건들을 자기가 통제할 수 있다는 믿음과 관련이 있다. 허먼은 각 지도자들의 연설과 글을 체계적으로 분석해서 각 지도자가 자기의 지도력 아래에 있는 국가가 세계적인 사건들 속에서 하나의 적극적인 구성원으로서 기능할 수 있다고 얼마나 믿고 있는지, 또한 그 사건들을 자기가 바라는 대로 유도할 수 있다고 얼마나 믿고 있는지 파악하는 방법론을 개발했다. 허먼은 이 같은 차원에서 빌 클린턴 대통령을 평가하면서, 세계의 다른 지도자들과 비교할 때 클린턴은 세계에서 일어나는 사

건들을 자기 의지대로 주무를 능력에 대해서 평균적인 수준의 믿음을 가지고 있음을 알아냈다.¹³

그런데 토니 블레어는 어땠을까? 영국은 경제력이나 군사력 차원에서 미국에 비하면 매우 작은, 중간 규모의 국가이다. 이런 나라의 총리인 블레어가 전 세계에서 일어나는 사건들을 본인이 통제할 수 있다는 믿음의 정도는 빌 클린턴 대통령에 비해서 현실적으로 한층 수수하지 않았을까?

미국 인디애나 주에 있는 워배시칼리지의 정치학자인 스티븐 다이슨Stephen Dyson은 '수상에게 묻는다Prime Minister's Questions'(매주 수요일 영국 하원에서는 그 주에 있었던 총리와 정부의 활동에 대해 의원들이 질문을 하고 총리가 답변하는 시간을 갖는다. – 옮긴이)에서 블레어가 했던 답변을 분석했다.¹⁴ 다이슨은 허먼의 방법론을 동원해서 본인이 세계의 사건들을 통제할 수 있다고 믿는 믿음의 정도를 측정하고, 이것을 세계의 다른 지도자들 및 역대 다른 영국 총리들의 믿음 정도와 비교했다.

이 비교 작업에서 다이슨은 무엇을 발견했을까? 블레어는 자기보다 훨씬 더 강력한 권력을 가진 친구이자 동료인 클린턴과 달랐다. 세계에서 일어나는 사건들을 통제할 수 있다는 그의 믿음은 엄청나게 부풀려져 있었다. 통계학 용어로 설명하자면, 블레어가 가지고 있던 그 믿음의 강도 수치는 세계의 다른 지도자들에 비해서 표준편차가 두 배 이상으로 높았다. 그런데 이것은 영국의 전통적인 제국주의적 허세와도 관계가 없었다. 자기가 세계의 사건들을 통제할 수 있다고 생각하는 토니 블레어의 믿음은 영국의 전직 수상들이 가지고 있던 믿음에 비해서도 훨씬 높은 것으로 드러났기 때문이다.

다른 말로 하면, 블레어는 권력 때문에 부풀려진 통제의 환상에 심각할 정도로 빠져 있었다. 그리고 어쩌면 이것이 클린턴과의 우정에 금을 낸 여러 요인들 가운데 하나일 수 있다. 그런데 다시 이런 의문이 제기된다.

어째서 권력은 다른 사람도 아닌 명석하기 짝이 없는 토니 블레어와 같은 사람의 판단을 흐리게 만들었을까? 이 의문에 대한 해답을 찾으려면 토니 블레어의 다음 차례 미국 대통령 친구인 조지 W. 부시와 만났던 때로 거슬러 올라갈 필요가 있다.

'불알' 정상회담

미국 대통령의 전용 별장인 캠프 데이비드는 워싱턴 외곽 메릴랜드 주에 있다. 제2차 세계대전 이후로 역대 미국 대통령들은 이곳에서 간편한 옷차림을 한 채 자기보다 조금은 덜 편해 보이는 복장을 한 외국 정상을 만나 중요한 의사 결정을 내리고 전 세계 수십 억 인구의 삶을 좌우하는 어마어마한 권력을 휘둘러왔다.

2002년 9월 초 메릴랜드에 진노랑색과 적갈색 단풍이 한창이던 때, 토니 블레어 총리와 그의 공보수석인 앨러스테어 캠벨이 조지 W. 부시 대통령과 딕 체니 부통령을 만나러 캠프 데이비드로 날아왔다. 앨러스테어 캠벨이 일기에 쓴 내용에 따르면, 블레어는 '내가 할 일은 그들(미국인들)을 조종해서 합리적이고 분별 있는 길로 이끄는 것'이라는 환상을 가슴에 품은 채 캠프 데이비드에 발을 디뎠다.[15] 그러나 부시와 체니는 이미 이라크를 침공하기로 마음을 정한 터였다. 이들이 블레어에게 필요로 했던 것은 그의 공개적인 지지와 그가 그동안 세계 무대에서 보여줬던 열정적인 달변이었다.

캠벨과 블레어는 아주 가까운 사이였고 둘 사이의 이런 관계는 마초적이기도 했다. 캠벨은 블레어의 아랫사람으로 보이지 않았다. 블레어와는 뭐든 직설적으로 말하는 것 같았다. 그렇게 두 사람의 관계는 대등한 듯 보였다. 적어도 겉으로는 그렇게 비쳤다. 블레어의 또 다른 가까운 참모였던 조너선 포웰은, 북아일랜드에 평화를 정착시켰던 그 결정적인 긴 협상 기간 동안 늘 딱 붙어서 은밀한 대화를 나누곤 했던 캠벨과 블레어가, 그 기간 내내 마치 어떤 운동 동아리에 소속된 한 쌍의 절친한 콤비처럼 딱 붙어서 자기를 뚱뚱하다고 놀려댔다고 회상한다.[16]

미국의 언론인인 밥 우드워드Bob Woodward는 캠프 데이비드 정상회담 때 부시는 블레어와 회담을 하고 나오면서 캠벨을 한쪽으로 데리고 가서는 '당신 총리는 진짜 불알cojones을 가지고 있네요.'라고 말했다고 썼는데, 그때 이후로 부시의 백악관 참모들은 이 정상회담을 '불알 정상회담'이라고 불렀다. 'cojones'는 스페인어로 '불알'이라는 뜻이다.[17]

그런데 캠벨이 직접 자기 일기를 읽는 오디오북에서도 이 일화를 언급하는데, 이 오디오북을 들으면 재미있는 사실을 확인할 수 있다. 자기 상사인 블레어의 불알뿐만 아니라 자기 불알도 역시 찬양의 대상으로 삼는 게 분명해서, 그의 목소리와 내용에서 이 같은 진심을 읽을 수 있다. 그런데 이 오디오북을 가만히 들어보면(특히 그 일화 뒤에 나오는 다른 이야기들까지 함께 연관해서 생각하면), 부시와 체니는 블레어와 캠벨을 덫으로 쉽게 사로잡을 수 있음을 눈치챘을 게 분명하다. 뇌의 쾌락 중추로 직접 연결된 두 사람의 그 커다란 마초적 버튼을 건드리기만 하면 된다는 점은 누가 봐도 명백했기 때문이다.

블레어와 캠벨이 동아리 친구들 사이에서나 나눌 수 있음직한 친숙한 말투로 나누는 대화에서 어떤 사람을 가장 높이 평가하는 말은 '배짱이 있다'는 표현이었다. 블레어는 자서전인 『어떤 여행A Journey』에서 캠벨을 '철커덩거리는 굉장한 불알'로 묘사함으로써 그에게 남성호르몬의 기사 작위를 수여한다. 같은 책에서 블레어는 심지어 우익 진영에 속하는 미디어 황제인 루퍼트 머독의 '그것'조차도 칭찬한다. 블레어는 자신의 정력을 자랑스럽게 여기고 또한 그것을 과시했던 게 분명하다.

섹스와 권력은 연결되어 있다. 앞서 2장에서 살펴봤듯이 둘 다 남성호르몬인 테스토스테론 분출을 유발하기 때문이다. 이 두 가지가 서로 꼬리에 꼬리를 문 악순환 속에서 높은 테스토스테론 수치는 권력욕과 성욕을 증가시킨다. 그러나 이 두 욕구는 보다 많은 권력과 보다 많은 섹스에 대한 갈망을 자극하는 데서 그치지 않고 뇌가 작동하는 전반적인 양상에 심대한 영향을 미친다.

테스토스테론이 뇌를 바꾸는 것은 이것이 뇌의 화학적 상태를 바꾸기 때문이다. 특히 신경전달물질인 도파민 수치를 높여준다. 도파민은 동기부여에서, 즉 마음속에서 우리가 원하는 것이 무엇인지 분명하게 해주고 또 그것을 얻으려고 행동에 나서는 데 핵심적인 요소이다. 승리는 테스토스테론 그리고 행동 지향적인 접근을 관장하는 도파민에 민감한 뇌 체계를 강화함으로써 우리가 느끼는 생각과 감정을 바꾸어놓는다.

그리고 우리는 이런 방식으로 동기부여 및 목표 설정이 되는 지도자들을 필요로 한다. 바로 이 점이 정치에서든 기업에서든 그리고 전쟁에서든 리더십의 가장 중요한 덕목이다. 윈스턴 처칠과 같은 정치 지도자, 루퍼트 머독과 같은 경영자 그리고 드와이트 아이젠하워와 같은 군사 지도자 등에게 만약 그런 행동 지향적인 접근, 즉 자신의 의지를 세계사적인 사건에 관철하려는 접근이 없었더라면, 그들은 결코 그 빛나는 승리를 거두지 못했을 것이다. 2장에서 살펴보았듯이, 그 같은 성공은 지도자가 자기 몸 안에서 일어나는 테스토스테론의 추가적인 분출을 끊임없이 경험하면서 승자 효과의 강력한 선순환을 유도하는 데 성공했기 때문에 가능한 것이다.

이러한 권력의 한 가지 결과는 어떤 점에서 보자면 그 권력이 우리를 좀 더 똑똑하게 만들어준다는 점이다. 뇌의 전전두엽 prefrontal cortex은 뇌의

'총책임자', 즉 계획, 예측, 목표 설정 그리고 감독 역할을 하는 CEO가 자리를 잡고 있는 곳이다. 전전두엽을 CEO에 비유하는 건 매우 적절하다. CEO와 전전두엽 모두 일상적인 사소한 것들에는 신경을 쓰지 않는다. 이런 것들은 아랫사람들 혹은 보다 낮은 차원의 뇌 영역 서열 부분에 일임한다.

CEO와 전전두엽은 전략적인 차원에서 기능하며 규칙과 목표를 정하고 이것을 따른다. 또한 일들이 계획대로 진행되지 않거나 정상적인 양상이 엉클어질 때 전체를 다시 조정하는 역할을 수행해야 한다. 전전두엽이 수행하는 기능을 심리학에서 집행 기능executive function이라고 부르는 것도 결코 우연이 아니다.

네덜란드에 있는 라드바우드대학교의 파멜라 스미스 교수와 그녀의 동료들은, 사람들에게 권력이 생기거나 혹은 권력을 박탈당할 때 이 높은 차원의 사고 기술들thinking skills에 어떤 변화가 나타나는지 확인하려고 한 가지 실험을 했다.[18] 연구자들은 어떤 컴퓨터 관련 과제에 대해서 피실험자들을 무작위로 '책임자'와 '보조자'로 나누었다. 책임자에게는 보조자를 지시할 뿐만 아니라 평가하는 권한을 부여했는데, 보조자는 책임자가 매기는 평가에 따라서 실험에 참가하는 보수를 지급받을 것이라고 했다. 이에 비해서 책임자는 미리 정해진 보수를 지급받는다고 했다. 그런데 이것은 그저 하나의 실험일 뿐이었음에도 불구하고, 책임자는 권력을 휘두르는 경험을 했고 보조자는 권력에 휘둘리는 경험을 했다.

실험 결과는 무척 흥미로웠다. 책임자들은 집행 기능과 관련된 여러 가지 테스트에서 거의 실수를 하지 않았다. 권력 소지 여부가 특정한 핵심적인 인지 기능들을 결정적으로 좌우한 것이다.

아마도 당신은 갑자기 뇌가 작동을 멈추어 멍하게 되어서 실수를 저지르거나 지시받은 사항을 전혀 이행할 수 없게 되는 순간을 한 번쯤은 경험했을 것이다. 첫 출근을 했을 때일 수도 있고 면접시험을 봤을 때일 수도 있다. 물론 불안 때문에 이렇게 될 수도 있다. 그러나 아마도 당신은 당신이 알지 못하는 어떤 사람으로부터 평가를 받게 되는 무기력한 상황 때문에 일시적으로 평소보다 멍청해졌을 수 있다.

권력은 뇌가 행동 목표를 설정하고 이 목표를 달성하는 데 우리가 초점을 맞출 수 있도록 도움을 주는 행동 모드로 돌입할 준비를 시킨다. 권력은 무언가 잘못되지나 않을까 걱정하는 대신 문제 해결을 지향하는 긍정적인 사고 모드로 우리를 바꾸어놓는다.

또한 권력은 결정적으로 중요한 또 다른 방식으로 우리의 뇌를 바꾸어 놓는다. 이 방식을 이해하면 토니 블레어가 '불알 정상회담'에서 배짱 있게 밀고 나갔던 행동을 올바르게 설명할 수 있다. 유니버시티칼리지런던의 애나 기노트 교수는 권력이 주의를 집중시키는 기능을 한다는 사실을 증명했다.[19] 아주 작은 권력을 가진 사람이라도 주변 시야에 방해받는 경향이 적다는 사실을 입증한 것이다. 권력은 경주마가 옆을 보지 않고 오로지 앞만 보고 달리도록 씌워주는 눈가리개를 사람에게 달아준다.

이것은 우리가 성공한 지도자들의 덕목이라고 그토록 찬양하는, 테스토스테론에 의해 촉발되며 도파민이 개입한 '할 수 있다'는 목표 지향의 한 부분이다. 성공한 지도자들이 공통적으로 가지고 있는 두둑한 '배짱'은 부분적으로는 자칫 전체의 큰 그림을 보지 못하도록 혼란스럽게 눈을 어지럽히는 것들을 차단함으로써 생성되는 것이다. 그런데 이것은 어떤 계획을 추진하는 데 도움이 될 수 있지만, 한편으로는 매우 중요하지만 겉으로 보기에 사소하고 주변적으로 비치는 신호나 사건을 바라보지 못하게 가로막을 수도 있다.

토니 블레어와 빌 클린턴이 등을 지게 된 이유 가운데 일부는, 발칸 반도에서 군사 행동을 할 때 여기에 담겨 있는 복잡한 특성 및 이 군사 행동이 몰고 올 부정적 파장을 경고하는 사소하고 주변적인 신호들을 클린턴이 너무도 쉽게 파악하고 있었다는 데 있다. 이에 비해서 조지 W. 부시 대통령은 잠재적으로 주의를 산만하게 하는 주변 경고 신호들의 복잡성에는 신경도 쓰지 않은 채 무시했다. 클린턴이 백악관 및 블레어와의 관계를 부시에게 물려주고 떠나자마자, 블레어와 부시는 정치 및 군사적 전망의 주변적인 여러 경고 신호들에 전혀 개의치 않고 테스토스테론이 추진하는 행동 지향적인 간섭주의 세계관을 함께 강화했다.

조심성 많은 회계사

주변의 경고 신호 따위는 거들떠보지도 않은 채 오로지 목표 달성만 추구하며, 통제의 환상에 사로잡혀 보다 많은 통제 욕구를 부추기는 권력을 긁어모으는 데만 혈안이 된 지도자들은 결국 비극과 슬픔을 맞이하고 만다. 가장 대표적이며 극단적인 사례가 나폴레옹과 히틀러이다.

그러나 만일 인간이 오로지 테스토스테론과 도파민이 철철 넘치는 행동 지향적인 목표 달성 우선주의자로만 진화했다면, 우리 인간 종은 지금까지 생존해 있지도 못했을 것이다. 그런 행동주의적인 지도자가 있음에도 불구하고 가장 안정적으로 성공한 기업이나 국가에는 거의 예외 없이 말을 조용조용하게 하면서 주의를 당부하는 사람이 있게 마련이다. 흔히 회계사나 변호사인 이들은 조직의 전체 서열 체계에서 구속의 정도degree of restraint를 강제한다.

뇌의 집행 부분과 어떤 거대한 조직의 집행 부서 사이의 유사점은 계획 수립 및 목표 설정을 담당한다는 사실뿐만이 아니다. 기업 내의 조심성 많은 회계사가 밖으로 드러나지 않는 곳에서 잠재적인 위협이 무엇인지 그리고 현재 진행되고 있는 상황에 어떤 위험이 도사리고 있는지 끊임없이 살피고 있는 것처럼, 뇌에서도 이 같은 기능을 하는 부분이 있다.

언제나 불안과 걱정을 달고 사는 이 관리는 전전두엽 우반구에 자리를 잡고 있다. 이 관리는 조직에서 CEO가 하는 것처럼 역동적으로 권력을 휘두르지는 않는다. 하지만 이건 나쁜 게 아니다. 권력이 상대적으로 적은 그는 여러 신호, 특히 경고의 신호에 초점을 맞추고 집중한다. 조심성이 많은 회계사는 행동 지향적으로 권력을 마구 휘두르는 CEO와 달리, 주변을 바라보지 못하게 하는 눈가리개를 쓰고 있지 않다. 조심성 많은 회계사는 기업의 목표를 설정하고 이 목표를 달성하기 위해서 전력 질주하는 데는 서툴다. 그는 CEO가 보지 못하는 온갖 주변적이고 사소한 경고 신호들에 끊임없이 눈이 팔린다. 그리고 자기는 말할 것도 없고 상사 혹은 CEO도 통제할 수 없는 어떤 일들을 자기가 통제할 수 있다는 환상에 빠지지도 않으므로, 즉 통제의 환상에 빠질 가능성이 적으므로 그만큼 동기부여 수준도 낮다.

우반구의 전전두엽은 열광의 도파민과 전혀 다른 종류의 화학신호전달물질chemical messenger을 무척 좋아한다. 이것이 특히 좋아하는 신경전달물질은 **노르아드레날린**noradrenalin이다. 이것은 아드레날린과 사촌이지만 뇌에서는 아드레날린보다 훨씬 더 큰 역할을 한다. 도파민은 목표 및 그 목표를 달성했을 때 주어지는 **보상**과 연결되는 화학물질이지만, 노르아드레날린은 **위협**에 대한 경계, 감시 그리고 반응과 연결되는 화학물질이다. 나는 동료들과 함께 내 실험실에서, 뇌에서 노르아드레날린 수준을 통제하는 유전자의 한 변이체가 실제 생활에서의 경계 행동과 어떻게 연결되는지, 그리고 이것이 우반구 전전두엽의 활동과 어떻게 연결되는지 이미 입증했다.[20]

오른쪽 전전두엽이 잠재적인 위협을 느끼고 경계 태세를 갖출 때면 관심의 초점을 넓게 확장한다. 이것은 마치 레이더가 위험을 감지하기 위해서 감지 범위를 넓히는 것과 같다. 권력의 박탈 혹은 권력 없음은 일정 정도의 위협이다. 그래서 권력이 없는 사람들은 권력을 가진 사람들과 다르게, 자기들로서는 도저히 통제할 수 없는, 그리고 예측할 수 없는 사건들에 대비해서 지평선을 보다 자주 살피며 경계하는 경향이 있는 것도 바로 이런 까닭에서이다. 왼쪽 전전두엽은 어떤 행동을 준비할 때 정반대로 작동한다. 오로지 목표에만 관심을 집중한다. 이것은 권력이 경주마의 눈가리개를 권력자에게 씌우는 것과 같은 상황이다. 권력은 위험을 인지하는 능력뿐만 아니라 위험에 주의를 기울이는 경향까지도 불균형 상태로 빠트릴 수 있다.

토니 블레어가 2001년 2월에 미국의 신임 대통령을 처음 만났을 때, 그의 뇌 속에서는 행동 지향적인 도파민 체계와 조심성 있는 회계사와 같은 노르아드레날린 체계가 일치하지 않았던 것일까? 그리고 더 나아가, 스스로를 그 신임 대통령과 동급으로 놓았던 기준인 권력이 그 두 체계를 망가뜨렸던 것일까? 두둑한 '배짱'의 블레어 총리의 마음속에서 권력 지향적인 테스토스테론이 촉발한 도파민 분출이 균형 잡힌 접근 및 주의라는 정교한 체계를 망가뜨렸던 것일까?

초기에 블레어가 군사적으로도 성공하고 또 내각을 거의 압도적으로 장악하면서 정치적으로도 성공했는데, 이런 성공들이 그의 뇌 속에서 도파민 수준을 증가시켰을 수도 있다. 그리고 이렇게 많아진 도파민이 그가 중요하다고 여겼던 목표들에만 관심을 집중하게 만들었을 것이다. 한편 빌 클린턴은 자기 뇌 속의 화학적 변화를 상대적으로 덜 경험했을 것이다. 그래서 관심의 초점이 화학적으로 축소된 블레어의 뇌가 코소보에서 발생할 수 있는 잠재적인 위험을 덜 인지하는 동안, 권력의 영향을 상대적으로 덜 받은 클린턴의 뇌는 코소보의 험준한 산악 지대에 지상군을 투입한다면 베트남 전쟁 때와 같은 상황이 전개될 수도 있음을 인식했을 것이다. 거대한 권력을 휘두르는 블레어 앞에서 주눅이 든 그의 각료들은 그의 권력에 맞서겠다는 의욕을 잃어버렸을 것이다. 하지만 클린턴 정부의 목소리 높은 장관들 및 자문자들은 그렇지 않았다.

토니 블레어의 총리 재임 말년 시기에 나는 그의 고위 참모진 한 사람과 대화를 나눈 적이 있다. 그 사람은 대화를 하는 동안 자기가 모시는 총리에 대해서 매우 방어적이었다. 그러나 결국 나에 대한 경계심이 풀리자 불만을 봇물처럼 털어놓았다.

"총리는 언제나 확신에 차 있는데, 나는 바로 그 점이 걱정입니다."

그 사람은 얼굴을 찌푸리며 그렇게 말했다. 그런 초지일관의 확신이야말로 뇌가 도파민으로 점화되어 있으며(신경이나 근에 활동전류가 발생하는 현상을 '점화'라고 표현한다. - 옮긴이) 행동 중심적이고 자기를 되돌아보거나 경계할 수 있는 능력이 줄어들었음을 알려주는 예후이다. 어떤 확신을 가지기에는 세상이 너무 복잡하다. 그리고 이런 확신을 가지고 있는 정치 지도자는 우리를 어쩐지 불안하게 만든다. 누군가가 예측할 수 없는 세상사의 복잡성에 마주하면서도 확신을 가진다고 할 때 이 사람은 착각이나 환상에 빠져 있을 가능성이 높다. 권력은 통제의 환상을 유발하며 권력자에게 경주마의 눈가리개를 씌운다. 토니 블레어가 빌 클린턴보다 더 괴로웠을지도 모른다. 그리고 이 사실이 두 사람 사이의 우정에 금이 가게 하는 데 일정 부분 기여했다. 그런데 클린턴의 마음에 비해서 블레어의 마음이 권력에 의해 훨씬 더 많이 바뀐 이유는 무엇일까? 이 수수께끼를 온전히 풀어내려면 마지막 남은 한 가지 문제를 더 해결해야 한다.

자, 지금부터 당신은 50개 단어 이하로 짧은 글을 하나 써야 한다. 시간은 많이 들이지 않아도 된다. 그저 몇 분이면 된다. 그런데 한 가지 조건이 있는데, 지나치게 많이 계획을 세우거나 생각을 하지 않고 빠르게 써야 한다. 이미지 한두 가지를 상상한 다음 그것을 토대로 써라. 여객선 갑판에 서서 수평선을 바라보는 수염이 멋진 선장을 소재로 해도 되고, 실험실에서 흰색 실험복을 입고 서 있는 한 무리의 여성 연구원을 소재로 해도 된다. 자, 지금부터 그 이미지를 가지고 글을 쓰기 시작해라.

다 썼으면 그 글을 쓰윽 한 번 읽어본 다음에 분석해보기 바란다. 당신이 상상한 등장인물이 아래의 사항 중에서 해당되는 부분이 있으면 당신이 글을 쓴 종이 혹은 컴퓨터 모니터에 표시를 해라.

- 강력하며, 심리적으로나 물리적으로 강인한 행동을 한다.
- 부탁을 받지 않았음에도 불구하고 남을 돕거나 남에게 충고를 한다.
- 다른 사람들이 하고 있는 어떤 것을 조정하거나 통제한다.
- 다른 사람에게 영향력을 행사하려 하거나, 뇌물을 주거나, 혹은 다른 사람과 다툰다.
- 다른 사람에게 감동을 주려고 노력한다.
- 다른 사람들에 대해서 일방적으로 강한 반응을 보이거나 감정을 드러낸다.
- 특권 혹은 명성에 관심이 있다.

미시간대학교의 D. G. 윈터D. G. Winter 교수는 사람들이 쓴 이야기에 담긴 이미지들을 분석함으로써 그 사람의 동기를 평가하는 방법을 개발했다.[21] 상이한 평가자들이 자기만의 고유한 매뉴얼을 통해, 피질문자가 자기 이야기 속에서 평가한 여러 유형의 사례를 분류해 가짓수를 세었는데, 이 작업을 통해서 많은 평가자들이 공통적인 결론을 확인했다. 즉, 이는 어떤 사람이 말을 하고 또 글을 쓰는 내용을 분석함으로써 그 사람의 내면적인 동기부여를 측정하는 것이 과학적으로 믿을 만하다는 것을 의미했다.

어떤 사람에게 질문을 해서 그 사람의 내면적인 동기를 속속들이 알아낼 수는 없다. 사람이 가지고 있는 동기는 대개 무의식적이다. 자기 행동을 추동하는 것이 이러저러한 것이라고 본인 입으로 말하지만, 사실 그것은 진짜 동기가 아니다. 사람들이 자기 입으로 말하는 내면의 동기는 흔히, 일반적으로 받아들여질 수 있는 것에 대한 그 사람의 생각에 의해서 또한 자기 자신에 대한 의식적인 이미지에 의해서, 진짜 내면의 동기와 전혀 다르게 형성된다. 그러나 우리가 실제 현실에서 어떤 일들을 실제로 할 때에야, 다시 말해서 우리의 위임을 받은 가상의 인물이 우리 이야기 속에서 행동할 때에야 비로소, 거의 대부분 무의식적인 우리 내면적인 동기들이라는 어두컴컴한 세상을 흘낏 엿볼 수 있다.

토니 블레어가 재임 초기에 했던 외교 정책 관련 연설들 가운데 하나를 살펴보자. 임기 2년차이던 1998년 12월 15일에 했던 연설에서 그는 이렇게 말했다.

"전에도 이런 말을 한 적이 있습니다만, 비록 우리 영국이 앞으로 다시는 세계에서 가장 강력한 국가가 될 수 없을지라도, 우리는 세계에서 중추적인 역할을 하는 국가는 될 수 있습니다. 우리 역사가 가지고 있는 힘을 바탕으로 굳건히 서자는 것입니다. 새로운 동맹을 구축하자는 것입니다. 새로운 영향력을 개발하자는 것입니다. 영국 외교 정책의 새로운 길을 개척하자는 것입니다. 영국은 이제 미국과 함께 갈 것인지 아니면 유럽과 함께 갈 것인지를 두고 저울질을 하지 않아도 된다는 것, 영국은 이 둘을 동시에 안고 갈 수 있다는 자신감을 가진다는 것입니다."

역사 속에서 중추적인 역할을 수행함으로써 힘과 영향력 그리고 충격을 행사하는 것에 초점을 맞춘 블레어의 이 발언은 그의 태도를 그 어떤 것보다 명확하게 드러낸다. 중간 규모의 국가들이 많이 있지만, 이 국가들의 지도자들 가운데서 자기가 속한 국가를 전 세계에서 일어나는 굵직

굵직한 사건들에서 어떤 '중추적인' 역할을 하는 존재라고 설정하는 사람은 거의 없을 것이다. 그의 연설은 영향력을 행사하는 것과 관련된 행동을 묘사하는 동사들로 가득하다. 그것도 영국만을 무대로 하는 것이 아니라 전 세계를 무대로 해서 인류의 미래를 좌우하는 영향력을 행사하고자 한다. 그런데 이 같은 발언이나 태도는 결코 일회성이 아니다. 그의 자서전 『어떤 여행』은 세계적인 여러 사건들의 과정 및 처리에 직접 영향력을 행사해서 통제하고자 하는 그의 강렬한 열망에 줄기차게 초점을 맞춘다. 이 책에서 그는 정부가 마치 고무 레버 같다면서, 아무리 자기가 세게 잡아당겨도 (적어도 자기가 보기에는) 구부러지기만 할 뿐 거의 충격을 행사하지 못한다고 불만을 터트린다. 블레어는 총리 재임 기간 내내 정치 및 사회적 사건이나 정책에서 자기에게 개인적인 통제력을 제공해줄, 다시 말해서 고무 레버를 딱딱한 철제 레버로 만들어줄 제도와 핵심집단을 만들려고 애를 썼다.

이처럼 행동과 충격 그리고 결과에 초점을 맞춘 노력이 없었더라면, 예컨대 북아일랜드에 평화가 정착되는 업적 같은 건 가능하지도 않았을 것이다. 지도자에게는 적극적으로 행동하는 것이 수동적으로 가만히 있는 것보다 나은 덕목이다. 그러나 지금 우리가 다루는 주제는 인간의 심리가 어떤 식으로 작동하는가 하는 문제이며, 또한 권력욕이 인간의 행동을 얼마만큼이나 좌우하는가 하는 문제이다.

앞에서 우리는 정치학자인 스티븐 다이슨이, 하원 의원들이 사전에 미리 통고하지 않은 여러 질문을 총리에게 하는 '수상에게 묻는다'라는 주례 행사에서 블레어가 보였던 반응을 어떻게 분석했는지 살펴보았다. 다이슨은, 자기가 어떤 사건들을 통제할 수 있다는 블레어의 믿음 정도를 측정하고 또 이 측정치를 다른 국가 지도자 및 영국 역대 총리들의 측정치와 비교할 때 사용했던 마거릿 허먼의 방법론을 사용해 블레어의 권력욕을 분석했다. 분석 결과는 이랬다. 블레어는 자기보다 현실적으로 훨씬 더 강력한 권력을 가진 친구이자 동료인 빌 클린턴과 달리, 보다 높은 수준의 권력욕을 가지고 있었다. 권력에 의해 이미 높은 수준으로 동기부여된 전체 정치가들의 98퍼센트보다 더 높은 권력욕을 가지고 있었던, 그야말로 독보적인 권력욕의 화신으로 드러난 것이다. 그럼 빌 클린턴은 어땠을까? 마거릿 허먼이 수행했던 또 다른 분석에 따르면, 권력에 따른 동기부여 부문에서 클린턴은 자기가 휘두를 수 있는 경제적·군사적·정치적 권력이 객관적으로 훨씬 더 컸음에도 불구하고 다른 세계 지도자들과 비교할 때 평균적인 수준이었다.[22]

그렇다면 바로 이 점이 빌 클린턴의 친구인 토니 블레어의 수수께끼를 푸는 열쇠일까? 두 사람의 동기부여가 근본적으로 달랐다는 점이 그 열쇠일까? 블레어는 권력욕의 화신이었지만 클린턴은 그 정도는 아니었다. 이것이 두 사람의 정치적인 판단이나 정책이 완전히 다르게 나타나도록 만들었을까? 그랬을 수 있다. 앞에서 우리는 권력이 권력자의 관심과 주의의 폭을 좁히고 통제의 환상을 강화하고 또 목표 달성의 동기를 강화함으로써 권력자의 뇌 기능을 어떻게 바꾸어놓는지 살펴보았다. 그러나 클린턴은 블레어보다 훨씬 더 큰 권력을 가지고 있었다. 그렇다면 클린턴의 뇌 역시 적어도 블레어의 뇌만큼은 권력에 의해서 바뀌었어야 했는데, 왜 이런 일이 클린턴의 뇌에서는 일어나지 않았을까?

킬러 본능

토니 블레어와 빌 클린턴이 컴퓨터 게임으로 맞붙어본 적이 있을까? 그랬을 것 같지는 않지만, 여기에서는 그런 상상을 한번 해보자. 두 사람이 함께 어떤 단순한 컴퓨터 게임을 한다. 목표물이 화면에 나타나는 순간 될 수 있으면 빠르게 버튼을 누르는 게임이다. 그리고 서로 상대방보다 빨리 그 버튼을 눌러야 점수가 올라간다. 두 사람이 이 게임을 대략 10분쯤 한다. 그리고 우리는 두 사람이 게임을 하기 전과 하고 난 뒤에 두 사람의 타액을 시료로 채취한다.

이 타액 시료에서 우리는 스트레스 호르몬인 코티졸의 수치를 측정할 수 있다. 앞에서도 설명했지만 코티졸은 면접, 시험, 논쟁, 싸움 등과 같이 스트레스가 고조될 때 혈액 속으로 방출되는 호르몬이다. 우리가 블레어와 클린턴의 스트레스 수치에 관심을 가지는 이유는, 두 사람이 가진 권력욕의 정도가 다를 때 두 사람의 몸과 뇌는 승리 혹은 패배에 다르게 반응하기 때문이다.

이 실험에서 우리는 어떤 결과를 예측할 수 있을까? 블레어는 권력욕이 매우 강하기 때문에 그의 코티졸 수치는 그가 게임에서 질 때 상승하고 이길 때는 내려갈 것이다. 이에 비해서 클린턴은 권력욕이 상대적으로 약하기 때문에 게임에 진다고 해도 스트레스를 덜 받을 것이며, 따라서 그의 혈액 속 코티졸 수치는 상대적으로 낮을 것이고 또 이긴다고 해도 블레어에 비해서 코티졸 수치가 덜 떨어질 것이다.

나는 미시간대학교의 미셸 워트 교수와 그의 동료들이 했던 연구[23]를 근거로 해서 이 같은 예측을 한다. 이들은 남성 및 여성으로 구성된 피실험자 집단을 대상으로 반응 시간을 놓고 승자와 패자를 결정하는 게임을 하게 했다. 그런데 이 연구진은 게임의 결과를 조작한 다음, 이 조작된 결과를 근거로 해서 각각의 피실험자들을 승자 집단과 패자 집단으로 분류했다.

워트는 토니 블레어의 강한 권력욕을 확인하게 해줬던 것과 같은 종류의 방법론을 사용해서 각 피실험자들의 권력욕을 측정한 다음, 강한 권력욕의 소유자와 약한 권력욕의 소유자가 승리와 패배에 반응하는 내용을 비교했다. 토니 블레어처럼 강한 권력욕을 가진 사람들은 조작된 승리를 거두었을 때 스트레스 호르몬의 수치가 큰 폭으로 떨어졌다. 그리고 남자들은 지기를 싫어해서, 자기들이 졌다는 말을 들을 때 그들의 코티졸 수치는 급격하게 올라갔다.

그런데 권력욕이 약한 사람들에게 패배는 그다지 큰 스트레스를 유발하지 않았다. 나는 여기에서 '빌 클린턴처럼 권력욕이 약한'이라는 표현을 쓰지 않겠다. 클린턴은 비록 블레어보다는 권력욕이 약하긴 했지만 전체 세계 지도자들을 놓고 보자면 평균적인 수준이었는데, 평균적인 수준이라고 해도 일반 시민과 비교하면 상당히 높기 때문이다. 즉 클린턴은 권력이라는 동기에서 블레어에 비해서 상대적으로 낮을 뿐이다.

그런데 워트가 얻은 결론 가운데서, 권력욕이 약한 사람들이 승리를 했을 때 이들의 스트레스 호르몬 수치의 추이가 특히 흥미롭게 나타났다. 승리를 했음에도 불구하고 코티졸 수치가 올라간 것이다. 권력욕이 약한 사람들에게는 승리조차도 스트레스 요인이라는 말이다.

운동을 해본 사람이라면 어쩌면 당신도 이미 이 현상을 알고 있었을지도 모른다. 어떤 사람들은 이른바 '킬러 본능'을 가지고 있어서 어떻게든 경기에서 이기고 싶어 한다. 그런데 어떤 사람들은 승리를 눈앞에 둘 때 불편함을 느끼며 상대방에게 그 승리를 양보하고 스스로 패자가 된다. 운동에서의 킬러 본능은 권력욕을 반영한 것인지도 모른다. 그리고 다른 한편으로는, 승리에 대한 전망이 권력욕이 약한 사람들로 하여금 상대방을 꺾고 경기에서 이기는 것을 무의식적으로 회피하도록 자극할지도 모른다.

인간 정글에서의 위협과 회유

무의식적인 권력욕이야말로 우리 뇌의 작동 원리에서 가장 현실적인 특성임을 현대의 여러 뇌 영상 기법들이 확인시켜주고 있다. 정치계와 기업계에 있는 사람들 사이에서 날마다 일어나는 일상적인 일 하나를 놓고 보자. 의식적이든 혹은 그렇지 않든 간에 우리는 사회적 서열 혹은 기업계의 서열이 천차만별인 온갖 사람들을 만날 때, 그 자리에 있는 사람들 사이에서 자기 서열이 어느 수준이고 자기가 있어야 할 자리가 어디인지 끊임없이 살피고 확인한다. 그리고 이때 그 사람의 얼굴에 나타나는 표정은 현재 그 사람의 위치를 드러내는 가장 중요한 신호들 가운데 하나로 꼽힌다. 예를 들어 어떤 회사에서 '회장님'이 회의실에 입장할 때 임직원들은 하나같이 공손한 미소를 지으며 시선을 얌전하게 아래로 피한다.

일상적인 위협과 회유가 펼쳐지는 사회 및 기업이라는 정글에서 얼굴 표현은 각 개인의 위치가 전체 서열에서 어디인지 알려주는 가장 중요한 신호들 가운데 하나이다. 예를 들어서 어떤 동료가 화난 얼굴을 하고 있다면, 누군가 주제넘게 그의 권한을 침범했으며 그 이유로 해서 그 사람은 상대방에게 위협을 가할 수도 있다는 신호이다. 그러나 깜짝 놀라는 얼굴은 상대방으로부터 자기가 어떤 충격이나 영향을 받았거나 받을 수 있다는 신호이다.

권력욕이 불타는 사람들은 자기들이 받는 충격을 나타내는 얼굴 표정 관리를 특히 잘한다. 미시간대학교의 올리버 슐타이스 Oliver Schultheiss 와 그의 동료들은 이러한 권력 동기부여의 상이한 여러 수준을 정확하게 지적하는 제각기 다른 뇌 과정들의 비밀을 밝혀냈다.[24]

슐타이스는 기능성자기공명영상 장치를 이용해서 권력욕의 수준이 다양한 남자 및 여자 들이 분노한 얼굴, 놀란 얼굴 그리고 무표정한 얼굴의 사진에 각각 어떻게 반응하는지 연구했다. 결과는 예상한 대로였다. 권력욕이 강한 사람은 감정, 신체상의 감각 및 보상을 관장하는 뇌 부분에서 훨씬 강력한 활성화 현상을 보였다. 화난 얼굴은 권력욕이 강한 사람들에게서 훨씬 강력한 이른바 '본능적 반응gut reaction'을 유발해서, 뇌의 특정 부분, 즉 어떤 사물이나 상황에 대한 보상 가치를 끊임없이 산출하는 전두엽의 아래쪽 표면과 선조체striatum(뇌의 기저핵에서 주로 정보를 받아들이는 영역 - 옮긴이)를 자극하는 것 같았다.

어떤 사람의 권력욕은 그 사람의 행동을 결정하는 데 매우 중요한 요인으로 작용한다. 그러나 이것이 우리가 다른 사람에 대해서 생각할 때 우리 마음속에서 가장 중요하게 작동하는 어떤 것은 아니다. 우리는 어떤 사람을 평가할 때 외향적이라거나 내향적이다, 초조해한다거나 느긋하다고 하는 것과 같은 고전적인 특성을 더 많이 고려하는 경향이 있다. 그러면서도 우리 삶에 훨씬 더 큰 영향을 주는 그 사람의 권력욕에 대해서는 그다지 많이 생각하지 않는다.

이 현상은 정치 분야뿐만 아니라 결혼이나 인간관계에서도 똑같이 일어난다. 그리고 학교나 동아리, 직장에서도 결정적으로 나타난다. 또한 이것은 섹스에도 적용되는데, 권력욕이 강한 사람은 남자나 여자 할 것 없이 권력욕이 약한 사람에 비해서 섹스를 더 자주 한다.[25] 그리고 또 권력욕이 강한 사람들은 그렇지 않은 동료들에 비해서 경력의 사다리를 더 빠르게 올라간다.

권력욕이 강한 사람들에게서는 부정적인 측면도 보다 쉽게 찾아볼 수 있다. 예컨대 이런 남자들은 이성異性을 보다 많이 학대하는 경향이 있다. 특히 상대방 여자가 돈이 더 많거나 둘 사이 관계에서 더 우월한 지위에 있을 때 더욱 그렇다. 만일 당신이 당신 주변 사람들을 한 번 둘러보면(이

웃도 좋고 직장 동료도 좋고 친구나 가족도 좋다.) 그 집단 내의 정치적인 역학관계가 각 관련자 개인의 권력욕 수준에 의해 크게 영향을 받아서 결정된다는 사실을 알 수 있을 것이다. 어떤 사람들은 남을 지배하려고 하는데(정작 당사자는 이 사실을 깨닫지 못할 가능성이 높다.) 이들로서는 충분히 그럴 이유가 있기 때문에 그렇게 한다. 그러나 이걸 명심해야 한다. 당신이 느끼는 마음의 평화와 평온은 주로 당신이 다른 사람들과 맺는 인간관계에 따라서 결정된다. 그리고 거꾸로 이 인간관계들은 무엇보다도 각 개인의 권력욕에 의해서(물론 이 권력욕의 크기는 개인마다 다르다.) 가장 강력하게 영향을 받아 형성된다.

그런데 진짜 정치의 영역에서 권력욕이 당신의 삶에 미치는 영향력이란 극단적일 정도로 커진다. 만일 토니 블레어가 가지고 있었던 강한 권력욕이 조지 W. 부시의 이라크 침공 계획을 지지하도록 블레어의 등을 떠밀지 않았더라면 과연 이라크 전쟁이 일어났을까? 부시는 영국의 군사력 자체를 필요로 하지는 않았다. 다만 그의 정치적인 지지를 국내외적으로 필요로 했을 뿐이다. 만일 블레어가 그 전쟁에 반대했더라면 미국 하원은 수많은 의원들이 나중에 땅을 치고 후회했을 짓, 즉 대통령에게 군사적인 자유 행동권을 넘겨주는 대신, 답변하기 어려운 질문들로 부시를 궁지로 몰아넣지 않았을까?

세상에서 가장 큰 위험들 가운데 하나는 권력욕이 강한 지도자가 한 차례 승리를 거둔 뒤에 그의 혈액에 분출되는 테스토스테론 때문에 발생한다. 이 호르몬 분출은 매우 유독하다. 산악인이 보다 높고 보다 위험한 코스를 찾는 것과 마찬가지로 권력을 추구하는 정치인은 승리가 촉발해줄 화학적 도취 상태를 열망한다. 그런데 불행히도 모든 도취가 다 그렇듯 그다음 차례의 자극은 지난번보다 더 강력해야만 동일한 효과가 발휘된다.

심리적으로 강한 권력욕을 가진 정치 지도자는 제도적으로 설정된 내각이나 위원회 조직을 물리치고 소규모의 핵심조직을 통해서 정부를 운영하려 드는 경향이 있다. 이 방식을 통해서 그들은 자기들이 휘두르고자 갈망하는 권력을 휘두를 수 있다. 이에 비해서, 평균적이거나 평균보다 낮은 권력욕을 가진 지도자는 자기 권한을 다른 사람들에게 위임하는 경향이 있으며, 내각과 전문 관료들에게서 자문과 동의를 구하려 한다. 이러한 지도자의 의사 결정은 당연히 느려질 수 있다. 그러나 권력욕이 강한 지도자가 혐오해 마지않는 의견의 다양성이야말로 나중에 후회하게 될 결정을 예방할 수 있다.

토니 블레어는 국무회의를 극단적일 정도로 짧게 해치우는 것으로 유명했다. 이 자리에서 각 부서의 장관들은 다른 곳에서 결정된 사항을 그저 통보만 받을 뿐이었다. 그랬음에도 불구하고 블레어는 앞에서도 언급했듯이 '고무 레버' 운운하면서 내각이 자기의 발목을 붙잡고 늘어진다고 불평했다. 자기의 권력욕을 충족하는 데 국무회의가 거치적거리기만 한다고 느꼈던 것이다.

블레어가 이렇게 강한 권력욕에 사로잡히면서 좋은 결과도 빚어졌고 나쁜 결과도 빚어졌다. 북아일랜드와 관련된 정책을 그가 직접 개입해 주물렀던 일은 북아일랜드에 정착된 평화의 가장 중요한 요인이었다. 또한 그는 충격을 갈망하는 간섭주의 정책의 세계 지도자로서 몇 가지 대단한 승리를 거두기도 했다. 시에라리온에서 마약에 취한 반군들이 아기와 어린이의 팔다리를 자를 때 블레어는 군대를 파견해서 시에라리온을 정치적으로 안정시키며 수천 명의 목숨을 구하고, 아울러 반군 지도자 찰스 테일러를 헤이그 국제전범재판소 법정에 세웠다. 그리고 유럽의 나태한 정치가들의 이기심과 게으름 때문에 보스니아에서 수만 명이 참혹하게 죽어가던 상황에 분연히 일어나 미국과 함께 코소보 사태에 군사적으로 개입해서 발칸 반도에서 일어날 수 있었던 또 한 차례의 대학살을 막았다.

그러나 블레어는 소수 의견을 독단적으로 고집해서 밀고 나갔으며 결국 영국군을 이라크 침공에 투입했다. 많은 사람이 총리 자격으로는 해서는 안 될 월권행위이며 민주적인 절차를 심대하게 위반한 것이라고 바라보았다. 만일 권력이 일으킨 화학작용과 연이은 승리에 따른 테스토스테론의 분출이 블레어의 뇌를 바꾸어놓지 않았더라도 과연 그가 이라크의 모험에 깊숙하게 개입했을까 하는 의문에 대해서는 그 누구도 확신을 가지고 대답할 수 없다. 그러나 분명한 것은, 토니 블레어의 엄청난 정치적 재능은 말할 것도 없고 그의 대단한 도덕적 용기도, 그리고 또 자유주의적이고 사회민주적인 한 정당의 당원 신분도, 권력이 그의 뇌에 영향을 미치지 않도록 그를 보호할 수는 없었을 것이라는 점이다. 또한 권력의 영향을 덜 받은 친구 빌 클린턴과의 깊은 우정도 그 화학작용을 이겨내지는 못했을 것이다.

인류 문명의 발명품 가운데 하나인 민주주의는 권력이 뇌를 바꾸어놓는 화학작용 및 그 결과로부터 우리와 우리의 아이들을 보호한다는 가장 중요한 목적에 복무하도록 진화했다. 토니 블레어는 십 년 동안 영국의 총리로 재임했다. 연임 규정이 따로 없었으므로 블레어는 오 년 임기의 총리 재임을 한 차례 더 할 수도 있었다. 그러나 아무리 국가의 수반이라고 하더라도 국민의 압력을 받아야만 하는 정당정치 제도의 민주주의적 압력 때문에 그렇게 할 수 없었다. 바로 이 압력 때문에 블레어는 내키지 않았지만 총리직에서 물러나야만 했다.

그런데 이 같은 압력이 다른 국가에서는 상당한 수준으로 희석된다. 이탈리아의 실비오 베를루스코니 총리가 그에 따른 혜택의 수혜자이다. 거대한 미디어 제국을 비롯해서 온갖 기업을 거느린 이탈리아 최대 재벌의 총수인 베를루스코니는 미디어의 도움을 받아서 오래도록 권좌에서 물러나지 않고 있다. 민주주의는 전 세계 국가 가운데서 오로지 일부 국가에서만 지켜질 뿐이다. 게다가 민주주의가 지켜지는 곳이라 하더라도 거대 언론의 여론 조작으로 민주주의는 왜곡된다. 이탈리아의 베를루스코니가 그런 행동을 했다. 그는 회계 부정을 저질러 명백하게 실정법을 어기고 기소되었는데도, 그가 지배하는 의회는 법을 고쳐서 그가 처벌을 받지 않도록 했다. 그가 거의 벌거벗다시피 한 젊은 여성들과 방탕한 파티를 여러 차례 벌인 사실이 2009년에 언론 보도되기도 했지만, 그의 이러한 모습은 권력자가 인생의 황혼을 맞이한 뒤까지도 권력과 섹스는 여전히 이어짐을 보여준다.

도미니크 스트로스 칸도 또 한 명의 권력자이다. 「포브스」는 그를 세계 38위의 영향력 있는 인물로 꼽았다.[26] 하지만 이는 2011년 5월 14일이라는 그 운명의 날 이전의 이야기였다. 이날 그는 뉴욕 제이에프케이 공항에서 에어프랑스 소속 항공기를 타고 프랑스로 귀국하려다 비행기 이륙 직전 뉴욕 경찰에 긴급 체포됐다. 그가 받은 혐의는 성폭행이었다. 2010년 10월 31일, 「뉴스위크」는 스트로스 칸을 집중 조명하는 기사를 실었다.

"도미니크 스트로스 칸은 지금 세계 최정상에 서 있다. …… 국제통화기금IMF 총재인 그는 경제 위기의 한가운데에서 아주 자연스럽고도 꾸준하게 자신의 권력을 쌓아가고 있다."

당시 이 기사는 2012년 프랑스의 대통령 선거에서 가장 유력한 후보에 대한 이야기를 하고 있었다. 그런데 이 기사 속에서는 미래를 정확하게 예견한 문단이 하나 들어 있었다.

"그가 워싱턴으로 가기 전에 프랑스 파리의 일간지 「리베라시옹Libération」에 칼럼을 기고하는 한 칼럼니스트는 그의 '유일하고 현실적인 문제'는 '여성과 관련된 것'이라고 경고했다."

조국인 프랑스에서 '못 말리는 바람둥이'로 알려졌던 스트로스 칸이 이 별명을 얻은 것은 2007년에 IMF 총재라는 막강한 권력을 휘두르는 자리에 오르고 난 지 몇 달 뒤였다. 그리고 그때 이후로 그는 그 별명대로 살아왔다. 2008년에 1월에 그는 자기가 IMF 내의 젊은 여성과 부적절한 관계를 맺었다고 인정했다. 이 여자는 IMF의 경제분석가인 피로스카 나기였다. 바람둥이는 둘 사이의 관계가 서로 합의한 것이라고 말했다. 그러나 나기의 친구는 다음과 같이 반박했다.

"스트로스 칸이 워낙 대단한 인물이고 또 나기의 상사였으므로, 나기로서는 감히 안 된다고 거절할 수 없었다. 나기는 강제적으로 당한 것이다."[27]

스트로스 칸이 2011년에 호텔의 청소부를 상대로 성적인 추문을 일으키지 않았더라면 그는 프랑스의 차기 대통령이 될 수도 있었다. 프랑스의 법률에 의하면 프랑스 대통령은 재임 기간 동안에는 프랑스 법정에서 법률적인 행위를 면제받는데, 권력과 섹스 사이의 관계에 대해서 우리가 알고 있는 사실을 전제한다면, 대통령으로서 아무런 법적인 제재를 받지 않을 수 있을 때 여성과 관련된 그의 부적절한 행동은 과연 어디까지 발전할 수 있었을까?

블라디미르 푸틴 역시 권력욕이 남다르게 강한 지도자이다. 그가 국가권력을 장악하는 동안 그의 정부는 언론 및 사법기관의 독립이 근간인 민주주의적인 사회의 구조를 현저하게 약화시켰다. 사람들이 대부분 예측하듯이 만일 그가 2012년에 다시 러시아의 대통령으로 선출되어서 두 차례의 임기 동안 재임한다면(그는 2012년 5월에 제6대 러시아 대통령으로 선출되었다. - 옮긴이) 총리 및 대통령으로서 그는 거의 4반세기 동안 러시아의 최대 권력자로 군림하는 셈이 된다. 전직 KGB(비밀경찰로 악명 높았던 국가보안위원회) 국장이었던 푸틴은 호랑이나 곰 등과 함께 사진 찍기를 좋아했다. 그것도 종종 웃통을 벗고서.[28] 이러한 그의 취향은 특히 선거를 의식한 정치적인 의도와 관련이 있다. 하지만 그렇다고 하더라도, 이 모습들은 푸틴이 오랜 기간 최고 권력을 누리면서 그 권력이 그의 뇌에 상당한 수준의 영향력을 미쳤음을 시사한다는 사실을 부정하기는 어렵다.

그러나 앙겔라 메르켈 독일 수상은 다르다. 2011년에 「포브스」가 세계에서 여섯 번째로 강력한 영향력을 행사하는 인물이자 세계에서 가장 강력한 권력을 가진 여성으로 꼽은[29] 그녀의 태도나 행동은 권력이 뇌에 영향을 미쳐서 나타나는 증상에서 자유로운 것처럼 보인다. 2011년에 일어났던 유로존 위기 동안에 그녀는, 위기에 통일적인 반응으로 대응하는 데 필요한 강력한 리더십을 보여주지 못하고 의사 결정을 할 때 독일 정치제도의 법률적 제한과 의회의 구속에 지나치게 얽매인다는 비판을 받았다. 이런 모습이 그저 우연의 일치인지 아니면 권력이 뇌에 미치는 영향이 성별에 따라서 다르게 나타나는지는 5장에서 다시 자세하게 다룰 것이다.

술을 마시는 사람들 가운데 대부분은 술 중독자가 되지 않는다. 사람들이 이런저런 관습의 규제를 받고, 취한 상태보다는 맛에 초점을 맞추며, 또 술을 마실 때 다른 음식을 함께 먹기 때문이다. 그런데 이 같은 구속들이 사라지고 그저 취하기 위해서 많은 양의 술을 마실 때 중독은 시작된다. 이러한 현상은 정치권력에서도 마찬가지로 나타난다. 민주적인 규제와 절차 속에서 권력이 행사될 때, 권력이 국가 지도자의 혈액 속으로 스며드는 일은 저지되고 중독 현상은 차단된다. 하지만 권력이라는 거칠고 독한 술이 누군가의 혈관을 강한 권력욕으로 때릴 때 커다란 문제들이 일어나기 시작한다. 사람은 모두 다르다. 어떤 사람은 권력욕이 강하고 또 어떤 사람은 권력욕이 약하다. 세상은 현재에 어떤 충격을 주어서 바꾸고자 하는 욕망을 가진 지도자들을 필요로 한다. 권력욕은 그 자체로 나쁜 게 아니다. 교사, 심리학자, 의사, 경영자, 사회운동가 등은 모두 자기 주변 사람들에게 어떤 영향력을 행사하고자 하는 소망을 가지고 있고, 이 소망이 그 사람들이 하는 행동의 동기로 작용한다. 그러나 강한 권력욕에 물든 뇌가 실제 현실에서 권력에 지나치게 많이 노출될 때 이런저런 문제들이 발생한다.

토니 블레어처럼 강한 권력욕을 가진 사람들의 손에 들린 권력은 권력의 영향을 받는 뇌의 자기중심적인 확신을 한층 강화할 수 있는 독하고 자극적인 칵테일이나 마찬가지이다. 그러나 권력욕이 약한 사람들이 정치계나 기업계에서 높은 자리에 있을 때, 이 사람들은 대표자 역할을 탁월하게 잘할 수 있다. 그리고 또 이런 일은 흔하게 일어난다. 다른 사람들의 의견을 절충하고 각기 다른 의견들을 하나로 묶어내는 다양한 기술을 이 사람들이 가지고 있을 때, 권력에서 비롯된 상사의 무자비함과 이처럼 목표 중심적으로만 생각하는 무자비한 상사 아래에서 고생하는 부하 직원들의 상처받은 감정을 권력욕이 약한 지도자는 적절하게 잘 조정한다.

즉, 좋은 지도자는 사람들의 동의를 이끌어내는 역할을 하는 사람이 되어서는 안 된다는 말이 아니다. 정반대이다. 사실 자기가 이끄는 팀이 하나의 의견으로 모아지도록 리더십을 발휘하는 지도자가 가장 이상적이다. 하지만 그렇다고 하더라도 효과적인 지도자에게는 최소한의 권력욕이 필요하다. 권력욕이 없는 지도자라면 자기에게 주어진 권력에 따른 책임감을 스트레스로 받아들일 것이기 때문이다. 만일 권력욕이 약한 사람이 사장으로 승진할 경우 스트레스로 인해 그의 코티졸 수치는 높아질 것이고, 결국 이 코티졸이 올바른 판단을 방해하고 만다. 이 과정에 대해서는 4장에서 자세하게 살펴볼 것이다.

권력이 뇌에 발생시키는 테스토스테론 및 그 밖의 화학물질들은 사람의 생각과 감정을 바꿀 뿐만 아니라 중독성 있는 물질이기도 하다. 특히 권력욕이 강한 사람에게는 더 그렇다. 토니 블레어는 빌 클린턴보다 권력에 더 많이 코가 꿰었을 것이다. 이러한 점은 이라크 전쟁을 두고 그가 내린 판단에서도 분명하게 드러났다. 바로 이 점이 블레어와 클린턴의 우정에 금이 가게 만들었던 핵심적인 요인이 아니었을까 싶다.

앞서 2장에서 우리는 적절한 시간과 장소에 우연히 있음으로 해서 승자가 될 수 있음을 살펴보았다. 3장에서는 권력이 주어질 때 NT 시클리드에서 T 시클리드로의 변신과 같은 변화가 인간에게서도 일어날 수 있음을 살펴보았다. 그러나 이 같은 변화는 사람에 따라서 천차만별로 나타난다. 권력은 우리를 더 똑똑하게, 더 야망에 불타게, 더 공격적으로 그리고 더 집중하도록 만든다. 이러한 덕목들은 우리가 승리를 거둘 때 더 예리하게 다듬어지며, 나중에도 우리가 승자될 확률을 한층 높여준다. 권력은 우리 뇌의 문을 활짝 열어서 우리가 더 많은 권력을 획득하도록 우리를 바꾸어놓는다. 즉, 권력은 우리가 긍정적인 선순환 속에서 계속해서 승자가 될 수 있도록 만들어준다. 권력의 영향을 받은 뇌 변화의 선순환은 우리가 미래에 승자가 될 확률을 한층 높여준다.

이것은 '매튜 효과Matthew effect'의 생생한 사례이다. 매튜 효과라는 용어는 신약성서 「마태복음Matthew」의 '누구든지 있는 사람은 더 받아 넉넉해지고 없는 사람은 있는 것마저 빼앗길 것이다.'(25장 29절)라는 구절에서 힌트를 얻은 것이기에 그런 이름이 붙었다. 앞서 2장에서 우리는 한 차례 승리를 경험했다는 단순한 사실이 그 사람을 미래에도 또 다시 승자가 될 가능성을 높여준다는 것을 알았다. 그리고 지금 3장에서 나는 인간에게서 승자를 결정짓는 요인이 단지 그것만은 아님을 설명했다. 승리의 경험보다 더 중요한 게 권력이라고 했다. 권력이 우리의 뇌를 바꾸어서 우리를 더 똑똑하고 더 집중력 있게 만들어서, 우리의 권력을 한층 더 크게 만들어주고 또 장차 훨씬 더 많은 성공을 거둘 수 있는 기회를 열어준다고 설명했다. 그런데 어떤 사람들은 권력에 상대적으로 더 민감하게 반응한다. 즉 권력에 의해 물리적(육체적)으로나 심리적으로 훨씬 더 많이 바뀐다. 블레어는 권력을 강하게 추구했고, 이 같은 권력 지향성 덕분에 북아일랜드, 시에라리온 그리고 코소보에서 일찌감치 커다란 성공을 맛보았다. 클린턴은 세계에서 가장 강력한 권력의 소유자였으며 그의 권력 지향성을 의심할 이유는 전혀 없지만, 세계의 다른 지도자들과 비교할 때 그의 권력욕은 평균 수준이었고 블레어에 비하면 한참 낮았다.

블레어와 클린턴 사이의 이러한 차이, 즉 승리 경험의 차이가 권력욕의 심대한 차이와 맞물리면서 두 사람 사이의 틈은 필연적으로 나타날 수밖에 없었고, 이 틈은 블레어가 시카고에서 했던 연설이 처음 벌려놓았다. 그러나 이 수수께끼를 풀자마자 또 하나의 수수께끼가 고개를 든다. 토니 블레어와 같은 사람들은 어째서 그토록 남을 이기려고 안달일까? 그 권력욕 뒤에는 무엇이 도사리고 있을까? 이 질문에 대한 대답은 결코 단순하지 않다. 권력을 가지는 대신 지불해야 하는 대가가 엄청나게 큼에도 불구하고 지도자는 두려워하지도 않고 맹렬하게 권력을 추구하기 때문이다. 이런 점을 확실하게 이해하기 위해서 토니 블레어, 빌 클린턴, 조지 W. 부시 그리고 버락 오바마 등이 취임식 당시에 찍었던 사진과 몇 년 뒤 연임에 성공했을 때의 사진을 비교해보자. 젊어 보이고 육체적으로 강건해 보이던 이 지도자들은 불과 몇 년 사이에 폭삭 늙어버렸음을 알 수 있다. 머리카락은 백발로 바뀌었고, 이마는 훨씬 더 넓어졌다. 이 모든 것은 권력을 가지는 대신 치러야 했던 지울 수 없는 대가이다.

권력자에게서 노화가 훨씬 빠르게 진행된다는 사실은 이들이 얼마나 많은 스트레스를 받고 있는지 증명해준다. 그런데도 사람들은 줄기차게 권력을 갈망하고 추구한다. 그렇다면 과연 무엇 때문에 사람들은 자기의 젊음을 희생하는 대가를 치르면서까지 권력을 얻으려고 할까? 무엇이 이토록 사람들을 권력 추구에 몰두하도록 할까?

이 질문은 네 번째 수수께끼로 우리를 안내한다.

왜 아카데미상 수상자는 아카데미 후보에만 오른 사람보다 수명이 길까?
늘 과중한 업무에 시달리는 사람과 느긋하게 일하는 사람의 차이는 무엇일까?
삶의 질을 결정하는 것에 승리 말고 또 다른 요인이 있다면?

4

아카데미상의 미스터리

Mystery of the Oscars

왜 우리는 그토록
이기고 싶어 할까?

WINNER EFFECT

1956년 5월, MGM 스튜디오가 배우 찰턴 헤스턴에게 〈알렉산더 대왕Alexander the Great〉의 주인공 역을 제시했다. 이 영화는 그해의 블록버스터 영화였다. 헤스턴은 그 제안을 받아들이고 싶은 유혹을 느꼈지만, 고민 끝에 다른 영화에 출연하기 위해 그 제안을 거절했다. 그가 선택한 영화는 〈십계The Ten Commandments〉였다. 조각 같은 외모와 190센티미터가 넘는 키 그리고 굵은 저음의 목소리. 그가 미켈란젤로의 모세와 너무도 많이 닮았다는 사실 등으로 헤스턴은 〈십계〉의 주인공으로 적격이었다.

그러나 〈알렉산더 대왕〉을 계획하고 있던 MGM 측에서는 헤스턴이 〈십계〉로 돌아섰음에도 불구하고 그다지 아쉬워하지 않았다. 왜 그랬을까? 헤스턴보다 훨씬 더 강력한 스타를 따로 염두에 두고 있었기 때문이다. 이 배우는 당시 할리우드에서 몸값이 가장 비싸다는 말이 있었다. 바로 리처드 버튼이었다. 사실 아닌 게 아니라 리처드 버튼의 푸른 눈동자와 선한 인상 그리고 달콤한 목소리는 찰턴 헤스턴의 눈동자나 인상 그리고 목소리에 비해서 훨씬 나았다.

할리우드의 이 두 스타 배우 모두 선한 인상을 가지고 있었고 또 엄청난 인기를 누리고 있었지만, 그로부터 3년 뒤에 있을 어떤 사건으로 인해 이 두 사람의 위상은 하늘과 땅 차이로 벌어지고 만다.

1956년에서 1959년으로 훌쩍 넘어가자, MGM은 그해의 대작을 〈벤허Ben-Hur〉로 잡고 있었다. 그러나 MGM에 소속되어 있던 거물 배우들(정확하게 말하면, 세 사람)이 난색을 표시했다. MGM은 가장 먼저 말론 브란도에게 이 영화의 주인공 역을 의뢰했지만 딱지를 맞았다. 두 번째 대안은 버트 랭커스터였다. 하지만 그도 역시 MGM의 제안을 거절했다. 그리고 세 번째로 MGM의 제안에 딱지를 놓은 사람은 록 허드슨이었다.[1]

영화사 측은 절망적인 상태에서 적임자를 찾았고, 마침내 한 사람을 선택했다. 차선이 아니고 차차차선인 셈이었다. 그 배우가 바로 찰턴 헤스턴이었고, 헤스턴은 자신의 인생을 바꾸어놓을 결정을 내렸다. 〈벤허〉의 주인공 역을 맡겠다는 결정이었다.

이 결정이 그의 인생을 바꾸어놓았다고 할 수 있는 첫 번째 결정적인 이유로는 〈벤허〉의 주인공을 연기한 덕분에 1960년에 아카데미 남우주연상을 수상한 사실을 들 수 있다. 차차차선의 제안을 받아들인 이 배우는 검은색 넥타이를 매고 단상에 올라서 자신의 첫 번째 아카데미상을 받았다.

헤스턴이 아카데미 남우주연상 후보로 오른 것은 이때가 유일했다. 반면에 리처드 버튼은 그동안 무려 일곱 번이나 후보로 올랐지만 단 한 번도 아카데미상을 받지 못했다. 버튼이 1952년, 1953년, 1964년, 1965년, 1966년, 1969년 그리고 1977년에 아카데미 남우주연상 후보로 올랐다는 사실은 그가 결코 반짝 스타가 아니었음을 말해준다. 그는 탁월한 재능을 가졌으며 또한 충분히 성공한 배우였다. 그는 엘리자베스 테일러와 두 번이나 결혼한 사실로도 유명하고 또 세계적으로 많은 찬사를 받긴 했지만, 단 한 차례도 영광의 아카데미상을 받지 못했다.

1984년 8월 5일, 리처드 버튼은 뇌출혈로 사망했다. 그의 나이 쉰여덟 살이었다. 그리고 그로부터 24년 뒤인 2008년 4월 5일에 찰턴 헤스턴이 여든네 살의 나이로 사망했다. 버튼의 이른 사망과 헤스턴의 아카데미상 수상이라는 이 두 가지 사실을 엮어서 이 두 배우의 특정한 의학적 상태를 설명한다는 게 지나친 비약일 수도 있다. 하지만 한 연구 결과가 이 같은 설명이 비약만은 아님을 보장했다. 아카데미상 수상 후보자로 지명된 성공한 배우들을 대상으로 해서 수명을 분석한 결과, 아카데미상 수상자들이 후보로 지명만 되고 그 상을 받지 못한 사람들에 비해서 평균적으로 4년 더 오래 살았다는 사실을 확인한 것이다.[2]

버튼의 죽음이 그가 아카데미상을 받지 못했던 사실과 아무런 관련이 없을 수도 있다. 한 사람의 사례만 놓고서 그 같은 결론을 도출한다는 것은 물론 어불성설이다. 그러나 버튼의 운명과 헤스턴의 운명을 대조한다고 할 때의 핵심은, 아카데미상 수상 경험이 그 수상자의 기대 수명을 상당한 정도로 늘려주는 것과 관련이 있다는 확실한 사실을 예를 들어서 입증한 것이다. 사실 전체 개체군에서 기대 수명이 4년 늘어난다고 추정한다면, 누구든 어떤 암에 걸린다 하더라도 그 암을 치료해서 낫는다는 말이나 마찬가지이다. 게다가 아카데미상을 두 차례 이상 수상한 영화배우들은 단순히 후보 지명만 받은 배우들보다 평균 6년을 더 오래 살았다. 도대체 무슨 일이 일어났기에 이런 일이 일어날 수 있을까?

이 질문에 대답하기에 앞서서 이 기적의 불로장생약이 할리우드라는 화려한 세계에서만 통용되는 게 아니라는 사실을 지적해둘 필요가 있다. 노벨상 수상자들은 후보에 오르긴 했지만 결국 그 상을 받지 못한 사람들에 비해서 평균적으로 1~2년을 더 오래 살았다.[3] 영화 산업에서와 마찬가지로 노벨상 수상자 선정에도 어느 정도의 운과 정치가 작용한다. 후보자들을 놓고 볼 때 각 개인의 재능이나 성취의 정도는 그야말로 종이 한 장 차이이기 때문이다. 그런데 아카데미상이나 노벨상 수상이라는 명성과 인정의 집중 조명이 수상자의 신체와 뇌에 정말 놀라운 방식으로 영향을 미치는 것 같다. 도대체 이유가 뭘까?

아카데미상이나 노벨상과 같은 상징적인 상이 수상자의 수명을 어떻게 연장시킬 수 있는지는 정말 수수께끼이다. 이 수수께끼를 지금부터 풀어 보고자 한다. 여기에 대한 해답이 중요한 이유는, 기대 수명을 온전히 이해할 때 우리는 '왜 사람들은 승리하기를 그토록 간절하게 바랄까?' 하는 질문의 해답을 찾는 데 필요한 단서를 얻을 수 있기 때문이다.

글래스고의 오벨리스크

너새니얼 호손이라는 미국 소설가가 1857년에 영국 스코틀랜드의 글래스고라는 도시를 방문했을 때 이렇게 썼다.

"나는 글래스고가 여태까지 내가 봤던 도시 중 가장 위풍당당한 곳이라고 생각한다."

그가 글래스고를 방문한 시기는 이 도시가 대영제국의 가장 의미 있는 도시들 가운데 하나였으며(예를 들어 오늘날 중국에서 상하이가 가지는 의미와도 같다.) 또한 번성하는 산업과 세계무역 덕분에 유럽에서 가장 부유한 도시들 가운데 하나이던 때였다.

이 도시가 과거에 얼마나 부유했는지 알려면 글래스고 대성당(1238년에 건축되었으며, 13세기 교회의 원형을 지금까지 그대로 간직하고 있다. – 옮긴이)과 이 성당 뒤편 언덕에 조성되어 도시의 스카이라인을 지배하는 글래스고 네크로폴리스(글래스고의 역대 지도자와 유명 인사들이 묻힌 묘지가 조성되어 있다. – 옮긴이)를 보면 된다. 죽은 자들이 모여 있는 이 낯설고 조용한 외곽 동네는 한때 스코틀랜드 중부 지방의 뜨겁게 타오르던 경제를 이끌던 군단을 위한 저택, 숯으로 검게 그을려진 저택의 풍경으로 이방인을 맞는다.

대략 2층 정도 높이의 큰 무덤을 여러 개의 무덤들이 둘러싸고 있는데, 돌로 만든 오벨리스크들이 이곳의 전형적인 풍경을 구성한다.

네크로폴리스의 이 오벨리스크들은 19세기 글래스고의 묘지들에서와 마찬가지로 태평양에 있는 이스터 섬의 석상들이나 산 지미냐노('아름다운 탑의 도시'로 알려져 있으며, 이탈리아에의 피렌체 남쪽에 있다. 이 도시를 지배했던 12~13세기경의 귀족 가문들은 저마다 자기의 부와 권력을 드러내기 위해서 높은 탑을 세웠는데, 이 가운데는 높이가 50미터나 되는 것들도 있었다. – 옮긴이)의 토스카나 마을에 남아 있는 중세 탑들 못지않게 낯선 느낌을 준다. 그리고 이스터 섬의 석상이나 산 지미냐노의 탑들의 높이가 제각각이듯이 네크로폴리스의 오벨리스크들 역시 높이가 제각각이다. 그런데 오벨리스크의 높이를 보면 그 아래 묻힌 사람에 대한 매우 중요한 어떤 사실을 추정할 수 있다. 우선, 오벨리스크의 크기가 죽은 사람 및 그의 가문의 사회적 지위와 부를 반영하고 있다고 생각해볼 수 있다. 전염병학자이던 글래스고대학교의 조지 데이비 스미스 교수와 그의 동료들은 이 오벨리스크들의 높이를 망자의 생전 사회적 지위와 부를 추정하는 척도로 삼았으며, 망자가 그 탑 아래 묻힐 때의 나이를 추정할 수 있는 중요한 표시자가 될 수 있음을 발견했다.[4] 부유한 사람이 가난한 사람보다 오래 산다는 사실은 놀라운 일은 아니다. 그러나 정말 가난한 사람이었다면 아무리

유럽 중세의 모습이 잘 보존된 산 지미냐노의 탑들.

작은 것이라 할지라도 오벨리스크를 마련할 여유가 없었을 것이다. 그러므로 묘비석으로 사용된 오벨리스크의 높이와 수명 사이의 연관성은, 번성하던 이 도시에 살던 상대적으로 부유한 시민들 사이에 존재했던 부의 등급에서 비롯되었을 것이다.

 그렇다면 바로 이런 사실이 아카데미상 수상자가 상대적으로 오래 사는 수수께끼의 해답일까? 단지 재산만의 문제일까? 찰턴 헤스턴이 여든네 살까지 산 것은 아카데미상 덕분에 화려하고 사치스러운 삶을 살았기 때문일까? 하지만 별로 그랬을 것 같지는 않다. 대박을 터트린 영화들이라고 해서 아카데미상 수상자를 배출한 것은 아니기 때문이다. 상업성과 수상은 비례 관계가 아니다. 또 리처드 버튼은 남우주연상 후보로 일곱 번이나 지명되었을 뿐만 아니라 1950년대에 가장 높은 출연료를 받았던 것으로 알려져 있다는 사실도 기억할 필요가 있다. 그러나 아카데미상의 미스터리를 단지 돈이나 재산이라는 요인으로만 풀 수 없다는 사실을 확인하려면 보다 구체적이고 확실한 자료가 필요하다. 이 증거를 찾아내려면 노벨상이 처음 제정된 스웨덴의 스톡홀름으로 찾아가야 한다.

노벨상 수상은 명예를 드높일 수 있는 어마어마한 영광일 뿐 아니라 재정적으로도 엄청난 횡재이다. 2008년 기준으로 이 상의 가치는 150만 달러에 육박했다. 이 금액은 1901년에 120만 달러 조금 안 되던 상금보다는 조금 더 많다. 그러나 20세기의 긴 기간 동안, 즉 1920~1980년대 말까지의 기간 동안에 노벨상의 상금은 대략 2008년 금액의 4분의 1보다 조금 더 되는 40만 달러 수준이었다. 그러니까, 20세기 초와 20세기 말에 노벨상을 받은 사람들은 20세기의 나머지 기간에 노벨상을 받은 사람들에 비해서 훨씬 더 많은 상금을 받았다는 말이 된다.

그러나 할리우드의 스타들과 다르게 노벨상 수상자급의 과학자들은 부유하지 않다. 대부분은 대학교에서 주는 봉급에 의존해서 평범하게 살아가는 사람들이다. 그러므로 노벨상 상금이 그들의 재정 상태에 끼치는 영향은 지대하다. 만일 아카데미상의 미스터리에 대한 해답이 돈이라면, 노벨상 수상자가 후보자에 비해서 1~2년 더 오래 산다는 이른바 노벨상 효과를 놓고 우리는 150만 달러의 상금을 받은 수상자가 40만 달러의 상금을 받은 수상자보다 훨씬 더 오래 살 것이라고 해석하고, 또 그런 사실을 실제 사례들을 통해서 확인할 수 있어야 마땅하다.

영국 워릭대학교의 매튜 라블렌과 앤드루 오즈월드 및 동료들은 이 가설을 검증하는 작업을 했다. 방법은 1901~1950년 사이에 화학과 물리학 분야에서 노벨상 수상 후보자로 이름을 올렸던 532명의 출생 및 사망 기록을 꼼꼼하게 분석하는 것이었다.[5] (대상자 선정 시기를 1901년부터 1950년까지로 한정했지만, 사실 이것은 연구자들로서는 최선을 다한 것이다. 노벨 재단은 수상 후보자 및 후보자 선정자와 관련된 사항을 오십 년 동안 비밀에 부치기 때문이다.) 이 분석의 결과가 어땠을까? 헌신적으로 열심히 연구 활동을 해왔던 과학자들이 갑작스럽게 백만장자가 될 때 이들의 수명이 갑자기 늘어났을까? 그렇지 않았다. 노벨상의 상금 자체는 변수로 작용하지 않았다. 노벨상 수상자의 수명을 연장시킨 것은 노벨상 수상이라는 사건 그 자체였다.

기업계의 삶은 스톡홀름의 학술 전당이나 노벨상과는 한참 거리가 먼 듯 보인다. 그러나 기업계에서도 귀담아둘 몇 가지 교훈이 있다. 포상이 가져다주는 극적인 심리적 효과를 고려할 때, 지나치게 상여금 지향적인 기업 문화는 아카데미상이나 노벨상과 같은 상징적인 격려가 유발할 수 있는 효과를 오히려 희석시키지 않을까? 만일 내가 어떤 기업의 이사로서 내가 맡은 일을 더할 나위 없이 잘 수행하여 이에 대한 보상으로 막대한 금액의 상여금을 받는다고 치자. 이때 나는 내 동기부여를 나 자신의 내재적인 동기나 욕구가 아니라 상여금으로 받는 돈이라고 생각할 수 있다. 또 일상적이면서도 주로 무의식적으로 진행되는 심리적 오류인 인지 부조화cognitive dissonance 현상도 작동할 수 있다. 인지 부조화에 대해서는 6장에서 자세하게 설명하겠지만, 그래도 여기에서 잠깐 언급하고 지나가겠다.

사람이 생각하고 느끼는 것과 실제로 행동하는 것 사이에는 차이가 있다. 이 차이를 사람의 마음은 불편한 것으로 인식하고, 따라서 이 불편함을 될 수 있으면 줄이려고 한다. 즉, 사람의 마음은 그러한 불일치를 인식할 때 흔히 그 생각 및 관련된 감정이 행동과 일치하도록 바꿈으로써 '합리화'를 한다. 예를 들어서 어떤 사람이 개인적인 시간을 들여서 봉사 활동을 한 뒤에 이렇게 생각할 수 있다.

'나는 하루 종일 자선 단체에서 돈 한 푼 받지 않고 열심히 봉사 활동을 했어. 그러니 이제부터라도 자선 활동에 대해서 정말 관심을 가져야 해.'

이 같은 심리적 경향은 우리 삶의 보다 근본적인 여러 측면에서도 작용할 수 있다. 예를 들면 이런 식이다.

'나는 방금 이 남자와 결혼을 했어. 그러니 이 남자를 정말 사랑해야 해.'

1장에서 설명했던 캐럴 드웩의 연구는 어린이를 대상으로 해서 선행에 대한 본질적 보상과 외면적 보상의 문제를 탐구했다. 그런데 그녀는, 아이들이 이미 흥미와 관심을 가지고 있는 숙제를 잘했을 때 이 아이들에게 돈이나 어떤 물질로 보상을 해준 경우, 이 아이들이 자기가 하는 일에서 느끼는 동기부여와 즐거움이 줄어든다는 사실을 발견했다. 아마 이 아이들에게서 인지 부조화 현상이 작동했던 것 같다. 예를 들면 이런 식이다.

'내가 왜 이 숙제를 하고 있지? 이걸 다하면 엄마가 돈을 준다. 나는 숙제하는 게 즐겁지 않으니까, 엄마가 나에게 돈을 주는 건 당연하다.' 사람이 커다란 만족을 느끼는 활동 영역은 많이 있다.(만족이라는 것은 뇌의 도파민 체계를 자극해서 작동시키는 보상의 느낌이다.) 어떤 일을 잘 해내는 것일 수도 있고, 어떤 커다란 대의에 기여하는 것일 수도 있고, 또 어떤 목표를 달성하는 것일 수도 있다. 다른 사람에게서 받는 존경과 찬사는 뇌에 작용하는 도파민 보상의 한층 더 잠재적인 원천이다. 존경받는 상사로부터 인정을 받는다는 것은 상여금보다도 훨씬 더 본질적인 보상이 될 수 있다. 아무리 많은 돈이라고 하더라도 아카데미상이나 노벨상으로 상징되는 인정보다 더 큰 효과를 발휘하기 어렵다.

노벨상 수상자들이 후보자들보다 1~2년 더 오래 산다는 문제로 다시 돌아가자. 그 사람들이 후보자들에 비해서 1~2년을 더 산다는 게 어쩌면 별것 아닌 것처럼 들릴 수도 있다. 그러나 라블렌과 오즈월드가 지적한 것처럼 그 532명의 후보자들은 모두 자기 학문 분야에서 이미 높은 위상을 차지하고 있던 사람들이었다. 전 세계의 학술 총회 자리에서 동료들로부터 박수를 받고 고향 마을과 대학교에서는 존경어린 시선을 받는 이들로서는 이미 같은 분야의 다른 사람들보다는 사회적으로 한층 풍성한 혜택을 누리고 있는 사람들이었다. 그러므로 노벨상 수상자들이 노벨상을 수상하는 것만으로 후보자들보다 1~2년을 더 산다는 것은 엄청나게 커다란 효과인 셈이다. 모든 암을 치료하는 것과 동일한 아카데미상 효과만큼 엄청나지는 않지만, 그래도 매우 큰 효과임에는 분명하다.

만일 아카데미상이나 노벨상의 그 어마어마한 칭찬이 이미 찬사와 존경을 흠뻑 받고 있던 사람들의 어떤 집단에서도 그처럼 다시 추가로 수명 연장의 효과를 준다면, 아무리 사소한 칭찬이라고 하더라도, 비록 세계적으로 명성을 날리는 학자나 유명한 배우들보다는 사회적으로 불리한 위치에 있는 사람들일지라도, 이들에게 잠재적으로 상당한 효과를 미칠 수 있다는 가설을 세울 수 있을 것 같다. 글래스고 네크로폴리스에 줄지어 늘어선 회흑색 탑들을 바라볼 때, 아카데미상의 미스터리를 돈이나 재산이 가져다준 편익만으로 설명할 수 없음은 분명하다. 다른 그 무엇이 아카데미상 수상자들의 수명을 연장시킨 게 분명하다. 또 다른 그 무엇이 글래스고의 어떤 사람들로 하여금 오래 살게 해서 글래스고 네크로폴리스에서 가장 높은 탑 아래에 묻히도록 했던 게 분명하다.

아카데미상의 미스터리의 해답은 돈이 아니다. 그렇다면 무엇일까? 무엇이 불로장생의 명약으로 작용했을까?

정치인과 개코원숭이

워싱턴에서 9·11 사건이 터지기 전이었다. 미국 주재 영국 대사이던 크리스토퍼 메이어는 일기에 모든 일을 꼼꼼하게 기록했다. '위대한 집'이라고 늘 부르던 대사관저에 그날 들렀던 사람들을 보고 느낀 점을 그는 이 일기에 기록했다.[6] 그 대사관저는 워싱턴의 외국 공관 거리에 있는 미국 부통령의 해군부 천문대 관저와 바로 이웃해 있다. 그러므로 영국의 모든 외교관은 그 대사관저를 부러워한다.

당시 스코틀랜드 총리 헨리 맥리시가 워싱턴을 방문하던 때였는데, 메이어는 맥리시가 백악관으로 초대받아 부시 대통령을 만날 것이라는 사실을 알고는 얼마나 깜짝 놀랐던지 '충격으로 거의 말을 하지 못할 정도'였다고 기록했다. 계속해서 메이어는 다음과 같이 썼다.

"백악관에서 가엾은 헨리가 얼굴에 경련을 일으키며 더듬거리며 말할 때, 국가안보보좌관이던 콘돌리자 라이스를 배석시킨 조지 W. 부시는 스코틀랜드에서 보냈던 소년 시절을 즐겁고 쾌활하게 회상했다."

맥리시는 나중에 백악관 방문기를 영국 잡지 「의회 모니터Parliamentary Monitor」에 실었다. 언론인 폴 루틀리지는 그 글을 읽고 초등학생이 '휴일에 한 일'이라는 제목으로 쓴 수필 같다고 혹평했는데 이 글에서 맥리시는 다음과 같이 썼다.

"나는 미국 대통령 덕분에 무엇을 했을까? 정말 매력적이고 인상적이었다. 오벌오피스Oval Office(백악관의 대통령 집무실)는 정말 타원형일까?('oval'은 '타원형의'라는 뜻이다. - 옮긴이) 그랬다, 타원형이었다."[7]

아프리카의 개코원숭이는 길이 약 5센티미터의 날카로운 송곳니를 가진 상당히 거친 동물이다. 개코원숭이는 이 송곳니를 이용해서 식물 뿌리나 게에서부터 어린 영양에 이르는 다양하고 풍성한 식단을 즐긴다. 진화의 뿌리를 따질 때 인간과 사촌 관계인 이들은 모든 종류의 자칼 떼조차도 물리칠 수 있다. 오로지 표범만이 이들에게 두려움을 안겨줄 뿐이다. 이들은 또 매우 복잡한 사회적 위계 체계를 가지고 있는데, 어떤 녀석들은 오랜 기간 동안 무리 속에서 높은 지위에 군림하고 어떤 녀석들은 상대적으로 미천한 지위로 살아간다.

개코원숭이들이 사바나를 횡단할 때면 무리 가운데서 지배적인 지위를 가진 수컷들이 앞장을 서고 암컷과 새끼들은 중간에 서며 지위가 낮은 보병의 개코원숭이들은 괜히 지배적인 수컷들의 눈에 띄어 엉뚱한 말썽이 생기는 일이 없도록 뒤에서 조용히 따라간다. 지위가 낮은 녀석들이 무리의 우두머리를 이렇게 일부러 피하는 것은, 전자로서는 후자와 접촉하는 일을 무척 큰 스트레스를 주는 행위로 받아들이기 때문이다. 그래서 어떤 무리에서는 지위가 낮은 수컷 개코원숭이가 우두머리와 맞닥뜨리면 이 우두머리가 혹시라도 화를 낼까봐 기분을 달래주려고 새끼 원숭이를 안아들어 그에게 내밀기도 한다. 우두머리가 새끼를 보고 기분이 누그러져서 날카로운 송곳니로 자기를 물지 않길 바라는 마음에서이다. 그러나 새끼가 늘 곁에 있는 것도 아니다. 더구나 이런 책략을 쓴다고 해도 개코원숭이들 사이의 맞닥뜨림은 낮은 지위의 개코원숭이들에게는 언제나 스트레스를 준다. 그리고 이 스트레스는 매우 중요한 호르몬의 분출을 촉발한다.

앞서 2장에서도 언급했듯이 코티졸 호르몬은 엔진의 과급기過給機, supercharger(보다 강한 출력을 더욱 강한 마력을 생산해내기 위해 더 많은 혼합기를 내연기관에 공급하는 장치 - 옮긴이)와 같은 것이다. 개코원숭이나 사람 및 그 밖의 동물들은 신체의 긴급 대응 체계의 한 부분으로 코티졸이라는 호르몬을 가지고 있는데, 위협적이고 위험한 상황에 놓일 때 이 호르몬이 아드레날린 및 그 밖의 여러 물질의 도움을 받아서 그 스트레스 상황에서 벗어나는 데 도움을 준다. 코티졸이라는 스트레스 호르몬은 스트레스를 막는 일차 저지선으로, 글루코스를 혈액과 뇌로 펌프질해서 긴급 상황에 보다 빠르게 대응하도록 유도한다. 아드레날린 역시 스트레스에 의해 분출되는데, 맥박을 빠르게 하고 혈압을 높이며 내부 장기에서 긴급하게 피를 회수해 이제 막 움직이려는 근육으로 보내서 곧바로 어떤 동작을 취할 준비 태세를 갖추게 만든다. 코티졸은 또한 면역 체계의 작동 상태를 바꾸어놓으며 아울러 소화기 계통의 활동을 억제한다.

비록 몇몇 예외가 있긴 하지만 지위가 낮은 개코원숭이들은 무리 속에서 자기보다 지위가 높은 상대를 맞닥뜨리는 스트레스 상황에 반복적으로 노출됨으로써 코티졸이 분출한다는 사실을 미국의 위대한 동물학자 로버트 사폴스키가 확인했다.[8] 이것과 똑같은 현상이 백악관의 대통령 집무실에서 조지 W. 부시를 만난 헨리 맥리시에게도 일어났다. 그의 혈액은 코티졸로 가득 차고 심장은 마구 펌프질을 했으며 피부는 말초신경계(동물 신경계의 일부로, 외부의 자극을 감지하여 중추신경계로 전달하고 중추신경계에서 오는 반응을 기관에 전달하는 역할을 한다. - 옮긴이)의 활동이 증가함에 따라서 축축해졌을 것이다. 아마도 맥리시는 갑자기 화장실에 가고 싶어졌을 것이다. 자기 몸에서 필요 없는 것들을 배출함으로써 몸무게를 줄일 때 지배적인 수컷의 공격을 피해서 달아나기가 한결 쉬울 테니까 말이다.

보다 중요한 사실을 지적할 필요가 있다. 맥리시의 뇌 가운데 몇몇 부분들은 코티졸 때문에 기능 장애를 일으켰을 수 있다. 특히 자의식과 감정 표현 억제 및 자의식을 통제하는 전두엽 속 그리고 해마 속 깊은 곳에 자리를 잡고 있는 기억 중추가 그렇다. 그러므로 부시 대통령을 만난 헨리의 기억은, 순간순간의 기억 체계가 오작동을 일으키는 바람에 아마도 흐릿할 것이다. 그의 기억이 대통령 집무실 형태가 타원형이라는 사실을 확인하는 데 한정되었다는 것이 결코 놀랍지 않다. 그의 뇌의 '브레이크', 즉 땀에 젖은 오른쪽 관자놀이 바로 아래에 있는 전두엽의 오른쪽 바깥 표면에 있는 억제 체계 inhibition system 역시 조금은 거칠게 작동했을 것이다. 그래서 그는 나중에 후회를 하고 마는 엉뚱한 말들을 했을 게 거의 확실하다. 면접장에서 자기 차례를 기다리는 구직자들이나 〈어프렌티스 The

Apprentice〉라는 텔레비전 프로그램에 출연해서 영국의 앨런 슈거나 미국의 도널드 트럼프의 판정을 기다리는 견습생 후보자들의 표정을 보면 맥리시의 표정이 어땠을지 짐작할 수 있다.(《어프렌티스》는 처음 미국에서 부동산 재벌 도널프 트럼프가 진행한 인재 채용 서바이벌 오디션 프로그램이었는데, 영국편은 백만장자 기업가 앨런 슈거가 진행했다. – 옮긴이)

크리스토퍼 메이어는 영국 정치인이 워싱턴을 방문했을 때 스트레스를 받아서 뇌의 '브레이크'가 작동되지 않는 상태로 바뀌는 또 하나의 생생한 사례를 제시한다. 코티졸 중독 상태에 빠졌던 이 주인공은 존 프레스콧이었다. 토니 블레어의 충직한 부하였지만 언어적인 재능이 그다지 뛰어나지 않았던 부총리였다.

메이어 대사는 프레스콧이 부총리라는 자기 지위를 매우 진지하게 받아들이고 자기가 체니 부통령을 만나서 당면한 여러 외교적 과제 전반을 논의해야 한다고 확신했다. 그런데 문제가 있었다. 이 문제를 메이어는 '그는 그 쟁점들을 충분히 숙지한 것 같지 않았으며 또 언제나 초조해했다.'라는 데 있다고 보았다. 미국의 한 상원의원과 마주앉아 대화를 나누던 프레스콧의 말이 점점 빨라질 때, 메이어는 그가 상대방을 설득할 수 있기를 마음속으로 간절히 빌었다. 그러나 군사 경험이 많은 그 상원의원은 영국의 해리어 제트기가 15피트 높이에서 폭격을 하고 또 이들의 출격이 발칸 반도의 운명을 결정적으로 바꾸어놓는다는 프레스콧의 이야기에 당황하며 놀랐다.

미국 국립보건원의 캐롤라인 징크가 이끈 연구팀이 수행한 한 연구 덕분에 우리는 헨리 맥리시와 존 프레스콧이 각각 미국 대통령과 부통령을 만날 때 그들의 뇌에서 무슨 일이 일어나고 있었는지 상당히 많은 것을 알 수 있다.[9] 징크와 그녀의 동료들은 피실험자 집단에 인위적인 사회적 위계를 설정한 다음 별 셋, 별 둘, 별 하나로 계급이 정해진 사람들이 지켜보는 앞에서 승리를 다투는 여러 게임을 하게 했다. 그런데 이 같은 인위적인 위계 체계 속에서조차도 높은 지위의 사람을 '만난다'는 행위는 자기가 무슨 말을 할 것인지 계획을 세우고, 또 그 말을 하면서 자기가 하는 말에 귀를 기울이고, 그리고 적절하지 않은 말을 하지 않도록 자제하는 기능 등을 수행하는 뇌의 특정 부분에서(즉, 복외측 전전두엽에서) 추가적인 활동을 촉발했다.

이러한 활동을 가리켜서 '자기 관찰self-monitoring'이라고 한다. 뇌의 바깥 표면의 오른쪽 부분이, 인간이 가지고 있는 여러 능력 가운데서 가장 본질적인 것이라고 할 수 있는 이 자의식 활동을 중심적으로 담당한다. 자의식을 무디게 만드는 가장 일상적인 행위가 음주이다. 술이 자의식 및 자기 관찰 능력을 무디게 만들기 때문이다. 그래서 술을 마신 사람은 평소 같으면 하지 않을 말이나 행동을 한다. 그리고 다음날 아침에 술이 깨고 나면 '내가 미쳤지. 내가 정말 사장님께 그런 말을 했단 말이야?'라고 후회한다.

이렇게 본다면 헨리 맥리시와 존 프레스콧이 토끼가 한밤에 자동차 전조등과 같은 강한 불빛에 노출되었을 때나 보임직한 행동을 한 이유도, 부분적으로는 그들 뇌의 자의식 기제 가운데 결정적인 부분이 지위가 높은 사람을 상대로 대화를 해야 한다는 부담감 때문에 엉켜버렸기 때문이라고 할 수 있다. 사람들이 유명 인사와 갑자기 맞닥뜨렸을 때 자기가 봐도 말도 안 되는 소리로 횡설수설하는 이유도 바로 이런 내용으로 설명할 수 있다. 유명한 사람을 갑자기 만났을 때 일어나는 뇌가 둔해지는 이 효과 때문에 사람들은 일시적으로 술에 취한 것 같은 상태가 되어버린 것이다.

맥리시와 프레스콧이 경험했던 혼란스러움은 낮은 지위의 개코원숭이가 우두머리 개코원숭이와 맞닥뜨렸을 때 보이는 반응과 다를 게 거의 없었다. 맥리시로서는 불행하게도 부시 대통령의 마음을 달래서 자기를 물지 않도록 하기 위해서 그에게 공손하게 내밀 아기가 없었다. 두 사람의 뇌는 코티졸 범벅이 되어 있었을 것이다. 그랬기에 두 사람은 자기 의도와 무관하게 자기와 자기를 초대한 주인 사이에 놓인 커다란 지위 격차를 더욱 크게 벌리는 행동을 했다.

자, 그렇다면 스트레스 효과를 다룬 이 연구들이 아카데미상의 수수께끼와 글래스고 묘지의 미스터리를 온전하게 설명해줄까? 낮은 지위에 있는 사람이 높은 지위에 있는 사람과 갑작스럽게 마주치는 상황은 스트레스를 강하게 유발한다. 그리고 이 스트레스는 코티졸 분출을 촉발한다. 코티졸은 단기적으로는 유용하다. 일시적으로 힘이 넘치게 만들어주기 때문이다. 그러나 코티졸이 만성적으로 혈액에 유입될 때는 신체, 특히 심혈관계에 매우 유해한 효과가 나타난다.[10] 코티졸 수치가 만성적으로 높을 때 뇌의 특정 부위에 있는 세포는 쪼그라든다.

아카데미상 후보자나 노벨상 수상자 그리고 보다 높은 묘비석을 세울 여유가 있었던 글래스고의 상인처럼 성공한 사람들은 지배적인 지위의 개코원숭이와 같다고 할 수 있을까? 낮은 지위의 개코원숭이라면 이따금씩 높은 지위의 개코원숭이와 맞닥뜨릴 때 발생하는 스트레스 때문에 응당 코티졸의 장기적인 침식에 노출되지만, 지배적인 개코원숭이는 높은 지위 덕분에 신체를 건강하게 보호받을 수 있다. 그들이 바로 이 지배적인 지위의 개코원숭이와 같기 때문에 오래 살 수 있었을까? 어쩌면 그럴지도 모른다. 그러나 단정하기는 어렵다. 한 가지 문제가 있기 때문이다. 크리스토퍼 메이어가 관찰했던 사람들 중 헨리 맥리시나 존 프레스콧 외의 다른 사람들은 어째서 진화론적으로 설명할 수 있는 이 같은 지위 관련 스트레스에 굴복하지 않았을까? 유니버시티칼리지런던의 마이클 마못Michael Marmot 교수와 그의 동료들은 하위직 공무원들에 비해서 고위직 공무원들이 (이들 각자가 살았던 생활방식의 건강성과는 상관없이) 보다 오래 살았으며 병치레도 적었음을 입증했다.[11] 그렇다면 동일한 지위에 있는 공무원들 사이에 존재하는 생존율 차이는 왜 생길까? 또, 자기 나라에서 사회적 서열이 높은 정치인들이 다른 나라에서 그 서열이 훨씬 더 높은 사람에게 어떻게 그렇게 강하게 대응할 수 있을까?

아카데미상의 미스터리에 대한 해답은 사회적 위계 속에 그 사람이 차지하고 있는 지위의 문제에 불과한 게 아닐까? 전적으로 그렇지는 않다. 아카데미상 수상자에게서 확인할 수 있는 높은 지위의 효과, 즉 '지배적인 개코원숭이의 효과'는 어쩌면 아카데미상의 수수께끼를 푸는 데 부분적으로 유용한 해답이 될 수 있긴 하지만, 결코 온전한 해답이 될 수는 없다. 왜냐하면 재산이 많고 명성이 높은 영화배우들 가운데서 아카데미상 후보자 명단에 이름을 올린 사람들이 가지고 있던 지위는 그 상을 받기 전에도 이미 충분히 높아서, 아카데미상 수상 경험이 수상자들의 평균 수명을 무려 4년이나 연장시킬 정도로 아카데미상이 수상자의 지위를 보다 높이 끌어올렸다고 믿기는 어렵기 때문이다. 이처럼 지위 그 자체가 아카데미상의 미스터리를 풀어주는 열쇠가 아니라면, 또 다른 어떤 요인이 이 미스터리에 작용하는 것일까? 이 질문의 해답을 찾기 위해서 다음과 같은 가설을 살펴보자.

칭기즈칸과 타이피스트들

데스크톱 컴퓨터가 나오기 이전인 1979년에 있었던 일이다. 나는 심리학과의 비서인 린다에게 육필 원고를 건넸다. 원고를 받는 린다의 얼굴에는 지친 표정이 역력했는데,

그녀는 자기 책상에 무더기로 쌓여 있는 문서들 가운데 하나를 뽑아서 내밀었다.

"이안, 이건 지난번에 주셨던 보고서예요."

그건 나의 소중한 보고서였다.

"직접 해주셔야겠어요. 제발 오탈자가 많지 않으면 좋겠네요. 진짜 시간이 없어서 일일이 다 수정을 해드릴 수 없거든요. 게다가 티펙스(상표명. 일명 '화이트'라고 불리는 수정액. - 옮긴이)도 거의 다 떨어졌고요."

린다는 힘없이 미소를 짓고는 다시 타이핑 작업을 하기 시작했다. 그녀의 손은 빠르게 움직였고, 타이프라이터는 요란한 소리로 탁탁거렸다. 그런데 종이에 찍히던 글자가 점점 희미해지고 있었다.

"이런! 리본이 다 떨어졌네!"

린다는 서랍에서 새 리본을 꺼냈고, 수명이 다한 리본을 새 리본으로 교체했다. 새 리본을 걸면서 혼잣말로 뭐라고 투덜거렸고, 작업을 마친 뒤에 자리에서 일어나 리본의 잉크가 묻어 시커멓게 된 손가락들을 내게 펼쳐 보이면서 말했다.

"해도 해도 끝이 없어요. 저기 쌓여 있는 것 보세요."

린다는 한숨을 쉬고는 손을 씻으러 나갔다. 린다의 방에서 나오는데 심리학과의 또 다른 비서인 클레어의 사무실 문이 열려 있었다. 그녀는 다른 심리학 교수들의 원고를 타이핑하는 작업을 하고 있었는데, 잠시 쉬는지 손톱에 매니큐어를 칠하고 있었다. 나는 문으로 고개를 빼꼼 들이밀고 물었다.

"클레어, 이 원고 수정 작업 좀 해줄 수 없나요?"

그녀는 나를 보고 활짝 웃으면서 대답했다.

"죄송해요, 이안. 일이 많아서……. 린다가 하면 되잖아요?"

"많이 바쁜 것 같아서……."

그녀는 웃으면서 내 말을 받았다.

"나도 그래요."

그녀가 눈짓으로 가리키는 책상에는 보고서가 하나만 달랑 놓여 있었다. 뭐라고 더 말을 하려다가 그래봐야 소용없을 것임을 깨닫고는 포기하고 돌아섰다. 이제 나는 내 책상에서 수정액을 찾아서 원고의 잘못된 부분에 바르고, 이 액체가 굳기를 기다렸다가 수정 내용을 검은색 펜으로 직접 써넣어야 했다. 클레어가 심리학 교수들을 위해서 하기로 되어 있던 이 일을 교수들이 어쨌거나 직접 해야 했다. 그것도 자주.

린다와 클레어는 같은 직급의 비서였다. 그러나 린다는 늘 과중한 업무로 녹초가 된 데 비해서 클레어는 한가하고 느긋하기만 했다. 두 사람은 동일한 지위를 가지고 있었지만, 이 두 사람이 자기에게 주어지는 역할에 반응하는 방식은 달랐다.

아프리카 개코원숭이들 가운데 높은 지위의 수컷들은 한결 쉽게 짝짓기 상대를 고르고 또 짝짓기를 한다. 낮은 지위의 개코원숭이들이 이들과 부닥칠 때 얼마나 많은 스트레스를 느끼는지 생각한다면 그다지 놀라운 일도 아니다. 어쩌면 이 현상은 진화론적으로 당연하다. 즉, 지배적인 위치에 있는 수컷은 늘 스트레스를 받으며 눈치를 봐야 하는 낮은 지위의 수컷에 비해서 자기 유전자를 후대에 더 많이 전한다.

우두머리 수컷이 벌이는 짝짓기 축제는 다른 영장류에서와 마찬가지로 인간에서도 강하게 나타난다. 톰 로빈슨이라는 사람을 예로 들어서 설명하자. 그는 플로리다의 마이애미에 사는 온순한 성격의 회계사이다. 그의 아버지의 아버

지의 아버지의 아버지의 아버지의 아버지의 아버지의 아버지의 아버지의 아버지의 아버지의 아버지의 아버지의 아버지의 아버지의 아버지의 아버지의 아버지는 칭기즈칸이었다. 그는 이 사실을 알고 있는데, 그의 유전자 속에는 서기 1200년쯤에 중앙아시아에서 살았던 사람, 놀랄 만큼 생식력이 강했던 그 사람으로까지 거슬러 올라가는 Y염색체가 있기 때문이다.[12] 톰 로빈슨은 아시아인 12명 가운데 1명꼴로 나타나는 칭기즈칸의 40대 후손이므로(여자에게는 Y염색체가 없으므로 칭기즈칸의 후예가 얼마나 되는지 확인할 길이 없다.) 위대한 몽고 황제 칭기즈칸이 자기 유전자를 왕성하게 퍼트렸을 게 분명하다고 유추한다고 해도 틀리지 않을 것이다.

칭기즈칸은 동쪽으로 동해에서부터 서쪽으로 빈의 외곽 지역까지 아우르는 역사상 가장 넓은 제국을 지배했던 절대적인 지배자였다. 그에게는 몽고인 아내가 6명 있었지만, 이 여자들 외에도 많은 여자를 아내로 맞았다. 그의 위세에 외국의 많은 왕들이 자기 딸을 바치며 복종을 맹세했기 때문이다. 칭기즈칸이 맞이했던 여자는 그것뿐만이 아니었다. 한 차례씩 정복이 이루어질 때마다, 몽고군이 정복지의 여자들을 대상으로 대량 강간을 하기 전에 반드시 그곳에서 가장 아름다운 여자를 골라 황제의 쾌락을 위해 바쳤다.

나의 동료 교수인 댄 브래들리와 그의 연구팀은 아일랜드판 칭기즈칸이 누구인지 밝혀냈다. 댄은 매우 명석하고 점잖은 유전학자인데, 아일랜드의 전설적인 전사 닐Niall of the Nine Hostages에 깊은 관심을 가지고 있다.[13] 5세기의 군벌이었던 닐의 본거지는 아일랜드 북서쪽이었고, 이곳에서 그는 배를 타고 침공해오던 수많은 외적을 격퇴했다. 또 그는 이웃 영토를 잔인하게 침공하기도 했다. 닐 왕조는 이례적일 정도로 오랜 기간 권력을 유지했다.

브래들리가 수행한 연구로 보자면 닐은 자기 조국을 세운 건국의 아버지들 가운데 한 명이었던 것 같다. 그가 죽은 지 1500년이 지났지만, 지금 살아 있는 그의 후손은 아일랜드 및 다른 곳에 무려 300만 명 가까이 된다. 아이오나 섬의 성인聖人 콜룸바St. Columba도 닐의 고손자였다고 한다. 아일랜드에서는 열두 명 가운데 한 명이 닐의 후손이다. 동료 교수들로부터 '칭기즈 댄'이라 불리는 온화한 성정의 댄 브래들리도 그 후손 가운데 한 명이다.

칭기즈칸과 닐 그리고 개코원숭이 무리의 우두머리는 모두 왕성한 성생활을 했으며 자기 영향력 아래에 있는 여성 혹은 암컷 가운데서 가장 '괜찮은' 대상을 우선적으로 선택할 수 있었다. 다른 남성(수컷)에게 인생이란 특히 성 및 가정생활이라는 측면에서 선택권을 제한받았기에 여간 힘들지 않았을 것이다. '괜찮은' 여성(암컷)은 최고 권력자가 독차지했으며, 만일 그 자원을 놓고 다투기라도 했다가는 엄청난 처벌을 감수해야 했기 때문이다.

실제 현실에서 낮은 지위의 개코원숭이들은 칭기즈칸이나 닐의 부하들 가운데 일부가 구사했을 게 분명한 교활한 책략을 개발해서 자기 유전자를 후대에 전한다. 1994년에 쿠엔틴 타란티노가 출연하고 연출한 영화〈펄프 픽션Pulp Fiction〉에서 존 트라볼타는 사이코패스 조폭 두목의 부하로 등장하는데, 그는 두목으로부터 저녁 시간 동안 자기 아내를 잘 돌보라는 지시를 받는다. 하지만 무척 심한 스트레스를 받고 있던 그는 두목의 아내가 자신의 높은 지위를 이용해서 노골적으로 유혹하자 무너지기 시작한다. 이 줄거리는 개코원숭이 무리에서도 정확하게 재현된다. 암컷 개코원숭이는 낮은 지위의 수컷을 골라서 서로 털을 손질해주는 행위를 포함한 정신적인 유대 관계platonic friendship를 형성한다. 이 유대 관계는〈펄프 픽션〉에서 존 트라볼타가 두목의 아내인 우마 서먼과 함께 햄버거를 먹고 또 함께 춤을 추는 장면으로 표현된다. 이런 종류의 친밀함을 찾는 여성(암컷)의 선택을 받은 젊은 남성(수컷) 가운데 다수는 결국 그 여성과 잠자리를 같이 한다. 〈펄프 픽션〉에서도 만일 서먼이 약물 과다 복용으로 쓰러지지만 않았더라도 트라볼타는 서먼과 잠자리를 같이 했을 게 분명하다.

낮은 지위의 개코원숭이는 높은 지위의 개코원숭이가 막후에서 조종하는 미묘한 통제를 통해서 행사하려는 독점 행동을 교묘하게 피해나간다. 흥미로운 현상은 또 있다. 낮은 지위의 수컷들은 이런 교활한 책략을 익히지 못한 다른 낮은 지위의 동료들에 비해서 스트레스를 덜 받으며 또 그 스트레스와 관련된 신체적인 훼손의 영향을 덜 받는다.

그렇다면 이 같은 내용은 린다와 클레어 그리고 1970년대의 대학교 심리학과에서 타이핑 작업을 둘러싸고 펼쳐지던 일과 어떤 관련이 있을까? 비서 신분이던 린다와 클레어는 둘 다 대학교 심리학과에서 교수들에 비해 상대적으로 지위가 낮은 사람들이었다. 그리고 마이클 마못의 연구 결과[14]를 알고 있는 우리로서는, 지난 40~50년 동안 그들은 자기들이 봉사하던 심리학과 교수들에 비해서 더 많은 스트레스를 받아 더 많이 지치고 아팠을 것임을 확신할 수 있다.

그런데 린다가 낮은 신분에 따른 업무 때문에 스트레스를 받고 있었음을 우리는 확실히 알 수 있는 데 비해서, 클레어는 스트레스를 그다지 많이 받았던 것 같지는 않다. 왜 그럴까? 두 사람은 비서라는 동일한 지위를 가지고 있었고 또 동일한 업무의 압박을 받고 있었지만, 클레어는 린다와 달리 한 가지 뚜렷한 이점을 가지고 있었다. 그것은 바로 통제control라는 요소였다. 클레어는 자기 업무의 일정과 흐름에 통제력을 행사할 수 있었다. 어떤 업무에 대해서는 자기가 하겠다고 동의했지만 어떤 업무에 대해서는 동의하지 않았다. 그래서 클레어의 책상에는 처리해야 할 보고서들이 산더미처럼 쌓이지 않았고, 자기의 하루 업무량을 스스로 조절했다. 이에 비해서 린다는 하루 온종일 일에 치여 죽을 지경이었다. 이유가 무엇이었든 간에 린다는 자기 업무를 통제하지 못했다.

그래서 우두머리 개코원숭이의 암컷 짝과 정신적인 유대 관계를 맺음으로써 자신의 성생활을 통제했던 낮은 지위의 개코원숭이와 마찬가지로, 클레어는 다양한 인간관계 전략을 통해서 자기에게 부과되는 업무량을 조절할 수 있었으며, 또 이렇게 함으로써 그녀는 낮은 지위에 수반되는 유독한 요소들 가운데 하나인 '통제력 상실' 상태를 극복할 수 있었던 것이다.

당시에 나는 린다와 클레어의 혈압이나 맥박 수 혹은 혈액 속 코티졸 수치 따위를 측정하지 않았지만, 클레어가 린다에 비해서 스트레스 관련 손상의 정도가 훨씬 덜했을 것이라고 자신 있게 말할 수 있다. 이런 양상은 암컷과 유대 관계를 형성했던 낮은 지위의 개코원숭이들에게서도 마찬가지로 나타났을 것이다. 또 동일한 직급의 공무원들 사이에서도 마찬가지일 것이다. 하루에 해야 할 업무의 양과 업무 순서를 통제할 수 있는 공무원은 비록 같은 직급이라 하더라도 통제력을 가지고 있지 않은 공무원에 비해서 혈압이 분명 낮을 것이다. 기업의 보건 의료 관련 비용 및 질병에 따른 생산성 저하를 놓고 생각한다면, 직원이 자기 업무를 통제할 수 있다고 느끼는 정도를 아주 조금만 바꾸어준다 하더라도 건강과 관련된 여러 프로그램을 모두 합한 것보다 이 부문의 재정적 지출은 훨씬 줄어들 것이다.

긍정심리학의 대가인 마틴 셀리그먼Martin Seligman은 1972년에 장차 유명하게 될 한 가지 실험을 했다. 동일한 양의 스트레스가 각기 다른 조건에서 어떤 효과를 미치는지 알아보는 실험이었다. 셀리그먼이 선택한 스트레스는 전기 충격이었는데, 그는 피실험 동물을 두 집단으로 나누었다.

한 집단은 전기 충격이 가해질 때 낮은 울타리를 폴짝 뛰어넘음으로써 그 충격을 회피할 수 있도록 했고, 다른 한 집단에는 충격을 무작위로 가하고 또 그 충격을 회피할 아무런 장치도 제공하지 않았다.[15] 비록 두 집단에 주어진 전기 충격의 양이 동일하긴 했지만, 통제력 없이 스트레스를 받는 집단은 셀리그먼이 명명했던 이른바 '학습된 무기력learned helplessness'에 빠졌다. 이것은 충격에서 벗어날 수 있을 때조차도 그렇게 하지 못하고 무감각과 우울함 그리고 불안감에 자포자기적으로 스스로를 내맡기는 상태이다.

린다가 바로 이 학습된 무기력 상태에 놓임으로써, 동일한 업무량에도 불구하고 업무의 흐름과 시간 배분에 영향력을 행사할 수 있었던 클레어와는 다르게, 스스로는 통제할 수 없는 업무에 끊임없이 압도되는 느낌 속에서 살았던 것일까? 인간이 자기 삶에 가할 수 있는 통제력의 양이 바로 장수의 비밀을 밝히는 열쇠일까?

아카데미상의 미스터리를 풀 열쇠를 우리는 가지고 있을까? 아카데미상이나 노벨상 수상 경험이 인생에 대한 보다 많은 통제력을 제공하고, 이럴 때 우리는 스트레스 및 스트레스에 따른 유독한 효과에 영향을 덜 받을까? 그렇다. 하지만 그럼에도 여전히 우리는 확신할 수 없다. 업무 환경이 동일했음에도 불구하고 린다와 클레어가 다르게 반응한 사실을 과연 어떻게 설명할 것인가 말이다. 객관적으로 보면 두 사람 다 자기의 일상적인 업무에 대해서 대략적으로 비슷한 통제력을 가지고 있었는데도, 클레어에 비해서 린다가 심리학과 교수들의 요구에 더 많은 스트레스를 받았으니까 말이다.

어쨌든, 레드 카펫을 밟고 올라가서 저 영광의 상을 실제로 거머쥐지는 못하고 그 직전 단계인 후보자 명단에 이름을 올리는 데 만족해야 했던 사람들도 결국 자기 삶에 대한 통제력을 많이 가지고 있다. 그런데 과연 아카데미상 수상 경험이, 이미 특권을 부여받은 사람이 스스로 결정한 삶을 자기 힘으로 통제하며 살 수 있는 정도의 차이를 크게 벌려놓을까?

그렇다. 통제력은 중요하다. 그러나 아카데미상이 암을 극복하고 살아남을 정도의 믿을 수 없을 만큼 강력한 효과를 발휘하는 이유를 규명하려는 차원에서 보자면 아직도 뭔가가 빠져 있다. 그것을 찾으려면 우리는 또 다시 어떤 과거의 전투 현장으로 시간 여행을 해야 한다.

SERE 프로그램

당시는 1967년 10월 26일이었다. A-4E 스카이호크 전투기의 계기판에 갑자기 불빛들이 번쩍거렸다. 이어서 미사일 레이더가 비행기를 감지하고 추적을 시작했음을 조종사에게 경고하는 신호가 다급하게 울렸다. 하노이 중앙 지역에 있는 푸옌 발전소가 점점 크게 보이기 시작했고, 3,000피트 상공에서 그는 폭탄들을 투하했다. 바로 그 순간에 미사일 하나가 미사일 배터리에서 분출되는 연기구름과 함께 그가 탄 비행기로 빠르게 접근해 오른쪽 날개를 맞추며 폭발했고, 그는 비행기 바깥의 허공으로 내동댕이쳐졌다. 그 순간이 바로 미군 조종사 존 매케인John McCain으로서는 5년 반이라는 긴 포로 생활 끝에 1973년 3월 14일 마침내 고국으로 돌아가기 전까지는 단 한 번도 볼 수 없었던 비행기 내부를 바라본 마지막 순간이었다.(존 매케인은 2008년 미국 대통령 선거에서 공화당 후보로 나서서 버락 오바마와 경쟁을 한다. - 옮긴이)

포로로 사로잡힌 매케인은 저 악명 높은 '하노이 힐턴' 포로수용소에 수용되지 않았다. 처음에 그는 부상을 입은 채 죽음을 맞이하도록 방치되었다. 그러다가 베트콩은 그의 아버지가 미 장군이며 곧 태평양 사령관으로 임명될 사람이라는 사실을 알아냈고, 그다음에야 매케인은 치료를 받고 살아남을 수 있었다. 로버트 팀버그는 저서 『나이팅게일의 노래The Nightingale's Song』에서, '플랜테이션'이라는 이름으로 불리던 또 다른 포로수용소의 바퀴벌레가 우글거리던 어떤 감방에 수용된 이 부상 군인을 묘사한다. 그는 쇠약할 대로 쇠약해져 있었다. 새로 수용된 이 포로의 상태를 보고 감방에 함께 있던 다른 포로 두 명은 그가 그날 밤을 넘기지 못하고 죽을 것이라고 믿었다. 하지만 그들은 이 군인의 부릅뜬 두 눈에서 뿜어져 나오던 기이한 눈빛, 타는 듯이 뜨거운 눈빛을 보고는 생각을 고쳐먹었다. 이 원초적인 생명력의 불꽃으로 그는 새벽에 잠이 들 때까지 어둠 속에서 계속 이야기를 했다.

부상을 치료받으려면 어쩔 수 없이 약간의 군사 정보를 제공해야 했다. 그렇게 하지 않았더라면 매케인은 아마도 심각한 부상 때문에 죽었을 게 분명하다. 그는 진술서에 서명을 했다. 그러나 다음해인 1968년에 석방 제안을 받을 때는 달랐다. 석방 제안을 거부한 것이다. 미군 고위 장성의 아들을 송환하려고 베트남에 왔던 미군 고위 장교들을 격렬한 어조로 비난하며 석방되기를 거부했다. 만일 매케인이 그들이 바란 대로 석방되었더라면, 미국에서 부유한 집의 아들로 좋은 교육을 받은 사람들은 대부분 베트남전 징집 대상에서 제외되었다는 사실을 너무도 잘 알고 있던 수십만 명의 미군 장병 사기는 땅에 떨어졌을 것이다.

매케인은 자신을 간호해서 죽음의 문턱에서 살려낸 동료 포로가 석방 제안을 받아들이고 자유의 몸이 되어 풀려나는 상황에서는 특히, 석방 거부라는 결정을 내리기 힘들었을 것이다. 매케인은 그 뒤 5년을 더 전쟁 포로로 살아야 했다. 그것도 대부분의 기간 동안 독방 생활을 하면서⋯⋯.

1968년 당시에 베트콩은 고문과 함께 이른바 '마인드 콘트롤'이라는 심문 기법을 사용했다. 마인드 콘트롤은 10년도 더 전에 한국에서 인민군이 사용하던 것과 비슷한 기법이었다. 1950년대 초 한국전쟁 때 마인드 콘트롤 기법이 사용되었는데, 이를 통해서 세뇌된 미군 포로들은 텔레비전 카메라 앞에 서서 미국의 자본주의를 욕하고 공산주의를 찬양했다. 젊은 미군 병사가 자기가 자라난 성장 배경이나 자기가 받은 교육과 완전히 이질적인 정치 체제를 찬양하는 일이 어떻게 가능할 수 있었을까? 어떻게 그리 완벽하게 세뇌될 수 있었을까?

미군 당국은 이런 현상을 이해하기 위해서, 그리고 나아가 세뇌된 미군 장병이 마인드 콘트롤에 저항할 수 있도록 할 방법을 찾기 위해서, 동남아시아 여러 국가들이 자국 장병을 전쟁 중에 포로로 사로잡아 세뇌 공작을 펼 때 이에 저항하기 위한 훈련법의 중요한 요소들을 채택하기 시작했다.

그 결과 'SERE 프로그램The Survival, Evasion, Resistance and Escape program'(생존·회피·저항·탈출 프로그램)이 나타났고, 이 프로그램은 수십 년 동안 미군 장병들을 대상으로 실시되었다. 이 프로그램은 독방 감금, 감각 박탈(신체 내외에 작용하는 감각 자극을 차단하는 것. 이것이 지속되면 사고력이 둔화된다. - 옮긴이), 지속적인 소음 노출, 느닷없는 폭력, 잠재우지 않기, 불편한 자세 강요, 물고문 등을 모두 아우른다.

방금 예를 든 여러 고문 방법들은 당신에게 낯설지 않을 수도 있다. 만일 그렇다면 그건 아마도 이 SERE 프로그램이 9·11 사건 이후의 관타나모 수용소, 이라크에 있는 아부그라이브 수용소, 그리고 폴란드와 루마니아 등지에 있는 CIA의 이른바 '블랙 사이트'라는 비밀 시설 등에서 수용자들을 대상으로 이루어지는 심문 과정의 기본적인 방법으로 채택되고 있기 때문일 것이다. 관타나모 수용소에 수감된 수용자의 모습은 2002년에 처음 세상에 공개되었다. 모자가 달린 오렌지색 옷을 입고 두꺼운 귀마개와 마스크, 기묘한 고글 그리고 두꺼운 벙어리장갑을 착용한 채로 쿠바의 숨 막히는 열기 속에 '운동'을 하러 나온 수용자의 모습은 기괴함 그

관타나모 수용소에 감금됐던 영국인 실화를 바탕으로 만든 영화 〈관타나모로 가는 길〉 포스터.

자체였다. 그러나 이 장치들은 모두 어떤 하나의 목적을 위해서 동원된 것이었다. 수용자의 뇌에 전달되는 감각을 될 수 있으면 많이 차단하겠다는 것이었다. 이렇게 될 때 당사자는 환각과 무기력한 불안감 등을 포함한 정신병적인 증상과 방향 감각의 심각한 상실 등을 경험한다.

그런데 미군 장성들이 고민하던 문제가 하나 있었다. 이 같은 감각 박탈 조치에 어떤 사람은 굴복하고 어떤 사람은 굴복하지 않는데, 그 이유를 알 수 없다는 점이었다. 이유를 알기만 하면 얼마든지 그런 고문에 대처할 수 있을 텐데……. 그러다가 그들은 마침내 비록 부분적이긴 하지만 해답 하나를 찾아냈다. 그 해답은 1978년에 군사 심리학자들이 썼고 최근에 비밀 등급이 해제된 보고서에 담겨 있다.[16]

캘리포니아의 샌디에이고, 화창한 날씨의 해변에는 태평양에서 불어오는 시원한 바람이 푹푹 찌는 여름 더위를 식혀준다. 그리고 이른바 '어두운 6월 June Gloom'(늦봄부터 초여름에 나타나는 캘리포니아 남부 지역의 기상 현상으로 하늘에 어두운 구름이 끼고 기온은 서늘해진다. - 옮긴이)은 심지어 샌프란시스코를 연상시키는 서늘한 안개를 만들어낸다. 하지만 이러한 현상도 일시적일 뿐이고, 이 도시의 여름은 그야말로 찜통처럼 사납다. 그래서 샌디에이고에 있는 미 해군 소속의 SERE 학교에서 훈련받는 미군 장병들은 여름 한철 동안에는 특히 끔찍한 경험을 한다. 전쟁 포로 수용소를 끔찍할 정도로 완벽하게 재현한 곳에서 이들이 경험하는 육체적 정신적 고통을 샌디에이고의 여름 더위가 몇 배 더 증폭시키기 때문이다.

이 SERE 프로그램을 통과한 사람에게서는 혈액 속 스트레스 호르몬 수치가 매우 높게 나타난다. 그리고 높은 수준의 스트레스 상황 아래에서 어떤 포로들은 군인으로서 마땅히 지켜야 하는 보안의 원칙에 충실한 반면에 어떤 포로들은 쉽게 무너져 보다 많은 정보를 털어놓는다. 그렇다면 누가 그리고 또 왜 그렇게 정보를 털어놓을까?

앞서 언급한 1978년의 그 보고서가 이 질문에 해답을 제시한다. 그런데 이 보고서는 또한 아카데미상의 미스터리를 풀고, 글래스고의 오벨리스크와 헨리 맥리시가 부시 대통령 앞에서 보였던 횡설수설 그리고 린다와 클레어의 상이한 업무 경험을 설명하는 데도 어떤 실마리를 제공한다.

여기서 먼저, 당신이 SERE 프로그램을 이수했는데 전쟁 포로로 사로잡혔다고 가정을 해보자. 적은 당신에게서 유용한 정보를 얻어내려고 심문을 할 것이다. 이때, 입 밖에 내지 말아야 할 정보를 털어놓을 가능성이 당신의 경우 얼마나 될지 알아보자. 다음 질문에 대답을 하면 된다. '강력하게 동의한다'면 5를 선택하고 '전혀 동의하지 않는다'면 0을 선택하면 된다.

1. 사람은 결국 자기가 받아 마땅한 정도의 존경을 받게 마련이다.

　　0　1　2　3　4　5

2. 사람은 대부분 스스로 자기 운명을 얼마나 통제하는지 알지 못한다.

　　0　1　2　3　4　5

3. 시험 결과는 본인이 얼마나 열심히 공부하느냐에 가장 많이 좌우된다.

　　0　1　2　3　4　5

4. 충분히 끈기를 가지고 매달리면 당신이 가지고 있는 자산을 남이 인정해줄 것이다.

　　0　1　2　3　4　5

5. 권력을 가진 사람이 아니라 변변찮은 사람일지라도 세상에 어떤 영향을 줄 수 있다.

    0   1   2   3   4   5

6. 대체로 인간의 삶은 우리가 알지 못하고 또 통제할 수 없는 힘들에 의해 결정된다.

    0   1   2   3   4   5

7. 대체로 우연이 사람의 운명을 결정하므로, 너무 먼 미래에 대해서는 계획을 잡을 필요가 없다.

    0   1   2   3   4   5

8. 정치인들이 왜 그런 행동들을 하는지 솔직히 잘 모르겠다.

    0   1   2   3   4   5

9. 시험에 나오는 문제들이 강의 내용과 무관한 경우가 너무 많으므로 시험 공부를 해봐야 소용이 없다.

    0   1   2   3   4   5

10. 좋은 일자리를 잡는 데 가장 큰 관건은 가장 적절한 시간에 가장 적절한 곳에 있는 것이다.

    0   1   2   3   4   5

이 질문항은 캘리포니아대학교 로스앤젤레스 캠퍼스UCLA의 배리 콜린스가 미국의 위대한 심리학자인 코네티컷대학교의 줄리안 로터 교수의 연구에서 추출해 새롭게 개발한 질문항과 비슷하다.[17]

자, 그럼 이제 처음 다섯 문항에서 당신이 받은 점수를 합산해라. 합산 점수의 최대치는 25점이고 최소치는 0점이다.

다음에는 뒷부분의 나머지 다섯 문항에서 당신이 받은 점수를 합산해라. 역시 최대치는 25점이고 최소치는 0점이다.

1번에서 5번까지 문항의 합산 점수가 높은 군인일수록, 그리고 6번부터 10번까지의 합산 점수가 낮은 군인일수록 적에게 포로로 사로잡혔을 때 자기가 알고 있는 비밀을 털어놓을 가능성이 낮다. 즉, 예를 들어서 어떤 군인의 경우 1번에서 5번 문항까지 합산 점수가 25점이고 6번에서 10점까지 합산 점수가 0점이라면, 이 사람은 굳이 SERE 프로그램을 받을 필요가 없다는 말이 된다. 반대로 1번에서 5번 문항까지 합산 점수가 0점이고 6번에서 10점까지 합산 점수가 25점인 군인이 적에게 포로로 잡혀서 신체 및 심리적 압박을 받을 때, 이 군인은 그 압박에 굴복해서 자기가 알고 있는 정보를 털어놓을 가능성이 훨씬 높다.

하지만 학교 성적이나 정치 따위에 대한 질문이 어째서 고문에 쉽게 굴복할 개연성과 관련이 있을까? 이에 대한 답은 고문이나 마인드 콘트롤에 우리가 반응하는 방식뿐만 아니라 아카데미상 미스터리를 설명하는 데도 핵심적인 열쇠가 된다. 그 답은 바로, 통제력이 다른 사람이 아닌 자기에게 있으며 이 통제력을 자기 스스로 행사할 수 있다는 믿음에 있다.

린다는 자기 업무 하중에 대해서 그다지 많은 통제력을 가지고 있지 않았던 반면에 클레어는 많은 통제력을 가지고 있었다. 극심한 스트레스를 받고 결국 시름시름 앓다가 병에 걸리고 말았을 낮은 지위의 개코원숭이는 높은 지위의 개코원숭이의 암컷 짝과 사귐으로써 어느 정도의 은밀한 통제력을 획득했다. 그러나 존 매케인의 경우에는 심문과 고문에 저항하는 방법을 익힌 SERE 프로그램 훈련생의 경우와 마찬가지로, 관건은 실질적인 통제력이 아니라 자기 삶을 자기 스스로 통제할 수 있다는 가상의 믿음이었다.

샌디에이고 SERE 훈련 학교의 군사 심리학자들은 위에 소개한 것과 같은 문항들 속에서 각 훈련생이 세상에 대해서 가지는 심리적 지향을 정밀하게 포착하고, 이를 통해 그 훈련생이 자기 운명을 스스로 통제할 수 있다고 느끼는 정도가 얼마나 되는지 파악했다. 비록 매케인의 육체는 망가질 대로 망가졌지만 그의 불타는 듯한 눈빛에서 동료 포로들이 바라본 것은 바로 이 통제감이었다.

그래서 베트남의 전쟁 포로 수용소나 아부그라이브 수용소 혹은 관타나모 수용소의 심문관들이 어떤 사람은 굴복시켜서 원하는 정보를 알아내지만 어떤 사람은 끝내 굴복시키지 못한다. 이것은 정신이나 육체의 영역만이 아니라 뇌세포 영역의 문제이다. 고문을 받는 과정에서 다량의 코티졸이 분출되고, 이 코티졸 분출에 따른 충격으로 뇌세포는 쪼그라든다. 고문은 뇌에 매우 유해하게 작동해서, 뇌에서 기억을 관장하는 부위의 새로운 세포 생성은 억제되고 줄어든다. 그렇다면 어떻게 해서 어떤 사람의 뇌는 쪼그라드는데 어떤 사람의 뇌는 그렇지 않을까?

몬트리올신경학회의 한 연구팀은 그 질문에 대한 해답을 찾으려고 한 가지 실험을 했다. 피실험자들에게 어려운 암산을 제한된 시간 안에 풀게 하면서 뇌의 영상 사진을 찍은 것이다. 그리고 또 이 과정에서 실험 진행자는 피실험자에게 피실험자가 말한 답이 틀렸다고 혹독하게 몰아붙였다. 피실험자 입장에서는 상당한 스트레스를 받는 상황이었고, 이 사실을 연구팀이 측정한 여러 가지 수치가 증명했다.[18]

샌디에이고의 SERE 훈련생들이 비밀을 발설하는 집단과 그렇지 않은 집단으로 나누어진 것과 마찬가지로, 몬트리올신경학회 연구팀이 진행한 실험에 참가한 피실험자들이 신랄한 비판을 받으면서 암산을 해야 하는 상황에서 받는 스트레스의 정도는 각각 다르게 나타났다. 연구팀은 피실험자들의 혈액 속 코티졸 수치를 측정하는 방식으로 피실험자 각각이 어느 정도의 스트레스를 받는지 측정했다. 그런 다음 이 결과를 기준으로 해서 피실험자들을 두 집단으로 나누었다. 하나는 스트레스를 많이 받은 집단이었고 또 하나는 상대적으로 스트레스를 적게 받은 집단이었다. 스트레스를 많이 받은 집단에 속한 피실험자들은 어떤 사람들이었을까? 그 사람들은 자기 삶에 대한 통제감을 보다 적게 느낀 사람들이었다.

이게 무엇을 의미할까? 시험이나 비난 그리고 어려운 과제에 스트레스를 받는 정도는 사람에 따라 다르다는 사실을 우리는 이미 잘 알고 있다. 어떤 사람은 가만히 있어도 그냥 짜증을 낸다. 왜 이런 차이가 있을까? 몬트리올의 연구팀은 뇌에서 기억을 관장하는 부분(해마)의 크기와 자기 삶에 대한 내면적 통제감을 느끼는 정도 사이에 강력한 상관성이 있다는 사실을 발견했다.(연구팀은 앞에서 예시했던 것과 비슷한 문항들을 통해서 피실험자들이 느끼는 통제감을 측정했다.)

현대인은 그 누구도 직장 생활에서 비롯되는 스트레스를 피하지 못한다. 어떤 기업은 업무 특성상 장시간 노동을 요구한다. 또 어떤 기업은 마감 시한을 철저하게 지켜서 결과물을 내도록 요구하기도 한다. 스트레스는 뇌와 신체에 피해를 입힌다. 그러나 문제는, 겉으로 괜찮아 보이는 사람이라 하더라도, 지속적인 스트레스가 촉발하는 유해한 화학물질이 뇌의 중요한 부위를 부식시킨 바람에 속으로는 심각한 상황에 노출되어 있다는 데 있다. 기업에서 중책을 맡고 있는 사람들이 기억력 손상 그리고 문제 해결 능력 및 계획 능력 감소 따위로 고통을 받고 있다면, 그 기업은 엄청난 위험에 노출된 셈이다. 몬트리올 실험이 가르쳐주는 교훈은 이렇다. 설령 어떤 기업에서 직원이 수행해야 하는 객관적 업무량이나 기한 설정의 빡빡함 수준을 바꿀 수 없다고 하더라도, 각각의 직원이 가능하면 많은 통제감을 느낄 수 있도록 근무 환경을 바꾸어줌으로써 스트레스가 빚어내는 보이지 않는 나쁜 효과로부터 직원을 보호할 수 있다는 점이다.

자기 삶을 자기 스스로 통제할 수 있다는 믿음, 즉 통제감은 스트레스 해독제와도 같다. 심리적 긴장의 돌연변이 바이러스에 대적하는 일종의 항바이러스 약제와도 같다. 인생에서 일어날 수 있는 여러 가지 사건에 대해서 내면적인 통제력, 즉 통제감을 가질 때 코티졸은 덜 분비된다. 이럴 경우 우리가 평생을 사는 동안 우리의 뇌와 신체는, 특히 뇌에서 가장 민감한 부분인 기억 담당 부위의 세포를 쪼그라들게 만들고 또 세포들 사이의 연결을 위축시키는 어떤 강력한 호르몬의 반복된 과다 분비로부터 보다 안전하게 보호될 것이다.

그렇다면 이것이 아카데미상 미스터리에 대한 최종적인 해답일까? 아카데미상이나 노벨상 수상 경험이 자기 삶에 대한 통제력을 스스로 가지고 있다는 믿음을 한층 높여주고, 그 결과 수상자는 스트레스의 파괴적인 행동으로부터 보다 안전하게 보호받을까? 통제감은 지위의 높고 낮은 수준과 나란히 가는 경향이 있을까? 글래스고에서 남들보다 높은 묘비석을 세운 가문의 재산을 끊임없이 불려주고 또 그 가문 사람들의 평균 수명을 늘려주는 어떤 것이었을까? 비서 클레어는 자기에게 주어진 업무에 대한 통제력을 더 많이 가지고 있다고 믿었고 또 실제 현실에서 통제력을 얻기 위해서 행동했기 때문에 자기의 업무 하중에 본인이 직접 영향력을 행사했던 것일까?

기업의 관리자들은 기업 내에서 권력의 고삐를 쥐고 있기 때문에, 보다 정확하게 말하면 기업 안팎에서 일어날 수 있는 여러 가지 일을 통제할 능력이 자기에게 있다는 믿음으로 인해 관리자라는 지위까지 승진했기 때문에, 평직원보다 더 건강하게 또 더 오래 살까? 사회적인 지위나 신분의 서열과는 상관없이 어떤 사람의 삶과 경력을 결정하는 것은 자기 통제력에 대한 이 핵심적인 믿음일까?

자, 그렇다면 이제 아카데미상의 미스터리는 풀렸는가? 아카데미상 수상이라는 경험이 세상에 대한 통제력을 자기가 가지고 있다는 믿음을 강화하기 때문에 이 상의 수상자는 다른 사람들보다 오래 살까? 그리고 이런 믿음이 스트레스가 신체에 미치는 해로운 효과를 차단해줄까? 그렇다. 그러나 이 설명만으로는 충분하지 못하다. 한결 가능성이 높긴 하지만 불

완전하기만 한 이 대답에서 빠져 있는 그 무엇을 찾아내려면 20세기 프랑스에서 일어났던 어떤 사건들을 살펴봐야 한다.

십자군 전쟁과 인간 심리

1146년 3월 31일, 시토 수도회의 지도자이던 클레르보의 베르나르가 프랑스의 베즐레에서 연설을 했다. 교황의 지시를 받은 연설이었고, 이 자리에는 프랑스 국왕 루이 7세도 참석했다. 그 연설은 매우 중요했다. 최근에 자행된 학살과 에데사 포위 작전에서의 제1차 십자군 전쟁 패배로 충격을 받아서 기독교 유럽이 휘청거리던 때였기 때문이다. 베르나르는 최초의 자아 복음주의자들 가운데 한 사람이었는데, 이 연설에서 그는 수많은 군중을 성전聖戰의 열정으로 일으켜 세워서 생업의 도구를 집어던지고 집을 떠나 중동의 열기와 살육의 현장을 향해 진군하도록 만들었다. 도대체 그는 전쟁에 거부감을 가지고 있던 냉담한 농민들을 어떻게 전쟁터로 나아가도록 만들었을까? 답은 간단하다. 그는 새로운 유형의 영적 구원을 약속했다. 총체적인 영혼의 구제가 아닌 개인의 구제를 농민들에게 제시했던 것이다.

베르나르의 부활절 연설은 전쟁 선포였다. 그것은 또한 제2차 십자군 전쟁을 위한 징병 연설이기도 했다. 하지만 베르나르로서는 어려운 과제였다. 호전적인 기사들과 다르게 지친 농민들은 또 한 번의 전쟁을 달가워하지 않았기 때문이다. 교황 에우게니우스 3세Eugenius III가 베르나르에게 도움을 청한 것도 바로 이 때문이었다. 수도사 베르나르는 최면을 유도하는 격렬한 연설가였을 뿐만 아니라 기독교 세상에서 인간의 마음을 개조하겠다는 근본주의의 전위이기도 했다.

인간 심리에서 이러한 변화는 무엇을 의미하는 것이었을까? 인류 최후 심판의 날은 예수의 부활과 때를 같이하는 영적인 구원 속에 절정을 이룰 것이라는 기독교적 예언은 당시로서는 오늘날 우주선의 달 착륙이나 히로시마 원자폭탄만큼이나 생생한 현실이었다. 이런 신학적인 발상은 허무맹랑하거나 추상적인 생각이 아니었다. 생생하고도 끔찍한 현실이었고, 이 현실 속에서 사람들은 살고 또 죽었다.

그러나 베르나르 시대까지 이어지던, 그리고 그 뒤까지 계속되던 이 끔찍한 현실 모습의 특성에는 오늘날과 결정적으로 다른 차이점이 하나 있는데, 이 점을 플로리다주립대학교의 저명한 사회심리학자 로이 바우마이스터가 논문「자아는 어떻게 문제가 되는가 How the Self Became a Problem: A Psychological Review of Historical Research」에서 지적했다.[19] 물론 당시 사람들의 이런 심리적인 변화는 베르나르라는 단 한 사람에 의해서 갑작스럽게 나타난 것이 아님은 말할 것도 없다. 옥스퍼드대학교의 콜린 모리스 Colin Morris 교수가 보여주었듯이, 당시 일어나고 있던 심리적 사회적인 여러 고통스러운 변화들 속에서 베르나르는 특히나 중요한 현상이었다.

그렇다면 베르나르가 살던 시대쯤에 나타났던 인간 의식 human consciousness의 역사 속에서 이 현기증 나는 일탈은 무엇이었을까? 이 질문에 대한 답은 모리스의 저서『1050~1200년, 개인의 발견 The Discovery of the Individual, 1050~1200』에 있다. 기독교 신학에서는 구세주 예수가 최후의 심판을 위해서 지구로 돌아오는데, 이날 예수를 믿는 사람들은 종말의 대혼란 속에서 구원을 받아 하늘로 들려 올라가고 예수를 믿지 않는 사람들은 비참한 운명을 맞이할 것이라고 설명한다. 모리스에 따르면, 베르나르 시대까지 누가 구원을 받고 누가 구원을 받지 못하는지 가르는 기준은 그 사람이 교회의 일원이냐 아니냐 하는 것이었다. 보편 교회(전 세계의 가톨릭 교회, 즉 당시의 기독교회를 일컫는 말 - 옮긴이)의 일원이라는 사실이 바로 영적인 구원을 보증하는 증서인 셈이었다. 즉, 구원을 받는다는 것은 개별적이고 개인적인 차원의 현상이라기보다는 일반적이고 총체적인 것이었다. 이 믿음에 따르면 개인은 결코 주된 관심 대상이 아니었다. 실제로 철학이나 언어에서 기독교가 상당한 정도로 뿌리를 대고 있는 고대 그리스에서는 심지어 현대적인 의미의 '개인person'이라는 단어조차도 없었다고 모리스는 말한다. 이 '개인'의 의미를 가장 비슷하게 담고 있던 당시의 단어는 '물질substance'이었다.

당시 영적인 구원은 신학적 회계會計 차원의 문제라는 측면이 강했다. 즉, 계율과 고행 그리고 은혜라는 외면적인 차원의 문제였던 것이다. 그러나 12세기가 펼쳐지면서 낡은 생각들이 깨지기 시작했다. 예전에 신이 정한 불변의 진리로 믿었던 규칙들이(예를 들면 기사나 수도사의 올바른 행동 규범 등) 다양한 집단 및 권위체에 의해서 조금씩 다르게 해석되고 또 그렇게 공식화되기 시작했다. 확고하던 만장일치의 의견이 주변에서부터 무너지기 시작했으며, 구원을 받기 위한 서로 다른 방법들이 각축을 벌였다.

그것은 마치 진주 목걸이의 줄이 끊어져서 줄에 꿰어 있던 각각의 진주들이 바닥에 사방으로 흩어져 있는 것과 마찬가지였다. 그 진주들은 이제 하나의 줄로 꿰어 있지 않았다. 바닥에 흩어진 진주들을 주워서 새로 줄에 끼워 목걸이를 만들 때의 경우의 수는 무수하게 많았다. 그 무수한 경우의 수 가운데 어느 것을 선택할 것인가, 이것이 문제였다.

갑작스럽게 많아진 목소리 가운데서 사람들은 하나의 목소리를 선택해야 했다. 헷갈릴 일이 없이 용인된 단 하나의 현실적 실체라는 길, 자의식이 없는 이 길로는 이제 더는 인생을 살아갈 수 없었다. 현실의 수많은 실체들과 규칙들이 서로 자기가 옳다고 주장했다. 인간의 정신은 과연 이 혼란을 어떻게 극복할까? 인간의 마음은 양육권을 놓고 다투는 부모 사이에 낀 아이와 똑같은 방식으로, 즉 내면의 개별적 자아로 파고드는 방식으로 그 혼란을 극복한다. 그리고 베르나르는 사람들이 이 같은 방식으로 혼란을 극복하도록 돕고 인도했다. 베르나르는 부모의 양육권 다툼 속에 혼란스러워하던 아이를 돕던 심리 치료사였던 셈이다.

베르나르가 제시한 치료법은 십자가를 지니는 것이었다. 순례자는 나무나 천으로 십자가를 만들어서 자기가 성스러운 일에 동참한다는 상징으로 삼았다. 이것은 구원과 은총을 얻는 강력하고도 개인적인 수단이었다. 구름 떼 같은 군중이 각자 자기 십자가를 지니고 베르나르에게 몰려들었다. 베르나르는 자기 외투를 벗어서 그것으로 더 많은 십자가를 만들도록 했다는 말도 있다. 그는 나중에 교황에게 편지를 써서 여자 7명에 남자 1명꼴로만 남을 정도로 모든 도시와 성에 남자를 찾아보기 어려웠다고 했다. 그리고 이때는 제1차 십자군 전쟁 때와 다르게 유럽의 왕실도 원정대에 참가했는데, 이들은 정치적이거나 경제적인 목적뿐만 아니라 새롭게 더 나아진(그리고 무엇보다 중요하게, 개인적인) 구원에 대한 열렬한 기대와 흥분 속에서 이 대열에 함께했다.

모리스에 따르면, 스페인의 산티아고 데 콤포스텔라[10세기에 산티아고(사도 야콥의 스페인 이름)의 유해가 발견되어 중세 유럽 3대 성지의 하나가 되었다. - 옮긴이]로 향하는 순례를 비롯한 몇몇 유명한 순례들이 바로 이 시기에 시작되었다. 오래된 확신을 잃어가고 있던 유럽 사람들은 순례 여행을 함으로써, 즉 외면과 내면의 이 여행을 통해 발견한 진리 안에서 새로운 확신을 다시 세우고자 했다. 내면 자아에 대한 이 새로운 관심의 초점은 미술에도 반영되었는데, 미술가들은 양식화된 틀에서 벗어나서 피와 살이 생생하게 살아 있는 개인화된 초상화를 그리기 시작했다. 이 무렵에 극작가들도 고전 시대의 풍자를 재발견했다. 기존 관념에 대한 신랄한 풍자는, 여태까지 아무런 의심도 하지 않고 맹목적으로 받아들였던 진리들로부터 사람들을 멀리 떼어놓는 기능을 했다.

물론 개인적인 자아는 1146년 이전에도 존재했으며 또 총체적인 자아가 그 이후로도 지속되었다. 그러나 내면으로의 여행은 1146년 이후로 가속화되었다. 그리고 그로부터 4세기 뒤에는 마틴 루터와 종교개혁이 자아 발견 역사에서 또 하나의 획을 긋는다. 종교개혁은 상층부에서 교회에 도전했고, 이에 따른 격변은 개인이라는 관념에 또 하나의 강력한 엔진으로 기능했다. 개신교의 발흥은 개인의 양심이나 자기반성 그리고 개인의 의무와 같은 유행병, 다시 말해서 세상을 뒤바꿔놓는 유행병을 낳았다.

그러나 심지어 개신교도들조차도 개인적인 자아의 사슬을 풀어 해방시키지 않았다. 1620년 신앙의 자유를 찾아 대서양 건너 신대륙 뉴잉글랜드에 정착해서 플리머스 식민지를 개척한 영국의 분리파 신교도인 이른바 '필그림 파더스Pilgrim Fathers'도, 비록 가차 없는 자기반성을 요구했었겠지만, 이들이 품어서 키운 그 새로운 자아 역시 규칙의 엄격한 준수와 사회적·종교적 획일성이라는 감옥 속에 조심스럽게 갇혀 있었다. 그랬다. 이제 그 개인은 12세기 초의 유럽 사람들이 하지 않았던 방식으로 성서적 진실을 붙잡고 씨름을 해야 했다. 그러나 이들이 추구하던 자아는 아무런 구속도 받지 않으려 하던 1960년대의 히피 자아가 아니었다.

1960년대의 자아는 자아의 역사에서 또 하나의 획을 그었다. 그 이전까지는 평범한 사람들이 그처럼 어떤 규칙이나 규범에서 벗어나는 자유로움을 느낀 적이 없었다. 자신의 정체성을 스스로 선택할 수 있었던 적이 과거에는 없었다. 하지만 1960년대에는 그렇게 했다. 새로운 유형의 순례가 시작되었다. 하지만 이번에는 순례의 대상이 산티아고 데 콤포스텔라와 같은 성지가 아니었다. 이제 순례는 그 종잡을 수 없는(하지만 이제는 성스러운 존재가 된) 자아를 찾아 자신의 마음속으로 떠나는 내면의 여행이었다.

2003년 노벨의학상을 받은 피터 맨스필드Peter Mansfield와 폴 로터버Paul Lauterbur 두 사람은 1970년대에 자기공명영상MRI 장치를 발명했다. 거대한 자기장을 사용해서 신체와 뇌의 내부를 살필 수 있는 새로운 장치였다. 두 사람이 MRI를 발명했을 때만도 해도, 무려 800년도 전에 베르나르가 해방시키고자 했던 그 자아를 해부하는 데 이 장치가 장차 사용될 것이라고는 생각도 하지 못했다. MRI는 기능성자기공명영상fMRI으로 발전했고, 이것은 정신적인 삶을 지탱하는 뇌의 물리적인 작동 내용을 학자들이 관찰할 수 있게 해줌으로써 1990년대 인간 심리학 연구를 획기적으로 바꾸어놓았다. 이렇게 해서, 개인적 주관성을 바라볼 수 없도록 단단히 닫혀 있던 문에 채워진 자물쇠가 최초로 풀렸다.

학자들은 기억, 감정, 이성 그리고 관심과 함께, 말랑말랑하면서도 생명이 고동치는 뇌 조직 속에서 개인적인 자아라는 좀처럼 파악하기 힘든 대상을 놓고 탐구하기 시작했다. 베르나르, 루터 그리고 티머시 리어리Timothy Leary(하버드대학교의 심리학 교수이던 그는 합성 환각제인 LSD를 옹호하고 공개적으로 지지했다. - 옮긴이)가 수백만 명의 서구 청년에게 길을 떠나라고 했던 내면 여행이라는 측면에서 보자면, 그 자아는 사실 부분적으로는 뇌의 '내부'에 있었다. 인간의 내면적 성찰과 관련된 실험에서 피실험자들은 엄청난 소음을 내는 MRI 스캐너에 누워서, '지금 현재 당신의 자아를 은퇴해서 물러나는 것으로 묘사해보겠습니까?'나 '당신은 걱정이 많은 사람입니까?' 등과 같은 질문을 받았다.

이러한 유형의 자아 성찰이 진행될 때 뇌의 앞부분 표면 바로 안쪽에서 매우 활발한 활동이 일어난다. 이마 뒤쪽에 뇌의 두 개 반구半球가 있는데, 이 반구들은 고랑을 사이에 두고 뇌량으로 연결되어 있다.(좌반구는 연속적·시간적이고 논리적인 사고를 주로 담당하며, 우반구는 공간적·감성적인 사고를 주로 담당한다. - 옮긴이) 자아 성찰을 담당하는 뇌의 신경망에 해당하는 부분이 바로 이들 반구의 대뇌 피질 내부 표면, 즉 전전두피질이다. 그러나 여기에서도 부위별로 하는 일이 다르다. 아랫부분인 복내측 전전두피질ventro-medial frontal cortex에서는 개인적이고 주관적인 생각들이 주로 일어나는데, 이 부위는 뇌의 감정 중추와 매우 강력하게 연결되어 있다.

그리고 그 바로 위에 있는 복외측 전전두피질dorso-medial prefrontal cortex에서는 자아 성찰이 외부 세계를 만나는 장소로 보인다. 복내측 전전두피질은 감정과 정서를 관장하는 뇌 부위와 보다 많이 연결되어 있지만, 그 위의 복외측 전전두피질은 생각과 계획 그리고 판단이 일어나는 뇌의 바깥 표면과 보다 강력하게 연결되어 있다. 바로 이 윗부분에서 우리는 자기 자신과 외부의 다른 사람 및 사물들을 비교한다. 다른 사람의 마음속에서 일어나는 것을 생각하고 또 공감하는 것도 바로 뇌의 이 부위에서 이루어진다.

전후의 베이비부머 세대에 속하는 사람들에게 자기가 어떤 특징을 가지고 있는지 생각해보라고 할 때, 이들의 전두엽 중앙에서 일상적인 내면 뇌 활동이 일어남을 확인할 수 있다. 하지만 이 활동은 감정과 연결된 아랫부분에 특히 집중해서 나타난다. 그런데 베르나르와 루터의 후손들이 자기 자신에 대해서 생각할 때는 어떨까? 베르나르와 루터는 자아라는 작은 톱니 하나가 정통성이라는 커다란 바퀴에서 해방되는 데 도움을 주었을 수 있다. 그러나 이들을 종교와 담을 쌓은 채 오로지 자아에만 초점을 맞추는 20세기 말과 21세기 초의 청년들과 비교한다고 쳐보자. 이때 우리는, 비록 증명할 수는 없지만 보다 크고 초월적인 실체라고 여기는 어떤 것에 녹아 있는 정체성을 오늘날의 독실한 기독교인들 중 적어도 일부는 여전히 가지고 있다고 상정할 수 있다. 베이징대학교의 쉬후이 한 교수는 과거의 종교적 믿음이 오늘날의 신자들에게 과연 표현될 수 있을지 알아보는 실험을 했다.[20] 중국의 기독교인을 연구하고 그 결과를 비기독교인의 경우와 비교하는 작업을 통해서 그는 기독교 신자들이 전혀 다른 양상의 뇌 활동을 보인다는 사실을 발견했다.

그는 기독교 신자의 경우 자기 자신에 대해서 생각할 때 위쪽의 전전두피질이 정서적인 부분과 관련이 있는 아래쪽 전전두피질보다 훨씬 더 많이 활성화된다는 사실을 발견했다. 다른 말로 하면, 기독교 신자의 자아 성찰이 비기독교인의 자아 성찰보다 외부 세계 및 다른 사람들의 마음에 훨씬 더 많이 연결되었다는 뜻이다. 보다 자세하게 말하면, 기독교 신자가 자기 자신에 대해서 생각할 때 예수가 자기를 어떻게 판단할 것인가 하는 점을 상대적으로 더 많이 생각했던 것으로 판단할 수 있다. 그런데 어떻게 이런 결론을 내릴 수 있을까? 뇌의 윗부분에서 발생하는 활동의 양은, 피실험자들이 자신의 개성을 주관적으로 평가할 때 예수의 판단을 중요하게 고려하는 정도와 강력하게 연관되어 있었기 때문이다. 베르나르의 신학(즉, 어떤 개인이든 그에 맞는 조치를 취함으로써 자기 자신의 영적 구원을 이룰 수 있다는 믿음)은 기독교 신자인 중국인 학생 피실험자들의 뇌에서 유령처럼 희미하게 깜빡거렸던 것 같다. 그들의 개인적인 자아의식은 기독교 신자가 아닌 다른 피실험자들의 자아의식과 다르게, 그들이 바라는 개인적 구원의 원천인 예수에 의해 감시받고 또 판단된다는 생각에 의해서 형성되었기 때문이다.

그렇다면 우리가 아카데미상 미스터리를 해결하는 데 이것이 어떤 도움을 줄까? 통제감을 가진다는 것이 믿을 수 없을 정도로 중요하다는 점은 앞에서도 확인했다. 하지만 여기에는 해결되지 않은 쟁점이 하나 있다. 누구에 의한 통제일까 하는 문제이다. 만일 우리가 각각 자기 운명의 톱니바퀴의 톱니 하나라고 한다면, 국가의 유력한 지도자가 아닌 한 세상 속에서 취할 수 있는 행동의 자유와 통제력은 지극히 제한되어 있다는 뜻이다.

그러나 일단 우리가 자기 길을 자기 마음대로 선택할 수 있다면 보다 많은 통제감을 느낄 수 있다. 소규모 기업을 운영하는 사람들은 대개 대기업에서 받는 월급보다 적은 돈을 벌면서도 한 주에 기꺼이 80시간씩 일할 수 있을 것이다. 자기 자신의 운명을 스스로 통제한다는 느낌을 받기 때문이다. 그러나 우리는 이 즐거운 자유 외에도 또 다른 감정을 느낄 수 있다. 12세기에 뿌리를 두고 있는 이 어떤 감정을 가지고서 우리는 통제력 혹은 통제감이 어째서 아카데미상 미스터리에 대한 중요한(그러나 부분적인) 해답인지 설명할 수 있다.

'나'는 외로운 공간이다. 그리고 자유가 동전의 앞면이라면 이 동전의 뒷면은 고립이다. 즉, 쉽게 상처를 받을 수 있다는 말이다. 특히 세속적인 사회에서는 더욱 그렇다. 우리는 지금까지 통제감이 생존에 결정적인 요소임을 확인했다. 그렇다면 아카데미상 수상자들이 통제감 덕분에 비수상자들보다 오래 산다면, 이들이 통제하며 또 수명을 늘려주는 그 어떤 것의 정체는 정확하게 무엇일까?

사람들은 그를 그저 '눌 아흐트첸Null Achtzehn'이라고 불렀다. '영 십팔'이라는 뜻의 독일어이다. 그의 이름을 아는 사람은 아무도 없었다. 어쩌면 본인도 자기 이름을 잊어버렸을지 모른다. 그는 말을 할 때나 주변을 둘러볼 때 내면이 텅 비어 있다는 인상을 주었다. 눌 아흐트첸은 젊었다. 그리고 같은 무리 사이에서 결코 가장 허약한 사람이 아니었다. 하지만 그와 한 조가 되어서 일을 하고자 하는 사람은 아무도 없었다.

사람들이 그를 피한 이유는 그가 끔찍할 정도로 주변에 무관심했기 때문이다. 그는 누가 자기를 때리려고 해도 그 주먹을 피하려 하지 않았다. 자기 힘을 유지하려 하지도 않았고, 또 굳이 먹을 걸 찾으려고 애쓰지도 않았다. 그만큼 무관심했다. 그는 사람들이 시키는 일을 뭐든 했다. 하지만 언제나 완전히 냉담한 태도로 그 일을 했다. 이따금씩 힘에 부쳐 지칠 때는 그 피곤함에 맞서 싸우려 하지 않고 아무런 예고도 없이 마치 돌덩이가 허공에서 떨어지듯 그렇게 풀썩 주저앉곤 했다. 그리고 가스실로 들어가야 할 차례가 자기에게 돌아왔을 때도 그는 끔찍할 정도로 냉담한 태도로 묵묵히 가스실로 들어갔다.

프리모 레비Primo Levi는 아우슈비츠 수용소를 끔찍하게 묘사한 자전적 소설 『이것이 인간인가If This is a Man』를 썼다. 이 소설을 보면, 레비가 생존 투쟁을 포기해버린 동료 수용자들이 보내던 경고 신호를 잘 알고 있었음을 알 수 있다. 눌 아흐트첸은 이 소설 속에 등장하는 인물들 중 한 명이다. 레비는 영혼을 짓밟고 뭉개는 수용소 체제 아래에서 수용자가 개인적인 개성을 포기할 때 이 사람은 곧 죽고 만다는 사실을 관찰을 통해서 깨우쳤다. 눌 아흐트첸은 그렇게 자기 개성을 포기하고 죽었다.

레비는 또한 아우슈비츠 수용소의 암시장에서 그리스 사람들을 관찰했다. 빵 껍질이나 수프 반 컵 따위가 거래되던 이 암시장은 마치 스핑크스처럼 조용하고 움직임이 없었다. 살로니카의 유대인 식민지 출신 그리스 사람들은 걸쭉한 수프가 담긴 식기를 놓고 거기 앉아 있었다. 그 수프는 수용소에서 보통 수프로 통하던, 멀겋다 못해 그냥 더러운 물이나 다름없는 수프가 아니었다.

이것은 그리스 사람들이 자기들끼리 똘똘 뭉친 결과였다. 덕분에 그들은 수용자들 사이에서도 핵심적인 위치를 차지했고 또 그 변변찮은 음식이 거래되는 암시장을 독점했다. 이 공동체감은 그들의 육체만을 보전한 게 아니었다. 인간성의 핵심인 그 귀중한 개인적인 '자아'도 함께 보전했다. 이에 비해서 눌 아흐트첸과 같은 많은 사람들은 설령 가스실을 피했다 하더라도 개인적인 자아 및 그에 동반되는 자존감을 포기했고, 또 얼마 뒤에는 수용소에서 죽음을 맞았다. 이 아우슈비츠 수용소는 어떤 수용소였을까? 절망의 수용소? 우울함과 냉담함의 수용소? 고동치는 심장과 같이 건강과 생존에 필수적인 자아라는 것이 실제로 존재할까? 자아라는 이 기관이 망가짐에 따라서 눌 아흐트첸이 결국 죽음을 맞이한 게 아니었을까?

최악의 스트레스

어느 날, 캘리포니아대학교의 샐리 디커슨 교수는 매우 중요한 질문 하나를 던졌다.[21] 무엇이 우리에게 가장 큰 스트레스를 줄까? 돈이 없어 쪼들리는 것일까? 건강과 관련된 걱정일까? 업무의 하중과 압박일까? 죽음에 대한 공포일까? 자식 걱정일까? 강도에게 당할지도 모른다는 두려움일까? 고소공포증이나 폐소공포증과 같은 공포증일까? 끝도 없이 이어지며 우리 시간을 잡아먹는 온갖 요구 사항들일까?

그렇다. 이 모든 것들이 스트레스의 주된 원천이다. 그러나 한 가지 특별한 유형의 스트레스가 있다. 다른 어떤 것보다 코티졸 수치를 높이는 이 스트레스는 당신과 당신의 가족이 안고 있는, 목숨을 위협하는 트라우마이기도 하다. 나는 공영 아파트에서 성장했다. 아버지는 안정적이고 좋은 일자리를 가지고 있었다. 어느 제조 공장의 전기 기사였다. 그러나 우리는 자동차를 사거나 사치품을 살 만큼 넉넉하지는 못했다.

이런 변변찮은 거주지에 산다는 사실이 나에게는 매우 중요했다. 왜냐하면 학교 친구들은 대개 널찍한 집, 이른바 중산층의 주택이라고 일컬어지는 집에서 살았고, 또 그 아이들의 아버지는 자동차를 가지고 있었기 때문이다. 나의 아버지는 자전거를 타고 출근했다. 사춘기에 접어들면서 나는 내가 사는 동네를 부끄럽게 여기기 시작했다. 사회적인 열등감이라고 할 수 있는 이 감정은 나이가 들고 점차 철이 들면서 사라졌다. 하지만 그게 끝이 아니었다. 내가 집을 떠나 독립을 해서 살 때 갑자기 열등감으로 범벅이 된 그 감정이 나를 덮쳤다. 그 사실을 깨닫는 순간 나는 깜짝 놀랐다. 어떤 학회의 총회에 참석하려고 글래스고에 갔을 때였다. 나는 그 변변찮은 거주지에 여전히 살고 있던 부모님과 하룻밤을 함께 보내기로 했었고, 총회가 끝난 뒤에 그곳의 유명한 심리 치료사가 나를 부모님 집까지 태워다주겠다고 했다. 부끄러운 고백이지만 그때 나는 그 사람에게 집에서 한참 떨어진 번듯한 동네에서 내려달라고 했다. 내가 자란 동네를 그 사람에게 보여주고 싶지 않아서였다. 그때 그 사람이 나를 내려주며 바라보던 그 눈빛을 지금도 기억한다. 그 사람은 내가 그 번듯한 동네의 어떤 집으로 들어가지 않을 것임을 알고 있는 듯했다.

비록 그때는 깨닫지 못했지만, 내가 느낀 그 감정은 디커슨이 인간에게 가장 널리 퍼져 있으며 잠재적인 스트레스 형태라고 규정했던 '사회 평가적 위협social-evaluative threat, SET'에 의해 형성된 감정이었다. 당시 내 경우에 이 위협은 매우 가벼웠고 또 심각한 스트레스 요인이 아닌 게 분명했다. 특히나 당시 나는 나름대로 내 인생을 잘 꾸려가던 청년이었기 때문이다.

이 부끄러움의 감정 한가운데에는 다른 사람들이 나를(즉, 나의 자아를) 열등하다거나 혹은 엉뚱한 자리를 차지하고 있는 엉뚱한 사람으로 판단할 것이라는 믿음이 자리를 잡고 있다. 부끄러움은 다른 사람을 평가할 때 거의 배타적으로 개입하는 것으로, 찰스 다윈이 묘사한 바 있는 아주 먼 옛날부터 진화해온 감정이다.

개코원숭이를 예로 들어보자. 개코원숭이에게 일어날 수 있는 가장 스트레스가 많은 일 가운데 하나는(이 스트레스 수치는 코티졸 농도로 측정한다.) 다른 개코원숭이와의 싸움에서 져서 사회적인 지위가 내려가는 일이다. 사람의 경우도 마찬가지다. 자기보다 높은 지위에 있는 사람을 만날 때는 위협과 부끄러움을 느낀다. 부시 대통령 앞에서 주눅이 들어 횡설수설했던 헨리 맥리시를 그 사례로 꼽을 수 있다.

인간을 포함한 모든 동물에게 사회적 위협은 면역 체계에 커다란 영향을 미친다. 다른 사람에게 멸시를 받거나 거부당한다는 느낌이 오랜 기간 지속되면 건강에도 악영향을 미친다. 예를 들어서 정리 해고가 그렇다. 금전적인 보상으로 얼마를 받든 간에 직장에서 불필요한 존재로 평가받고 등이 떠밀려서 직장에서 쫓겨나는 상황은 특히나 고통스러운 경험이다. 캘리포니아대학교 로스앤젤레스 캠퍼스UCLA의 스티브 콜 교수와 그의 동료들은 에이즈(후천성면역결핍증) 환자들을 대상으로 증상의 전개 과정을 연구했다.[22] 연구진은 9년이라는 기간 동안 관찰한 결과 동성애자라는 이유 때문에 다른 사람들에게 배척을 받는다는 느낌에 특히 민감한 환자들은 이런 감정에 상대적으로 덜 민감한 환자들에 비해서 면역 기능이 현저하게 낮아졌다는 사실을 확인했다. 특히 CD4라는 T세포(체내에 병원균이 들어왔을 때 맞서 싸우는 세포 – 옮긴이)의 면역 체계에서 이 같은 모습이 두드러지게 나타났다. 이처럼 자아의 위협을 보다 많이 받은 동성애자 환자들은 보다 안정적이며 위협을 덜 느낀 환자들에 비해서 대략 2년 정도 일찍 사망했다.

에이즈 환자인 이들 두 남성 집단의 구성원들이 9년 전 연구가 처음 시작될 무렵에는 건강했으며 또 이 시작 단계에서 육체적, 사회적 혹은 심리적 차원의 여러 측정치들이 각 구성원마다 다르지 않았다는 점을 고려한다면, 그 연구 결과는 자기 정체성의 어떤 측면 때문에 다른 사람이 자기를 나쁘게 생각하며 배척한다는 느낌에서 비롯되는 자아에 대한 위협이 건강을 해치는 유해한 요인이 될 수 있음을 의미한다.

그런데 이것은 불행이나 위축된 심리 상태에서 일반적으로 확인할 수 있는 효과가 아니었다. 다른 사람들로부터 배척을 받는다는 감정은 CD4 T세포 수치로 측정되는 면역 체계의 건강과 강력하게 연관되어 있는 데 비해서 슬픔, 불안, 스트레스 그리고 우울 등은 그렇지 않다는 사실을 확인한 것이다.[23]

클레르보의 베르나르가 르네상스 이전 유럽 사람들의 개별적이고 내면적인 자아를 그 이전의 상대적으로 자기 자신을 덜 의식하는 공동체적인 자아에서 해방되도록 도울 때, 빛과 그림자가 동시에 나타났다. 개인의 창의성과 자유로운 생각이 만개한 덕분에 과학과 현대적인 세상이 탄생할 수 있었지만, 위협을 받고 쉽게 상처를 받는 개인적인 자아, 부끄러움에 쉽게 빠지는 자아가 나타난 것이다. 그런데 부끄러움이란 무엇일까? 그것은 바로, 다른 사람들이 자기에 대해서 내리는 부정적인 판단을 자기 머리에서 되살려내는 것이다.

자, 당신이 예전에 어떤 부끄러운 짓을 했을 때를 떠올려보라. 느낌이 어떤가? 숨고 싶다거나, 남의 눈에 띄고 싶지 않다거나, 시선이 저절로 아래로 내려간다거나 할 것이다. 이런 행위는 모두 자기보다 우월한 존재와 맞닥뜨릴 때 그에게 복종하겠다는 의사를 표현하는 행동과 똑같다. 오랜 옛날부터 이어져온 복종 혹은 굴복의 표현이다. 인간 외의 다른 영장류의 세상에서도 자기보다 힘이 센 상대에 복종을 약속할 때 이 같은 행동을 신호로 보낸다. 꼬리를 내리고 조용히 물러나겠으니 화를 내거나 때리지 말라는 뜻이다.

진화의 역사에서 이런저런 자원 혹은 짝짓기 대상을 놓고 적어도 직접적으로는 대항할 의지가 전혀 없음을 경쟁자에게 보여주는 이 신호들은 생존에 유효하다. 지배자에게 복종하겠다는 표현을 함으로써 지배자가 우월감을 느끼도록 하는 것은 집단을 조화롭게 유지하는 중요한 방법이 될 수 있다. 진화의 역사를 통틀어서 부끄러움을 비롯한 복종의 여러 표현들은 집단을 말썽 없이 단일하게 유지하고 불필요한 갈등을 막는 데 매우 중요하게 기여했다.

인간은 집단생활을 하는 동물이므로 다른 사람들의 인정을 받고자 하는 강력한 욕구를 유전자적으로 가지고 있다. 친구들이 곁에 없다면 집단에서 쉽게 축출되고 또 다른 인간 집단이나 짐승에게 당하고 말 것이기 때문이다. 다른 사람들과 한 집단에서 살려면 타인의 마음을 읽을 필요성이 강력하게 대두된다. 다른 사람이 무슨 생각을 하는지 그리고 나에 대해서는 어떤 감정을 가지고 있는지 알아내려고 노력해야 한다. 그렇게 하지 않는다면 자기가 다른 사람들로부터 인정을 받고 있는지 아니면 배척을 당하고 있는지 알 수 없기 때문이다. 이 말은 누구든 다른 사람들의 마음을 자기 마음속에 그대로 비추는 어떤 이미지를 만들어내어야 한다는 뜻이다. 오늘날 최고의 기업들이 일반 직원과 관리직 직원이 서로를 보다 쉽게 '읽을' 수 있는 문화, 그 안에서 서로가 한 부분으로 존재한다고 느낄 수 있는 문화를 만들고자 노력하는 것도 바로 이 때문이다.

그러나 내가 이미지를 만드는 대상은 다른 사람들의 총체적인 마음이 아니다. 내가 저장해뒀다가 나중에 집단에서의 정치와 음모, 충성, 배반 등에서 취할 수 있는 행동의 방향을 잡을 수 있도록 저장하는 것은 그들이 '나에게' 보여주는 여러 가지 반응이다. 이렇게 할 때 나는, 이 정신적인 학교 운동장의 한가운데에 있는 '나'의 이미지를 만들어야 한다. 사실 발전해가는 '나'라는 것은 본질적으로 다른 모든 사람의 마음이 나에 대해서 생각하고 느끼는 것에 대한 내 이미지들의 총합이다. 미국의 위대한 사회학자인 조지 허버트 미드는 이러한 '나'의 발상을 다른 사람들의 마음을 비추는 마법의 거울이라는 개념으로 발전시켰다.

1150년 이전의 기독교 세상에서 이 '나'는 신이 정해준 운명이라는 굳건하고도 무한한 실체로 엄숙하고도 확고하게 다듬어졌다. 세상에서 어떤 사람이 차지하는 자리는 신의 의지를 천명하는 것이었고, 그 사람의 인생에서 정말 중요한 것은 자기 영혼이 영원한 저주를 피하는 것이었으며, 또한 그것은 그 사람이 속한 집단의 일이었다. 즉, 교회가 옳은 것이라고 하면 무조건 따라야 했고, 그걸로 모든 것은 해결되었다. 13세기 중반부터, 그리고 그 뒤의 종교개혁 속에서, 또 가장 눈부시게는 20세기 후반 반세기 동안에 이 '나'는 무한함의 견고한 바위로부터 점차 떨어져나갔다. '나'는 이제 신의 마음 안에 더는 견고하게 붙들려 있지 않았다. 21세기가 되자 '나'는 이제 심지어 '내'가 속한 집단(지역 공동체, 친족 공동체 혹은 심지어 핵가족)의 마음 안에조차 언제나 얽매이지 않는다. 고정된 자아의 이미지를 거울로 비춰주는 안정적인 집단도 이제 더는 존재하지 않는다. 달라졌다. 우리는 이제 이 관계에서 저 관계로 이동한다. 그리고 나를 바라보는 다른 사람들 관점의 총합인 '나'를 유지한다는 것은 부지런하게 나를 관리하고 조작해야만 하는 어떤 것이 된다.

이로써 '나'는 해방감을 느낄 수 있지만(작은 마을에 사는 청년은 폐소공포증을 유발하는 지역 사회의 24시간 감시 체계에서 벗어나기를 갈망하지 않았다.) 그와 동시에 그만큼 상처를 받기 쉬워진다. 끊임없이 바뀌는 사회적 세상에서 스쳐 지나가는 여러 사람들의 마음을 비추는 거울들이 이동하면서 발생하는 변화로 끊임없이 위협을 받게 된다.

이 혼란스러운 격변 속에서 스스로를 지킬 대비책을 마련하는 것, 다시 말해서 그런 위협에 대비할 목적으로 자존감을 쌓는 것 말고 우리가 무엇을 할 수 있을까? 하지만 그 자존감은 집단의 마음속에 확고한 자리를 잡고 있지 못함으로써 부서지기 쉬우며, 또 상처받기 쉽게 노출된 자아에 위협이 될 수 있다는 사실은 우리가 인간으로서 감당할 수 있는 스트레스가 가장 심한 경험이다. 게다가 이 위협에 대한 통제력을 우리가 적게 가지면 가질수록 이 위협은 점점 더 커진다.

아카데미상 미스터리를 놓고 말하자면, 통제력을 가진다는 것은(보다 중요하게는 통제감을 느낀다는 것은) 아카데미상 수상자들이 후보자들보다 훨씬 더 오래 사는 수수께끼를 풀 수 있는 잠재적인 해답임을 나는 앞에서도 설명했다.

그런데 통제력 혹은 통제감의 문제를 놓고 볼 때 베르나르가 우리에게 정답일 수도 있는 어떤 것을 제시했다. 즉, 우리가 통제력을 그토록 갈망하는 이유와 통제력이 우리의 정신 및 육체적 건강에 그렇게도 좋은 이유는 그것으로 인해 우리가 자신의 자아를 지킬 수 있다는 데 있다. 만일 내가 보다 큰 규모의 단일한 실체에 속하고 또 여기에 기여하는 작은 한 부분이라면, 나의 자아는 보다 적게 노출되고 또 위협도 덜 받는다. 커다란 톱니바퀴라는 보다 큰 실체는 나 없이도 잘 굴러갈 것이다. 그러므로 어떤 점에서 보자면 보다 큰 그 실체가 계속되는 한 나의 자아는 계속 유지된다. 보다 큰 실체의 작은 한 부분으로서 나의 개인적인 자아는 위협에 적게 노출된다. 일본의 기업 문화에서 볼 수 있는 평생 직장, 즉 평생 한 직장에 충성을 다한다는 발상은 세계화된 세상에서는 아마도 더는 유지되지 못하겠지만, 개인이 개인적인 차원에서 보다 큰 프로젝트의 한 부분이라고 느낄 수 있는 기업 문화를 강화하려는 노력 속에는 막대한 잠재적인 편익이 놓여 있다.

그러나 만일 나의 자아가 존재론적인 자영업자로서 혼자서 헤쳐 나왔다면, '나'는 내가 가진 모든 것이다. 그리고 이 '나'에 대한 가장 큰 위협은 다른 사람들이 나에 대해서 내리는 판단과 나에 대한 수용 혹은 배척의 결정에서 비롯된다. 부끄러움과 굴욕은, 톱니바퀴의 톱니 하나에게는, 고립된 외로운 자아에 비하면 훨씬 작은 위협이다. 위대한 사회학자인 막스 베버Max Weber는 개신교가 유발한 '개인적인 자아의 유례 없는 내면적 외로움'에 대해서 이야기했다. 베르나르였다면 아마도 그 개인적인 자아를 이런저런 방식으로 해방시켰을 테지만, 자기 영혼을 구원하는 문제에서 각 개인이 수행해야 하는 역할은 루터의 종교개혁 이후 한층 더 커졌다.

이 내면적인 외로움 때문에 스스로 통제력을 발휘해서 무엇이든 할 수 있다고 느끼는 것이 우리의 정신과 육체에 매우 중요하게 되었다. 나 역시도 지금껏 살면서 다른 사람들로부터 좋은 평판을 얻고 또 '나'에 대한 부정적인 판단이 나타나지 않게 하는 데 많은 시간을 보냈다. 만일 그 '나'가 위협을 받으면, 내 육체는 보다 많은 스트레스 호르몬을 생산할 것이고, 그 결과 나의 면역 체계는 다른 어떤 스트레스를 받을 때보다도 많이 손상될 것이다. 그리고 가장 극단적인 상황에서는 생명이 위태로워질 수도 있다.

프리모 레비는 그리스 살로니카 출신의 유대인들 이야기를 쓰면서 이렇게 적었다.

"그들은 정당성이 없는 야만적인 행위를 회피했다. 또한 인간 존엄성이 적어도 잠재적으로는 가능할 것임을 놀랍도록 선명하게 의식했다. 이 덕분에 그들은 수용소에서 가장 통일성 있는 집단이 될 수 있었으며, 또한 이런 점에서 가장 문명적인 사람들이었다."[24]

다른 말로 하면, 그 살로니카 유대인들은 집단의 힘을 활용함으로써 자기들의 자아를 구하는 방법을 알았다. 이에 비해서 눌 아흐트첸은 자기 자아를 살아 있게 만들기 위한 투쟁을 포기했으며, 그 결과 통제력을 상실했을 뿐만 아니라 통제력에 대한 '소망'까지도 상실했다. 결국 자아가 없다면 통제력이 존재할 이유도 없다. 눌 아흐트첸의 경우에 자아의 죽음이 육체의 죽음으로 이어졌다는 사실은 결코 놀라운 일이 아니다. 아우슈비츠 수용소를 배경으로 한 이 무섭고도 극단적인 사례는 자아의 강건함이 육체의 건강에 얼마나 필수적인지 생생하게 증명한다.

자, 다시 아카데미상의 미스터리로 돌아가자. 이 상의 번쩍거리는 트로

피가 자아를 위협으로부터 어느 정도 보호해줄 수 있을까? 자아가 위협을 받을 때 무시무시하게 나타나는 치명적인 스트레스로부터 자아를 보호해줄 수 있을까? 이 질문에 대답을 하기 전에 제2차 세계대전으로 다시 잠깐 돌아가자. 이번에는 아우슈비츠가 아니라 축축한 공포가 드리워졌던 런던이다.

독일 공군의 런던 공격은 대도시를 표적으로 한 역사상 두 번째의 대규모 무차별 공습이었다. 첫 번째 공습은 1807년에 있었다. 당시 영국의 넬슨 제독은 덴마크의 코펜하겐에 함포를 퍼부었고, 이 공격으로 코펜하겐의 많은 부분이 파괴되었으며 시민 2,000명이 사망했다. 그러나 나치 원수 헤르만 괴링의 독일 공군 루프트바페가 런던을 비롯한 영국의 주요 도시들에 가한 폭격으로 사망한 시민은 40,000명이 넘었다. 독일군의 공습은 밤에 이루어졌다. 이유는 여러 가지가 있겠지만 그 가운데 하나는 밤의 어둠이 공습받는 사람의 마음에 두 배 더 큰 공포를 심어준다는 데 있었다. 이 공포는 히틀러가 노린 전략이었다. 히틀러는 영국해협을 통해서 영국 본토를 침공할 계획을 세우고 있던 터라, 이 계획의 준비 단계로 영국 사람들의 기를 꺾어놓으려 했던 것이다.

불안을 경험해본 사람은 누구나 잘 알겠지만 공포는 조건 반사적으로 일어날 수 있다. 예를 들어서 어떤 사람이 많은 사람 앞에 나서서 연설하는 걸 두려워한다고 치자. 이럴 때 이 공포는 연단에 서서 청중을 바라볼 때만 나타나는 게 아니다. 이 행위와 관련된 것이면 무엇이든 불안에 대한 이른바 '조건 자극conditioned stimuli'이 될 수 있다. 자기 노트북에 켜진 슬라이드 프레젠테이션을 한번 흘낏 바라보는 것만으로도 공포를 느낄 수 있다. 지난번에 자기가 했던 프레젠테이션에 참석했던 사람을 만나는 것, 혹은 강의실에 발을 들여놓는 것만으로도 이 공포는 촉발된다. 이 조건 자극은 당신에게 공포를 촉발하는 힘을 획득한다. 어떤 특정한 공포증이 당신의 삶 속에 스며들어서 당신이 견딜 수 있는 한계 상황을 초월할 정도로까지 불안과 공포로 당신을 짓뭉개놓는 주된 원인이 바로 이 조건 자극에 있다.

런던 시민들이 바로 그랬다. 어떤 사람들에게는 어둠 그 자체가 공포를 촉발했다. 하지만 대부분의 사람들에게 조건 자극은 훨씬 더 구체적이었다. 예를 들면 밤하늘에 길게 이어지는 공습 경보 사이렌, 잠에서 덜 깬 아기를 안고 허둥지둥 정원에 파놓은 대피호로 달려가는 어머니 혹은 방공호의 차갑고 축축한 벽면 등이 조건 자극이었다.

공습 경보 사이렌은 공포의 신호였다. 심지어 실제로 공습이 이루어지지 않을 때조차도 그 소리는 공포 그 자체였다. 울부짖는 듯하기도 한 점점 커지는 그 사이렌 소리는, 실제로 독일 공군의 공습이 이어지거나 혹은 그렇지 않거나 상관없이, 수많은 런던 시민의 심장을 공포로 벌렁거리게 만들고 등줄기에 식은땀이 흐르게 만들었다.

이 공포의 스트레스는 런던 시민의 육체와 뇌에 혹독한 상처를 남겼다. 코티졸 농도가 비정상적으로 높은 혈액이 온몸을 순환하면서 면역 체계를 약화시켰고, 부신(신장의 상단 경계부에 있는 두 개의 작은 기관. 아드레날린을 비롯한 여러 호르몬을 분비한다. – 옮긴이)이 부풀어 오르게 만들었으며, 특히 통제감 상실을 느끼는 사람들에게는 뇌의 기억 중추인 해마의 뇌세포가 줄어들게 만들었다.

실험용 생쥐를 공습 경보 사이렌에 해당되는 소음에 노출시켜서 공포에 조건 반사적으로 반응하게 할 때, 이 생쥐들 역시 공포 그리고 나아가 우울증과 절망감을 나타냈다.[25] 하지만 이 생쥐들에게 그 경보음이 아닌 다른 소리, 즉 공포의 부재를 예측하게 해주는 소리를 들려주면 전혀 다른 일이 일어난다. 공포에 지친 런던 시민들은 공습 해제를 알리는 사이렌 소리, 안도의 한숨을 연상시키는 낮고 단일한 톤의 그 소리를 듣고서는 밝은 햇살이 비치는 밖으로 나오곤 했다.(공습 경보 사이렌에 이어지는 공습해제 사이렌 소리를 확인하고 싶으면 http://www.youtube.com/watch?v=erMO3m0oLvs를 참조하기 바란다.) 그 소리는 단 한 가지 소식을 알렸다. 그것은 안전이었다. 공습이 끝났고, 죽음과 부상이 끝났고, 공포로부터 해방되었음을 알리는 소리였다.

생쥐에게 공습 해제 사이렌에 해당되는 소리는 스트레스나 공포와는 단 한 번도 연관되지 않은 소리이다. 즉 그것은 공포의 부재, 다시 말해서 안전을 알리는 소리이다. 많은 사람들에게 스트레스로 가득 찼던 하루 일과를 마치고 집으로 돌아왔을 때의 상황이 바로 그런 경우이다. 스트레스의 신호가 전혀 없는 소리, 냄새 그리고 그 밖의 여러 자극이 바로 런던 시민들이 들었던 공습 해제 사이렌 소리이다. 즉, 힘든 일과를 마치고 집에 돌아온 사람들에게 집은 안전을 알리는 신호, 더는 스트레스에 시달리지 않아도 된다는 확신을 제공하는 신호이다. 하지만 모든 사람들에게 집이 다 그렇게 안전을 알리는 신호로 작동하지는 않는다. 일감을 집으로까지 가져와야 하는 사람이나 가정에 스트레스를 주는 요인들이 있는 사람일 경우에 귀가는 결코 안전을 알리는 신호가 되지 않는다.

안전 신호에 대한 놀라운 점은 이 신호가 단지 스트레스가 끝났음을 예측하는 기능으로만 작용하는 게 아니라 스트레스로 인한 손상을 교정해 주는 기능까지 한다는 사실이다. 이런 안전 신호가 있는 상황에서 생쥐는 공포, 절망, 우울 등의 감정을 털어낸다. 그리고 심지어 생쥐의 뇌 기억 중추에서는 새로운 뇌세포가 생겨난다. 안전을 알리는 이 소리의 톤은 또한 뇌에 중요한 화학물질 분출을 촉발한다. 뇌신경영양인자BDNF라는 이 물질은 뇌에 새로운 연결망을 강화하는 데 도움을 주는 일종의 영양제이다. 이처럼 안전 인자는 실제로 스트레스와 스트레스의 유독한 결과를 '억제' 한다. 자, 그럼 여기서 다시 아카데미상의 번쩍거리는 트로피로 돌아가서,

과연 이 상이 쉽게 깨지고 상처받기 쉬운 자아에 하나의 커다란 안전 신호가 될 수 있을까 하는 질문을 놓고 따져보자.

사람이 일상생활을 하면서 받는 가장 큰 스트레스는 자아에 대한 위협이다. 대부분의 유명 배우들의 경우에 자아는 끊임없이 평가를 받는다. 즉, 가장 최근에 출연했던 작품으로 평가받는 이들은 늘 반복된 위협에 노출되어 있다. 세계적인 과학자들도 마찬가지이다. 가장 최근에 발표한 논문으로 평가를 받는 이들은 자기가 세운 업적의 한계를 끊임없이 넘어서야만 한다. 가장 최근에 세운 실적을 넘어서야만 하는 영업 사원들도 마찬가지이다. 어쨌거나 사람들은 감독이나 배우의 새로운 영화를, 과학자의 새로운 논문 혹은 기업가의 최근 실적을 그들 업적의 평균치와 비교하지 않는다. 사람들은 가장 쉽게 기억하고 있는 그들의 직전 영화나 논문 실적(이것은 보통 그들이 낸 가장 좋은 성적을 나타낸다.)을 놓고 그 사람들을 평가한다.

아카데미상 수상이 강력하고도 거의 영속적인 '자아에 대한 안전 신호'를 제공한다는 사실이 바로 아카데미상 미스터리에 대한 해답이다. 아카데미상 수상은 다른 사람들의 부정적인 평가가 주는 끔찍한 스트레스로부터 '나'를 보호하는, 평생 지속되는 보험과 같은 것이다. 아카데미상 수상은 평생 동안 지속되는 공습 해제 사이렌 소리, 즉 당신의 자아는 안전하게 보호받고 있음을 알려주는 영구적인 안전 신호일 수 있다. 아카데미상 수상자가 보통 사람이나 후보 명단에만 이름을 올렸을 뿐 상을 받지 못한 사람에 비해서 훨씬 더 오래 살 수 있는 이유는 바로 여기에 있다. 자아를 보호해줌으로써 육체까지 지켜준다는 말이다.

바로 이 점이 승리의 매우 인상적인 효과, 즉 빛이다. 그러나 부서지기 쉽고 파악하기 어려운 이 자아를 보호하기 위한 투쟁에 어두운 그림자도 있을까? 자기의 개인적인 자아를 불멸의 존재로 만들기 위해서 승리를 갈망하고 투쟁하는 사람이 억만장자가 되려면 그에 따른 대가를 반드시 치러야만 할까?

이 질문이 이 책의 최종 질문으로 우리를 이끈다. 승리에는 어두운 그림자가 뒤따를까? 그리고 이제 우리는 전용 제트기를 타고 날아다니는 CEO의 마지막 미스터리를 풀어야 한다.

권력자들의 공감능력 결핍현상은 필연적인 걸까?
독재자들은 왜 상상 이상의 위험한 행동으로 인류를 궁지에 몰아넣을까?
세상을 이롭게 바꾸는 지도자가 독재자와 다른 근본적 차이는 무엇일까?

5

전용 제트기를 타는 CEO들의 미스터리

Mystery of the Flying CEO's

승리에는 반드시
부정적 결과가 뒤따를까?

**WINNER
EFFECT**

2008년 11월 18일, 리먼브라더스와 메릴린치가 무너졌으며 현금 자동 인출기에는 돈이 더는 있을 것 같지 않았다. 1929년의 대붕괴가 이어질 것만 같았던 이른바 '검은 일요일'이 있은 지 두 달 뒤였다. 이때 CEO 세 사람이 워싱턴으로 돈을 구하러 갔다. GM의 릭 왜고너와 포드의 앨런 멀랠리 그리고 크라이슬러의 로버트 나델리가 그 주인공들이었다. 이 세 사람은 파산 직전에 몰린 자기 회사를 살리기 위한 자금으로 250억 달러의 긴급 구제금융(기업 파산을 막기 위해 정책적으로 제공하는 자금 – 옮긴이)을 정부에 요청했다. 이 세 개의 자동차 회사들은 변화하는 미국 자동차 시장에서 연비를 개선한 고효율 자동차를 계획하지 않고, 오히려 멸종의 운명을 앞둔 공룡처럼 덩치만 커다란 자동차를 만들어서 싸게 파는 방식으로 대응하다 이 위기를 맞이한 것이었다.

상원에서 연설을 하려고 워싱턴으로 오는 이 CEO들을 기다리던 기자들은 깜짝 놀랐다. 이들은 모두 각자 자기 회사 소유의 전용 제트기를 타고 온 것이다. 릭 왜고너가 타고 온 사치스러운 비행기는 3,600만 달러짜리였다. 그런데 GM은 이것 말고도 여러 대의 제트기를 운용하고 있었다. 당장 컨베이어 벨트를 세우고 문을 닫아야 할지도 모르는 생산 공장을 책임지고 있던 고위 경영진이 마음대로 쓸 수 있는 비행기들이었다. 미국의 전 국민과 언론이 분노했지만, 이런 분노조차도 이 기업들을 감싸고 있던 거품을 뚫고 그 CEO들에게 전달되지 않았다. 당시에 ABC 뉴스는 다음과 같이 보도했다.

"GM과 포드는 CEO가 전용 제트기를 타고 간 것은 회사의 결정 사항이며, 아무리 회사에 현금이 말랐다 하더라도 이것은 협상의 대상이 아니라고 말한다."[1]

그러나 2주 뒤에 이 CEO들이 다시 한 번 더 자금 지원 요청을 하려고 워싱턴에 왔을 때는 각자 자기 회사에서 개발한 최고의 친환경 자동차를 타고 왔으며, 포드와 GM은 회사에서 운용하는 제트기들을 모두 처분할 것이라고 발표했다.[2]

누구보다 똑똑하고 또 치열한 경쟁을 통해서 선택받은 기업의 지도자들이 자기가 하는 행동이 대중에게 어떻게 비치는지 그처럼 모를 수가 있을까? 이것은 기업의 지도자뿐만 아니라 모든 사람에게 해당되는 질문이다. 왜냐하면 우리는 모두 이따금씩 나중에 돌이켜보면서 '내가 정말 그랬단 말이야?'라며 황당하게 여길 그런 행동을 하기 때문이다. 중요한 판단 착오는 똑똑하고 또 성공한 사람 대부분에게서 일어난다. 그런데 이러한 판단 착오에는 막대한 대가가 뒤따르고, 승자가 되기 위한 우리의 노력에 찬물을 끼얹는다. 그렇다면 성공과 이 같은 판단 착오 사이에 어떤 연관성이 있지 않을까? 승리라는 상태에는 판단을 왜곡하는 어떤 요소가 있는 게 아닐까? 전용 제트기를 타고 다니던 CEO들의 수수께끼를 풀면 이 질문에 대한 해답을 찾는 데 도움을 얻을 수 있다. 자, 그럼 먼저 역시 전용 제트기를 타고 다녔던 또 다른 CEO를 살펴보자. 이 CEO는 하늘을 너무 높이 나는 바람에 자본주의라는 태양에 너무 가까이 다가가고 말았다.(그리스 신화에서 이카루스는 밀랍으로 날개를 붙여 하늘 높이 날아올랐지만 태양에 너무 가까이 다가가는 바람에 밀랍이 녹아 추락했다. – 옮긴이)

날씨를 판 CEO

덴버 중심가에서 남서쪽으로 24킬로미터쯤 떨어진 곳에 납작하게 엎드린 널찍한 흰색 콘크리트 건물이 하나 있다. 이 건물은 미국 연방 교도소이다. 콜로라도 주의 레이크우드에 있는 이 교도소에서 죄수번호 29296-179인 수감자가 자신의 석방일인 2028년 2월 21일을 새삼스럽게 머리에 떠올려본다. 석방되는 그날에 자기가 교도소 밖으로 걸어 나갈 때, 눈 덮인 로키 산맥에서 불어오는 차가운 겨울바람에 왜소해진 어깨를 웅크릴 그 순간에 자기가 무엇을 할지 생각한다. 교도소에 수감된 뒤로 이따금씩 습관처럼 해보는 상상이다. 이런 상상을 하지 않을 때는 멋지게 잘나가던 시절을 회상하곤 한다. 이 사람은 당시 세계에서 16번째로 규모가 컸던 기업 엔론에서 무소불위의 권력을 휘두르던 CEO 제프리 스킬링이다.

새로운 천 년으로 바뀌던 2000년의 엔론 연차 보고서에는 현기증이 날 정도로 놀라운 숫자들이 적혀 있었다. 회계 보고서의 첫 줄 하나만으로도 보고서를 읽는 사람은 숨을 멈출 수밖에 없었다. 그해 매출이 1,000억 달러였다. 전년도인 1999년의 400억 달러와 비교하면 무려 250퍼센트나 증가한 액수였다. 당시 얼마나 짜릿한 전율이 엔론의 주식을 가지고 있던 사람들의 몸을 타고 흘렀을지는 충분히 상상하고도 남는다.

엔론의 주식을 산 트레이더들이나 이 주식의 매입을 추천한 애널리스트들 그리고 마구 치솟는 주가 그래프를 황홀하게 바라보던 주주들은 뿌듯했다. 하지만 그들은 잡지 「워스Worth」가 2001년 최고의 CEO 50인으로 선정한 사람들을 다루면서 스킬링을 그들 가운데 두 번째로 놓았다는 사실에는 그다지 놀라지 않았다. 당연한 것이었으니까! 「뉴욕타임스」에 따르면, 이 신뢰받는 잡지는 스킬링을 '더할 나위 없이 똑똑하고 더할 나위 없이 자신만만하다'고 치켜세웠다.³

「비즈니스위크Business Week」도 스킬링을 다룬 기사에서 「워스」 못지않게 칭찬을 늘어놓았다. 2000년 5월 15일자 「비즈니스위크」 기사 가운데 일부를 소개하면 다음과 같다.

"엔론의 CEO 제프리 스킬링이 핵심 고객들을 데리고 연례 행사로 치러지는 여행을 할 때, 이 여행은 그저 그렇고 그런 골프 여행이 아니다. 스킬링은 멕시코에서의 1,000마일(1,600킬로미터) 비포장도로용 오토바이 여행이나 7일 일정의 오스트레일리아 오지 트레킹과 같은 것으로 고객과 함께한다. 그런데 사실 이건 놀라운 일이 아니다. 마흔여섯 살의 스킬링은 이같이 스릴을 좇는 활동을 여가 시간에만 한정하지 않는다. 그의 모험 정신은 미국에서 천연가스와 전기가 거래되는 방식을 혁명적으로 바꾸는 데 일조했다. 지난 십 년 동안 탈규제 움직임이 이 분야 시장을 뒤덮자, 예전에는 그저 그렇고 그렇던 스킬링의 파이프라인 회사가 미국의 선도적인 기업으로 부상했다."⁴

스킬링은 에너지 사업에서 멈추지 않았다. 그는 인터넷 대역폭과 같은 다른 '필수품'들을 거래하는 시스템을 세웠다. 그러나 새로운 시장을 창출하는 데서 그가 이룩했던 가장 악명 높은 업적은 '날씨'를 거래하는 것이 아닐까 싶다. 이와 관련된 2000년의 엔론 연차 보고서 부분을 소개하면 다음과 같다.

"날씨 관련 사업이 지금처럼 우리에게 유리했던 적은 과거에 없었다. 우리의 날씨 위기 관리 사업은 1999년 321건에서 2000년에 1,629건으로 약 다섯 배나 증가했다. 우리가 참여하는 다른 모든 시장에서와 마찬가지로 우리는 우리의 날씨 상품들에 교차 상품 가능성을 부여한다.(어떤 회사가 자체 개발한 상품이 아닌 다른 회사가 개발한 상품까지 판매하는 적극적인 판매 방식을 교차 판매라고 하고, 이때의 대상 상품을 교차 상품이라고 한다. - 옮긴이) 예를 들어서 우리는 강수량이 미리 설정했던 하한선보다 낮을 경우 천연가스의 가격과 연동된 재무 보상을 제공하는 3년짜리 강수량 거래를 체결했다. 날씨 부서는 여러 개의 다른 엔론 집단들과 공조해서 엔론의 위험을 이전·분산했으며, 최종적으로는 이 세 시장(천연가스 시장, 날씨 상품 시장 그리고 보험 시장)에서 외부 회사 열 곳과 거래를 체결했다. 한 꾸러미로 묶은 최종 산물은 결과적으로 소비자에게 효과적인 손실 방지책hedge이 되었다."[5]

이른바 '날씨 파생 상품'은 본질적으로 주어진 특정한 기간 동안에 날씨가 어떻게 될 것인가에 투자하는 것이며, 이 투자는 이 파생 상품들을 날씨의 영향을 받는 천연가스나 그 밖의 다른 에너지 자원들의 가격과 연동시킴으로써 더욱 복잡해질 수 있다. 예를 들어서 우산 제조업체라면, 특정한 기간의 강우량이 미리 설정했던 강우량보다 밑돌 경우에 수익을 올리게 설정된 엔론의 온라인 파생 상품 거래소에 돈을 걸어 손실을 방지하려 할 것이다. 보다 표준적인 파생 상품으로는 예컨대 구리의 미래 가격 따위에 돈을 건다. 구리는 시장에서 적어도 실질적인 내재 가치(실질적인 가치는 시장 가치와 대비된다. - 옮긴이)를 가지고 있기 때문이다. 그런데 날씨에는 본질적인 가치가 없다. 하지만 그런데도 날씨 파생 상품들은 '엔론 온라인'이라는 기업을 통해서 매매되었다. 그러니까 엔론 온라인은 기본적으로 온라인 도박업체나 다름없었다. 그것도 어마어마한 규모의 판돈이 오가는…….

제프리 스킬링은 잘나갔다. 그야말로 파도의 머리꼭대기에 올라앉았다. 이 사실을 본인도 알았다. 전설적이던 그의 거만함은 엔론, 엔론의 주주들, 채권 트레이더들 그리고 또 본인이 어마어마한 부를 챙겼기에 가능했다. 그런데 스킬링이 일신상의 이유를 대며 2001년 8월 14일에 갑자기 CEO 직에서 사임했다. 눈이 핑핑 돌아갈 정도로 어지럽던 그해 1월 2일에 엔론의 주가는 84.06달러까지 치솟았었다. 그러다가 스킬링이 물러나기 몇 분 전인 8월 14일의 종가는 42.93달러였다. 그리고 그의 사임이 시장에 알려진 뒤인 다음날 아침에는 다시 36.87달러로 떨어졌다. 그리고 2001년 마지막 날의 엔론 주가는 겨우 0.60달러였다. 엔론 주각의 폭락은 수십억 달러를 허공에 날렸으며, 그에게 충성을 다하던 수천 명 직원의 연금까지 흔적도 없이 지워버렸다. 2001년에 벌어진 엔론의 이 사태는 너무도 예외적이고 또 너무도 기괴해서 언론이나 기업의 분석가들, 정치인들 그리고 주주들은 CEO이던 스킬링과 회장이던 케네스 레이 그리고 최고재무책임자CFO이던 앤드루 패스토 등 엔론의 지도자들의 개성 혹은 정신 병리에서 어떤 설명을 얻고자 했다. 그처럼 성공한 기업이 어째서 기업에서 가장 중요한 자리에 자격 미달의 인물을 앉히는 얼토당토않는 인사상의 실수를 저지름으로써 수많은 관계자들에게 피해를 입히면서 파산의 길을 걸어갈 수 있단 말인가? 헤드헌터 혹은 인재 선발 전문가들이 그 같은 기업의 고위직 인사를 보다 잘 선발하기 위해서는 무언가 보다 나은 방도를 취해야 하는 것 아닐까?

엔론의 거래는 복잡한 여러 거래들의 네트워크를 바탕으로 했는데, 이 거래들 가운데 다수는 미래에 일어날 거래나 사건과 관련된 것이었다. 한 도박사가 말하듯이 누구라도 내기에 건 돈을 잃을 수 있다. 그리고 실제로 에너지의 미래 가격을 놓고 벌인 엔론의 도박에 참여한 사람들 가운데 많은 사람들이 돈을 잃었다. 이것을 감추기 위해서 엔론은 일련의 의심스러운 '동업제partnership'를 만들었다. 나중에 밝혀진 사실이지만, 이런 동업제들은 엔론의 대차대조표에서 빚을 누락시킴으로써 수익이 화려할 정도로 높게 보이도록 만들어 주주들이 황홀경 속에서 행복을 느끼도록 하기 위한 장치였다. 그리고 소수의 눈치 빠른 기자들이 어마어마한 수익 뒤에 감추어져 있는 본질을 들여다보기 시작한 뒤에야 비로소 종이로 만든 집은 무너지기 시작했다. 그런데, '슈퍼스마트'의 똑똑한 승자들이 모인 집단, 즉 엔론의 고위 경영진이 어떻게 이런 일이 일어나도록 방치했을까?

또, 전용 제트기를 타고 다니던 CEO들은 워싱턴으로 자금을 구하러 갈 때 제트기를 타고 간다면 자신 및 기업의 이미지가 엄청나게 타격을 받을 게 뻔함에도 불구하고 어떻게 이 같은 사실을 모를 수 있었을까? 최고 수준의 기업에서 최고위직에 있는 사람이라면, 그야말로 대기권 수준의 연봉과 이런저런 혜택 그리고 연금 및 스톡옵션을 받는 사람이라면, 대중의 분위기나 태도를 읽고 또 예상하는 능력은 당연히 갖추어야 하는 것 아닐까? 그런데도 그 사람들에게는 그런 능력이 없었다. 과연 우리는 이 수수께끼를 어떻게 설명할 수 있을까? 이상하게 보일지 모르겠지만, 우선 '하지불안증후군restless legs syndrome'에 대해서 살펴볼 필요가 있다. 이것은 주로 잠들기 전에 다리에 불편한 감각 증상이 심하게 나타나 자꾸만 다리를 움직이게 되는 증상으로 수면 장애를 유발한다.

하지가 불안한 여자

케이트는 밤에 잠을 자기가 두려웠다. 두 다리의 감각이 이상했다. 마치 피부 아래 깊숙한 곳에서 도저히 긁을 수 없는 어떤 가려움이 느껴지는 것 같았다. 그녀는 최근에 오십 대가 되었고, 또 그럭저럭 충분히 먹고 살 만했다. 수면 부족으로 그녀는 늘 피곤했으며 또한 두 다리에서 일어나는 낯선 증상으로 지칠 대로 지쳤다. 그래서 병원을 찾았는데, 의사는 하지불안증후군이라는 진단을 내리고 프라미펙솔을 처방했다. 이 약을 먹으면 증상이 완화되곤 했다.

약을 복용한 뒤로 케이트의 다리는 덜 실룩거렸고, 그녀는 마음이 놓였다. 그런데 정말 이상한 일이 일어났다. 케이트는 도박을 하지 않았으며, 하지 않을 뿐만 아니라 도박이라는 행위 자체를 인정하지 않았었다. 도박을 하는 사람들은 불행한 사람들이라고 생각했었다. 그런데 프라미펙솔을 복용한 뒤부터 어쩐 일인지 인근에 있던 카지노에 출입하기 시작했다. 시도 때도 없이 실룩거리던 다리의 증상은 나아졌지만, 그래도 '불안한 다리'는 여전히 그녀를 괴롭혔다. 그러자 의사는 프라미펙솔 복용량을 늘려서 처방했다. 다리의 증상은 한결 나아졌다. 그러나 그녀의 도박 충동은 점점 더 커져서, 결코 적지 않은 돈을 카지노에서 잃는 일이 점점 자주 일어나기 시작했다.

2년 반 뒤에 케이트는 세계적으로 명성이 자자한 병원인 메이오클리닉의 수면장애 클리닉에 입원해 있었다. 거기에서 의사는 그녀가 먹는 약을 로피니롤로 바꾸었다. 그리고 이 약의 복용량을 늘리면서 케이트의 도박 충동은 점점 커졌고, 마침내 그녀는 14만 달러의 돈을 잃는 지경에까지 이르렀다. 메이오클리닉의 의사들이 약 복용 중단 지시를 내리자 그녀의 도박 충동은 씻은 듯이 사라졌다. 마치 어두운 방에서 불을 켤 때 어둠이 사라지듯이.[6]

프라미펙솔은 파킨슨병 치료제로도 사용된다. 메이오클리닉의 또 다른 의사 집단[7]은 짐이라는 환자의 사례를 연구하고 있었다. 짐은 비교적 이른 나이에 파킨슨병에 걸렸다. 마흔한 살이던 짐은 그때까지 단 한 번도 도박을 해본 적이 없었다. 그런데 의사가 그에게 프라미펙솔을 처방했고, 상당한 양의 이 약을 복용한 지 채 한 달도 되지 않아서 그는 인터넷 도박에 중독되었다. 몇 달 만에 무려 5,000달러나 잃었다. 뿐만 아니라 충동구매자로 변해서 필요하지도 않고 원하지도 않는 물건들을 마구 사들였다. 그런데 이상하게도, 약을 끊자마자 그는 예전의 자아를 회복했다. 도대체 무슨 일이 일어난 걸까?

로피니롤과 프라미펙솔은 뇌의 화학 메신저인 도파민의 수치를 증가시킨다. 이 약들은 때로 아직 제대로 규명되지 않은 이유로 해서 하지불안증후군을 완화한다. 그런데 하지불안증후군은 도파민의 통제를 받는 동작 체계의 사소한 오작동과 관련이 있는 것 같다. 로피니롤과 프라미펙솔은 파킨슨병의 특징적인 증상인 낮은 도파민 수치를 개선하는 데 도움을 준다. 그런데 도대체 무슨 까닭으로 이 약을 먹는 사람들 중 몇몇은 도박 충동에 강하게 사로잡힐까?

독일 울름대학교의 신경과학자인 비르기트 아블러와 그녀의 동료들은 하지불안증후군 때문에 도파민 약제를 복용하는 케이트와 같은 여성 환자들을 대상으로 이 의문에 대한 해답을 구하고자 했다. 연구자들은 이 환자들이 약을 복용할 때와 복용하지 않을 때 각각 진짜 돈을 놓고 도박을 하라고 했고, 이때의 뇌 상태를 확인하기 위해서 기능성자기공명영상 장치로 사진을 찍었다. 도파민 수치를 높여주는 약을 복용하지 않은 상태에서 피실험자들의 뇌는 정상적으로 작동했다. 특히, 보상이 주어지는지 아닌지 판단하는 뇌의 한 부분인 복측 선조체ventral striatum가 그랬다. 그러나 케이트가 복용한 것과 동일한 약을 복용한 상태에서 이 선조체는 매우 이상하게 작동했다.

만약 당신이 복권에 당첨되었다는 편지를 받았다고 치자. 이때 도무지 있을 수 없으며 '전혀 예상하지 않았던' 이 사건이 선조체의 도파민 수치를 높여줄 것이고, 그 결과 당신은 날아갈 듯이 기분이 좋아질 것이다. 만일 당신이 경마장에서 좋아하던 말에 돈을 걸었는데 그 말이 일등으로 결승선을 통과해서 예컨대 10만 원을 벌었다면 소량의 도파민이 분출되어 꽤 기분이 좋아질 테지만, 그렇다고 해서 이 사실을 동네방네 소문을 낼 정도는 아니다. 당신이 번 10만 원은 '예상했던' 보상이기 때문이다. 이번에는 반대로 당신이 산 복권이 당첨되지 않았을 경우를 생각해보자. 당신 뇌의 도파민 수치는 소량 떨어지겠지만, 그 결과는 충분히 예상한 것이므로 당신은 낙담까지는 하지 않을 것이다. 그리고 또 이번에는 당신이 경마장에서 점찍은 말이 우승할 것이라 확신하고 그 말에 거금을 걸었다고 치자. 그런데 운이 없게도 그 말의 기수가 낙마해버렸다. 이 경우 당신의 복측 선조체에서는 도파민 수치가 상당한 폭으로 떨어지고 당신은 쓰라린 고통을 경험할 것이다.

도파민은 보상의 주스이다. 이것은 무엇을 배우고 또 무엇을 더 많이 해야 할지 그리고 무엇을 배우지 말아야 하고 또 무엇을 가능하면 하지 말아야 할지 우리에게 가르쳐준다. 진화의 투쟁 속에 펼쳐지는 생존 경쟁 아래에서, 예상할 수 있는 보상이 아니라 예상할 수 없는 보상에 특별히 관심을 기울인 사람들은 음식, 물, 비바람을 피할 수 있는 장소, 온기 등이 있는 새로운 곳을 발견할 가능성을 그만큼 더 많이 가졌다. 그래서 이들의 생존 가능성은 더 높았고, 따라서 이들은 자기 유전자를 후대에 더 많이 남겼다. 물이 있을 것이라고 생각했던 웅덩이에 물이 없다거나 열매가 달려 있을 것이라고 생각했던 나무에 열매가 없다거나 하는 따위의 예상할 수 없는 실망에 관심을 기울이는 것도 역시 마찬가지로 상대적으로 유리했다. 이런 일을 당할 때마다 사람들은 목숨을 위협할 수도 있는 그 실망스러운 상황을 탐구하고 미래에는 그 상황을 될 수 있으면 피했을 것이기 때문이다.

전 세계의 복권 사업 관계자들이 백만 명 가운데 한 명의 당첨자가 받게 될 어마어마한 당첨금을 선전하느라 열을 올리는 이유도 바로 여기에 있다. 이처럼 기회가 드물고 또 그만큼 거의 예상하지 못했던 보상을 받은 당첨자의 뇌에서는 엄청난 양의 도파민이 분출된다. 그러나 복권에 헛돈만 날린 사람들은 자기가 당첨되지 않을 것임을 미리 '예측'하고 있었기 때문에, 설령 당첨되지 않았다 하더라도 이 사람들의 뇌 도파민 수치가 참담한 고통 속에서 낮게 떨어지는 일은 일어나지 않는다. 오히려 반대로, 텔레비전에 비치는 행운의 당첨자가 도파민 세례 속에서 기뻐하는 모습에 사람들은 대리만족을 느끼기조차 한다. 그래서 이 사람들은 일주일에 한 번씩 꼬박꼬박 복권을 산다. 아블러와 그녀의 동료들은, 문제의 그 약을 복용하고 있던 12명의 여성이 복측 선조체에서 이기고 지는 것에 대한 반응을 뒤죽박죽으로 나타낸다는 사실을 발견했다. 기묘하게도 경마장에서 자기가 선택한 말이 뒤처지는 것과 비슷한 일이 일어나도, 즉 매우 크게 기대했던 보상이 실현되지 않았을 때도, 이 사람들의 도파민 수치는 떨어지지 않고 오히려 높아졌다. 그리고 또 복권에 당첨되는 것과 비슷한 일이 일어날 때, 즉 전혀 예상하지 않았던 보상이 실현되었을 때, 그들의 복측 선조체에서 도파민 수치가 떨어졌다. 이 여성들은 문제성이 있는 노름꾼들이 아니었지만, 케이트가 복용하던 것과 같은 도파민 촉진제가 그 여성들 뇌의 화학적인 상태를 바꾸어버린 것이다. 그래서 그들은 자기가 매우 높게 예측했던 어떤 일이 일어나지 않았을 때, 도파민 수치가 줄어들어 기분이 우울해지는 게 아니라 오히려 도파민 수치가 높아져서 유쾌해졌던 것이다.

많은 사람들이 도박을 하는 이유는 이따금씩 승리를 맛볼 수 있기 때문이기도 하지만 도박을 하는 동안 승리에 대한 기대에 부풀어 있을 수 있기 때문이다. 이 즐거운 감정은 뇌의 도파민 체계를 기반으로 하는데, 충동적인 노름꾼의 경우에는 하지불안증후군에 시달리던 아블러의 여성 환자들이 그러했던 것처럼, 전혀 예상하지 못했던 승리나 패배에 대해서 정상적인 반응이 나타나지 않는다. 보통 사람들의 경우, 예상치 못했던 어떤 커다란 손실을 맞이할 때(예를 들면 자기가 즐겨 돈을 거는 말이 경주 도중에 쓰러질 경우에) 이들의 도파민 수치는 갑작스럽게 떨어진다. 그리고 이때 사람들은 정서적으로 고통스러움을 느끼고, 다음에는 그런 상황을 피할 수 있는 방법을 모색하고 학습하는 경향을 보인다. 하지만 충동적인 노름꾼들은 도파민 보상 체계가 망가져버렸기 때문에 예상치 못한 커다란 손실을 입고도 도파민 수치의 고통스런 하락을 경험하지 못할 수 있다. 그래서 그런 상황을 피할 방법을 학습하지 않는다.

요컨대, 슬롯머신에서 코인이 요란한 소리를 내며 쏟아져 나올 때 당신이 느끼는 전율은 당신 뇌의 복측 선조체에서 발생하는 도파민 분출에 따른 것이다. 그러나 케이트와 짐의 경우, 이들이 복용하는 약이 이들의 정신적인 보상 체계의 정상적 작동을 망가뜨렸다. 그리고 이 어긋남이 승리할 때의 기쁨과 패배할 때의 고통을 계산하는 정상적인 셈법을 파괴해서 두 사람으로 하여금 도박의 짜릿한 전율을 한층 더 강력히 갈망하게 만들 수 있음을 연구 결과는 보여준다.[8] 아블러의 여성 환자들 뇌에서는 어떤 예상치 못했던 승리가 복측 선조체에서 사소한 정도의 부정적인 반응을 유도한 반면에 실패는 짜릿한 기쁨의 전율을 유발했다. 케이트가 카지노에서 도파민 분출에 따른 짜릿한 기쁨을 느낄 수 있었다는 사실을 놓고 보자면 그녀가 거기에서 14만 달러를 잃었다고 하더라도 그다지 놀라운 일은 아니다.

그런데 하지불안증후군을 앓던 독일 여성들은 왜 케이트처럼 충동적 노름꾼이 되지 않았을까? 이유는 (눈 바로 위에 있는) 안와전두피질orbitofrontal cortex이라는 뇌 부위에 있다. 이것은 선조체와 다르게 약물의 영향을 받지 않는다. 이 뇌 부위는 충동을 억제하는 데 중요하다. 따라서 그 하지불안증후군 환자들은 예전보다 더 많은 도박 충동을 경험했을 테지만 정상적으로 작동하는 건강한 금지 기제에 의해 이 충동은 빠르게 제어되었을 것이다. 우리는 이런 사실을 확실하게 알지는 못한다. 그러나 케이트와 짐을 비롯해서 문제의 그 약을 복용하고 도박과 관련된 문제를 일으켰던 사람들은, 그 약이 유발하는 도파민에 의한 충동을 한층 더 다스리기 어렵게 만드는 어떤 취약성을 이전부터 가지고 있었을지 모른다. 그게 아니라면, 그 사람들은 도박을 쉽게 접할 수 있는 환경에 노출되지 않았기 때문일지도 모른다. 즉, 얼마든지 도박에 쉽게 빠질 수 있긴 했지만 그럴 기회에 노출되지 않은 덕분에 케이트와 짐처럼 도박 중독 상태에 빠지지 않았을지도 모른다는 말이다.

그렇다면 하지불안증후군 환자들이 전용 제트기를 타고 다니던 CEO의 수수께끼를 푸는 데 어떤 도움을 줄 수 있을까? 뇌의 도파민 체계가 작동하는 과정 속에 그 궁금증을 해결해줄 단서가 있지는 않을까? 그렇다. 분명 거기에 단서가 있다. 그러나 그 비밀을 알려면 먼저, 1999년 400억 달러의 매출에서 2000년 1,000억 달러의 매출로 껑충 뛴 엔론의 눈부신 실적을 목격한 엔론 주주가 느꼈을 전율을 마음속에 담아두자. 그 전율이 우리의 뇌와 육체에 스며든 상태에서 또 다른 문제를 생각해보자. 이번에는 성매매와 관련된 것들이다.

돈과 권력 그리고 섹스 사이의 연관성

이탈리아 최대의 언론 재벌이자 억만장자이자 수상인 실비오 베를루스코니에게 이른바 '마음을 훔친 여자 루비Ruby the Heart Stealer'로 불렸던 모로코 소녀 카리마 엘 마루그가 열일곱 살 때 베를루스코니의 저택에서 벌어진 이른바 '붕가붕가 파티'(저녁 식사 후의 섹스 파티를 일컫는 말 - 옮긴이)에 참석했다는 말이 나왔다. 이탈리아 검찰은 당시 일흔네 살이던 베를루스코니가 이 난잡한 파티를 열었는데, 12명이나 되는 반라의 여자들이 다양한 복장을 하고 이 파티에 참석했으며, 베를루스코니는 이 파티에 참석한 그녀에게 성매매 대가로 돈을 줬다고 주장했다.[9]

그런데 베를루스코니가 나폴리에서 또 다른 젊은 여자와 바람을 피운 일이 있은 뒤인 2009년에 그의 아내는 남편과 이혼하겠다고 발표를 하면서 자기 남편이 어떤 병에 걸린 상태가 아닌지 모르겠다고 말했다. 마음을 훔친 여자 루비라는 존재는 그 칠십 대 노인이 뿌린 온갖 다양한 여성들과의 숱한 염문 중 하나일 뿐이다. 그후 베를루스코니는 이탈리아 사회로부터 지탄의 대상이자 부러움의 대상이 되었다.

그러나 성적인 능력과 정치적인 지위 사이의 연관성이 인도 북서부 지방인 펀자브에서만큼 공식화된 데는 세상에 없다. 펀자브의 기후는 매우 극단적이다. 겨울에는 히말라야의 칼바람이 그 충적평야 지대를 얼려놓고, 여름에는 남쪽에서 올라오는 숨 막히는 열기가 대지를 뜨겁게 달군다. 이 지역은 파티알라의 마하라자Maharaja of Patiala ('마하라자'는 왕이라는 뜻이다. - 옮긴이)들이 수백 년 동안 지배했다. 그러나 1947년에 인도라는 국가가 건국되면서 이 왕조의 왕위 계승은 맥이 끊겼다.

파티알라의 마하라자들은 소장하고 있던 여러 보석들로 유명했다. 그런데 그중 보석 하나가 특히 유명했다. 이것은 푸른색과 흰색이 섞인 다이아몬드 1,001개로 장식한 흉갑breast plate이다.[10] 16세기 말까지 이 흉갑은 마하라자가 일 년 중 특별한 어떤 하루에만 입었다. 그날이 되면 마하라자는 옷을 홀딱 벗은 채 이 흉갑만을 입고 백성들 앞에 나섰다. 그가 엄숙하게 퍼레이드를 벌일 때 환희에 찬 백성들은 그의 장엄한 남근에 열광적으로 갈채를 보냈다. 마하라자의 남근은 사악한 기운을 쫓아서 백성을 보호하는 성스러운 힘의 상징이었기 때문이다.

베를루스코니와 파티알라의 마하라자는 돈과 권력 그리고 섹스 사이의 연관성을 입증하는 수많은 사례들 가운데서 극단적인 두 사례이다. 이 사례들은 전용 제트기를 타고 다니던 CEO들의 수수께끼와 상관없는 외설스러운 이야기일 수도 있지만, 어린 시절에 파킨슨병에 걸렸던 짐에게 무슨 일이 일어났는지 조금만 깊이 파고들어서 살펴보면, 사실은 이 5장의 핵심 질문과 깊은 관련이 있음을 알 수 있다. 짐은 도파민 분출을 촉진하는 신약을 처방받은 뒤로 도박에 충동적으로 빠져들었을 뿐만 아니라 갑자기 증가한 성적 충동으로 하루에도 몇 차례씩 아내와 섹스를 했다. 그런데 도박의 경우와 마찬가지로 그 약을 끊자 성적 충동은 예전 수준으로 완화되었다.

그러나 전용 제트기를 타고 다니던 CEO들은 도파민 분출을 촉진하는 약을 복용하지 않았다. 또한 그들의 성생활도 비정상적이지 않았다. 그렇다면 전용 제트기를 타고 다니던 CEO들의 수수께끼를 푸는 데 이것이 어떤 도움이 될까?

당신은 알지 못하겠지만, 당신은 뇌에서 보상을 담당하는 부분의 시냅스(신경의 접합부)들에서 도파민 순환량에 영향을 미치는 어떤 유전자의 특정한 변종을 가지고 있을 수 있다. 내가 염두에 두는 그 유전자는 이른바 DAT1 유전자의 10회-반복 대립인자10 repeat allele이다. 당신은 이 유전자의 복사체를 하나 혹은 둘을 가지고 있을 수도, 아예 가지고 있지 않을 수도 있다. 이 유전자는 보상 중추가 위치한 뇌 부위인 선조체에서 도파민이 얼마나 가능할지 결정하는 데 영향을 준다. 우리는 내가 운영하는 실험실에서, 이 유전자 복사체 2개를 가지고 있는 건강한 어린이들은 컴퓨터 모니터에서 잠깐 나타났다 사라지는 어떤 신호를 화면 오른쪽에서 보다 왼쪽에서 덜 인식하는 경향을 보인다는 사실을 발견했다. 이 어린이들의 주의력이 오른쪽으로 약간 편향되어 있다는 뜻이다. 그리고 또 이 어린이들은 집중력 테스트에서 충동적인 실수를 하거나 멍한 상태에서 실수를 하는 경향을 더 많이 나타냈다.[11] 이 유전자의 어떤 대립인자들은 또한 주의력결핍과잉행동장애ADHD 진단 가능성을 높여주는데, '위험 대립인자risk allele'로 묘사된다.

이 지점에서, 그 발견이 실비오 베를루스코니나 파티알라의 마하라자와 무슨 관계가 있느냐고 누가 질문할 수도 있다. 이 질문에 대한 답은 노스캐롤라이나대학교의 한 연구진이 수행한 연구 결과를 살펴보면 나온다. 이 대학교의 연구진들은 대략 7년 정도의 기간에 걸쳐서, 청소년기에서 성인으로 성장한 학생 2,500명이 가지고 있던 DAT1 유전자의 효과를 관찰과 인터뷰 등의 방법을 통해서 연구했다. 이 연구팀은 이 연령대 집단에 성적性的인 접촉으로 전달되는 여러 질병과 관련된 문제에 관심을 가졌으며, 그래서 이 피실험자들 가운데 어떤 사람에게는 섹스 파트너가 적고 어떤 사람에게는 섹스 파트너가 많은 이유를 파악하고자 했다.

연구팀은 도파민과 충동적인 행동에서 DAT1이 수행하는 역할에 착안해서, 이 유전자 복사체 2개를 가지고 있는 청소년들(즉, 주의력이 오른쪽으로 편향되어 있으며 집중력 테스트에서 충동적인 실수를 많이 한 사람들)의 섹스 파트너의 수를 센 다음, 이것을 DAT1 위험 대립인자를 하나도 가지고 있지 않거나 하나만 가지고 있는 사람들의 섹스 파트너 수와 비교했다.

결과는 놀라웠다. 18~23세의 남자로서 고위험 DAT1 대립인자 복사체를 하나도 가지고 있지 않은 사람들은 여러 해 전에 처음 연구진과 인터뷰를 한 이래로 평균 2명의 파트너와 섹스를 했다고 대답했다. 이에 비해서 고위험 DAT1 대립인자 복사체를 두 개 가지고 있는 사람은 같은 기간 동안 5명의 파트너와 섹스를 했다고 대답했다. 하지만 이건 어디까지나 남자에게만 해당되는 것이었고, 여자의 섹스 파트너 수는 그들이 가지고 있는 DAT1과는 아무런 관련이 없었다.

또 다른 유전자인 DRD4 역시 뇌의 도파민 수치에 영향을 미친다. 이 유전자의 특정한 대립인자의 복사체 2개를 가진 주의력결핍 어린이들은 복사체를 가지고 있지 않으면서 역시 주의력결핍 증상을 보이는 어린이들에 비해서 집중력 테스트에서 보다 충동적이었고 또 멍한 상태를 잘 드러낸다는 사실을 발견했다.[12]

하버드대학교의 안나 드레버Anna Dreber와 그녀의 동료들은 이 도파민 유전자 복사체를 가지고 있지 않거나 하나만 가지고 있는 남학생들을 대상으로 해서 돈이 오가는 투자 게임을 하게 했다. 각 학생에게 250달러에 해당하는 칩을 나누어준 다음, 각자 알아서 동전 던지기에 0달러에서 250달러까지의 돈을 투자하게 한 것이다.(투자라고는 했지만 사실상 내기였다.) 맞히지 못하면 투자한 돈을 잃고, 맞히면 투자한 금액의 2.5배를 받게 했다.

위험을 기피하는 조심성 많은 사람은 한 푼도 내기에 걸지 않음으로써 250달러를 고스란히 가지고 있을 수 있었다. 이에 비해 위험을 즐기는 노름꾼이라면 가지고 있던 돈에서 상당한 금액을 걸어서 적으면 0달러로 탈탈 털릴 것이며 많으면 625달러까지 두둑하게 불릴 것이다. 연구진은 피실험자 학생들에게 진짜 돈을 나누어줄 여유는 없었기에, 대신 실험이 끝난 뒤에 돈을 딴 학생은 딴 금액만큼 진짜 돈으로 나누어줄 것이라고 학생들에게 말했다. 그러므로 학생들이 가지고 있던 칩은 진짜 돈이나 마찬가지인 셈이었다.

드레버가 어떤 사실을 발견했는지 추측하기란 어렵지 않다. 어린이를 충동적이고 또 멍하게 만들었던 DRD4 유전자를 가지고 있었던 학생들은 이 유전자를 가지고 있지 않은 학생들에 비해서 훨씬 더 모험을 즐겼다. 드레버와 그녀의 동료들은 계속해서, 매사추세츠의 보스턴에서 열린 2008년 북미브리지챔피언십 대회에서 실제로 벌어지던 모험 감행의 사례를 연구했다. 그리고 DRD4 대립인자 복사체 하나 혹은 둘을 가진 남자들은 그 복사체를 하나 가지고 있지 않은 남자들에 비해서 상당한 수준으로 모험을 더 많이 감행한다는 사실을 발견했다.[13]

앞서 2장에서 우리는 런던의 주식 중개인들이 테스토스테론 수치가 높은 날에 수익을 더 많이 올린다는 사실을 확인했다. 여기에서 공통된 연결 요소는 도파민, 즉 도박이나 모험의 전율이든 혹은 섹스의 전율이든 간에 전율과 관련이 있는 뇌의 화학물질이다. 테스토스테론이 도파민 수치를 높여주고, 이 많은 양의 도파민이 전율을 좇는 마음을 충동질한다.

도파민은 도박을 향한 욕망이든 섹스를 향한 욕망이든 간에 욕망의 공동 통화이다. 도박과 섹스가 인터넷 경제에서 압도적으로 많은 이유를 설명해주는 것은 바로 이 통화의 높은 가치와 교환성이다.

엔론의 CEO 제프리 스킬링이 중요한 고객들을 데리고 했던 모험에 가득 찬 여행도 사실은 엔론이라는 거대한 카지노의 한 부분이었다. 엔론은 이른바 '백만장자 생산 공장'으로 알려졌었다. 여기에서 젊고 영리하고 야망이 넘치던 신입 사원들은 새로운 파생 상품과 새로운 시장을 개발해서 이 상품을 열심히 팔라고 재촉받았다. 심지어 날씨까지 팔라는 말을 들었다. 스킬링의 뇌 안에서는 쉬지 않고 이어지던 이 고위험 도박으로 도파민이 쉴 새 없이 분출되었을 것이다. 금융시장에 끼어 있던 거대한 거품이 꺼지지 전인 2007년에 월 스트리트에 몸담았던 수많은 주식 중개인들의 경우도 다르지 않았을 것이다.

금융 거래는 어마어마한 규모로 진행되는 도박과 같은 것일 수 있다. 장차 주가가 오를 것인지 아니면 내릴 것인지, 어떤 국가가 채무 불이행

선언을 할 것인지 아니면 그렇지 않을 것인지 따위의 추상적인 대상뿐 아니라 실물 상품의 미래 가격 같은 것들도 내기의 대상이다. 엔론은 이런 투자(혹은 투기)를 자체 온라인 거래 시스템을 통해서 새로운 영역으로 끌어들였다. 이 영역에서는 불과 몇 초 만에 투자(혹은 투기)의 대상이 될 수 있는 모든 것에(이 중 가장 이상한 것이 날씨이다.) 어마어마한 투자가 이루어진다.

엔론 도박의 전율은 유전적인 전율로, 모로코 소녀 루비가 실비오 베를루니코스에게서 촉발했던 성적 쾌락과 동일한 뇌신경 회로를 사용한다. 하지만 이 신경 회로에서 일어나는 이런 활동이 과도한 수준으로 끊임없이 반복될 경우 중독 상태로 발전하지 않을까? 지상의 여러 쾌락들, 특히 승리라는 본능적이고 감각적인 보상은 뇌의 중심에 있는 어떤 영역, 즉 이 매력적인 것들을 처리하는 보상 교환을 통해서 이루어지지 않을까? 그런데 이 시스템에 과부하가 걸릴 경우 그 쾌락들에 대한 중독으로 이어지지 않을까?

세계 경제의 많은 부분이 섹스와 도박을 중심으로 해서 굴러간다. 그러나 또 하나 거대한 세계 경제가 축으로 삼아서 돌아가는 제3의 상품이 있다. 그것은 바로 마약이다. 도박과 섹스가, 사람들로 하여금 합리성에 도전하는 극단적인 행동으로 몰아가는 중독성이 있는 마약과 같은 것이 될 수 있을까?

그렇게 될 수 있다. 나의 동료인 휴 개러번은 코카인이 더할 나위 없이 자연스러운 보상인 섹스와 매우 비슷한 방식으로 전율을 주며, 또한 도박에서 사용되는 돈과 같은 다른 보상들과도 사실상 다르지 않다는 사실을 밝혀냈다.[14] 코카인이나 헤로인과 같은 마약이 사람들이 즐거움과 유익한 경험을 찾아내고 또 고통스러운 경험을 회피하는 방법을 학습하는 데 도움이 되도록 진화해온 인간의 보상 체계를 점거하고 통제할 수 있을까?

마약이 희석되지 않은 채로 복측 선조체 및 그것과 연결된 뇌 부위들에 투입될 경우에는 높은 수준의 도박이나 섹스의 경우와 마찬가지로 보상 체계의 자연스러운 작동 기능이 망가질 수 있으며, 이 경우 그 사람의 행동은 충동적이고 자기 파괴적으로 나타난다.[15] 보상 체계가 이런 식으로 마약에 의해 탈취당할 때, 이전과 동일한 도취 상태에 도달하려면 이전보다 더 높은 수준의 마약을 필요로 하는 내성 한계치의 악순환이 일어난다.

전직 매춘 마담 크리스틴 데이비스는 2008년에 뉴욕에서 가장 크고 또 가장 비싼 고급 매매춘 행위를 알선하고 또 본인이 직접 매춘 행위를 했음을 인정하고, 뉴욕에 있는 교도소 라이커스 아일랜드에서 넉 달 동안 수감 생활을 했다. 그녀가 서비스를 제공했던 고객 가운데는 월 스트리트의 투자은행가들과 거물 CEO들이 다수 포함되어 있었다. 그녀의 증언에 따르면 이 고객들은 그녀에게 시간당 2,000달러의 비용을 회사 신용카드로 결제하곤 했다. 그러므로 월 스트리트의 고위험 도박 때문에 특히 유전적으로 유혹에 약한 남성 금융인들의 도파민 수치가 한껏 높아졌고, 따라서 이들은 다음 차례의 보다 높은 도파민 분출 혹은 도박이든 섹스든 혹은 마약으로 공급될 수 있는 어떤 것을 간절하게 원했을 수 있다. 비록 이 주장이 과학적으로 입증된 것은 아니지만…….

전용 제트기를 타고 다니던 CEO들이 받는 막대한 금액의 연봉과 보너스는 텍사스의 휴스턴 대기를 엔론의 에너지로 활활 불태웠던 도박이 주던 짜릿한 전율(엔론은 텍사스 주 휴스턴에 본사를 둔 에너지 회사였다.─옮긴이)은 주지 못했던 것 같다. 성적인 강요가 있었다거나 불법 약물을 복용했다는 증거는 어디에도 없었다. 그러나 지속적인 열정으로 보상 체계를 추동했으며 또한 전용 제트기를 타고 다니던 CEO들이 풍족하게 가지고 있었던 또 다른 어떤 것이 있었다. 그것은 바로 **권력**이었다.

앞서 3장에서 살펴보았듯이 권력은 테스토스테론을 분출시키고, 이렇게 분출된 테스토스테론은 도파민 분출을 촉진한다. 미국 국무부장관을 역임했으며 평생을 화려하고 부유하게 살았던 헨리 키신저는 권력은 가장 큰 최음제라고 말했다. 그는 아마도 경험에서 우러나온 진심으로, 또한 본인 스스로 한가운데 서 있던 신경과학적 관점에서 그 같은 말을 했을 것이다. 그리고 돈이든 섹스든 권력이든 혹은 마약이든 간에 뇌의 보상 체계에 도파민 분출을 강력하고도 반복적으로 촉발하는 것이면 무엇이든 중독에 대한 채울 수 없는 갈망을 거대한 홍수처럼 풀어놓을 수 있다.

실비오 베를루니코스는 권력에 대한 대단히 강력한 개인적 욕구를 가지고 있을 수 있다. 그리고 미시간대학교의 올리버 슐타이스 교수와 그의 동료들은 남자든 여자든 간에 권력욕이 많은 사람은 그렇지 않은 사람에 비해서 섹스를 훨씬 더 많이 한다는 사실을 입증했다.[16] 그리고 높은 수준의 권력을 가지고 있는 사람은 남자나 여자 할 것 없이 모두 자기들이 맺고 있는 인간관계에서 상대적으로 덜 충실한 경향이 있다.[17] 설령 이판사판의 고위험 및 섹스를 갈망하게 만드는 도파민 유전자를 베를루니코스가 가지고 있지 않다 하더라도, 언론 재벌로 이탈리아 텔레비전 방송국 거의 대부분을 통제하고 있는 무소불위의 권력과 막대한 재산이 그의 뇌 안의 도파민 체계에 복합적 영향을 미쳐서 그의 성적 취향을 평범한 사람들과는 다르게 바꾸었다.

권력 그 자체는 성적인 흥분을 자동적으로 유발하지 않는다. 적어도 많은 사람들에게는 그렇다. 그러나 성희롱에 대해서 관용적인 태도를 가진 사람들, 예를 들어서 여자에게 금전적인 대가를 주고 성적 요구를 할 수 있다고 말하는 사람들은 다르다. 권력은 성적性的인 차원에서 이 사람들을 바꾸어놓는다. 예를 들어보자. 어떤 방에 낯선 여자가 있다. 이 여자와 같은 방에 있는 남자가 이 여자에게 느끼는 성적인 감정은 이 남자가 가지고 있는 권력에 대한 생각의 정도에 따라서 달라질 수 있을까? 그렇다. 달라진다. 어떤 남자들이 본인은 깨닫지 못하지만 권력과 관련된 함의를 품은 단어들로 구성된 낱말 퍼즐을 풂으로써 아주 적은 양의 권력과 관련된 발상이 무의식적으로 머릿속에 스며들었다고 치자. 그런데 이 남자들은 중립적인 단어들로 구성된 낱말 퍼즐을 풀었을 때보다 같은 방에 있는 낯선 여자를 보다 매력적으로 인식한다. 심지어 권력과 연관된 단어들이 섹스와 아무런 연관이 없을 때도 마찬가지이다.[18] 이에 비해서 성희롱에 대해서 엄격한 태도를 가지고 있는 사람들의 경우, 권력과 관련된 발상에 비슷한 방식으로 무의식적으로 스며들었다 하더라도, 이들이 그 낯선 여자에게서 느끼는 매력의 정도는 증가하지 않는다.

코카인을 습관적으로 사용하는 사람이 돌돌 말린 지폐나 흰색 가루를 보거나 혹은 흥청거리는 파티 분위기라는 느낌을 받을 때면, 행동 개시 준비가 되어 있는 그의 보상 체계는 코카인을 한두 번밖에 흡입해보지 않은 초짜의 경우보다 훨씬 더 많은 양의 예기豫期 도파민을 분출한다. 그리고 코카인 상습 흡입자는 그 도파민 분출을 갈망으로 경험한다. 그런데 이 현상은 코카인이라는 마약에 한정되지 않는다. 충동적인 노름꾼이나 섹스 중독자의 보상 체계도 마약 중독자의 경우와 비슷하게 작동하는데, 이 사람들 역시 도파민으로 매개된 갈망을 경험할 수 있다. 하지만 이 갈망은 망가진 보상 체계에서는 결코 온전하게 채워질 수 없는 갈망이다.

2011년 초 이집트 전역에서 민주주의를 외치는 혁명의 목소리가 그렇게나 높이 울렸지만 호스니 무바라크 대통령이 여든둘이라는 나이에도 권좌에서 물러나기를 한사코 거부한 것도 바로 이런 까닭에서이다. 그리고 또, 그 몇 주 뒤에 리비아의 무아마르 카다피 대통령이 권력을 내려놓으라는 국민의 요구를 따르기는커녕 평화적으로 시위하는 비무장 시민을 향해 헬리콥터에서 기관총을 쏘아댄 것도 바로 이런 이유를 들어서 설명할 수 있다.

권력은 부패할 수 있다. 권력이 부패하는 이유 가운데 하나는, 권력은 다량을 반복해서 복용하면 중독을 피할 수 없는 강력한 마약과 같기 때문이다. 권력의 중독성과 이것이 인간의 정신에 끼치는 왜곡 효과는 20세기에만도 수억 명의 목숨을 앗아갔다. 스탈린, 마오쩌둥, 김일성, 히틀러, 무가베, 폴포트 그리고 그 밖의 수많은 독재자들, 권력에 중독되어 늘 도파민 결핍을 느꼈던 독재자들이 그 같은 짓을 저질렀다.

그런데 이 행태는, 비록 훨씬 덜 유해한 형식이긴 하지만 일류 기업들의 몇몇 고위 인사들에게서도 나타난다. 제프리 스킬링의 사례에서 분명하게 알 수 있듯이, 이 경우 그 개인의 개성 혹은 성격은 완전히 바뀌어버린다. 엔론에 있을 때 스킬링은 전설적이라고 할 정도로 거만했는데, 그의 이런 특성도 아마 엔론의 몰락에 일정 부분 담당했을 것이다. 부하 임직원에게 그가 보인 경멸은 상상을 초월할 정도였다. 엔론의 이사였던 사람이 들려준 일화이다. 한번은 출근 시간에 회사 주차장 앞에서 차들이 차례를 기다리며 길게 늘어서 있는데, 스킬링이 이 줄을 무시하고 요란한 소리를 내며 새치기를 했다. 다른 사람들이 경적을 요란하게 울리면서 항의했지만 스킬링은 가운뎃손가락을 높이 들어 그들의 항의를 묵살했다. 스킬링은 짜릿한 전율을 좇아서 멕시코와 오스트레일리아로 모험 여행을 즐겨 다녔던 사십 대 중반의 남자였지만, 학생 시절 그의 모습을 기억하는 친구는 그를 '특별히 뛰어나지도 않았고 특별히 문제가 있지도 않았으며 평범하고 괜찮았던 친구'로 묘사한다.[19]

태도에서 드러나는 이런 종류의 변화만으로 전용 제트기를 타고 다니던 CEO들을 온전하게 설명할 수 있을까? 도파민 보상 체계가 권력과 보너스로 물들었기 때문에 그들이 다른 사람들의 관점에 눈이 멀고 무신경한 행동을 한 것일까? 물론 그럴 수도 있다. 그러나 이 설명만으로는 충분하지 않다. 거만함은 성공한 지도자들에게는 공통적으로 찾아볼 수 있는 요소이다. 전용 제트기를 타고 다니던 CEO들은 스킬링이 내보였던 거만함은 보이지 않았다. 적어도 내가 알기로는 그렇다. 또한 그들의 기업들도 엔론처럼 그렇게 파렴치한 범죄를 저지르지 않았다. 그러나 고액의 연봉을 받고 막강한 권력을 휘두르던 CEO들은 기괴한 행동을 할 수 있는 위험에 노출되어 있는 것 같은데, 예를 들어서 회사가 파산 직전에 몰린 상태에서도 분홍색 과자에 집착했던 스코틀랜드왕립은행의 CEO 프레드 굿윈이 좋은 사례이다.

그러나 대부분의 고위 임원들은 충동적인 노름꾼이 아니다. 그렇다면 그들의 행동을 설명할 수 있는 다른 것이 있을까? 해답을 찾아서 골프로 눈을 돌려보자.

50만 달러짜리 퍼팅

공은 홀에서 겨우 3피트 떨어져 있었고, 타이거 우즈는 등을 구부리고서 그 공을 바라보며 공이 홀컵 안으로 들어가는 모습을 머릿속으로 그렸다. 이미 고인이 된 아버지에게서 배운 습관적인 마음의 준비였다. 그곳은 16번 홀이었고 상대는 아일랜드의 파드리그 해링턴이었다. 우즈는 느긋할 만큼 앞서고 있었다. 적어도 실수를 하기 전까지는……. 하지만 우즈는 그 결정적인 실수를 하고 말았다.

날씨 때문이었을 수도 있다. 섭씨 4도, 2006년 던롭 피닉스 토너먼트가 열리는 일본 미야자키현의 하늘은 쌀쌀했다. 혹은 어쩌면 갑자기 등장한 다크호스 해링턴이 방금 멋진 버디를 기록했기 때문이었을 수도 있다. 그러나 우즈의 그 퍼팅에 대해서는 또 하나의 설명을 덧붙일 수 있다. 현재 우리가 승리나 뇌에 대해서 알고 있는 것을 전제로 한다면, 어쩌면 이 설명이 보다 나은 설명이 될 수도 있다. 3피트 거리의 그 퍼팅의 가치는 4,000만 엔, 달러로는 482,000달러였다.[20] 그리고 우즈와 같이 돈 많은 챔피언에게는 그 돈보다 더 중요한 게 이 퍼팅에 달려 있었다. 그것은 바로 지위, 자존심 그리고 명성이었다.

그 퍼팅은 우즈와 해링턴이 맞붙은 결승전에서는 결정적이었다. 우즈는 계속해서 17번 홀에서 또 한 차례의 퍼팅 실수를 해서, 해링턴이 마지막 18번 홀에서 쉽게 따라붙어 결국 연장전으로 갈 수 있도록 허용했다. 16번 홀의 그 '숨 막힘' 때문에 앞서 사흘 동안 벌려놓았던 차이를 깡그리 따라잡히는, 우즈로서는 말도 안 되는 일이 벌어진 것이다. 우즈의 머릿속에서 도대체 어떤 일이 일어났기에 그는 숨도 쉬지 못했을까? 유니버시티칼리지런던의 크리스토퍼 프리스 교수와 그의 동료들은 이런 '숨 막힘'을, 제멋대로인 스포츠 스타들 각 개인의 개성만이 드러낼 수 있는 어떤 것이라 파악하기로 결정했다.[21] 이 연구진은 피실험자 학생들이 컴퓨터 게임 속의 미로에서 '먹잇감'을 의무적으로 잡도록 지시한 다음에 이 일을 하는 동안 이들의 뇌 사진을 찍었다. 연구진은 피실험자들에게 성과에 따라서 보상을 지급하겠다고 설명했는데, 이 보상의 규모를 크게 설정한 집단과 작게 설정한 집단으로 나눈 다음에 이 두 집단에서 나타나는 보상의 효과를 비교했다. 연구진은 피실험자들에게 먹잇감을 잡는 '승리'에 대한 보상으로 수백만 달러의 보너스나 전용 제트기는 제공하지 못했다. 다만 보다 큰 보상을 주는 집단에게는 10달러의 보상금을 책정했고 보다 작은 보상을 주는 집단에게는 1달러의 보상금을 책정했다.

많아야 기껏 10달러라니……. 만일 당신이 최고 경영진에게 수백만 달러의 보너스를 주는 어떤 기업의 주식을 두둑하게 가지고 있다면, 얼른 책장을 넘겨 다음으로 넘어가려 할지도 모르겠다. 하지만 실험에서는 그렇지 않았다. 10달러 보상은, 약 50만 달러의 상금 및 잔뜩 기대하던 영광에 사로잡힌 나머지 타이거 우즈가 36인치 퍼팅에 성공하지 못했던 상황과 거의 동일하게, 게임 속 미로를 헤매는 피실험자들을 '숨 막히게' 만들었다. 승리에 대한 보상으로 제시된 10달러 때문에 애가 탄 피실험자들의 성공률은 겨우 63퍼센트밖에 되지 않았다. 하지만 보상이 1달러밖에 되지 않을 때의 성공률은 이보다 높은 74퍼센트였다. 그렇다면 이 실험 결과를 도파민과 어떻게 연관 지을 수 있을까?

대답은 이렇다. 피실험자가 못하면 못할수록, 연구진은 그 피실험자의 복측 중뇌中腦 가운데 도파민이 넘쳐나는 보상 영역에서 더 많은 활동이 진행되는 것을 확인했다. 게다가 무엇보다도 돈을 가장 원한다고 말했던 피실험자들에게서 중뇌 활동이 가장 활발했다. 즉, 보다 많은 보상이 승리를 패배로 뒤집어버린 것이다. 승리를 간절하게 원하면 원할수록 패배할 가능성은 그만큼 더 커진다는 말이다. 이것뿐만이 아니었다. 도파민으로 충전된 동기가 지나칠 정도로 과열되었다는 게 오히려 패인이었다. 지나치게 큰 바람, 즉 욕망의 과잉이 그 과제를 잘 수행할 수 있는 역량을 방해한 것이다. 파드리그 해링턴이 16번 홀에서 멋진 버디 퍼팅에 성공하며 결승전에 걸맞은 멋진 기록을 세우자, 우즈는 자기도 공을 멋지게 홀 안으로 넣을 수 있기를 너무도 간절하게 바랐던 것이다. 상금보다도 골프 황제로서의 자존심이나 지위를 지키기 위해서.

전용 제트기를 타고 다니던 CEO들 가운데 한 사람이었던 포드의 앨런 멀랠리가 2006년에 127억 달러의 손실을 기록한 회사를 인수하면서 2007년에 넉 달 동안 일을 한 대가로 무려 2,800만 달러를 받았다는 사실을 생각한다면,[22] 프라이스의 발견 및 결론을 무시하기는 어렵다. 그러나 짜릿한 전율을 주는 것은 단지 돈만이 아니다. 사실 어쩌면 정말로 짜릿한 전율을 가져다주는 것은 지위일 수도 있다. 앞서 4장에서도 설명했듯이 아카데미상 수상자들이 비수상자들에 비해서 오래 사는 것은 이런 지위가 수명 및 자아의식에 미치는 놀라운 보호 효과 덕분이다. 돈이 뇌에 미치는 효과의 일부가 가장 결정적인 이 인간 욕구, 즉 다른 사람들로부터 인정을 받고자 하는 욕구를 매개로 할 수 있을까?

그럴 수 있다. 일본 국립심리학회의 케이세 이즈마와 그의 동료들은 돈과 지위가 동일한 중뇌 도파민 체계에서 작용한다는 사실을 입증했다.[23] 다른 사람들에 의한 인식과 인정이 경쟁에서 승리를 했거나 성적인 애무를 나눌 때와 비슷한 쾌감을 준다는 사실을 밝힌 것이다. 그러나 그것이 매우 클 경우에만 코카인을 한 차례 흡입했을 때와 비슷한 양의 도파민이 분출된다.

일정한 양의 도파민은 힘을 북돋우고 동기부여를 하며, 보상과 인정에 뒤따르는 작열하는 행복감을 부여하고, 정신적으로 예리하게 만들어준다. 이때 당신의 눈은 목표를 달성하고자 하는 의지로 반짝거린다. 그리고 무엇보다도 이것은 **위험**에 대한 욕구를 부여한다. 어쩌면 기업의 이사회가 CEO에게 그 엄청난 금액의 돈을 제공하는 주된 이유가 바로 여기에 있을지도 모른다. 몇몇 측면에서 그것은 효과가 있다. 바라 마지않던 어떤 상대와 섹스를 하게 될지도 모른다는 예측이나 기대가 효과가 있는 것처럼 말이다. 그래서 이전에는 할 수 있으리라고 한 번도 생각하지 않았던 것 혹은 굳이 번거롭게 할 이유가 없다고 생각했던 것을 할 수 있게 된다.

하지만 이런 사실이 타이거 우즈가 16번 홀에서 '숨이 막히는 느낌'을 느꼈던 것이나 프리스의 실험에서 피실험자들이 컴퓨터 게임에서 '먹잇감' 잡기에 실패한 것과 어떻게 연결이 될까? 이 질문에 대답하려면 숲으로 가서 곰 세 마리 및 이들이 새로 사귄 친구들을 만나야 한다.

골디락스 원리

동화 속 주인공인 금발머리 소녀 골디락스('Gold'와 'lock'의 합성어로 금발머리라는 뜻이다. - 옮긴이)는 죽이 너무 뜨겁지 않으면서 너무 차갑지 않기를 바라고 또 침대가 너무 딱딱하지 않으면서도 너무 폭신하지 않기를 바랐다. 그래서 곰 세 마리(엄마 곰, 아빠 곰, 아기 곰)는 화가 났다. 영국의 전래 동화 '골디락스와 곰 세 마리' 이야기는 앞서 1장에서 살펴보았던 동기부여에만 적용할 수 있는 게 아니라, 뇌의 작동 과정의 매우 결정적인 어떤 특성을 표현해주기도 한다. 사람이 하는 행동에 대해서 최상의 영향을 주려면 적정 범위인 이른바 '골디락스 영역Goldilocks zone'에 위치할 필요가 있는 화학물질 메신저가 바로 도파민이다. 도파민이 너무 많으면 뇌와 관련된 여러 부위들의 민감한 공조가 망가지고, 또 너무 적으면 도파민이 충분히 조정 작업을 하지 못함으로써 이 공조가 제대로 이루어지지 않는다. 예를 들어서 파킨슨병은 도파민이 지나치게 적게 분출되서 발생하는 뇌 기능 장애이고, 정신분열증은 뇌의 특정한 여러 부위에 도파민이 지나치게 많이 있음으로 해서 발생하는 질병이다.

돈이든 지위든 갈채든 혹은 섹스든 간에 보상이 지나치게 크거나 혹은 지나치게 자주 반복될 때, 우리의 뇌는 문제의 골디락스 영역에서 벗어난다. 예컨대 코카인 흡입이 그렇다. 마약에 의한 지나친 보상이 이런 상태를 빚어낸다. 이 경우, 처방받은 약물 때문에 도파민 수치가 지나치게 높아졌던 하지불안증후군 환자들이나 어린 시절 파킨슨병에 걸렸던 짐이 그랬던 것처럼 뇌의 체계가 망가진다.

한편 가난, 낮은 지위 혹은 따돌림 등과 같은 부족한 보상 상태는 반대 결과를 빚어낸다. 뇌의 도파민 수치가 골디락스 영역 아래로 떨어짐에 따라서 무관심, 동기 부족, 불안 그리고 위험에 대한 과도한 몸사림 등이 나타난다.

어떤 사람의 도파민 수치는 그 사람이 가지고 있는 돈, 지위 그리고 권력에 비례한다는 사실을 우리는 알고 있다. 그렇다면 전용 제트기를 타고 다니던 CEO들은 보상을 지나치게 많이 받았기 때문에 골디락스 영역 밖으로 밀려났던 것일까? 그 CEO들의 행동을 골디락스 영역으로 설명할 수 있을까?

충분히 그렇게 설명할 수 있다. 그러나 다시 말하지만, 전용 제트기를 타고 다니던 CEO들만큼이나 많은 보상을 받으면서도 그들이 보인 종류의 행동을 하지 않은 훌륭한 CEO들도 많이 있다. 그렇다면 그들의 바람직하지 않은 행동에는 또 다른 유발 요소들이 있는 게 분명하다. 그 가운데 특히 강력한 혐의를 둘 수 있는 게 바로 돈이다.

자, 이런 실험을 한번 해보자. 다음 다섯 개의 단어를 가지고서 네 단어로 된 의미 있는 구절이나 문장을 완성해보아라. 'cold(춥다)', 'it(그것은)', 'desk(책상)', 'outside(바깥에)', 'is(~하다)'. 그럼 이번에는 'paper(종이)', 'dropped(떨어졌다)', 'Sally(샐리)', 'laptop(무릎)', 'the(그)'로 해보기 바란다. 다시 이번에는 'long(길다)', 'window(창문)', 'grass(풀)', 'the(그)', 'is(~하다)'로 해보아라. 자, 그럼 이번에는 어떤 사람이 이 순간에 당신에게 가난한 나라를 돕기 위한 기부금을 내달라고 부탁하는 상황을 머릿속에 떠올려라. 당신은 어느 정도의 돈을 기부하겠는가? 액수를 정했다면 그 액수를 메모지에 적어둬라.

자, 그럼 이제 다시 네 단어짜리 문장을 만드는 문제를 다시 풀어보아라. 우선 'high(높다)', 'a(어떤)', 'salary(봉급)', 'desk(책상)', 'paying(지급)'으로 시도해라. 그다음에는 'the(그)', 'won(땄다)', 'he(그는)', 'thief(도둑)', 'lottery(복권)'로 해라. 그리고 마지막으로 'quick(빠르다)', 'got(획득했다)', 'drive(운전하다)', 'rich(부유한)', 'he(그 사람)'로 해보아라. 여기에서 다시 어떤 사람이 당신에게 다가와서 똑같이 의미 있는 자선사업에 기부금을 내달라고 부탁한다. 최근에 이런 기부금을 낸 적이 없다고 할 때, 당신은 얼마나 되는 금액을 기부하겠는가? 이때 당신이 정한 기부금 액수가 조금 전에 메모지에 적어뒀던 액수보다 많은가, 아니면 적은가?

당신은 두 집단의 단어 조합이 어떤 점에서 다른지 눈치챘을 것이다. 뒤의 세 개 조합은 돈과 관련되어 있고, 앞의 세 개 조합은 돈과 아무런 관련이 없다. 미네소타대학교의 심리학자 캐슬린 보와 그녀의 동료들은 학생들로 구성된 피실험자들에게 방금 우리가 한 것과 같은 문제를 여러 개 풀게 했다. 이 문제들 가운데는 돈과 관련된 단어를 동원한 것도 있었고 그렇지 않은 것도 있었다. 피실험자들은 제한된 시간 안에 빠른 속도로 문제를 풀어야 한다고 생각했기에, 돈과 관련된 단어가 포함된 단어 조합을 제시받은 학생들은 자기들이 그 같은 단어들에 노출되어 있는지 의식하지 못했다. 하지만 그들의 무의식적인 마음은 그 사실을 충분히 의식했다.

실험 진행자는 실험을 시작할 때 모든 피실험자들에게 25센트짜리 동전으로 2달러를 지급하면서, 실험에 참가해서 받는 보수 가운데 일부를 먼저 지급하는 것이라고 말했다. 문장 완성 과제가 모두 끝난 다음에 어떤 학생이 교실에 들어와서 피실험자들에게 자선기금을 모으는데 기부를 해달라고 말했다.(물론 이 사람은 실험 진행자의 지시를 받았다.) 자, 그렇다면 돈과 관련된 단어가 들어간 조합에 노출된 집단과 그렇지 않은 집단이 각각 이 기부 요청에 대응하는 내용에는 차이가 있을까? 있다면 어떤 차이가 있을까? 여기에 대해서 보와 그녀의 동료들은 어떤 예측을 했고, 실험 결과는 그들이 예측한 대로였다.

돈에 관한 생각에 '물든' 피실험자들이 그렇지 않은 학생들에 비해서 상당한 수준으로 인색했다. 계속해서 심리학자 캐슬린 보는 또 다른 놀라운 관찰 결과를 보고했다. 돈에 관한 생각에 물든 학생들은 자기가 있던 자리 주변에서 지나가던 학생이 필통을 떨어뜨렸을 때 도움의 손길을 내미는 경향이 상대적으로 적었다. 이 집단은 또, 실험에서 진행하던 과제를 놓고 무슨 말인지 알아듣지 못하고 엉뚱한 소리를 하는 동료 피실험자들(물론 이들은 실험 진행자의 지시를 받고 연기를 하는 사람들이었다.)에게 도움의 손길을 내미는 경향도 상대적으로 적었다.

돈에 대한 무의식적인 생각이 그것 말고 또 어떤 짓을 했을까? 피실험자들로 하여금 자기 의자를 다른 사람들로부터 멀리 떨어지게 했고, 또 문제를 풀 때 다른 사람들과 협동하는 대신 혼자서 풀게 했다. 그리고 개인적인 여가 활동을 선택하게 했을 때(즉, 혼자서 요리 강습 4회를 듣는 것과 집에서 네 사람이 먹을 음식을 만드는 것 가운데 하나를 선택하게 했을 때), 돈에 대한 생각으로 물든 학생들은 다른 사람과 함께하는 활동보다 혼자서 하는 활동을 선호하는 것으로 드러났다.

그렇다면 어째서 돈에 대한 생각이 사람들에게 이런 심대한 영향을 미치는 걸까? 보와 그녀의 동료들은 돈이 개인의 자급자족 심리, 즉 자기 삶 및 주변에서 일어나는 일들을 통제하겠다는 마음을 촉진한다고 주장한다. 이 심리 때문에 사람들은 개인적인 목표에 초점을 맞춘다. 이처럼 개인적인 목표에 초점을 맞출 때 사람들은 스스로 자기 자신을 다른 사람들로부터 고립시키며, 이타적이기보다는 이기적으로 행동한다. 이에 비해서 돈을 가지고 있지 않을 때 사람들은 자기 삶과 주변에서 일어나는 일들을 통제하고 싶다는 마음이 엷어진다. 하지만 또한 동시에 덜 이기적이 되는 것 같다.

이상해 보이긴 하지만 돈은 또한 죽음과 관련된 생각과도 연결된다. 그런데 어쩌면, 죽음이 통제력 상실의 궁극적인 현상이라는 점을 염두에 둔다면, 그 같은 연관성이 그다지 이상한 게 아닐지도 모른다. 돈은 통제력을 부여하는 최상의 존재이다. 녹스칼리지의 팀 캐서와 케넌 셸던은 한 실험을 진행하면서 피실험자들에게 죽음을 주제로 수필을 쓰게 했다. 연구진은 이 결과를 중립적인 주제로 쓴 수필과 비교한 끝에, 전자가 후자보다 유흥 오락과 관련된 활동 및 항목에 대한 지출을 포함해서 앞으로 15년 동안 자기가 벌고 쓸 돈의 규모를 더 높게 예측하고 기대한다는 사실을 발견했다.[24] 연구진은 또 피실험자들에게 숲을 관리하는 게임을 하게 했는데, 이를 통해서는 죽음과 관련된 생각에 노출된 사람들이 그렇지 않은 사람들에 비해서 보다 많은 탐욕을 보이며 보다 많은 자원을 소비하는 모습을 관찰했다.

앞서 살펴봤듯이 섹스, 권력, 돈 그리고 코카인은 모두 도파민이라는 공동 통화를 사용하며 이들 각각은 다른 것들에 대한 욕구를 끌어올릴 수 있다. 금융 위기의 실체를 파헤친 2010년 개봉한 다큐멘터리 영화 〈인사이드 잡Inside Job〉은 월 스트리트의 고소득 금융 종사자들의 매매춘 및 코카인 흡입 현황을 밝혔는데, 매매춘과 코카인 흡입은 월 스트리트의 수많은 헤지펀드나 파생 상품과 마찬가지로 고도로 유동적인 상품이며, 이것들은 쉽게 도파민으로 전환될 수 있다. 도파민은 금과 같다. 즉, 도파민은 어디서든 교환이 가능한 통화이다.

전용 제트기를 타고 다니던 CEO들은 아마도 돈에 대해서 무척 많이 생각했을 것이다. 금융사들은 보너스 제도를 이용해서 관리자들에게 동기를 부여한다. 그리고 그 보너스는 그 사람들의 뇌에 막강한 영향을 끼친다. 그러나 이런 신경적인 영향을 끼치는 것은 단지 돈뿐만이 아니다. 독일 울름대학교의 수잔네 에르크와 그녀의 동료들은 피실험자들에게 스포츠카 사진과 서민용 소형차 사진을 보여주었다.[25] 실험 결과 연구진은,

높은 지위의 사람들이 타는 스포츠카가 남성 뇌의 복측 선조체를 자극한다는 사실을 기능성자기공명영상 촬영을 통해서 확인했다.

스포츠카를 그저 한 번 바라보는 것만으로도 돈다발을 받았을 때와 마찬가지로 보상 중추가 자극을 받아서 몸 안에 있는 어떤 관찰자가 전율을 한다. 자기가 선택한 것의 최종 목적지로 자기를 데려다주려고 활주로에서 기다리고 있는 전용 제트기를 처음 바라보았을 때 온몸을 타고 짜릿하게 흐르는 쾌감의 전율에 몸을 떨었을 릭과 앨런 그리고 로버트를 상상해보라.

그런데 인간의 보상 체계가 받아들일 수 있는 도파민의 양은 정해져 있다. 도파민이 너무 많으면 짐이나 하지불안증후군으로 고생하던 여성 환자들의 경우처럼 기대하지 않았던 문제가 나타난다. 그러나 전용 제트기를 타고 다니던 CEO들은 충동적인 노름꾼이 아니었다. 그리고 비록, 전용 제트기와 같이 높은 지위를 인정해줌으로써 도파민을 촉진하는 여러 장치들 및 돈에 관한 생각에 그들의 뇌가 거의 만성적으로 물들어 있긴 했지만, 그들이 구제금융을 애걸하러 워싱턴으로 날아가던 날 그들이 했던 잘못된 판단을 설명해줄 수 있는 것으로 그것 말고 다른 게 또 있지 않을까?

누가 마지막 쿠키를 먹을까?

자, 여기서 이런 상상을 한 번 해보자. 당신은 지금 당신이 사는 동네에 있는 한 대학교에서 진행하는 연구 프로젝트에 따른 심리 실험에 피실험자로 참가한다. 실험 진행자는 당신을 당신과 같은 여성 혹은 남성 두 사람과 함께 한 조로 묶는다. 그리고 삼십 분 동안 여러 가지 사회적 논쟁거리를 놓고 같은 조의 다른 두 사람과 토론을 하라고 한다. 이 토론에서 당신이 해야 하는 일은 몇 가지 정책적인 대안을 내놓아서 다른 사람들과 입씨름을 하는 것이다. 그런데 한 가지 문제가 있다. 당신 집단에 속한 사람들 가운데 한 사람이 무작위로 선택되어 집단에 속한 사람들의 토론 성적에 점수를 매기는 책임을 지도록 설정되어 있다는 사실이다. 즉 이 '조장'이 당신 및 다른 사람이 그 토론에 얼마나 기여했는지 점수를 매긴다는 말이다.

이 상황에서 당신은 이 같은 설정이 결코 사소한 게 아님을 알아차릴 것이다. 낯선 사람으로부터 자기의 지적인 기여도를 평가받는다는 것은 누구나 주눅들 수밖에 없는 경험이다. 설령 겨우 삼십 분밖에 되지 않는 시간이라고 하더라도 평가 판단을 내리는 사람은 권력을 행사한다. 그 권력은 당신에게 가장 소중한 것, 즉 자존감을 지배한다.

토론이 끝난 다음에 실험 진행자는 쿠키가 담긴 접시를 가지고 와서 당신들이 둘러앉은 탁자에 내려놓는다. 접시에는 쿠키가 다섯 개 담겨 있다. 사람은 셋인데 쿠키는 다섯 개다. 어쩌라고? 지극히 예외적인 경우를 제외하고는 이 다섯 개 가운데 세 개는 당신을 포함한 세 사람이 각자 하나씩 먹는다. 이렇게 되면 쿠키는 두 개가 남고, 다시 하나씩 더 먹기에는 하나가 부족하다. 이 상황에서 피실험자들이 하는 행동은 물론 모두 비디오로 촬영된다. 자, 여기에서 누가 네 번째의 쿠키를 먹을까? 대부분의 경우에서는 무작위로 선정된 조장이 그 네 번째 쿠키를 먹는다. 그리고 이때 이 사람의 태도에서는 흥미로운 몇몇 변화가 나타난다.

스탠퍼드대학교의 심리학자 대처 켈트너와 그의 동료들이 이 실험을 진행했는데, 이들은 조장으로 선택된 사람이 다른 사람들에 비해서 더 게걸스럽게 먹는다는, 다시 말해서 사회적으로 뻔뻔해진다는 사실을 입증했다.[26] 조장은 쿠키를 입을 벌린 채 우적우적 씹으며 쿠키 부스러기를 얼굴에 묻히고 또 탁자에 지저분하게 어질러놓는 경향이 있다. 이러한 행동은 성장할 때 예절 교육을 제대로 받지 않았거나 혹은 성격이 칠칠치 못해서 나타나는 평소 습관과 아무런 관련이 없다. 이런 행동을 한 조장이 만일 조장으로 선정되지 않고 일반 조원으로 남았더라면, 쿠키를 조신하고 얌전하게 먹었을 것이기 때문이다.

앞서 3장에서 우리는 권력을 가짐으로써 감정이 한껏 고조되었을 때는 다른 사람의 감정 표현에 담긴 의미를 잘 파악하지 못한다는 사실을 확인했다. 방금 살펴본 쿠키 실험은, 권력은 또한 권력을 가진 사람으로 하여금 다른 사람들이 어떻게 생각하든 신경을 쓰지 않게 만든다는 사실, 즉 다른 사람들에게 연민을 느끼지 못하고 이기적으로 행동하게 만든다는 사실을 보여준다. 아주 잠깐 동안 권력의 맛만 살짝 봤음에도 불구하고 사람들은 보다 이기적으로 바뀌고 다른 사람의 관점에 무심해진다.

전용 제트기를 타고 다니던 CEO들도 워싱턴으로 날아갈 때 그와 비슷한 공감 능력 결핍 현상을 보였다. 엄청난 권력을 누리던 그 사람들의 뇌 상태는 권력에 의해 특정한 상태로 형성되어 있어서, 자기가 하는 행동이 다른 사람들에게 어떻게 비치는지 제대로 파악하기 어려웠다.

공감 능력 결핍 혹은 자기중심주의가 빚어내는 여러 결과 가운데 하나는 다른 사람들을 자기가 품고 있는 목적의 수단으로, 더 나아가 '도구'로 바라보게 된다는 점이다. 즉 평범한 사람들에게 권력을 가지고 있다는 느낌을 불어넣으면 이 사람들은 다른 사람들을 사람이 아닌 사물로 바라보기 시작한다는 사실을 스탠퍼드대학교의 데버러 그루엔펠드 교수와 그녀의 동료들이 포착했다.

실험 진행자가 피실험자들에게 과거 누군가를 대상으로 해서 권력을 휘둘렀던 때를 상기하게 해서 이들의 뇌를 권력의 감정으로 물들이자, 그 피실험자들은 다른 사람들이 자기에게 얼마나 도움이 되는 존재인가 하는 눈으로 주변을 바라보는 경향을 보였다. 예컨대 이 사람들은 누군가로 부터 어떤 것을 필요로 할 때 그 사람과 접촉했다고 보고하는 경향을 나타냈으며, 반대로 어떤 사람이 자기에게 도움이 되는 것과 상관없이 그 사람을 진정으로 좋아한다고 보고하는 경향은 상대적으로 덜 나타냈다.[27]

인위적인 실험에서 아주 낮은 차원의 권력과 관련된 짧은 기억만으로도 사람이 보다 이기적이 되고 또 사회적으로 뻔뻔한 모습을 보이며 자기 이외의 다른 사람을 수단으로, 즉 자기 목적을 달성하기 위한 사물로 바라보는데, 수천 혹은 수만 명에게 장기간에 걸쳐서 막강한 힘을 휘두르는 권력이라면 그 사람의 정신에 어떤 영향을 미칠까? 그루엔펠드는 오랜 기간에 걸쳐서 권력을 휘둘렀던 고위 경영진들을 앞에 두고 이 질문에 대답할 수 있는 특이한 기회를 가졌다. 막강한 권력을 휘두르는 고위 경영진들은 경영학과 학생들에 비해서 사람들을(그 사람들이 부하 직원이건 혹은 같은 직급의 동료이건) 사람 그 자체로서가 아니라 자기에게 얼마나 유용한가 하는 관점에서 바라보는 경향을 보인다는 사실을 그루엔펠드는 입증했다. 물론 이것은 그녀가 예측했던 결과였다.

2002년 9월 27일, 독일 프랑크푸르트 인근의 한 작은 마을에서 부유한 은행가 가문의 아들이던 11세 소년 야콥 폰 메츨러가 스쿨버스에서 내려 자기 집으로 향했다. 하지만 소년은 집으로 돌아오지 않았고, 그날 밤 유괴범이 소년의 가족에게 돈을 요구했다. 가족은 유괴범이 원하는 돈을 줬지만 소년은 풀려나지 않았다. 나흘 뒤, 스물일곱 살의 법학도 마그누스 개프겐이 체포되어 유괴 사실을 자백했다. 그러나 범인은 몇 시간에 걸친 심문에도 야콥이 어디에 있는지 털어놓지 않았다.

소년이 감금 상태에서 혼자 죽음을 맞을지도 모르는 상황이었다. 그래서 프랑크푸르트 경찰서의 부서장이던 볼프강 다스너는 부하 직원들에게 특별한 지시를 내렸다. 고문 전문가가 프랑크푸르트에서 헬리콥터를 타고 오는 중이며, 이 사람은 상상도 하지 못할 고통을 가할 것이라는 말로 위협을 해서 개프겐에게서 소년이 어디 있는지 알아내라고 했던 것이다. 다행히 이 방법은 통했고, 개프겐은 소년을 감금해둔 곳을 털어놓았다. 그러나 그곳에서 소년은 이미 비닐 테이프로 둘둘 말린 채 죽어 있었다.[28]

그런데 이 일 때문에, 상황이 아무리 급박하다 하더라도 고문을 가하겠다는 위협이 과연 도덕적으로 정당한지를 두고 독일에서 논쟁이 벌어졌다. 두 개의 의견이 팽팽하게 대립했다. 하나는 고문을 실제로 자행하거나 혹은 고문을 하겠다고 위협하는 것은 기본적으로 잘못된 것이라는 원칙에 입각한 의견이었고, 또 하나는 소년의 목숨을 살릴 수도 있었으므로 잘못된 것이 아니라는 결과에 입각한 의견이었다.

네덜란드 틸버그대학교의 요리스 라메르스 교수와 그의 동료들은 권력이 사람의 도덕적 사고에 미치는 영향을 알아보려고 여러 가지 사례를 동원했는데, 그 사례들 가운데 하나가 바로 이 유괴 사건이었다.[29] 이 연구진은 피실험자들에게 여러 개의 도덕적 딜레마 상황을 제시하고 무엇이 올바른 결정인지 판단을 내리라고 했는데, 이들이 제시했던 딜레마 사례한 가지를 소개하면 다음과 같다. 서로 사랑하는 연인이 있고, 남자가 치명적인 암에 걸렸다. 그런데 여자가 남자보다 먼저 이 사실을 의사에게 듣고 알았다. 그러자 여자는 의사에게, 자기들이 오래전부터 아프리카 여행을 계획하고 있었는데 이 여행을 마치고 돌아올 때까지는 남자에게 그 사실을 알리지 말아달라고 애원했다. 남자도 그 여행을 무척 기대하고 있다고 했다. 남자에게 앞으로 남아 있는 시간은 여섯 달이다. 그렇다면 이 상황에서 남자가 죽음이 임박한 자기 운명을 알았을 때의 그 무거운 부담에 시달리지 않은 채 그 멋진 여행을 마음껏 즐기도록 해야 하지 않을까? 하지만 의사에게는 남자에게 진실을 알려줘야 한다는 윤리적인 의무가 있다. 그러나 결과에 입각한 판단, 즉 목적이 수단을 합리화한다는 판단에 따르자면 의사는 남자에게 진실을 말하지 말아야 한다.

권력은(이 권력이 사람의 마음에 무의식적으로 물든 것이든, 혹은 실험 상황에서 누구에게 실제로 주어진 것이든) 피실험자들이 원칙에 입각한 판단을 선호하도록 해서 결과에 입각한 판단을 덜 내리게 하는 경향을 보인다는 사실을 라메르스는 일련의 실험을 통해서 발견했다. 권력에 물든 사람들은 마그누스 개프젠을 고문 운운하며 위협한 것이 잘못되었으며 또 의사는 남자에게 암에 걸렸다는 사실을 알리는 게 옳다고 말하는 경향이 우세했다. 이에 비해서 권력에 물들지 않은 사람들은 고문을 하겠다고 위협하는 것은 정당하며 의사는 남자가 암에 걸렸다는 사실을 모른 채 여행을 즐겁게 다녀올 수 있도록 하는 게 옳다고 말하는 경향이 우세했다.

그렇다면 권력은 사람들을 보다 도덕적으로, 혹은 적어도 원칙을 따르게 만든다고 할 수 있을까? 예를 들어서 엔론의 경영진은 자기들이 가지고 있던 막강한 권력에 의해 고귀한 원칙주의자가 되었다고 할 수 있을까? 그런데 이 같은 결론은 권력은 부패하기 마련이라는 발상과 상반되는 게 아닌가? 이 점에 대해서 라메르스는 기발한 답을 내놓았다.

라메르스가 피실험자들에게 제시한 또 하나의 상황을 소개하면 다음과 같다.

"어떤 세입자가 있다. 약정했던 임대 기간이 끝나자 집주인이 세입자에게 집을 비워달라고 하고, 세입자는 이사 갈 집을 찾고 있다. 그런데 이 사람 형편으로 갈 만한 데라고는 공영 주택밖에 없는데, 거기에 들어가려고 해도 3년이나 기다려야 차례가 돌아온다. 그런데 어떤 편법을 동원하면 이 세입자는 3년을 기다리지 않고 즉시 공영 주택에 입주할 수 있다."

자, 당신이라면 이 편법을 받아들이겠는가? 당신의 생각을 1(절대 그럴 수 없다)에서부터 9(당연히 그렇게 한다)까지의 숫자로 표시해봐라.

라메르스의 피실험자들은 어땠을까? 결과는 앞서 했던 실험의 결과와 정확하게 일치했다. 무작위로 선정되어 권력의 감정에 노출된 집단에서는 그렇지 않은 집단에 비해서 낮은 숫자를 제시하는 경향을 보인 것이다. 그런데 뒤이어 진행된 실험에서 또 다른 일이 벌어진다. 라메르스는 이 이야기를 피실험자 집단 절반에게만 제시하고, 다른 절반에게는 다음과 같은 이야기를 들려줬다.

"당신이 이 이야기의 주인공이다. 당신은 세입자이고 약정했던 임대 기간이 끝나자 집주인이 당신에게 집을 비워달라고 하고, 당신은 이사 갈 집을 찾고 있다. 그런데 당신 형편으로 갈 만한 데라고는 공영 주택밖에 없는데, 거기에 들어가려고 해도 3년이나 기다려야 차례가 돌아온다. 그런데 어떤 편법을 동원하면 당신은 3년을 기다리지 않고 즉시 공영 주택에 입주할 수 있다."

첫 번째 이야기는 '어떤 세입자'라는 3인칭 시점이고, 두 번째 이야기는 '당신' 이야기다. 도덕적 판단이 본인과 관련되자 권력이 마음에 끼치는 영향은 정반대로 나타났다. 권력이 이제는 원칙에 입각한 판단을 덜 선택하게 하고 목적이 수단을 합리화하는 결과에 입각한 판단을 더 선택하게 한 것이다.

이런 사실은 스킬링의 행동을 설명하는 데 도움이 된다. 아마도 스킬링은 회사의 직원이 어떻게 행동해야 할지에 대해서는 고도로 원칙에 입각해서 판단했을 것이다. 아마도 권력은 그를 성실하고 원칙을 중시하는 도덕적 실천자로 만들었을 것이다. 하지만 똑같은 권력이라 하더라도 본인과 관련된 문제에서는 원칙을 무시하도록 만들었을 것이고, 자기 행동을 판단하는 데는 결과에 입각한 접근을 하게 만들었을 것이다.

권력은 스킬링의 눈을 가려서 자기 행동, 즉 회사가 돌아가는 사정을 파악했다면 다른 사람들도 했을 수 있는 그 행동에 대해서 그가 올바른 판단을 내리지 못하게 했다. 자신의 이익이 걸려 있을 때 권력은 이기적인 마음과 예외주의적인 태도로 사람을 물들인다. 보너스나 스톡옵션과 같은 형태로 본인이 커다란 이익을 얻을 수 있을 때는 이런 이기심이 증폭된다. 자기 자신에게 도덕적인 잣대를 들이대는 경향이 줄어드는 것이다.

2010년 1월 12일, 「뉴욕타임스」는 투자은행 골드만삭스의 펀더멘털 전략 그룹 대표 토머스 마자라키스가 일부 고객에게 보냈던 이메일 하나를 공개했다. 이 이메일에서 그는 다음과 같이 말했다.

"우리는 거래와 관련된 어떤 발상을 기반으로 해서, 고객 여러분과 상의하기 전에 먼저 거래를 할 수도 있고 또 기존의 투자 포트폴리오를 그대로 유지할 수도 있습니다."[30]

이 이메일은 많은 사람이 의심했던 사실, 즉 골드만삭스가 회사의 여러 단위들에게 제공하는 정보와 조언 및 외부 고객에게 제공하는 정보와 조언 사이에서 균형을 잡아나감으로써 이해의 갈등을 조정하고 관리하는 데 상당한 어려움을 겪고 있다는 사실을 확인시켜주었다. 이 같은 사례를 한 가지만 들자면, 골드만삭스는 그동안 부채담보부증권CDO이라는 악성 모기지 채권을 대량으로 고객에게 판매하는 한편으로 이 채권의 가격이 떨어질 것을 예측하는 방향으로 투자를 했던 것이다.

이런 투자 포트폴리오가 현재로서는 꽤 수지맞는 것이고, 또 골드만삭스가 2008년 금융 위기 때 상대적으로 쉽게 위기에서 벗어날 수 있었던 이유이기도 하다. 어쨌거나 골드만삭스는 한편으로는 수십억 달러의 자금을 악성 모기지 채권에 투자하고 다른 한편으로는 이 채권이 채무 불이행 상태가 될 때에 대비한 투자에 수십억 달러의 자금을 투입하는 식으로 양쪽의 투자 포지션을 모두 취했고, 결과적으로 이 투자 전략은 성공했다.

골드만삭스의 상품은 라메르스의 실험에 비추어보면 이치에 맞다. 투자은행 업무를 하는 사람이나 주식을 중개하는 사람이 휘두르는 막강한 권력은 어마어마한 양의 경제적인 이기심을 통해서 원칙이 아니라 결과에 입각한 정신적 틀로 집중되었다. 권력에 의해 촉발된 예외주의는, 자기가 하는 행동이 초래할 명백하게 어둡고 부정적인 측면에 대한 양심의 가책으로부터 이 사람들을 철저하게 차단했다. 그랬기에 그 사람들은 양심의 가책을 느끼지 않았다.

우리가 아는 한도 안에서 보자면, 전용 제트기를 타고 다니던 CEO들은 전적으로 합법적으로 또한 도덕적으로 행동했다. 그러나 이 사람들이 받는 어마어마한 보너스와 권력 그리고 특권이 그들의 마음속에 어떤 형태의 예외주의를 촉발함에 따라서, 이들은 워싱턴에 갈 때마다 혼자서 제트기를 타고 가는 자기의 행태가 보통 사람들의 눈에 어떻게 비칠지 살펴볼 수 없었던 게 아닐까? 그렇다고도 할 수 있고 아니라고 할 수도 있다. 또 하나의 다른 요인이 있기 때문이다.

엔론의 CEO였던 제프리 스킬링은 다른 사람들의 이름이 뭔지 전혀 신경 쓰지 않았으며 또한 자기 휘하의 직원을 인정사정없이 도태시켜야 한다고 믿었다고 한다. 그것도 아주 독단적인 근거로. 그는 이른바 '등급을 매겨 솎아내기rank and yank'라는 악명 높은 인사 제도를 엔론에 도입했는데, 이 제도 아래에서는 모든 직원이 인트라넷을 통해서 감독자와 동료의 평가를 받는다. 심지어 인트라넷에 로그인할 수 있는 사람이면 누구나 이 평가 작업에 참여할 수 있게 한다. 엔론에서는 모든 직원이 여섯 달에 한 번씩 정기적으로 참여하는 이 평가가 이루어졌고, 여기에서 하위 15퍼센트에 속하는 등급을 받은 직원은 본인이 실제로 거둔 성과와 전혀 상관없이 다른 부서로 쫓겨난다. 회사 내에서 새로운 직무를 찾기 위한 시간으로 두 달이라는 기간이 이 직원에게 주어지지만, 인사 서류에 하위 15퍼센트에 속했다는 붉은색 스탬프가 찍히기 때문에 이 직원은 결국은 회사를 떠날 수밖에 없었다.

스킬링의 이 같은 관리 제도는 정신과 의사나 심리 치료사들에게는 새로운 고객을 끊임없이 만들어주는 화수분이나 마찬가지였다. 그가 주차장에서 새치기를 하며 직원들에게 가운뎃손가락을 치켜들면서 확실히 드러냈던, 다른 사람을 자기 이익에 필요한 사물로만 바라보는 태도로 보건데, 그에게는 연민이나 동정심 따위는 손톱만큼도 없었다. 대학생 시절에는 수수한 성격이었다고 하는데, 이 사실을 고려한다면 그가 그처럼 무자비한 성격으로 바뀐 것은 무소불위의 권력이 그의 뇌에 영향을 끼쳤기 때문이라고 추정할 수 있다.

하지만 이것만으로는 스킬링이나 전용 제트기를 타고 다니던 CEO들의 행동을 모두 설명할 수는 없다. 왜냐하면 권력은 또 다른 매우 중요한 영향을 미치기 때문이다.

1987년 4월 6일자 「타임Time」 표지는 전면에 텔레비전 전도사 지미 스워거트의 사진을 실었다. 수백만 달러의 재산을 가진 부자이기도 한 그는 연설을 하는 듯 한 손으로는 마이크를 잡고 다른 한 손의 집게손가락을 곧추세우고 있다. 그의 표정은 누군가에게 강력한 경고와 저주를 내리느라 일그러져 있다.[31] 그리고 같은 표지 속에는 작은 사진 하나도 함께 들어 있다. 그와 경쟁 관계이던 텔레비전 전도사 짐 베이커와 그의 아내가 나란히 서 있는 사진이다. 그리고 '성스럽지 않은 싸움, TV 전도사 지미 스워거트와 공격을 받는 베이커 부부'라는 문구가 표지에 박혀 있다.

전도사 지미 스워거트를 실은 「타임」 표지.

베이커는 여러 해 전에 스물한 살의 미모의 여성과 '죄'를 저질렀다고 고백했었다. 베이커에 대한 지미 스워거트의 도덕적인 저주는 그를 두고 '크리스트의 육체에서 도려낼 필요가 있는 암덩어리'라고 부를 정도로 맹렬하고도 사정없었다. 스워거트는 또한 자기와 마찬가지로 뉴올리언스를 기반으로 하고 있던 또 다른 경쟁자이던 마빈 고먼이라는 텔레비전 전도사에게도 간통을 했다며 비판의 칼날을 들이댔다. 이 일로 스워거트는 고먼으로부터 명예훼손 소송을 당했고 거금을 물어주었다.

하지만 그로부터 채 일 년도 지나지 않아서 지미 스워거트는 뉴올리언스의 한 호텔에 매춘부와 함께 있다가 사진이 찍혔고, 이 사진이 사람들 사이에 퍼졌다. 결국 그는 자기가 속했던 오순절교회 Pentecostal Church 조직에서 물러나야만 했다. 자세한 사실들이 밝혀지기 전에 자기 잘못을 구체적으로 밝히지 않은 채 흐느끼면서 했던 그의 유명한 고백은 인터넷 공간에서 고전적인 동영상이 되었다. 3년여가 지난 뒤에 신도들의 용서를 받았음에도 불구하고 그는 1991년 10월 14일에 또다시 성직에서 물러나겠다는 발표를 해야 했다. 로즈메리 가르시아라는 캘리포니아의 어떤 매춘부를 차에 태웠다는 비판을 받았기 때문이다. 스워거트의 위선은 놀라서 입을 다물지 못할 정도였다. 미디어와 교회 제국을 통해서 그가 수백만 명이나 되는 사람들에게 휘두르는 권력도 역시 놀란 입을 다물지 못할 만큼 거대했다. 그리고 권력과 위선은 얼른 봐도 연관이 있을 것처럼 보이지만, 사실은 첫인상보다도 훨씬 더 긴밀하게 연결되어 있는 것 같다.

틸버그대학교의 요리스 라메르스와 그의 동료들은 다른 연구 프로젝트에서 권력이 위선적인 행동에 어떤 영향을 미치는지 연구했다. 우선 피실험자들의 마음속에 권력과 관련된 어떤 감정을 일깨웠는데, 전체 피실험자를 두 집단으로 나누어서 한 집단에게는 예전에 자기가 누군가에게 권력을 행사했던 상황을 묘사하게 했고 다른 집단에게는 자기가 누군가로부터 권력을 행사당했던 상황을 묘사하게 했다.[32] 그런 다음에 이 피실험자들에게 사람들이 자신의 출장 경비를 부풀리는 행동을 어느 정도로 받아들일 수 있는지(혹은 받아들일 수 없는지) 숫자로 등급을 매기라고 했다.

라메르스는 권력이 사람들로 하여금 자기는 어떤 특권적인 권리를 가지고 있다고 느끼게 하고 다른 사람의 행동을 판단할 때 아무런 거리낌을 느끼지 못하게 해준다고 예측했다. 아니나 다를까 그의 예측은 빗나가지 않았다. 무작위로 선정되어 권력의 감정에 물든 피실험자들은 그렇지 않은 사람들에 비해서 출장 경비를 부풀리는 행동을 의미 있는 수준으로 더 못마땅하게 받아들였다.

그것이 바로 그 사람들의 **판단**, 지미 스워거트가 짐 베이커의 불륜을 놓고 했던 것과 같은 판단이었다. 하지만 피실험자들이 본인이 실제로 했던 행동을 놓고는 어떤 판단을 내렸을까? 라메르스는 피실험자들에게 실험에 참여해준 보수로 추첨에 참가할 수 있는 행운권을 지급할 것이고, 각자 주사위 두 개를 던져서 행운권을 몇 장이나 받을 것인지 결정할 것이라고 했다. 즉, 주사위를 굴린 결과에 따라서 행운권을 더 받을 수도 있고 덜 받을 수도 있으며, 따라서 추첨에 당첨될 확률도 그만큼 커질 수도 있고 줄어들 수도 있다.

주사위는 자기 혼자만 볼 수 있는 공간에서 단 한 차례만 던지게 설정했다. 결과는 어땠을까? 권력을 휘둘렀던 기억을 통해서 권력의 감정에 물들었던 사람들이 그렇지 않은 사람들에 비해서 부정을 의미 있는 수준으로 더 많이 저질렀다. 그들은 지미 스워거트와 마찬가지로 다른 사람이 저지른 도덕적인 부정을 엄격한 잣대로 평가했지만 자기가 저지른 도덕적 부정은 너그럽게 바라보았다. 즉, 권력이 위선을 만들어낸다는 말이다.

라메르스와 그의 동료들은 계속해서 다른 여러 가지 방식으로도 권력과 관련된 감정을 조성했다. 예를 들면 앞서 설명했던 쿠키 실험에서처럼 어떤 사람을 한 집단의 '조장'으로 임명한다든가 하는 방식이었다. 그런 다음에, 이 장치를 통해서 권력을 부여받은 피실험자들 혹은 권력을 부여받지 못한 피실험자들에게, 실제 현실에서 흔히 일어나는 다음 세 가지 상황을 용인할 수 있을지 도덕적 판단을 내리라고 했다. 첫째는 당국에 포착되지 않는 부수입을 소득 신고 때 세금 계산에서 제외하는 것, 둘째는 버려진 자전거를 가지는 것, 셋째는 중요한 약속에 늦지 않으려고 교통 신호를 어기는 것이었다.

피실험자들은 만약 자기가 이런 행동을 했을 경우 그 행동을 얼마나 용인할 수 있을 것인지 숫자로 등급을 매겼다. 결과는 권력의 감정에 물든 사람들이 그렇지 않은 사람들에 비해서 확실히 보다 너그러웠다.

그렇다면 스워거트의 행동도 전혀 특이한 게 아니었던 것 같다. 위선은 많은 정치인들이 떠벌이는 화려한 수사의 한 특징이다. 심리 실험에서 조성했던 권력 감정의 수준을 좀 더 확장해서 말한다면, 권력으로 촉발된 이 위선이 스킬링을 비롯한 엔론의 경영진이 보여주었던 기묘한 행동에 어떤 역할을 했다고 볼 수 있다. 어쩌면 위선은 권력의 불가피한 부속물일지도 모른다. 다른 사람들에게 통제력을 행사할 때 자연스럽게 나타나는 신경 상관자neural correlate라는 말이다. 예컨대 당신이 어떤 집단의 우두머리라고 치자. 이 경우에 당신이 다른 사람들에게 적용하려는 규칙을 본인에게는 적용해서는 안 된다고 느낄 수 있다. 일부 기업 이사회에서는 모험을 즐기는 기업가 정신의 가능성과 이윤 창출 과정에 따르는 위험을 감당할 역량이라는 것들을 내세우면서 이 같은 예외주의 혹은 특권주의의 감정을 심지어 바람직하다고 여기기까지 한다.

성공한 기업의 모든 CEO들은 자기들이 가지고 있는 권력 때문에 위선에 쉽게 빠진다. 하지만 그렇다고 해서 대부분의 그 CEO들이 모두 엔론의 스킬링이 걸었던 길을 걷지는 않는다. 오로지 몇몇 CEO들만이 돈과 권력 그리고 제도적인 도박이 촉발하는 도파민에 코가 꿰일 뿐이다. 그 일부가 권력에 중독되고 왜곡된 판단을 내린다. 그러나 어느 정도 규모가 있는 조직이라면, 이러한 정신적 부패에 쉽게 허물어지지 않는 사람들이 늘 있게 마련이다. 그리고 경영자 개인 차원의 이 병리적 현상만으로는 2007년에서 2008년으로 이어진 금융 위기나 엔론 사태를 설명할 수 없다.

만일 당신이 어떤 일을 하는 대가로 보수를 받는다면, 도파민으로 작동하는 당신 뇌의 보상 체계는 푸근한 보상의 빛을 당신에게 비추어서, 아무리 춥고 비가 오는 날이라 하더라도 아침이면 부지런하게 침대에서 일어나 일을 하러 나가서 굶지 않고 살아갈 수 있도록 할 것이다. 도파민과 관련된 보상 체계가 진화한 것도 바로 생존이라는 목적 때문이었다.

하지만 이런 가정을 한번 해보자. 당신과 당신의 친구가 같은 일을 함께한다. 그런데 그 친구가 당신보다 보수를 더 많이 받는다. 당신 뇌의 보상 체계는 이 사실을 고려해야 할 사항으로 받아들일까? 그렇다. 받아들인다. 이 사실은 독일 본대학교의 클라우스 플리스바흐Klaus Fliessbach 교수와 그의 동료들이 입증했다.[33] 2명을 한 조로 짝지어 기능성자기공명영상장치에 각자 나란히 눕게 한 다음 게임기 스크린에 나타나는 점의 개수를 빠르고 정확하게 판단하는 것으로 승패를 결정하는 단순한 게임을 하게 하는 동안 이 사람들의 뇌를 촬영했다. 그리고 이 피실험자들에게는 정답을 많이 맞히면 거기에 비례해서 보수를 많이 주기로 했다.

복측 선조체의 활동 수준이 높을수록 이기는 경우가 많았다는 결과는 그다지 놀랍지 않다. 그런데 함께 실험을 받는 사람이 자기와 똑같이 정답을 맞혔는데 자기보다 돈을 더 많이 받을 때는 어떤 일이 일어날까? 보상을 받긴 하므로 복측 선조체에서 분출되는 도파민의 양이 늘어나긴 하지만, 동일한 보상을 받을 때에 비해서 도파민 분출량은 훨씬 적다. 나란히 누운 다른 사람과 비교할 때 자기가 상대적으로 적은 돈으로 보상받는다는 사실을 인식하기 때문이다.

똑같은 일을 하고서도 다른 사람보다 적은 돈을 받는 것보다 실망스러운 일은 없다. 당연한 일이다. 이 연구는 이러한 유형의 정신적 과정이 진행될 때 뇌에서 어떤 일이 일어나는지 입증한 최초의 사례가 되었다. 사회성을 빼버리고 나면 인간은 존재하지 않는다. 인간은 그만큼 사회적인 존재이므로, 다른 사람이 보상이나 처벌을 받는 규모에 대해서 우리는 무척 큰 관심을 가질 수밖에 없다.

자기가 적절하게 보상을 받고 있는지 혹은 그렇지 않은지 판단하려면 자기가 받는 보수를 다른 사람이 받는 보수와 비교해야만 한다. 똑같은 일을 했음에도 불구하고 책상을 맞대고 있는 동료가 자기보다 보너스를 훨씬 많이 받는 부당한 처우를 바로잡아달라고 주장하는 사람들은 어디에나 있다. 이렇게 이의를 제기하는 사람들이 품고 있는 불만의 원천은 자기가 받는 보너스를 책상을 맞대고 있는 동료가 받는 보너스를 비교한 결과로, 보너스에 따른 뇌 보상 체계의 도파민 분출량이 상대적으로 적어진다는 데 있다.

전용 제트기를 타고 다니던 자동차 회사들의 CEO들은 서로 상대방이 회사로부터 어느 정도의 보상을 받는지 예민하게 의식하고 있었을 것이다. 물론 이 보상에는 전용 제트기를 탄다는 것도 포함되었을 것이다. 만일 릭이 전용기를 타고 워싱턴으로 갔는데 앨런과 로버트가 공항에서 일반 승객들 속에 섞여서 길게 줄을 서야 했다면, 이 두 사람의 복측 선조체의 도파민 분출 활동은 느리고 삐거덕거렸을 것이다.

그러므로 우리가 전용 제트기를 타고 다니던 CEO들의 수수께끼를 풀 때 그 사람들을 개별적인 존재로 따로 떼어서 탐구할 수는 없다. 이 수수께끼를 푸는 데 필요한 보다 복잡한 해법을 탐구하려면 이 사람들을 하나의 '집단'으로 묶어서 살필 필요가 있다.

최근에 나는 뉴욕에서 오랜 친구와 점심을 먹은 적이 있다. 이 친구는 미국에 본부를 둔 다국적기업의 고위 임원이었다. 점잖고 명석하며 우아한 이 친구는 유럽인이라서 그랬던지 언제나 전형적으로 자유주의적인 옷차림이었다. 그런데 내가 버락 오바마의 의료보험 개혁 정책에 대해서 질문을 하자 이 친구의 얼굴빛이 금세 어두워졌다. 그래서 나는 곧바로 이렇게 말했다.

"상당히 불만족스러운 타협이라는 건 나도 알지만, 적어도 4,000만 명이 추가로 의료보험 혜택을 받게 되었으니 다행이지."

그런데 그의 대꾸에 나는 말문이 막혀버렸다.

"말이 되지 않는 게, 사람들이 일부러 의료보험에 가입하지 않아. 그러고는 엉뚱한 데다 돈을 쓰지. 의료보험 가입이 의무인 데도 말이야. 내가 아는 어떤 사람은 수백만 달러의 재산을 가진 부자이면서도 보험에는 가입하지 않더라니까."

자, 여기에서 수수께끼가 하나 나온다. 높은 지위까지 올라간 성공한 사람이자 높은 지성을 갖춘 사람이 어떻게 그런 주장을 믿을 수 있단 말인가? 그 친구는 솔직하고도 진지하게 그 주장을 믿었다. 실업과 깡통 주택 때문에 힘들게 살아가는 중산층이 일부러 의료보험에 가입하지 않았다고 생각한다는 발상은 내가 보기에 이상한 나라에 간 앨리스가 접한 것과 같은 발상이었다. 그래서 나는 잠시 동안 아무 말도 하지 못한 채 그저 멍하게 앉아만 있었다. 그러다가 화제가 다른 주제로 넘어가자 그 친구는 평소의 예리한 지성과 인식을 다시 보여주었다. 하지만 나의 뇌와 심장은 더는 그 친구와 대화를 나누고 있지 않았다. 나는 도대체 그 친구가 어떻게 그런 말을 믿을 수 있는지 도무지 알 수 없었고, 그 문제가 온통 나의 뇌와 심장을 뒤덮었기 때문이다.

그런 일이 있은 지 이틀 뒤였다. 나는 또 다른 동료 한 사람의 차를 얻어 타고 눈 폭풍이 몰아치는 업스테이트 뉴욕을 달리고 있었다. 그때 이 동료가 이틀 전에 나를 사로잡았던 의문에 답을 제시했다.

"그 사람은 다른 모든 고위 경영진이 그렇게 생각하는 회사에서 일하고 있잖소. 게다가 사는 곳도 도시 외곽에 있는 최고 수준의 주택지이고……. 아마 그 동네 주민들은 다 그렇게 믿을 겁니다. 이유는 또 있죠. 그 사람은 하루 종일 오랜 시간 동안 일을 하고, 또 자기와 다른 생각을 가진 사람과는 절대 대화를 나누지 않을 테니까요."

그 의문에 대한 해답이 과연 이렇게 단순할 수 있을까? 그 친구의 믿음은 어떤 집단 사고 groupthink(비슷한 의견을 가진 특정 집단에 속한 사람끼리만 소통한 결과 합리적인 생각을 할 수 없게 된 왜곡된 사고방식 - 옮긴이)의 단순한 한 측면에 지나지 않는 것일까? 만일 그렇다면 그 집단 사고가 전용 제트기를 타고 다니던 CEO들의 수수께끼를 푸는 데 도움이 될까?

집단 사고에 굴복한 사람들

제프리 스킬링은 엔론에서 두 핵심 인물과 함께 일을 했다. 이사회 의장이던 케네스 레이와 최고재무책임자였으며 엔론의 막대한 손실을 회계적으로 분식하고 주가를 인위적으로 높게 유지하는 비밀 회계 장치들을 고안했던 앤드루 패스토가 그 두 사람이다. 엔론에서 가장 높은 지위에 있던 이 세 사람이 모두 회사가 닥친 위험을 보지 못했고 또 무슨 희생을 치러서라도 주가를 높은 수준으로 끌어올리려 했다는 사실이 스킬링이 보여주었던 이상한 행동을 설명할 수 있을까? 어쨌거나 스킬링은 '똑똑한 이 두 사람이 아무 문제가 없다고 생각한다면, 그럼 물론 나도 그렇게 생각하는 게 옳지.'라고 생각했을 것이다.

순응은 인간 행동에서 매우 커다란 요인이다. 각 개인은 자기 상사가 지지하거나 너그럽게 용서해주는 행동이면 거의 모든 것을 실행하고 또 용서한다. 나치 독일의 101경찰예비대대가 좋은 사례를 제공한다. 함부르크에서 조직된 여러 대대들 가운데 하나였던 이 부대는 민간인으로 구성되었는데, 대원 가운데 다수가 중년이었고 또 중산층 출신이었다. 이 부대는 1940년에 새로 점령한 동유럽의 여러 지역으로 파견되었다.[34] 겉으로만 보자면 충분히 존경을 받을 만한 사람들이었던 이 부대의 대원들은 치열한 교전을 경험하지도 않았기에 정신적으로 피폐해지지도 않았고 또 강제로 동원되지 않았던 터라 원하기만 하면 얼마든지 특별한 제재나 비판을 받지 않고서도 문제의 그 작전에 면제될 수 있었음에도 불구하고, 조직적인 유대인 대량 학살 작전에 열성적으로 참가했다. 지극히 소수만이 그 작전에 참가하는 걸 거부하거나 학살 이외의 다른 임무를 달라고 요구했다. 그들이 가지고 있었을 도덕적인 거리낌은(이 부대의 대원 가운데 한 사람은 나중에, 자기 어머니 곁을 떠나지 않으려고 울부짖던 어린 아이들을 결국 어머니와 함께 사살한 일은 상당히 힘든 일이었다고 보고했다.) 부대의 소속감과 동료와 상사의 인정을 받고자 하는 욕심 앞에서 흔적도 없이 지워졌다.

이처럼 스킬링이 했던 행동도 다른 사람의 인정을 받고자 하는 그 믿을 수 없이 강력한 인간 욕구의 표현이었을까? 스킬링의 생각에 미친 권력의 왜곡된 효과는 현재 감옥에 갇혀 있는 패스토와 이미 저 세상 사람이 된 레이의 지지와 승인 속에서 축적되고 발휘되었던 것일까? 그들은 기업계에서 세계적으로도 칭송과 존경을 받던 승자들이었다. 그런데 이 사람들이 정신을 부패시키는 이 집단 사고에 하나같이 굴복했단 말인가?

그런데 예외적인 사람이 한 명 있었다.

엔론의 회계 담당 부사장 셰런 왓킨스Sherron Watkins였다. 그녀는 회계상의 문제를 발견하고 레이에게 보고했지만, 레이는 그 보고를 묵살했다. 그런데 여기에서 잠깐, 엔론의 유일한 내부 고발자가 여자라는 사실은 그저 우연의 일치일 뿐일까? 미국 굴지의 세 자동차 회사 CEO들이 여자였다면 과연 2008년 11월에 덜레스 공항으로 전용 제트기를 타고 갔을까? 스킬링이 남자였다는 사실이 그의 몰락을 초래한 여러 이유들 중 하나로 꼽힐 수 있을까? '승리'가 여자의 경우에는 다를까? 여자는 남자에 비해서 권력이 뇌에 미치는 영향을 덜 받을까? 전용 제트기를 타고 다니던 CEO들의 미스터리의 해법은 그들이 남자였다는 사실에 있을까? 이상하게 들릴지 모르겠지만 이 질문에 대답을 하려면 또 다른 미스터리, 즉 중국인 어머니의 미스터리부터 먼저 풀 필요가 있다.

중국인 어머니의 미스터리

자, 다음 단어들을 읽어보자. 'strong(강하다)', 'dreamy(꿈을 꾸는 듯하다)', 'nervous(신경질적이다)', 'brave(용감하다)', 'curious(호기심이 많다)'. 각각의 단어에 대해서 생각을 하고, 이것이 본인에게 적용되는지 아닌지 생각해봐라.

이 생각을 하는 당신의 뇌를 기능성자기공명장치로 촬영하면 뇌의 특정한 부분에서 매우 활발한 움직임을 포착할 수 있다. 앞서 4장에서 살펴봤듯이 눈 윗부분에서 전두엽은 뇌의 가운데 부분을 향해서 굽어져 있는데, 뇌에서 물리적으로 안쪽 부분에 있는 이것이 그 위치에 걸맞게 사람이 내면적인 자아 성찰을 할 때 사용하는 부분이다.

자, 이제 다시 한 번 더 위의 단어들을 읽어라. 그런데 이번에는 본인에게 이런 질문을 던져라.

"이 단어가 나의 어머니에게 적용되는가?"

이때는 당신 뇌의 다른 부위에서 활발한 움직임이 일어난다. 하지만 만일 당신이 중국인이거나 동아시아인이면 예외다. 이때는 자기 어머니를 생각한다 하더라도 자기 자신에 대해서 생각할 때와 동일한 부위에서 활발한 움직임이 일어난다. 이것이 바로 중국인 어머니의 미스터리이다. 이 현상은 무엇을 의미할까? 그리고 이것을 통해서 우리는 전용 제트기를 타고 다니던 CEO들의 수수께끼에 대해서 무엇을 알 수 있을까?

1991년 11월 14일 목요일 아침, 토머스 매클베인Thomas McIlvaine은 디트로이트 외곽에 있는 오크파크 우체국으로 걸어 들어갔다. 그는 이곳에서 일을 하다 최근에 해고되었는데, 그의 손에는 총신을 짧게 자른 22구경 루거 반자동소총이 들려 있었다. 그는 우편물 분류실로 성큼성큼 들어간 다음 전직 상사들에게 조준 사격을 했다. 이 과정에서 4명이 살해되었고, 여러 명이 공포로 질린 채 2층에서 뛰어내렸다가 부상을 입었다. 매클베인은 그 자리에서 자살했다.

다음날 보도된 뉴스들은 매클베인이 직상 상사들에게 품었던 원한과 해병대에 복무하다가 자동차 사고를 낸 뒤에 불명예 제대를 한 사실, 평소에 성격이 충동적이었다는 사실 등에 초점을 맞추었다. 미국 체신장관은 우체국 소속 직원 75만 명 및 전직 직원들의 인사 기록을 즉시 검토해서 공격적이거나 폭력적인 행동을 한 사람이 있는지 확인하라는 긴급 지시를 내렸다.

그런데 또 다른 어떤 정보가 사람들에게 알려지기 시작했다.

알고 보니 문제의 그 우체국에서는 우체국에 불만을 품거나 해고된 직원이 난동을 부린 게 한두 번이 아니었다. 한번은 전화기를 창문에 던져서 이 전화기가 유리창을 깨고 건물 바깥으로 떨어진 적도 있었다. 예전에 그 우체국에서 일한 적이 있다고 밝힌 한 시민은 「뉴욕타임스」와 인터뷰를 하면서 자기도 최근에 칼로 우체국 책임자를 위협한 일로 재판을 받았다가 무죄 판결을 받았다고 했다. 같은 신문이 인터뷰를 한 또 다른 사람은 이 우체국의 관리자가 직원을 '끊임없이 볶아대고 또 볶아댄다.'고 말했다. 세 번째 사람은 우체국에서 '그 잘못된 친구를 지나치게 심하게 몰아댔다.'고 말했다.[35] 의회의 조사위원회는 결국 매클베인이 비록 명백하게 충동적이고 또 위험한 성향의 소유자이긴 하지만 관리자들에게 지속적으로 괴롭힘을 당했다고 결론을 내렸다.

스탠퍼드대학교의 마이클 모리스 교수와 미시간대학교의 카이핑 펑 교수는 서로 다른 두 신문이 매클베인 사건과 아이오와대학교에서 중국인 물리학도가 일으킨 총기 난동 사건을 어떻게 다루는지 관심을 가지고 조사했다.[36] 이 두 신문은 「뉴욕타임스」와 「월드 저널」이었으며, 둘 다 전 세계적으로 높은 명성을 가지고 있는 신문이었다.

모리스와 펑은 영어로 말하는 비중국인 기자들과 중국어를 쓰며 사회적으로나 문화적으로 중국 배경을 가지고 있는 기자들이 이 두 사건을 다루는 방식이 어떻게 다른지 비교하고자 했다. 그리고 이들은 두 집단이 그 두 사건을 해석하는 방식이 근본적으로 다르다는 사실을 확인했다. 전자는 매클베인의 개인적인 특성과 불안정한 정신 상태 그리고 급한 성격에 초점을 맞추는 경향을 보인 데 비해서, 후자는 그가 최근에 해고를 당했으며 그 우체국의 책임자가 그를 괴롭혔을 수도 있고 또 최근에 텍사스에서 발생한 총기 난동 사건에 그가 영향을 받았을 수도 있다는 등의 주변 사항, 즉 **맥락**에 초점을 맞추는 경향을 보였다. 이런 대조적인 보도 태도는 중국인 학생이 저지른 총기 난동 사건을 다룬 기사에서도 똑같이 드러났다.

이 모습에서 우리는 서로 다른 문화권에 속한 기자들의 상이한 보도 관행에 대해서 보다 많은 것을 알 수 있을까? 아니면, 이러한 차이점 속에서는 보다 근본적인 어떤 것이 작동하는 것일까? 모리스와 펑은 이 의문을 풀기 위해 한 가지 실험을 했다. 중국인 학생들과 미국인 학생들에게 물고기가 여러 마리 들어 있는 어항을 묘사한 짧은 애니메이션을 보여주고 질문을 하는 방식으로 실험은 진행되었다. 물고기는 딱 한 마리만 빼고 모두 같았다. 이 한 마리는 파란색이었는데, 이 녀석은 때로 무리에서 벗어나 혼자 헤엄을 쳤고, 어떤 때는 다른 물고기들이 이 녀석 뒤를 졸졸 따라다니곤 했다.

그런데 학생들에게 무엇을 보았느냐고 물었을 때 미국 학생들은 물고기라는 배우들의 **내적인** 여러 요인들과 관련해서 자기가 본 장면을 설명하는 경향을 보였다. 그런데 이 내적인 요인들은 오크파크 우체국에서 일어난 매클베인 총기 난사 사건을 설명하기 위해서 전통적인 미국 사회에서 성장한 기자가 동원했던 매클베인의 개인적인 여러 특성에 해당되는 것이었다. 그런데 이에 비해서 중국인 학생들은 물고기들 사이의 **관계**와 관련해서 설명했다. 이것은 똑같은 사건을 두고 중국 배경에서 성장한 기자가 설명할 때 동원했던 고약한 근무 환경에 해당되는 것이었다.

미국과 유럽을 비롯한 세계의 여러 지역에 자리 잡고 있는 개인주의적인 문화는 사람들로 하여금 세상에서 일어나는 일을 개인의 행동이라는 차원에서 해석하도록 한다. 그런데 이것뿐만이 아니다. 이런 차이는 각 개인의 뇌에도 반영이 되는데, 집단적인 문화권에서 성장한 개인들은 심지어 추상적인 사물들 사이에서조차도 어떤 관계를 찾아내려는 경향을 보인다. 이러한 사실은 뇌의 특정 부분에서 진행되는 활동성에서 확인할 수 있다.

자, 그럼 다시 중국인 어머니라는 주제로 돌아가자.

사람들은 방금 설명한 것처럼 두 가지 전혀 다른 방식으로 자기 주변에서 일어나는 사건을 바라볼 뿐만이 아니라, 자기 자신도 이처럼 전혀 다른 눈으로 바라본다. 예컨대, 자기 운명과 환경을 통제하는 중심적이고도 단일한 자아로 스스로를 바라볼 수도 있고, 커다란 전체 관계망 속에 존재하는 하나의 결절점으로, 다시 말해서 독립적인 존재가 아니라 전체의 맥락 속에서 파악되는 존재로 자기를 바라볼 수도 있다. 서구인이 자기 자신과 자기 어머니를 각각 생각할 때는 뇌에서 사용되는 부분이 겹치지 않는다. 그러나 중국인의 경우는 다르다. 개인적인 자아는 뇌에서 자기 어머니를 표현하는 부분에 물리적으로 깊이 새겨져 있기 때문이다. 그래서 중국인의 자아는 보다 큰 전체, 선명하고 구분이 분명한 어떤 실체가 아닌 커다란 전체의 한 부분이다. 이것이 바로 집단주의 심리collectivist psychology이다.

신경학적인 차원에서 말하면, 집단적인 자아관이 서구의 개인주의적 발상보다 더 정확하게 전체 그림을 파악한다고 볼 수 있다. 서구에서는 성 베르나르와 그의 추종자들 덕분에 사람들은 자아에 종교적인 의미와 가치를 부여하게 되었지만, 불교적인 사고 체계와 유교적인 사고 체계 아래에서 자아는 일시적인 어떤 것, 끊임없이 변화하는 어떤 현상에 지나지 않는다. 심지어 몇 가지 측면에서 보자면 자아는 환상이기도 하다. 최소한 '나'는, 내가 다른 사람들과 맺고 있는 인간관계의 그물망 바깥에서는 존재하지 않는다. 만일 내가 그 어떤 사람과도 접촉을 하지 않고 야생에서 혼자 성장했다고 한다면, 나는 아마도 '자아'라는 것을 가지고 있지도 않을 것이다. '나'는 다른 사람들의 마음, 특히 나를 낳고 길러준 사람들이 반영된 거울 속에 존재한다.

제프리 스킬링과 함께 대학 시절을 보냈던 사람이 회고하는 대학생 스킬링의 모습이 사실이라면, 적어도 그 친구가 거짓말을 한 게 아니라면, 스킬링은 처음부터 범죄자가 아니었고 처음부터 공격적이거나 거만하지 않았다. 권력이 그를 그렇게 바꾸어놓았다. 그리고 아마도 그는 토니 블레어처럼 권력에 대한 욕심이 대단했던 것 같다. 하지만 이것만으로는 엔론이 맞이했던 재앙을 설명할 수 없다. 스킬링은 엔론에서의 동반자들이었던 케네스 레이와 앤드루 패스토가 자기의 뒤틀린 판단과 행동을 지지해주길 바랐다. 그런 필요성을 느꼈다. 그러나 이보다 더 중요한 게 있었다. 그는 자기가 창조한 극단적으로 돈을 추종하는 개인주의 기업 문화가 이기적인 이득에 온전히 초점을 맞추고 보다 넓은 집단, 즉 엔론이라는 기업 전체 그리고 자기 행동이 주주와 직원에 빚어낼 결과에 스스로 눈을 감도록 해줄 필요성을 느꼈다. 이런 초개인주의적 문화가, 그가 가진 권력이 그렇게 했듯이, 뇌를 바꾸어놓았을 것이다. 그러므로 뇌를 바꾸어놓는 이 '마약'을 통해서 그의 특이한 행동을 설명할 수 있을지 모른다.

앞에서도 언급했지만 전용 제트기를 타고 다니던 CEO였던 릭 왜고너, 앨런 멀랠리 그리고 로버트 나델리는 돈에 대해서, 특히 자기가 받는 연봉을 생각하는 데 많은 시간을 들였고, 이 같은 생각들이 모든 것을 자기 중심적으로 파악하는 사고 특성을 강화했을 것이다. 그러나 이 세 사람은 자동차라는 구체적인 어떤 것을 만들었다. 다시 말하면 엔론의 스킬링이 그랬던 것처럼 회사를 거대한 카지노로 만들어서 돈에 돈을 걸고 다시 그 돈에 돈을 거는 식으로 회사를 운영하지는 않았다. 엔론이 오로지 돈에만 초점을 맞추었고 또 그 안에서는 개인적인 막대한 이득과 끊임없는 도태의 위협이 들끓었다는 사실을 심리적으로 해석하자면, 극단적인 개인주의적 상태를 조장하는 기업 문화가 엔론을 지배했다는 말이 된다. 그런데 사실 과거 십 년 동안 월 스트리트의 대부분이 그랬다.

자, 여기에서 중국인 어머니의 미스터리가 한 가지 과제를 제시한다. 만일 '내'가 다른 사람과 분명하게 구분이 되고 자급자족적인 어떤 단위라면, 이 경우에 승리는 상대적으로 단순해진다. 하지만 반대로 '나'의 정체성이 어떤 집단의 일원으로서 규정될 때 승리는 한층 복잡해진다. 그리고 이때 '누가 실제로 승리하는가?' 하는 과제가 제기된다. 개인주의적인 관점에서 보자면 스킬링은 분명 승자였다. 적어도 엔론이 무너지기 전까지는 그랬다. 그러나 집단주의적인 관점에서 보자면 그는 패배자였다. 그가 창조한 금융의 전당은 모래 위에 지은 집에 지나지 않았으며, 비록 자기는 많은 돈을 벌었다 해도 이 과정에서 수많은 사람들에게 피해를 끼쳤기 때문이다. 스킬링의 경우에 개인은 승리를 했지만 그를 포함하는 보다 넓은 집단은 패배했다. 월 스트리트와 시티 오브 런던(런던의 금융 중심지로 잉글랜드은행을 비롯한 금융기관이 밀집해 있다. - 옮긴이)의 수많은 금융인들에게도 똑같은 평가를 내릴 수 있다.

자아와 관련된 이와 비슷한 드라마가 제트기를 타고 다니던 CEO들이 구제금융을 애걸하러 워싱턴으로 날아갔던 2008년에도 똑같이 펼쳐졌다. 그 CEO들의 회사가 위기를 맞은 것은 기본적으로 변화에 적응하지 못한 자기 잘못 때문이었다. 그러나 거품으로 한껏 부풀려진 금융 산업의 붕괴로 자동차 산업의 임박한 위기가 촉발되었다. 금융계에서는 오로지 돈만 중시하는 풍조가 사람들의 뇌를 바꾸어놓았고, 그 결과 금융권의 일부 고위 경영진이 회사의 장기적인 활력을 희생해서 자신의 개인적이고 단기적인 이득을 추구하는 극단적인 개인주의 문화가 나타난 것이다.

P 권력욕과 S 권력욕

누가 이길까 하는 질문은 '내'가 다른 사람들과 맺는 인간관계의 그물망 바깥에서는 내가 존재하지 않는다는 사실을 받아들일 때만 의미가 있다. 그러나 많은 사람들은 여전히 전체 집단과 분리된 '나'라는 존재를 믿는다. 4장에서도 살펴봤듯이 우리가 권력과 지위를 추구하는 데 가장 큰 동인으로 작용하는 심리는 상처받기 쉬운 '나'를 위한 안전한 피난처를 마련하겠다는 것이다. 그러나 모든 사람들이 다 그렇지는 않다. 엔론에 유일하게 있었던 내부고발자도 그랬다. 그런데 이 내부 고발자는 여자였다. 그렇다면 성별 차이가 하나의 요인이 될 수 있을까?

평균적으로 볼 때 여자라고 해서 남자에 비해서 권력욕이 낮지 않으며 여자도 경쟁과 권력에 대해서는 남자와 비슷한 방식으로 반응한다는 식의 설명에는 한 가지 문제가 있다. 남자와 여자 사이에는 차이가 분명히 있기 때문이다. 즉, 남자가 여자보다는 권력을 더 의식하는 것 같다. 남자는 여자보다 권력의 이런저런 기호에 더 많이 관심을 기울이며 권력이 없는 사람보다 권력이 있는 사람에 대해 더 많이 기억하지만, 여자는 이 같은 선택적 기억을 하지 않는다. 그리고 어떤 공간에 놓여 있을 때 그 공간에 존재하는 권력 관계를 남자가 여자보다 빠르게 파악한다.

하지만 그럼에도 불구하고 평균적으로 보면 여자는 남자와 마찬가지로 권력에 자극을 받고 동기부여를 한다. 따라서 성별의 차이는 승자를 결정하는 데 아무런 관련이 없다고 할 수 있다. 셰런 왓킨스가 여자라는 이유는 그녀가 엔론의 내부 고발자가 된 사실과 아무런 관련이 없다고 할 수 있지 않을까? 권력에서 성$_{gender}$의 역할을 이해하는 데 도움을 받기 위해서 우선 어떤 두 사람이 유력한 대통령 후보 시절에 했던 연설을 살펴보자.

2000년 8월 3일, 필라델피아의 축축한 늦여름 날씨 속에서 조지 W. 부시가 그해에 있을 대통령 선거에 나갈 공화당 후보자 지명을 수락하려고 퍼스트유니언센터(미국 프로 농구팀 필라델피아 세븐티식서스의 홈구장-옮긴이)로 들어섰다. 그리고 그로부터 8년 뒤인 2008년 8월 28일에 버락 오바마는 고지대의 시원한 바람을 맞으면서 콜로라도의 덴버에 있는 인베

스코필드 경기장(미국의 프로 미식축구팀 덴버 브롱코스의 홈구장 – 옮긴이)에 들어섰다. 민주당 대통령 후보 지명자의 수락 연설을 들으려고 그곳에 모여 있던 84,000명의 지지자들이 오바마에게 갈채를 보냈다. 루트거스대학교의 학생이던 파토스 쿠사리가 2010년에 박사 논문을 쓰는 과정에서 역대 대통령들의 연설을 분석했는데, 이 작업 속에 이 두 사람의 연설도 포함되어 있었다.[37] 쿠사리는 미국 대통령들이 가지고 있던 동기에 관심을 가졌으며 3장에서 토니 블레어와 빌 클린턴의 심리적 기제를 분석하면서 사용했던 바로 그 방법론을 사용했는데, 이 방법론은 하버드대학교의 위대한 심리학자 데이비드 맥클레랜드 교수와 그의 동료 데이비드 윈터가 고안한 것이다. 이 두 사람은 어떤 사람이 한 연설을 분석함으로써 그 사람의 심리적 동기를 '거리를 두고 먼 곳에서' 상당히 정확하게 파악할 수 있음을 입증했다.

물론 오바마와 부시가 후보자 수락 연설의 원고를 직접 작성하지는 않았을 것이다. 하지만 원고 작성에 본인이 깊숙하게 관여했음은 분명하다. 게다가 대통령 신분으로 하는 연설보다 후보자 수락 연설에서는 본인의 개인적인 특성이 더 많이 반영되어 있을 게 분명하다.

쿠사리는 이 두 사람을 포함해서 역대 미국 대통령의 대통령 후보 수락 연설을 꼼꼼하게 분석해서, 협력과 성취 그리고 권력이라는 세 가지 근본적인 동기의 명백한 증거를 찾아내고 또 이 증거의 확실성 및 강도의 정도를 수치로 계량화해서 나타냈다. 그런데 부시와 오바마 후보는 협력이라는 항목, 즉 '다른 사람들과 함께하고자 한다'라는 항목의 동기에서 놀라울 정도로 비슷했다. 오바마가 59점을 기록했고 부시는 이보다 조금 더 높은 63점을 기록했다. 성공에 대한 욕구를 가리키는 성취라는 항목에서도 오바마와 부시는 각각 55점과 52점을 기록했다. 그런데 권력에 대한 욕구를 가리키는 항목에서 두 사람은 확연한 차이를 보였다. 부시의 전체적인 권력욕은 63점이었는데 오바마는 그보다 한참 낮은 53점을 기록했다.(한편 존 매케인의 점수는 47점이었고 지미 카터의 점수는 41점이었다.)

역사적으로 볼 때 미국에서 역대 대통령의 심리적 권력욕이 높으면 높을수록 이 대통령이 전쟁을 일으킬 가능성이 커진다는 사실은 웨슬리대학교의 데이비드 윈터 교수가 입증했는데,[38] 그 경우 이 대통령이 역사가들로부터 '위대한' 대통령이라는 평가를 받을 가능성도 그만큼 더 높아진다. 그러나 부시와 오바마가 각각 가지고 있던 개인적 동기의 이 같은 차이는 비록 흥미롭긴 하지만, 셰런 왓킨스와 엔론에 대한 질문을 놓고 보자면, 쿠사리가 역대 대통령이 가지고 있던 동기 평가의 기준으로 삼았던 결정적인 네 번째 개성 요소가 오히려 더 적합한 판정 기준이 된다.

아래에 있는 기독교 성경의 '십계명'을 읽고 이 말들이 당신 마음에 어떤 것을 상기하는지 곰곰이 생각해봐라.

> 첫째, 내 앞에서 다른 신들을 섬기지 말라. 둘째, 너를 위하여 어떤 형상도 새기지 말라. 위로 하늘에 있는 것이나 아래로 땅에 있는 것이나 땅 아래 물속에 있는 것의 형상도 만들지 말라. 셋째, 네 하나님의 이름을 헛되이 사용하지 말라. 넷째, 안식일을 기억하며 엄숙하게 지켜라. 다섯째, 부모를 공경하라. 여섯째, 살인하지 말라. 일곱째, 간음하지 말라. 여덟째, 도둑질하지 말라. 아홉째, 네 이웃에 불리한 거짓 증언을 하지 말라. 열째, 네 이웃의 집을 탐내지 말라. 네 이웃의 아내나 그의 남종이나 그의 여종이나 그의 소나 그의 나귀나 네 이웃이 소유한 어떤 것도 탐내지 말라.

이것을 읽는 동안 떠오른 생각이 있는가? 위의 십계명을 다시 한 번 더 훑어보고 '~말라'라는 말이 몇 번이나 나오는지 살펴보라. 기독교든 유대

교든 이슬람교든 간에 성서는 무엇은 해도 되고 무엇은 해서는 안 된다는, 행동거지 및 도덕에 대한 제한 사항을 강조하는 내용을 토대로 한다. 성서는 또한 종교 율법의 권위체에 개인은 복종해야 한다고 강조하며 여기에 초점을 맞춘다. 아울러, 개인의 취향이나 욕구는 보다 큰 선을 위해서 억제해야 한다는 강력한 정서로 지탱되는 성스러운 율법을 각 개인이 엄숙하게 지켜야 한다는 의무를 강조한다. 즉, 문화적으로나 역사적으로 금지와 관련된 전통, 특정한 충동들을 거부하는 강력한 전통이 존재하며, 이 전통이 수백만 명의 마음속에 오랜 세월에 걸쳐서 주입되었다는 말이다. 데이비드 맥클레랜드는 이를 관찰하면서 보다 커다란 선을 위해서 개인의 충동을 억제해야 한다는 이런 의무감이 높은 권력욕을 가진 몇몇 사람들의 언어 속에 모습을 드러낸다는 사실을 깨달았다.[39] 이 드러남의 방식은 매우 단순했다. 다른 사람에게 권력과 영향력을 행사하고자 하는 욕구를 가진 사람들의 말과 생각 속에서 금지를 지시하는 단어들로 나타났고, 맥클레랜드는 이 단어들의 빈도를 따져서 그 욕구의 정도를 파악했다. 맥클레랜드는 두 개 유형의 권력욕을 'P 권력욕'(개인적인 목적을 위한 권력욕)과 'S 권력욕(어떤 제도나 집단 혹은 사회를 위한 목적에 초점을 맞춘 권력욕)'으로 개념화했다. 그는 단편소설에서 P 권력이 지배적인 사람들은 삶을 선악의 대결이나 '내가 이기고 네가 지는' 식의 제로섬 게임으로 묘사하는 경향이 있다고 지적했다. 어떤 영향력을 행사하고자 하는 이 사람들의 욕구는 상대를 무너뜨리고 경쟁에서 이기고자 하는 강력한 충동을 동반하며 독단적인 경향이 있다. 이에 비해서 S 권력이 지배적인 사람들은 단지 이기는 것만이 아니라 그것보다 더 폭넓은 어떤 편익을 가져다줄 수 있는 변화를 추구하는 경향을 보인다. 특히 S 권력욕이 높은 사람은 도덕적이거나 법률적인 기준이 자기 행동을 다스린다고 느끼며, 아울러 자기 아닌 다른 사람들에 대한 의무와 관심을 느낀다. 또한 자기 권력욕의 토대가 되는 결과에도 관심을 가지며, 자기 성격과 자제력 및 선의를 비판적으로 검토하는 잣대로 삼는 자기 판단력self-judgement도 어느 정도 가진다.

루트거스대학교의 박사 과정 학생이던 파토스 쿠사리는 조지 W. 부시와 버락 오바마의 연설을 분석하는 맥클레랜드의 연구 작업에 지원해서, 맥클레랜드가 '활동성 억제activity inhibition'라고 이름 붙였던 것의 지수를 작성했다. 쿠사리는 부시와 오바마 두 사람 모두 권력욕이 꽤 높은 사람이라는 사실을 확인했지만, 금지와 의무에 대한 두 사람의 의식 수준은 상당한 차이를 드러낸다는 사실도 확인했다. 금지 항목에서 오바마는 65점이라는 높은 점수를 기록했지만 부시는 40점밖에 기록하지 않았던 것이다. 오바마의 높은 권력욕은 S 권력욕에 해당하는 것을 보다 많이 포함한 데 비해서 부시의 경우는 P 권력욕에 해당하는 것을 보다 많이 포함했다.

곁가지이긴 하지만 흥미로운 점 하나를 데이비드 맥클레랜드가 발견했다. 술을 많이 마시는 사람은 높은 권력욕을 가지는 경향이 있다는 사실이었다. 마약, 권력, 돈 그리고 섹스의 토대가 되는 도파민에 대한 갈망을 고려한다면 그다지 놀라운 건 아니다. 그러나 그는 또, S 권력욕의 높은 지수가 높은 권력욕을 가진 사람이 심각한 알코올 중독에 빠지지 않도록 막는 데 도움이 되는 것 같다는 사실도 발견했다.[40] 조지 W. 부시는 대통령이 되기 전에 알코올 중독과 관련된 문제를 안고 있었으며 이 사실은 여러 문건으로도 확인이 되었지만, 버락 오바마에게는 이런 문제가 전혀 없었다.

그런데 이러한 사실만 놓고 보자면 S 권력욕의 동기가 미국 민주당의 기본적인 특성이고 P 권력욕이 공화당의 기본적인 특성인 것처럼 비친다. 하지만 실제로는 그렇지 않음을 쿠사리의 자료가 보여준다. 예를 들어서 공화당 후보인 존 매케인의 S 권력욕과 관련된 활동성 억제 지수는 오바마의 지수보다 높았고, 또 민주당 소속의 지미 카터 대통령도 조지 W. 부시와 똑같은 점수를 기록했다.

1962년 10월의 그날, 나는 학교로 걸어가고 있었다. 그때를 생각하면 지금도 여전히 다리가 얼어붙는 느낌이 든다. 그때는 마치 온 세상이 끝나는 것만 같았다. U-2 정찰 편대가 찍은 쿠바의 탄도미사일 사진, 그 거친 흑백 사진을 나는 지금도 생생하게 기억한다. 미국 전함들이 소련 화물선들과 맞닥뜨리기 일보 직전이라는 텔레비전 자막 속보 역시 생생하게 기억한다. 미국의 폭격기는 이미 핵무기를 탑재한 상태였고, 온 세상은 공포로 바짝 얼어붙었다. 결국 흐루시초프 소련 공산당 서기장이 한 발 물러섰고, 존 F. 케네디 대통령의 단호하면서도 조심스런 전략이 먹혀들었음이 마침내 입증되었다.

뉴욕대학교의 존 매기 교수와 그의 동료들은 미국 이스트코스트대학교 학생 및 교직원 집단을 대상으로 이 미사일 위기를 재현했다.[41] 그 끔찍하게 무서웠던 가을날 이후 거의 50년 가까이 지난 뒤였고, 피실험자들 가운데 그 사건에 대해서 개인적 기억을 가지고 있는 사람은 거의 없었다. 실험 진행자는 이 사람들에게 사건의 개요를 적은 자료를 준 다음 케네디 대통령에게 제시되었을 정책 대안들을 그대로 제시했다.

매기가 피실험자들에게 제시한 정책 대안들은 다음과 같았다.

1. **흐루시초프의 주장을 묵살하고, 미사일 기지에 폭격을 가하고, 쿠바에 전면적인 침공 작전을 펼쳐서 공격 무기들을 제거하고, 카스트로 정권을 무너뜨린다.**
2. **흐루시초프의 주장을 묵살하고, 미사일 기지에 폭격을 가한다.**
3. **흐루시초프의 주장을 묵살하고, 석유를 포함한 쿠바에 대한 봉쇄를 한층 강화한다.**
4. **흐루시초프의 주장을 묵살하고, 쿠바에 대한 봉쇄를 현 상태로 유지하며 기다린다.**

5. 쿠바에 대한 봉쇄를 현 상태로 유지하지만, 흐루시초프가 제시한 내용을 놓고 그와 협상한다.

6. 쿠바에 대한 봉쇄를 풀고, 흐루시초프가 제시한 내용을 놓고 그와 협상한다.

7. 흐루시초프의 제안을 받아들이고, 쿠바에 대한 봉쇄를 푼다.

피실험자들은 자기가 케네디 대통령에게 조언을 한다면 어떻게 할 것인지 이 대안들에 우선순위를 매겼다. 그리고 매기와 그의 동료 캐리 랭너는 피실험자들이 대통령에게 추천하겠다고 한 각각의 정책 대안과 관련해서 네 가지 질문을 피실험자들에게 했다. 이 질문은 다음과 같았다.

1. 다음 증거를 수집하기 전까지 대응 방식에 대한 판단을 유보하는 것이 어느 정도 바람직한가?

    — 1(전혀 바람직하지 않다)에서 9(매우 바람직하다)까지

2. 당신은 대통령이 어떤 결정을 내리도록 얼마나 신속하게 조언을 할 것인가?

    — 1(전혀 서두르지 않는다)에서 9(매우 신속하게)까지

3. 지금 당장 대응할 기회를 포착하는 것이 어느 정도로 바람직한가?

    — 1(전혀 바람직하지 않다)에서 9(매우 바람직하다)까지

4. 대응 방식의 결정이 어느 정도로 신속하게 이루어져야 하는가?

    — 1(전혀 서두르지 않는다)에서 9(매우 신속하게)까지

이어서 매기는 피실험자들이 P 권력욕과 S 권력욕을 각각 어느 정도로 가지고 있는지 등급을 매겼다. 그리고 P 권력욕이 높은 사람일수록 대통령에게 반응을 단계적으로 확대하라고 조언하는 경향을 보인다는 사실을 발견했다. 게다가 P 권력욕 지수가 높을수록, 대통령이 특정한 정책을 실

행하기 전에 진지하게 한 번 더 생각을 해보라는 조언을 덜 하는 것으로 드러났다. 즉, 쿠바 위기 당시에 P 권력욕이 높은 사람이 미국의 대통령이었다면 전 세계를 핵전쟁의 불구덩이 아마겟돈으로 만들 수도 있었다는 말이다. 2008년에 미국과 세계를 덮친 위기는 금융계의 아마겟돈이라고 할 만했는데, 케네디 대통령이나 그의 보좌관들보다 평균적으로 높은 수준의 P 권력욕을 가지고 있던 사람들이 피할 수도 있었을 이 금융 위기를 빚어냈을지도 모른다는 가정은 전혀 터무니없는 발상은 아닐 것이다. 적어도 매기의 실험이 진실에 가까운 사실을 밝혀냈다고 인정한다면 말이다.

십계명에서 인간 뇌의 복잡한 작동 과정에 이르는 과정은 매우 멀게 느껴질 수 있다. 그러나 생각보다는 훨씬 가깝다.

자, 이런 상상을 해보자. 당신이 한 심리 실험에 피실험자로 참가한다. 그리고 낯선 사람 한 명과 짝이 되어 숫자판 속에 있는 숫자들을 빠르게 연결하는 게임을 할 것인데, 이 게임에서 당신 짝을 이기라는 지시를 받는다. 그리고 이 게임을 하는 도중에 누구든 '성공!'이라고 먼저 외치면 다른 사람은 그만 동작을 멈춰야 한다. 만일 당신이 이 상황을 제대로 상상한다면, 곧 시작될 그 상황 때문에 당신의 근육이 긴장하고 눈도 가늘게 떠질 것이다. 그리고 테스토스테론 수치도 올라갈 것이다.

자, 게임이 시작된다. 만일 당신이 경쟁심이 강한 사람이라면 당신은 상대방을 이기려고 애를 쓰면서 정말 잘해낼 것이다. 당신은 경쟁심이 강한 사람이기 때문이다. 당신은 정말 열심히 한다. 그런데 상대방이 '성공!'이라고 외치면서 연필을 책상에 탁 내려놓을 때, 당신의 심장은 사정없이 뛴다. 빌어먹을!

그러나 당신이 모르는 사실이 하나 있다. 그것은 바로 그 게임에 속임수가 있었다는 사실이다. 당신과 당신의 짝은 무작위로 한 조로 맺어졌지만, 어느 한쪽은 보다 쉬운 숫자판을 가지고 있고 다른 쪽은 보다 어려운 숫자판을 가지고 있다. 그러니 만약 당신 짝이 보다 쉬운 숫자판을 가지고 있다면 당신이 아무리 애를 쓴다고 해봐야 질 수밖에 없다. 다른 짝들도 모두 마찬가지였다. 한마디로 불공정한 게임이었다. 그런데 왜 게임을 불공정하게 설정했을까?

미시건대학교의 올리버 슐타이스Oliver Schultheiss 교수는 이 경기를 하기 전에 피실험자들의 P 권력욕과 S 권력욕 수치를 측정했다.[42] 어떤 피실험자가 P 권력욕의 소유자인지 혹은 S 권력욕의 소유자인지는 중요하지 않다는 사실을 기억해둘 필요가 있다. 사람은 대부분 이 두 권력욕과 같은 동기부여를 조금씩은 가지고 있다. P 권력욕이 높은 사람일수록 어떤 영향력에 대한 불타는 욕구를 독단적인 방식으로 충족하고자 하는 경향이 있고, S 권력욕이 높은 사람일수록 이타주의적인 경로를 통해서 영향력을 주고자 하는 욕구를 충족하려는 경향이 있다. 하지만 사람들은 대부분 이 두 개의 권력욕을 조금씩 가지고 있다. 예를 들어 교사와 간호사는 높은 권력욕을 가지고 있지만 대체로 P 권력욕보다는 S 권력욕을 훨씬 더 많이 가진 반면에 정치인과 경찰관은 P 권력욕을 상대적으로 더 많이 가지고 있다.

그런데 만일 어쩐지 모호한 이 심리학적 묘사가 정말 전용 제트기를 타고 다니던 CEO들, 엔론의 재앙 그리고 월 스트리트의 광풍을 온전하게 이해하는 데 중심적인 요소가 될 수 있다면, P 권력욕과 S 권력욕에 대한 좀 더 '구체적인' 표현이 있어야 하는 게 아닐까? 예를 들어서 셰런 왓킨스가 부정한 회계 관행을 발견했을 때 그녀가 취했던 행동들에서 그런 구체적인 표현이 드러나야 하는 것 아닐까?

그렇다. 바로 이것을 올리버 슐타이스가 숫자판 게임 실험을 통해서 발견했다. P 권력욕 수치가 가장 높았던 남자들은 실제로 게임을 하기 전인

데도 그 게임에서 자기가 이기는 상상을 하는 것만으로도 가장 높은 테스토스테론 수치를 기록했으며, 이 수치는 실제로 게임에서 '승리'한 뒤에도 계속 높게 유지되었다. 경쟁심이 매우 강한 이 P 권력욕의 남자들은 자기들이 진정으로 원하지 않은 어떤 것을 당한 뒤에는, 즉 게임에서 지고 난 뒤에는, 그 높은 테스토스테론 수치를 그대로 유지하지 않았다. 물론 이건 그다지 놀라운 일은 아니다.

그런데 연구자들이 정말 흥미로운 사실을 발견한 것은 S 권력욕의 동기를 가지고 있는 사람과 이것을 가지고 있지 않은 사람을 비교했을 때였다. 피실험자들은 여전히 다양한 수준의 P 권력욕 충동을 가지고 있었지만, 이 가운데 어떤 사람들은 S 권력욕의 동기 또한 가지고 있었다. S 권력욕이 없는 사람들의 경우, 실제 게임을 하기 전에 게임에서 이기는 상상을 하는 것만으로도 S 권력욕을 가지고 있는 사람들에 비해서 두 배나 높은 테스토스테론 수치를 기록했다. 즉, P 권력욕만 가진 사람들은 자기가 우월하고 지배적인 위치에 있다는 상상을 하는 것만으로도 무척 흥분한다는 말이다.

그리고 P 권력욕만 가진 사람들이 경기에 이겼을 때 이 사람들의 테스토스테론 수치는 여전히 높은 수준으로 유지되었다. 하지만 이 사람들이 졌을 때 그 수치는 떨어졌다. 그런데 P 권력욕과 S 권력욕을 동시에 가진 사람들이 보인 양상은 전혀 달랐다. 게임에 이기는 상상을 할 때 테스토스테론 수치는 그다지 높이 올라가지 않았을 뿐만 아니라, 그들이 가진 P 권력욕의 양과 즐거운 상상에 대한 반응에 따른 테스토스테론 분출의 양 사이에는 어떠한 관련성도 없었다.

게임을 끝낸 뒤의 양상은 한층 더 흥미로웠다. P 권력욕과 S 권력욕을 동시에 가진 사람들의 경우에 게임에 이긴 뒤에 분출되는 테스토스테론의 양은 적었다. 이 사람들에게 S 권력욕이 조금이라도 있을 때, 모든 남자가 가지고 있는 지배(우월)와 테스토스테론 사이의 연관성이 줄어들었던 것이다. 이 두 개의 권력욕을 동시에 가지고 있는 남자들은 여전히 어떤 영향력에 대한 강한 욕구를 (개인적으로 그리고 사회적으로) 가지고 있었다. 하지만 개인적인 권력 욕구만을 가지고 있는 사람들과 비교할 때 그들은 낯선 사람을 상대로 해서 벌이는 사소하고 별 의미가 없는 경쟁에서 이기는 일에는 흥미를 느끼지 않았다.

이는 'S 권력욕이 P 권력욕을 길들일 수 있다'는 의미이다.

그러나 이것이 과연 '셰런 왓킨스가 여성이라는 사실이 그녀가 엔론의 고위 임원들 대부분이 사로잡혀 있던 집단 사고에서 벗어나는 데 도움이 되었을까?' 하는 의문에 대한 답을 줄까?

이 질문에 '그렇다.'라는 대답을 할 수 있음을 보여주는 연구가 있다. 콜로라도대학교의 두 교수 레너드 추스미르와 바버라 파커가 수행한 연구이다.[43] 남자와 여자를 비교 대상으로 해서 P 권력욕을 관찰한 결과 그들은 평균적으로 볼 때 여자는 남자와 비슷한 정도로, 다른 사람들에게 독단적이고 개인적인 영향력을 행사하고자 하는 욕구로 동기부여가 된다는 사실을 발견했다. 하지만 S 권력욕, 즉, 이타적인 이유에 의해서 추동하는 영향력 행사의 욕구는 달랐다. 여자가 남자보다 상당한 수준으로 높았다. 즉, 여자는 자기 자신뿐만 아니라 자기가 속한 공동체나 조직의 보다 폭넓은 이익을 위해서 다른 사람들을 통제하고자 하는 동기가 남자보다 강하다는 말이다.

S 권력욕은 P 권력욕을 길들이는 데 그치지 않는다. S 권력욕은 테스토스테론 및 이것과 동반되는 경쟁적인 공격성과 P 권력욕 사이의 심리적인 연결성을 해체한다. S 권력욕은, 강력하긴 하지만 때로 파괴적인 효과를 빚어내는 지독한 P 권력욕에 대해서 냉각제와 같은 작용을 한다. 사실 여자의 마음은 남자의 마음에 비해서 이 같은 냉각제 역할을 더 많이 한

다. 게다가 테스토스테론을 누그러뜨리는 기능을 하는 S 권력욕은 권력에 대한 중독으로 이어질 수도 있는 도파민 분출의 가장 유독한 측면을 약화시킨다. 바로 이것이 수많은 사람을 학살하며 세계적으로 악명을 떨친 독재자가 지금껏 모두 남자였던 이유와 연결된다.

그러나 이것은 단지 남자와 여자라는 성별의 문제만은 아니다. 많은 여자들이 S 권력욕에 의해 위축이 되지 않는 P 권력욕을 가지고 있다. 또 거꾸로, 많은 남자들이 높은 S 권력욕을 가지고 있다. 이들 두 집단 모두 어떤 경쟁에 맞닥뜨렸을 때 많은 양의 테스토스테론을 분출하며, 또 다른 사람들에게 영향력을 행사하고자 하는 욕구도 평균적으로 보면 둘 다 거의 같은 수준이다.

그러므로 엔론의 몰락은 다음과 같이 설명할 수 있다. P 권력욕에 사로잡힌 한 무리의 사람들(대부분 남자)의 테스토스테론 수치는 주가 상승이라는 반복되는 '성공'으로 한껏 올라갔는데, 이 사람들은 극단적인 개인주의 문화를 만들었으며 또 그 안에서 살았다. 돈으로 물든 개인주의, 테스토스테론으로 촉발된 도파민의 영향으로 뒤틀려버린 판단 그리고 승자 효과의 생물학적 결과 때문에 무뎌진 위험 지각이라는 세 가지 요소가 하나로 결합했다는 것은, 그 사람들의 관심이 좁은 범위의 목표, 즉 에너지 공급이라는 실질적인 사업을 희생해서라도 주가만 높이 올리면 된다는 목표에 초점이 맞춰져 있었음을 뜻한다. 그들의 도덕적 판단은 권력에 의해 무뎌졌는데, 그 바람에 그들은 다른 사람을 평가할 때 들이대는 잣대를 자기 자신을 평가할 때는 들이대지 않는 오류에 쉽게 빠지고 말았다. 그들의 심리에서 냉각제 역할을 하는 S 권력욕이 빠져 있음으로써 그들의 뇌는 한층 높은 수치의 테스토스테론 및 반복되는 도파민 분출에 노출되었으며, 그 결과 그들의 뇌에 있는 보상 체계는 왜곡되고 말았다.

전용 제트기를 타고 다니던 CEO들의 수수께끼는 이 요인들로 구성된 부분집합으로 설명할 수 있다. 어마어마한 규모의 성과급과 특권적인 특혜로 이기심이 촉발되었을 것이다. 상당한 규모의 권력이 끼치는 신경 정신적 효과 때문에 그들은 자기 주변 사물이나 상황을 다른 사람들이 바라보는 것처럼 바라볼 수 없었을 것이다. 특히 전용 제트기를 타고 워싱턴으로 날아갔던 그날에는, 자기들을 냉소적으로 바라보던 국민의 시선을 전혀 깨닫지 못했을 것이다. 보상을 추구하는 열광적인 '접근approach'의 뇌 부분은 권력으로 유발된 목표 초점에 의해 점화되었을 것이며, 보다 조심스럽고 경계심이 많은 '회피avoidance'의 뇌 부분은 상대적으로 덜 활성화되었을 것이다.(선택하고자 하는 특정 대안이 긍정적인 속성과 부정적인 속성을 모두 가지고 있어 곤란을 느끼는 갈등 상황을 접근-회피 갈등approach-avoidance conflict이라고 부른다. – 옮긴이) 그들은 아마도 최상의 기분을 느꼈을 것이다. 그러나 권력은 그들 뇌의 몇몇 부분만 예리하게 활성화되도록 만들었으며 다른 부분들은 무디게 만들었다. 그래서 그들이 내린 판단은 편향될 수밖에 없었고, 따라서 2008년 11월 18일에 그들이 전용 제트기를 타고 워싱턴에 내렸을 때 시민들이 자기들에게 보내는 싸늘한 시선에 깜짝 놀랐던 것이다.

엔론에서처럼 전용 제트기를 타고 다니던 CEO들의 각 회사에서도 여성 임원은 소수였다. 여성 임원의 수가 더 많았더라면 고위 경영진의 S 권력욕 동기는 평균보다 높아졌을 것이고, 이들은 테스토스테론 및 뇌를 바꾸어놓는 이것의 부산물인 도파민의 영향을 덜 받았을 것이다. 이사회에 여성이 더 많았다 하더라도 엔론이 몰락의 길을 걸었을지 혹은 건강하게 살아남았을지는 알 수 없는 일이다. 그러나 엔론 경영진의 성별이 무엇이든 간에 S 권력욕 수준이 높은 사람이 보다 많았더라면, 궁극적으로 파산을 몰고 올 거품이 이 회사에 생기지 않았을 것임은 거의 확실하다.

그런데 잠깐, 이 사실이 우리에게 도움이 될까? 권력이 스킬링과 레이 그리고 패스토, 즉 높은 수준의 권력욕을 가지고 있었으며 권력과 돈의 영향을 받은 사람들이자 탐욕의 물결 속에서 생필품이 휩쓸려가도 그저 이기적인 욕심에만 파묻혀 살던 사람들의 뇌에 끼친 영향은 8년 뒤 다른 회사들에서도 그대로 재현되면서 전 세계의 금융 체계를 붕괴 직전으로까지 몰고 갔다.

2011년 초에 리비아에서 봉기가 일어났다. 봉기가 한창이던 때에 이 나라의 지도자였던 무아마르 카다피와 그의 둘째 아들 사이프가 텔레비전에 모습을 드러내어, 무모하게도 독재정권에 반대하는 가두 투쟁을 벌이는 '테러리스트'들을 뿌리 뽑을 것이라고 위협했다. 그런데 이들 부자는 모두 마약에 취한 듯 앞뒤가 맞지 않는 말로 횡설수설했다. 그러나 동공이 확장된 상태에서 그들이 했던 이 기이한 호언장담을 유발한 약물은 그들의 몸에서 자체적으로 생성된 것이었다. 그들의 뇌 복측 선조체에서 테스토스테론이 분출되고 이것이 다시 도파민을 촉발한 바람에, 제프리 스킬링이 보여주었던 극단적인 환각 상태가 조성되었던 것이다.

다음에 이어질 이 책의 마지막 장에서는 승자의 정신에 초점을 맞추어서 진정한 승리란 실제로 무엇을 의미하는지 살펴보자.

우리는 승자를 필요로 한다.
진정한 승자는 자신의 자아가 늘 위험하고 사나운 개라는 사실을 알고
권력이라는 무거운 짐을 잘 사용하기 위해 그 개를 멀찍이 떼어놓는다.

6

진정한 승자의 정신

Winning Mind

무엇이 승자를
만드는가?

지금까지 우리는 다섯 개의 수수께끼 및 미스터리를 해결했으며, 아울러 권력에 의해 좋든 싫든 우리의 모습이 형성되는 여러 가지 방식을 파헤쳤다. 이번 장에서 우리가 도전할 과제는 무엇이 승자를 결정짓는지 이해하는 것이다. 하지만 그러기 위해서는 우선 '승자'가 된다는 것이 어떤 뜻인지 먼저 살펴봐야 한다.

우리는 시골의 한 산장에서 활활 타오르는 모닥불을 가운데 두고 둘러앉아 있었다. 한 차례 겨울 산행을 마친 뒤였고, 손님들과 주인이 함께 어울린 자리였다. 우리는 느긋한 마음으로 새로 알게 된 사람들과 잡담을 나누었다. 하지만 채 한 시간도 지나지 않아서 어쩐지 대화가 점점 시들해지는 것 같았다. 손님들 중 몇몇이 두 사람 사이에 흐르는 어떤 미묘한 관계를 눈치챈 것이다. 한 여자가, 시선을 줄곧 바닥으로 내리깐 채 두 번째 위스키 병을 기울이고 있던 무척 외로워 보이던 남자와 둘이서만 그 방에 있고 나머지 사람은 있지도 않은 것처럼 행동했다.

만일 그 장소가 직장이었다면 아마도 그 여자는 그렇게나 짓궂은 잔인함을 내보이지 않았을 것이다. 그것은 낯선 사람들이 있는 자리에서 공개적으로 던지는 인정사정없는 모욕이었으며, 그 남자가 가지고 있는 개인적 덕목 및 직업과 관련된 덕목을 하나씩 차례로 발가벗기는 공격이었다. 심지어 그의 표정과 사회적 지적 결핍까지 발가벗겼다. 여자의 비난과 모욕 속에는 심지어 남자가 성적으로 무능하다는 암시도 담겨 있었다. 여자의 비난과 모욕이 얼마나 심했던지, 30년이라는 긴 세월이 지났는데도 그때 기억을 떠올리면 당혹스러워 어쩔 줄 모를 지경이다.

그 남자 크리스는 그 여자 카렌의 남편이었다.(이 이름들은 물론 가명이다.)

크리스는 몽둥이찜질을 당한 뒤의 개처럼 그 모든 것을 받아들였다. 그럴수록 여자의 얼굴에서 드러나는 그악스러움은 더욱 기괴하게 발전했다. 눈은 반짝거렸고, 목소리는 한껏 높아졌으며, 그 눈과 목소리에 담긴 사악함의 깊이는 한층 깊어졌다. 여자는 승리와 승리보다 더 나쁜 어떤 것, 즉 **경멸**을 발산했다.

여자가 싸운 싸움의 정체가 무엇이었든 간에 카렌은 분명 그 싸움의 승자였다. 여자의 눈빛은 승자의 눈빛이었다. 마치 수많은 관중이 지켜보는 가운데서 막 싸움에서 이긴 로마 검투사의 눈빛 같았다. 엄지손가락을 위로 올리거나 혹은 아래로 내려서 패자의 목숨을 살리거나 죽일지 결정을 내려달라며 황제를 바라보는 로마 검투사의 눈빛으로 여자는 우리를 바라보았다.

존 고트먼John Gottman은 인간관계 및 부부 파경 문제에 관한 전문가이다. 그의 연구에 따르면, 부부의 어느 한쪽이 말이나 행동 속에 상대방에 대한 경멸을 담을 경우, 이것은 이들 사이의 관계가 파경에 이를 것이라는 신호이다.[1] 그런데 이 경멸은 어디에서 비롯될까? 무엇이 이것에 악의적인 동력을 제공할까? 언젠가 우리 집에 걸려왔던 한 통의 전화가 이 질문에 대한 답을 찾는 데 도움이 될지 모르겠다.

전화기에서 들리는 목소리는 보건과 관련된 조사의 일환이라고 했으며, 질문은 단 하나이고 전혀 해롭지 않은 것이라고 했다.

"가족 중에 천식으로 고생하는 사람이 있습니까?"

그래서 내가 대답했다.

"예."

"그렇다면 천식에 관한 짧은 비디오 자료를 보여드리고 싶습니다. 동의하신다면, 당신과 당신 가족에게 무료 여행권을 드리겠습니다."

"비디오요? 비디오라면 우린 방금 한 편 봤는데, 그게 얼마나 긴 겁니까?"

"삼십 분밖에 되지 않습니다. 언제 직원을 보내드리면 되겠습니까?"

아름다운 일요일 아침에 남자가 집 앞에 도착했다. 삼십 분 동안만 비디오를 보면 아이들을 데리고 케임브리지의 멋진 야외 수영장에서 수영을 할 수 있었다. 그런데 그 남자가 이렇게 말했다.

"차에서 몇 가지 장비를 가져와야 합니다."

남자는 자동차에서 장비를 꺼내서 우리 집 거실로 가지고 들어왔다. 꽤 멋진 비디오 장비구나 하는 생각을 했다.

그는 번쩍거리는 커다란 폴더를 하나 꺼냈다. 알레르기 천식의 주된 원인인 각종 진드기를 찍은 컬러 사진들, 비싸 보이긴 하지만 보기만 해도 혐오감이 드는 컬러 사진들이 담긴 폴더였다.

"비디오는요?"

"아, 비디오는 옛날 거죠. 제가 보여드릴려고 하는 건 훨씬 더 좋은 겁니다. 옛날 비디오를 원하신다면 차에서 가지고 오겠습니다."

"지금 하시는 게 시간은 얼마나 걸리죠? 삼십 분 정도밖에 걸리지 않는다고 하셨잖아요?"

"금방 보여드릴 수 있습니다."

몇 분 지나지 않아서 남자는 크림색의 깨끗한 우리 카펫을 모래흙으로 더럽혔다. 당연히 우리는 짜증이 났다. 그런데 잠시 뒤에 초강력 천식 퇴치 진공청소기가 시험적으로 어지럽힌 먼지와 모래흙을 말끔히 빨아들였고, 남자는 어느 새 우리 침실로 들어가서 다른 천식 퇴치 장비를 조립하고 있었다.

"삼십 분이라고 했잖아요! 벌써 한 시간이 지났단 말입니다!"

나는 약속한 시간이 삼십 분이었음을 남자에게 상기시켰다. 하지만 남자는 대꾸도 하지 않은 채 어떤 커다란 장치를 능숙하게 조립했다.

"그만 나가주세요."

"금방 끝날 겁……."

"그만 나가시라고요! 더는 보고 싶지도 않습니다. 사고 싶은 마음도 없고요!"

"그게 아니라……."

"자, 나가주세요."

남자는 투덜거리면서 장비며 번쩍거리는 책들을 집에서 가지고 나가 차에 실었다. 나는 그 남자가 사무실에 전화하는 소리를 들었다. 전체 시연 가운데서 겨우 반밖에 하지 못했다는 내용이었다.

그 영업 사원은 인간 영향력의 닳고 닳은 여러 기법을 사용해서 우리의 반응을 능숙하게 통제했다.

맨 처음 시작은 '네.'라는 한 마디 대답으로 비롯되었다. 낯선 사람의 전화에 당신이 '네.'라고 대답한 순간 당신은 코가 꿰인다. 이 경우의 '네.'는 '가족 중에 천식으로 고생하는 사람이 있습니까?'라는 질문에 대한 답이긴 하지만, 이것은 어떤 질문에 대해서도 승낙의 대답일 수 있다. 이 '네.'라는 대답을 일단 하고 나면(혹은, 전화를 건 사람의 질문에 어떤 식으로든 긍정적인 반응을 보이고 나면) 그 뒤로 '아니오.'라는 말을 하기가 어려워진다. 이건 자동적인 과정이다. 이것은 영업 사원이 달인의 솜씨를 발휘하는 기술인 '잠재적인 고객의 집 현관에 한 발 들여놓기'에 해당하는 것으로 당신 정신의 문 안으로 이미 그 사람의 발 하나가 들어온 것이나 마찬가지이다.

사무실에서 흔히 있는 풍경 하나를 소개하겠다. 당신은 어떤 동료의 자리를 부러워한다. 그 자리는 별도 잘 들고 전망도 좋다. 그런데 그 동료는 한 주에 절반쯤은 외근을 하면서 책상을 비워두지만 당신은 한 주 내내 마음에 들지 않는 자리에서 일을 해야 한다. 그러므로 당신과 당신 동료가 자리를 바꿔도 될 어떤 논리적인 정당성은 분명히 있다. 하지만 당신이 원하는 그 자리는 현재 당신 동료의 자리이다. 그리고 그 동료가 당신을 좋아하지 않는다는 사실을 당신도 잘 알고 있다. 그러니 그 동료가 당신의 그 허약한 논리에 무릎을 꿇고 당신에게 그 좋은 자리를 기꺼이 양보해줄 것이라는 확실한 보장이 없다. 자, 그렇다면 당신은 그 동료를 어떻게 설득해서 그 전망 좋은 자리를 얻을 수 있을까?

이 문제에 대한 해법은 이른바 '벤 프랭클린 효과Ben Franklin effect'에 있다. 18세기 미국 건국의 아버지 가운데 한 사람으로 박학다식한 정치인이었던 벤저민 프랭클린에게 골치 아픈 경쟁자가 한 명 있었다. 펜실베이니아의 의원이었던 그 경쟁자는, 버락 오바마를 프랭클린의 자리에 놓자면 세라 페일린Sarah Palin(2008년 알래스카 주지사로 있다가 미 공화당의 부통령 후보로 지명되어 민주당의 대통령 후보이던 오바마에게 위협적인 존재로 부각되었다. - 옮긴이)과 같은 존재였다. 이 의원이 프랭클린에게 적의를 품고 있던 터라 프랭클린으로서는 난감한 일을 당할 때가 한두 번이 아니었다. 어떻게 하면 그 의원의 마음을 돌려놓을 수 있을까? 명석하던 프랭클린은 그로부터 300년 뒤에 개발될 다양한 영업 기법과 인지과학과 관련된, 아무도 예상하지 못하던 일을 했다. 그 의원에게 어떤 부탁을 하나 한 것이다.

프랭클린은 그 의원이 서재에 희귀본 한 권을 가지고 있는 걸 알고 있었다. 그래서 그는 그 책을 며칠 동안만 빌려줄 수 있겠느냐고 물었다. 그렇게 그 책을 빌린 프랭클린은 한 주 뒤에 책을 돌려주면서 그 책에다가 고맙다는 쪽지를 넣었다. 그리고 그다음 다시 만났을 때 그 의원은 처음으로 자기에게 친절하게 말을 걸어왔다고 프랭클린은 자서전에 썼다. 이후 그 의원은 프랭클린이 필요로 하던 다른 도움들까지 제공했으며, 그 뒤로 두 사람 사이의 관계는 점차 돈독하게 변했고 결국 두 사람의 우정은 죽을 때까지 이어졌다.

자, 그럼 다시 그 볕 잘 들고 전망 좋은 자리 이야기로 돌아가자. 그럼 당신이 그 동료에게 무엇을 하면 될지 알 수 있을 것이다. 먼저 그 동료에게 연필을 빌려달라거나 하는 작은 부탁을 하나 하면 된다. 그 뒤에는 자판기 커피를 뽑아 마실 동전 몇 개를 빌려달라고 부탁할 수도 있다. 이렇게 해서 일단 그 동료가 당신에게 '네.'라는 대답을 하도록 이끌어내기만 한다면, 자리를 바꾸자는 당신의 제안을 그 동료가 받아들일 가능성은 한층 높아진다.

미처 깨닫지 못할 수도 있지만 우리의 생각과 감정 그리고 행동은 이처럼 단순한 여러 기법을 통해서 다른 사람들에게 통제를 받는다. 로버트 치알디니는 고전적인 저서 『설득의 심리학Influence: The Psychology of Persuasion』에서 이런 과정을 자세하게 묘사한다.[2]

그런데 이 영향력 행사의 문제가 겨울 산장에서 심각하게 싸우던 카렌과 크리스 부부와 어떤 관련이 있을까?

멍한 상태에서 토마토 껍질을 벗기다가 껍질을 벗긴 토마토를 쓰레기통에다 넣고 토마토 껍질을 냄비에 넣는다거나 혹은 파일을 첨부한다는 내용으로 이메일을 보내면서 파일을 첨부하지 않는다거나 하는 정신없는 행동을 한 적이 있을 것이다. 이런 일상적인 실수는 언제나 일어난다. 깨어 있는 매 시간 동안 수천 가지의 각기 다른 잠재적인 자극에 대해서 수백 가지의 반응을 지속적으로 수행해야 하기 때문이다. 불과 2초 전에 파일을 첨부하겠다는 내용을 이메일에 쓰고서도 다음 순간 우리의 뇌는 첨부 파일이 없는 이메일을 발송하라는 명령을 손가락에 내린다. 그리고 때로는 심지어 자기가 한 실수를 까맣게 잊어버리고 있다가, 왜 파일을 첨부하지 않았느냐는 상대방의 이메일을 받고 나서야 아차 하고 자기 실수를 깨닫는다.

만일 당신이 애초에 뇌를 설계하는 일을 맡고 있다면, 그런 정신없는 실수를 찾아내는 어떤 종류의 장치, 예컨대 품질 검사원과 같은 존재가 필요하다는 사실을 금방 알아차릴 것이다. 만일 이 같은 장치를 뇌에 장착하지 않는다면 우리의 뇌는 엉망진창인 상태가 되어버릴 것이다. 우리 뇌의 앞부분 절반의 한가운데, 우리가 어떤 실수를 할 때 곧바로 종을 땡땡 울리는 역할을 하는 전두대상피질ACC이라는 기관이 생기도록 진화한 이유도 바로 여기에 있다.

그런데 이것이 영업 사원이나 부부싸움을 하는 부부와 무슨 관련이 있을까? 이 질문에 대한 답은 ACC가 어떤 실수를 포착하는 일만 하는 게 아니라 그 이상을 한다는 사실에서 찾을 수 있다. 보다 일반적으로 말하자면 ACC는 뇌의 갈등 검출자로 기능하면서, 나중에 값비싼 비용을 치러야 하는 중대한 실수로 이어질 수도 있는 여러 가지 '잠재적으로 서로 대립하는 충동들potential contradictory impulses'을 파악한다. 이 사실은 내가 했던 실험에서도 확인된 적이 있다.[3] 자, 여기에서 내가 '갈등'이라고 한 말이 뜻하는 내용은 무엇일까? 예를 하나 들어보겠다. 당신이 자동차를 몰고 어떤 도로를 달리고 있다. 그런데 저 앞에 있는 교통 신호등이 꽤 오랫동안 초록색이다. 이때 당신의 뇌 속에서는 두 개의 행동 과정이 갈등한다. 하나는 현재 속도를 계속 유지하거나 혹은 심지어 속도를 조금 더 높여서 초록색 신호가 끝나기 전에 교차로를 통과하겠다는 것이고, 다른 하나는 곧 신호가 황색을 거쳐 붉은색으로 바뀔 것을 예상하고 속도를 줄이겠다는 것이다. 완전히 정반대인 두 개의 충동이 당신의 뇌에서 동시에 활성화되는데, 이 갈등을 빠르게 정리해야만 사고를 피할 수 있다.

뇌가 당신과 전쟁을 치르는 또 하나의 사례가 있다. 당신은 지금 무척 피곤한 상태이다. 그래서 삼십 분쯤 조용한 카페에서 신문을 읽으며 느긋한 시간을 보내고 싶다. 그런데 한 손에 신문을 들고 다른 한 손에 커피를 든 채 막 자리에 앉는데 아는 얼굴이 눈에 띈다. 예전 직장의 동료이다. 이때 당신의 뇌는 멀리 보이는 신호등의 초록색 신호에 맞닥뜨렸을 때처럼 두 개의 상반된 행동 가운데 하나를 빠르게 선택해야 한다. 하나는 그 옛 동료에게 반가운 인사를 하는 것이고(이때 그 동료는 당신을 보고 무척 반가워할 것이다.) 다른 하나는 그 동료가 당신을 발견하기 전에 재빠르게 몸을 돌려 구석 자리로 가 등을 돌리고 앉아서 당신만의 편안한 시간을 즐기는 것이다.

이 두 가지 경우에 모두 ACC는 부지런히 일을 하며 갈등 반응conflicting response이 진행되고 있음을 알리고, 뇌의 다른 부분들(특히 전두엽)의 도움을 받아서 신속하게 그 갈등을 해소한다. 만일 이 과정이 매끄럽게 진행되지 않으면, 상반되는 반응이 한데 뒤섞여서 나오는 위험한 상황이 전개된다. 예를 들면 가속기를 거칠게 밟았다가 교차로 앞에서 요란한 타이어 마찰음을 내면서 급정거를 한다거나, 혹은 카페에서 뒤로 돌아선다는 게 너무 늦거나 동작이 어색해서 커피를 쏟는 바람에 당신이 애써 피하고자 했던 예전 동료의 눈에 띄고, 그 회피 행동에 대해서 어색하게 변명을 해야 한다.

뇌는 지금까지 알려진 우주 가운데 가장 복잡한 실체이다. 뇌는 거의 대부분 무의식적으로 작동하는(그러나 유기적으로 공조를 할 것이라고 우리가 기대하는) 각기 다른 수많은 부분들로 구성되어 있다. 그러나 조화로움을 보장하기에는 너무도 많은 것들이 진행되고 있는데, 우리가 때로 모순적인 충동들에 휩싸이는 것도 바로 이런 이유 때문이다. '나는 진짜 이 술을 마시고 싶지만 마시면 안 된다는 사실을 잘 알고 있다.'거나 '저 친구가 정말 밉살맞기 짝이 없다는 얘기를 본인에게 꼭 해주고 싶지만, 그랬다가는 똑같은 반감을 저 친구가 나에게 가질 것이다.'거나 하는 것들이 그런 모순적 충동이다. 하지만 우리는 이 모순적 충동을 많이 가지고 있긴 해도, 거의 대부분의 시간 동안 매우 일관된 행동을 하며, 또한 서로에게 일관성의 겉치레를 요구한다. 이는 모든 사람의 뇌에는 침착하게 우리의 인생 항로를 조종해주는 현명하고 냉철한 조종사가 있다는(이 조종사를 '자아ego'라고 부르자.), 우리에게 상당히 위안이 되는 발상이다.

그러나 우리를 둘러싸고 있는 인간 존재들은 너무도 복잡해서 그 조종사가 침착하고도 이성적으로 조종을 하기가 어렵다. 각기 다른 사람들이, 즉 부모와 직장 동료와 상사와 친구가 서로 모순되어 양립할 수 없는 요구를 각자 우리에게 하고, 또 동일한 사람이라 할지라도 서로 모순이 되므로 도저히 이룰 수 없는 복수의 요구를 우리에게 한다. 즉, 우리가 맺고 있는 인간관계가 워낙 복잡하기 때문에 우리 뇌에서는 갈등이 필연적으로 생길 수밖에 없다.

캘리포니아대학교 버클리 캠퍼스의 빈센트 반 빈과 그의 동료들이 한 가지 실험을 했다. 이들은 피실험자들에게 자기공명영상 장치의 시끄럽고 밀실 공포증을 유발하는 좁은 공간에서 불편하며 끔찍할 만큼 지루한 45분을 보내게 했다. 그런 다음에 이들의 마음에 갈등을 심어주었다. 방식은 이랬다. 피실험자들에게 환자 한 사람이 같은 검사를 받기 위해 기다리고 있는데 이 사람은 이 검사가 의학적으로 매우 중요하다는 사실을 잘 알고 있긴 하지만 무척 불안해하므로, 그 환자에게 이 검사 과정이 매우 유쾌하고 재미있다는 식으로 설명을 해달라고 부탁한 것이다. 실험 진행자는 피실험자들에게, 환자가 대기실에서 모니터를 통해서 볼 수 있도록 검사 과정에서 느낄 수 있는 즐거움의 정도를(본인이 실제로 느꼈던 감정과 전혀 상관없이) 수치로 등급을 매겨서 표시하라고 지시했다. 즉, 피실험자들은 자기가 느낀 것을 다른 환자들을 위해서 거짓말로 말하라는 요구를 받았던 것이다. 물론 환자는 없었다. 그러나 피실험자들은 환자가 있다고 믿었으며, 실험 진행자에게 방금 털어놓았던 그 불편하고 부정적인 자기 감정을 충실하게 숨겼다. 그러니까 피실험자들은 자기가 실제로 느꼈던 감정과 반대되는 어떤 믿음을 본인 입으로 천명하게 드러냈던 것이다.

자, 이것이 우리 모두가 이따금씩 접하게 되는 상황, 즉 다른 사람들이 우리에게 하는 온갖 요구들을 처리해야 하며 또한 다른 사람의 편익을 위해서 진짜 자기 감정을 숨겨야 하는 상황이다. 자기가 검사를 받는 과정이 무척 불편하고 지루했음에도 불구하고 정반대로 즐거웠다고 이야기해야만 하도록 설정한 반 빈의 이 실험은 정반대로 대립하는 충동들이 뇌에서 동시에 일어나는 상황의 특정한 사례를 제시한다. 앞서 들었던 실제 현실에서 대립하는 충동들의 사례에서, 즉 오랫동안 녹색불이 켜져 있는 신호등을 바라보며 교차로로 접근할 때나 카페에서 옛 동료를 외면하려 할 때, 이 갈등의 균형을 맞추려는 과정이 우리 뇌에서 진행된다.

반 빈과 그의 동료들은 등쪽 전두대상피질dACC이라 불리는 ACC의 특정 부분이 이 갈등 해소에 관여한다는 사실을 발견했다. 뇌의 이 부위는 집에 침입한 강도를 파악하는 경보기처럼 우리의 삶에 개입한다. 여기까지는 좋다. 하지만 버클리대학교의 연구진은 매우 특이한 어떤 사항을 발견했다. 이게 무엇인지 당신에게 알려주기 전에, 그리고 카렌과 크리스의 문제로 돌아가기 전에, 먼저 유명한 납치 사건 이야기부터 해야겠다.

무장 강도가 된 억만장자 상속녀

1970년대를 상징하는 여러 이미지 가운데 하나가, 미국의 신문왕 윌리엄 랜돌프 허스트의 손녀이자 허스트 가문의 상속녀 패티 허스트가 자동소총을 든 채 은행을 터는 모습이다. 이 모습은 은행의 CCTV에 포착되었다. 이 사건은 그녀가 집에서 납치된 지 두 달 뒤에 일어났다. 납치된 그녀는 불도 없는 좁은 골방에서 여러 주 동안 감금된 채 반복적으로 강간당하고 처형의 위협을 받았다. 범인은 심바이어니즈 해방군Symbionese Liberation Army이라는 이름의 과격파 범죄 집단이었다. 어떻게 해서 허스트 혹은 타냐는(그녀는 스스로 예전의 이름을 버리고 타냐라는 이름으로 불리길 원했다.) 자기를 납치해서 강간한 범죄자들을 위해서 은행을 터는 일까지 하게 되었을까? 자기가 든 총을 범인들에게 겨눌 수 있었는데도 어째서 그렇게 하지 않고 자발적으로 범죄자들과 운명을 함께하게 되었을까?

그녀는 체포되어 무장 강도 혐의로 재판을 받았다. 법정은 그녀가 범인들에게 세뇌되어서 그랬다는 변호사의 주장을 받아들이지 않고 그녀에게 7년 징역형을 선고했다.(처음에는 35년형이 선고되었다.) 그녀는 체포되기 전에 대중에게 공개한 육성 테이프를 통해서 자기는 자유의지에 따라서 행동한다고 말했었는데, 판사와 배심원이 그녀가 했던 그 말을 액면 그대로 받아들였던 것이다. 이후 지미 카터 대통령이 형을 다시 경감해주었고, 빌 클린턴 대통령이 나중에 사면 명령을 내렸다. 허스트(혹은 타냐)는 납치되거나 인질로 사로잡힌 사람이 자기를 그렇게 만든 범인들과 정서적으로 긴밀한 유대감을 느끼는 이른바 '스톡홀름 증후군'의 전형적인 사례이다. 그 일이 있은 지 40년이 지난 뒤, 반 빈과 그의 동료들은 패티 허스트, 아니 타냐의 뇌 속에서 진행되던 일의 비밀을 밝히는 데 일조했다.

어떤 사람이 자기가 강력하게 가지고 있던 어떤 태도에 반대되는 주장을 할 때 이 사람의 뇌에서는 도대체 무슨 일이 일어나고 있을까 하는 의문에 반 빈은 사로잡혔다. 자기공명장치 검사가 실제로는 불편하고 지루했는데도 즐거웠다고 말해야 하는 피실험자들의 갈등을 뇌는 어떻게 제어했을까? 이 상황에서는 앞서 4장에서 언급했던 인지 부조화도 역시 작동한다. 반 빈은, 가상의 환자에게 실제 느꼈던 자기 감정과 다르게 거짓말을 했던 피실험자들이 나중에는, 위대한 사회심리학자인 레온 페스팅거의 주장과 다르지 않게, 그 검사 경험이 그다지 불편하고 지루하지 않았다고 느끼게 되었다는 사실을 발견했다.

페스팅거는 사람들은 수백 가지의 대립적인 충돌들로 제멋대로 구는 자기의 뇌를 일정한 규율 아래에서 고분고분하게 굴도록 하고자 하는 매우 강력한 욕구를 가지고 있다는 사실을 깨달았다. 그는 사람들은 자기 자아의 멀쩡한 정신 상태를 지속적으로 유지하는 데 도움을 줄 일관성에 대한 강력한 충동을 가지고 있다고 주장했다. 그의 인지 부조화 이론은 사람은 자기 생각과 감정 그리고 행동에서 일관성을 유지하고자 하는 욕구, 즉 자기 안의 갈등을 최소화하려는 욕구에 의해 강력하게 동기부여된다는 것이다. 반 빈은 공공심이 넘치는 대학생 피실험자들로 하여금 가공의 환자에게 검사 과정이 무척이나 즐겁고 유쾌하다는 거짓말을 하라고 말함으로써 이들의 마음에 갈등을 심어주었다. 이 같은 종류의 부조화는 일관성을 사랑하는 사람들의 마음속에 매우 불편한 어떤 갈등을 조장하고, dACC가 작동해서 이 문제를 해결한다고 페스팅거는 주장했었다.

그렇다면 각 개인은 실제로 그 문제를 어떻게 해결했을까? 그들은 MRI 검사를 받으면서 실제로 느꼈던 감정을 무의식적으로 바꿈으로써 그 문제를 해결했다. '사실 그 경험은 그다지 나쁜 게 아니었어. 그렇지 않아?'와 같은 생각은 그들이 자기 자신에게 그리고 또 나중에 실험 진행자에게 했던 말일 것이다. 불안해하는 가공의 환자에게 거짓말을 해달라는 요청을 받지 않은 피실험자 집단은 실제 자기들이 겪은 경험을, 그런 요청을 받았으며 따라서 인지 부조화 상태에 빠져든 피실험자 집단에 비해서 상대적으로 보다 불쾌하게 평가했다. 반 빈은 자기의 실제 태도를 보다 많이 긍정적으로 바꾼 피실험자들일수록 dACC의 활성화 수준이 더 높다는 사실을 발견했다. 이 경우에 그 사람들의 뇌에 있는 갈등 감시자는 자기 역할을 충실하게 잘 수행한 셈이다. 즉, 검사 과정에서 자기가 느낀 감정을 자기에게 유리하게 바꿈으로써 자기 마음속의 불편한 부조화를 정리한 것이다.

어떤 사람이 납치되었거나 학대를 당할 때 이 사람은, 저항을 할 것인가 아니면 그 사람의 비위를 맞추거나 혹은 심지어 그 사람의 친구가 되려고 노력함으로써 현재의 삶을 보다 편안하게 만들 것인가 하는 딜레마에 빠진다. 이 상황에 빠진 사람들 그리고 후자의 길을 선택한 사람들이 조심해야 할 게 있다. 반 빈의 실험에 피실험자로 참가한 사람들과 마찬가지로 이들은, 자기를 괴롭히는 사람들에게 좋은 마음을 가지고 그들을 잘 대할 것인지 아니면 분노와 공포 그리고 복수의 마음으로 그들을 대할 것인지를 놓고 빚어지는 부조화 때문에, 자기의 dACC 피질을 폭주시키는 경향이 있다.

dACC가 일을 많이 할수록 불편한 인지 부조화 상태는 줄어들 것이다. 그런데 dACC가 어떻게 인지 부조화를 줄일까? 납치범을 향한 진짜 감정을 바꿈으로써 인지 부조화를 줄인다. 확신을 가지고 말할 수는 없지만, 패티 허스트의 뇌 속에서는 이런 일들이 일어났던 것 같다. 그녀는 자기를 납치한 범죄 집단이 내세우는 대의에 헌신하겠다는 식으로 세뇌되었는데, 이 과정은 모두 불편한 인지 부조화를 털어내는 과정이었다.

볕이 잘 들고 전망이 좋은 자리를 차지하고 있다가 자리를 바꾸자는 당신의 제안을 받아들인, 처음에는 당신을 싫어했던 동료도 마찬가지이다. 그 동료는 당신에게 연필을 빌려주었고 또 동전을 빌려주었다. 이런 행동을 하고 나자 그 동료의 마음에는 어떤 갈등이 자리를 잡았고, 이 갈등을 해소하려고 dACC가 작동을 시작했다. 원래 그 동료는 당신을 좋아하지 않았는데 당신에게 몇 가지 친절을 베풀고 나자, 동료의 dACC가 벤 프랭클린 효과를 적용함으로써 이 문제를 해결하고자 했고, 결국 당신에 대한 그 동료의 감정과 태도가 바뀐 것이다.

이렇게 해서 당신은 마치 잠재적인 고객을 상대로 계약을 성사시키는 영업 사원처럼 동료에게 이렇게 말한다.

"당신은 내근을 가끔씩만 하니까 나하고 자리를 바꿔주시지 않을래요?"

이 말에 동료가 뭐라고 대답할까?

"아 네, 당신은 나에게 좋은 동료이니까요.(이 말은, '내가 당신에게 이런저런 친절을 베풀었으니 당신은 나에게 좋은 동료가 분명하다.' 라고 동료의 dACC가 속삭인 결과이다.) 나는 내근을 한 주에 반밖에 하지 않으니 당연히 바꿔드리죠."

빙고!

천식 예방 제품을 파는 영업 사원도 이것과 똑같은 심리 전술을 구사했다. 낯선 사람인 자기를 거실과 침실에 들어오게 했고 장비를 설치하도록 허락받았으며 카펫을 더럽히도록 방치하도록 하는 과정에서 내가 점점 더 자기에게 어떤 친절을 베풀도록 만들어서, 결국 '이거 정말 끝내주는 제품이네요!'라는 말을 하게 함으로써 마지막 결정적 부탁인 구매 결정을 이끌어내겠다는 전술이었다.

그 영업 사원에게 집에서 당장 나가달라는 말을 하기까지는 정말 쉽지 않았다. 그건 마치 투쟁과도 같았다. 아니, 사실 그것은 투쟁이었다. dACC가 내 생각과 감정에 행사하고자 하는 강력한 갈등 해소 방안에 맞서는 투쟁이었다.

자, 그럼 이제 카렌과 크리스, 두 사람 사이의 기묘한 관계로 돌아가자. 여자가 발산하는 경멸은 어디에서 비롯되었던 것일까? 아주 단순하게 보자면, 여자가 남편에 대해서 가지고 있던 권력에서 비롯되었다. 권력은 다른 사람이 필요로 하고 또 원하는 어떤 것 그리고 또 두려워하는 어떤 것을 통제하는 것이다. 크리스는 카렌을 사랑했다. 적어도 겉으로 보기에는 그랬다. 그리고 카렌은 크리스가 강력하게 원하는 것, 즉 남자의 애정에 대한 통제권을 가지고 있었다. 여자는 또한 남자가 가장 두려워하는 것 즉, 남자를 버리고 떠나가는 것에 대한 통제권도 가지고 있었다. 이 건강하지 못한 인간관계의 협소한 관점에서 보자면 여자가 승자였다.

그래서 카렌은 크리스에게 그런 무지막지한 정서적 권력을 휘두르고 있었다. 그런데 이 관계가 어째서 여자로 하여금 남자를 경멸하는 마음을 가지게 만들었을까? 누군가를 지배하는 권력이 권력을 가진 사람으로 하여금 권력의 지배를 받는 사람을 사람이 아닌 사물로 대하도록 만드는 경향이 있음은 앞에서도 확인했다. 사물은 자유의지를 가지고 있지 않으며 어떤 결정을 내리지도 않는다. 자기 아랫사람들의 행동은 자기 통제력 아래에 놓인다는 게 바로 권력자의 믿음이다.(이 믿음은 흔히 정당화된다.) 이런 종류의 권력은 연민을 파괴한다. 인격이 없는 사물을 대상으로 해서 연민을 가질 수는 없으니까 말이다.

카렌이 크리스의 굴욕과 참담함에 대해서 아무런 연민도 가지고 있지 않다는 건 분명했다. 이 사실을 카렌도 내비치는 것 같았다. 여자는 마치 고양이가 장난감 쥐를 가지고 놀듯이 그렇게 남자를 데리고 놀았다. 그러나 연민이 없다는 것 그리고 심지어 잔인함조차도 경멸과는 같지 않다. 경멸은 어디에서 나온 것일까? 여기에서 dACC가 작동한다는 사실은 지금 학계에서도 거의 확실한 것으로 받아들여진다. 만일 당신을 지배하는 나의 감정적인 권력 때문에 내가 당신을 내 통제력으로 좌우할 수 있는 어떤 사물로 여긴다면, 당신을 향한 내 행동은(내 행동을 교정해주는 역할을 하는 연민이 전혀 없는 상태에서) 점점 더 고약하게 바뀔 것이다. 그러나 당신을 향한 나의 행동이 고약해진다는 사실을 내가 관찰할 때, 일관성을 사랑하는 나의 뇌는 긍정적인 자아 이미지를 필요로 하는 자아의 욕구와 나의 고약한 행동 사이에 빚어지는 갈등을 포착한다.

이렇게 해서, 벤 프랭클린 효과가 역전되어 나타나 '승리'의 부패한 어떤 형태를 만들어낸다. '만일 내가 당신을 이런 식으로 대한다면 당신은 정말로 밥맛없는 사람임이 분명하다.'라는 심리가 바로 dACC가 일관성을 원하는 우리의 압도적인 욕구에 복무해서 우리의 뇌에 우겨넣는 왜곡된 논리이다. 그런데 바로 여기에 이 모든 것 가운데서 정말 엄청난 내용이 담겨 있다. 벤저민 프랭클린이 자기를 미워하던 경쟁자로 하여금 자기에게 희귀본을 빌려주게 함으로써 적을 친구로 만들었던 사실을 기억하기 바란다. 만일 프랭클린이 적의 부아를 돋워서 자기에게 나쁜 어떤 행동을 하게 했다면(예를 들어서 프랭클린의 물건을 훔치게 했다면) 과연 어떤 일이 일어났을까? 이때의 논리는 분명하다. 프랭클린의 경쟁자는 프랭클린에게 어떤 나쁜 행동을, 어쩌면 예전보다 훨씬 더 나쁜 행동을 또 다시 할 가능성은 더 커진다. 그리고 두 사람 사이의 관계는 그 경쟁자에게 '하! 내가 본때를 보여주었지!'라는 승자의 만족을 안겨줄 것이다.

골목대장 승자

이것은 인지 부조화의 논리, 즉 지금 행해지는 것은 적절하게 잘하는 행동이며 무엇보다도 **일관성이 있**

는 행동임을 자아가 각성하도록 하는 이상한 욕구의 논리이다. 그런데 이것은 물론 악당 골목대장의 논리이기도 하다. 골목대장은 희생자 한 사람을 찍는다. 그런 다음에 집단 속에서 그 희생자와 그다지 큰 정서적 교류를 가지고 있지 않은 사람, 혹은 심지어 자기와 비슷한 사람을 선택한다. 그런 다음에 이 사람으로 하여금 그 희생자를 괴롭히고 놀리게 만든다. 이런 행위는 예컨대 가방을 숨기거나 사물함에 사물함과 전혀 어울리지 않는 물건을 몰래 놓아두는 것과 같아서 그 자체로는 사소하며, 심지어 즐거운 놀이이기도 하다.

물론 이 행동은 당신이 동료에게 연필을 빌려달라고 하는 이른바 '부정적 등가물', 즉 그 행동과 부정적인 정반대 차원에서 동일한 것이다. 당신이 농간을 부려서 어떤 사람을 당신 편으로 만들 때는 그 사람으로부터 그리하겠다는 일종의 약속을 받아내는 것인데, 이것은 골목대장인 당신이 그 사람에게 정직하지 못한 것을 요구한다 해도 그가 인지 부조화 때문에 이를 거부하기 어렵다는 사실을 깨닫는다는 뜻이다. 이때 그 사람의 dACC는 자기 뇌에서 발생한 갈등을 즉각 포착한다. 이때 그 사람의 심리는 다음과 같은 말로 표현할 수 있다.

"나는 선한 사람이다. 그러나 나는 그 사람이 원하는 대로 이 행동을 이 사람들에게 하려고 한다. 그러므로 이 사람들은 이런 짓을 당해도 마땅할 만큼 악당임에 틀림없다."

그리고 어떤 집단 속에서 점점 더 많은 사람이 그 골목대장에게 조종을 당해서 가여운 희생자를 괴롭히는 데 동참하는 온갖 악순환의 상황들을 우리는 주변에서 흔히 본다. 이 모든 상황에서 악당 골목대장은 벤 프랭클린 효과를 활용한다. 이렇게 골목대장에게 조종당해 악행에 동참하는 사람들 대부분은 다른 환경에서는 썩 훌륭한 사람일 수 있다. 그러나 이 사람들도 모르는 사이에 악당 골목대장은 일관성 없음을 증오하는 그들의 뇌에 갈등을 주입시켜서 dACC로 하여금 그것이 할 수 있는 유일한 방법을 행함으로써, 즉 희생자는 악행의 대상이 되어도 충분할 만큼 나쁜 사람이라는 결론을 내림으로써, 그 갈등을 필사적으로 해소하게 만든다.

그러나 이것은 정적인(즉, 정지 상태의) 상황이 아니다. 프랭클린의 경쟁자가 프랭클린에게 책을 빌려준 뒤에 프랭클린에게 더 적대적으로 바뀌지 않았다는 사실을 기억하기 바란다. 그는 프랭클린을 보다 호의적으로 대하길 원하는 상태로 바뀌었다. 그러다가 결국 그는 프랭클린의 평생 친구가 되었다. 짓궂은 골목대장질의 희생자가 처한 끔찍한 현실은 프랭클린의 이 경쟁자의 상황과 정반대이다. 이러한 상황은, 골목대장질을 하는 사람들의 뇌가 내면적인 갈등을 해소하는 과정에서 일어난다. 예컨대, '만일 그 여자가 그처럼 나쁘다면, 그 여자는 훨씬 더 고약한 짓을 당해도 마땅하다.'라는 심리가 작동한다는 것이다. 그러나 뇌 속에서 갈등을 억지로 해소함으로써 자아를 평정하게 유지하는 것이 약자를 집단적으로 괴롭히는 사람들의 마음속에서 진행되는 유일한 요소는 아니다. 또 하나의 강력한 기제가 작동한다. 그것은 바로 마약 못지않은 권력이다.

권력은 우리의 뇌를 잠재적으로 중독성 있는 화학물질들로 흠뻑 적시는 마약과 같다. 그리고 모든 마약이 그렇듯이 권력은 사람을 강력하게 사로잡고 조종할 수 있다. 어떤 집단에서 따돌림을 당하던 사람이 자살을 했다는 이야기는 언론에 무척이나 자주 나오는 레퍼토리다. 특히 10대 청소년 집단에서 이런 일이 더욱 자주 일어난다. 이런 보도는 거의 언제나 그 희생자에게 가해진 따돌림과 괴롭힘의 강도가 꾸준하게 증가했다고 설명하며, 또 이렇게 따돌림을 가한 악당 골목대장 패거리들 역시 대개는 그에 따른 고통을 받는다고 말한다.

T 시클리드 물고기 역시 탕가니카 호수라는 학교 운동장에서 악당 골목대장으로 군림한다. 그러나 이것은 그 물고기가 날 때부터 악당이기 때

문이 아니며, 또한 개인적인 성격 장애 때문에 악당 놀음을 하게 된 것도 아니다. 이 물고기의 행동은 순전히 환경의 결과이다. 즉, 운이 좋게도 자기 영역을 가지게 된 결과이다. 지위가 그 물고기를 신체적으로 그리고 심리적으로 바꾸어놓은 것이다. 집단 따돌림이라는 악당 골목대장질을 하는 집단의 문제를 해결하려고 할 때 개인적인 심리에 아무리 초점을 맞춘다 하더라도 개선의 효과가 별로 없는 이유도 바로 여기에 있다. 물론 심리적으로 어딘지 불안하며 반사회적 기질을 보이는 개인이 있을 수 있어서, 이런 사람이 벤저민 프랭클린 영업 기법들을 사용해서 심리적으로 정상적인 급우들을(혹은 그가 직장인이라면 동료들을) 자신의 악당 패거리로 끌어들일 수는 있다. 그러나 권력에 도취되고 또한 dACC에 인해 자기 행동을 끊임없이 합리화함으로써 애초의 모습과 달라져버린 뇌 때문에 집단적인 골목대장질은 가속화된다.

카렌도 마찬가지였다. 그녀는 심리적으로 장애가 있는 사람이 아니었다. 일생을 살면서 잔인함이 몸에 밴 그런 사람도 아니었다. 그런데 그녀와 남편 크리스는, 그녀가 두 사람 사이의 인간관계를 결정하는 모든 카드를 쥔 상황에 빠져 있었다. 카렌은 두 사람 사이의 관계에서 정서적 권력의 전부를 가지고 있었고, 이 권력이 우리가 목격했던 그 기묘한 감정 싸움에서 자기가 승자라고 믿도록 그녀를 타락시키기 시작했다. 물론 크리스는 극단적인 수동성, 피동성, 우울함, 자기 비하, 공포 등과 같은 무기력함의 여러 징후들을 보여주기 시작했다. 이런 모습은 남자에게서든 여자에게서든 동반자로서 결코 매력적인 요소가 아니다. 패자를 사랑할 사람은 아무도 없기 때문이다. 카렌이 가지고 있던 권력이 그녀로 하여금 크리스에게 무모하고도 무자비하게 행동하도록 만들었다. 또 크리스가 흠씬 두들겨 맞은 개처럼 꼬리를 내리고 물러나 무기력하게 술이나 마시는 모습은 카렌의 dACC가 자신이 취한 태도를 정당한 것이라고 확인시켜주었으며, 결국 카렌은 그런 크리스를 정말 역겨운 인간으로 바라봄으로써 결코 평범하지 않은 자기 행동을 합리화했다.

그러나 경멸은 불행한 결혼생활의 징후만이 아니다. 경멸은 어떤 지도자가 권력에 영향을 받기 시작한다는 경고의 신호가 될 수도 있다. 러시아 대통령인 블라디미르 푸틴은 세계의 다른 지도자들 앞에서 자기 내각의 국무위원들을 자주 경멸하곤 했다. 독일 총리 앙겔라 메르켈은 푸틴에게 그러지 말라고 설득하려고 애썼지만 결국 성공하지 못했다고, 토니 블레어의 최측근이던 조너선 포웰이 저서 『새로운 마키아벨리The New Machiavelli』에서 회고했다. 포웰은 푸틴이 보여주었던 시클리드 물고기와 같은 변신, 즉 고도로 지적이며 합리적인 정치인에서 오만에 차고 권력에 도취한 차르와 같은 인물로의 변신은 그가 권좌에 오랫동안 앉아 있었기 때문이라고 적었다.

그 부부 사이에서는 깨가 쏟아졌다. 무슨 음악을 틀지를 놓고 서로 애정을 과시하듯 기분 좋게 다투면서 얼마나 행복하게 웃었던지 하마터면 요리를 태울 뻔하기까지 했다. 아내는 남편의 머리를 놀리듯이 쓰다듬으며 넋이 나간 듯한 표정의 남편을 달래기도 했으며, 남편은 미소를 지으며 아내에게 적어도 자기가 와인 하나는 잘 골랐다고 말했다. 아내는 고개를 끄덕이며 와인을 한 모금 마셨다.

그때까지 적어도 2년 동안 크리스의 그런 모습은 처음이었다. 같은 사람을 친구로 뒀던 까닭에 그 친구의 집에서 크리스를 우연히 만났고, 나는 그 놀라운 모습을 곁눈으로 흘낏흘낏 바라보았다. 그는 더할 나위 없이 행복해 보였다. 행복할 뿐만 아니라 강인하고 자신감이 넘쳐보였다. 그의 몸가짐은 놀랄 만큼 바뀌어 있었다. 마치 성격 이식 수술이라는 기적의 수술을 받은 것 같았다.

그런데 재미있게도, 그 일이 있고 얼마 지나지 않아서 우연히 카렌을 만났다. 카렌은 크리스와 헤어지고 켄이라는 남자와 함께 살고 있었는데, 켄의 팔에 자기 팔을 낀 채 사랑스러운 눈빛으로 남자를 바라보는 그녀의 모습은 예전과 완전히 딴판이었다. 카렌도 성격 이식 수술을 받았나? 그렇다. 성격은 쉽게 바뀌는 게 아니다. 앞에서 우리는 동기부여와 관련된 충동들(예컨대 업적이나 권력을 향한 욕구)이 우리의 성격에 얼마나 깊이 새겨져 있는지 이미 살펴보았다. 그리고 이것 때문에 사람들의 성격적 특성은 외향적일 수도 있고 내향적일 수도 있으며, 까다로울 수도 있고 느긋할 수도 있으며, 또 그 밖에도 이런저런 식으로 분류된다는 사실도 우리는 잘 알고 있다. 하지만 개성의 이러한 특성들은 단지 특정한 방식으로 행동하려는 성향일 뿐이다. 개성은 변하지 않으며 이 불변의 개성에 의해 자기 자신이 갇혀 있다고 생각하는 사람은 스스로를 유전자 숙명주의의 저주 아래 방임하는 사람일 뿐이다. 우리가 주변 사람들(특히 배우자, 그리고 직장 동료, 정치인, 경찰관, 공무원, 교사, 친척, 친구 등)과 맺는 관계 역시 우리의 개성을 엄청나게 바꾸어놓는다.

카렌과 크리스는 앞서 2장에서 살펴보았던 변신하는 물고기 시클리드처럼 완전히 바뀌어 전혀 다른 사람이 되었다. 두 사람 다 몸 색깔과 심리 그리고 행동을 완전히 바꾸어서 예전의 모습을 찾을 수 없을 정도였다. 하지만 이들은 의학 기술의 힘을 빌린 게 아니라 배우자를 바꿈으로써 그렇게 바뀌었다. 환경의 단순한 변화가 준 그 효과는 의학적인 기술이 할 수 있는 것보다 훨씬 심대하게 그들을 바꾸어놓았다. 크리스의 뇌는 아마도 엄청나게 많이 바뀌었을 것이다. 혈액 속 코티졸의 수치가 내려감에 따라서 기억력도 한층 나아졌을 것이다. 그리고 테스토스테론 수치와 뇌의 도파민 수치가 증가하면서 자신감과 창의성도 나아졌을 것이다. 아마도 예전보다 훨씬 더 똑똑해졌을 것이며, 집중력도 더 커졌을 것이고, 걱정은 덜 하게 되었을 것이며, 또 겁쟁이처럼 위험 앞에 몸을 사리는 모습도 덜 보이게 되었을 것이다. 이 모든 것은 그가 예전처럼 권력이 없는 상태에 더는 놓여 있지 않기 때문이다.

카렌도 많이 바뀌었을 것이다. 예전보다 권력이 줄어듦에 따라서 도파민과 테스토스테론도 적게 분출될 것이다. 그러나 예전보다 동정심을 더 많이 가지게 되었을 것이며, 또 미래에 대한 근심은 더 많이 하게 되었을 것이다. 사실 그녀의 눈에서는 예전과 같은 승자의 번쩍거리는 눈빛을 찾아볼 수 없었다. 약탈자적이고 검투사적인 면모도 찾아볼 수 없었다. 그러나 어쨌거나 예전보다 훨씬 더 행복해 보였다. 이 변화는 그녀가 새로운 배우자에게 복종하기 때문은 아니었다. 나중에 확실하게 깨달은 사실이지만 그것과 거리가 멀었다. 카렌과 그녀의 배우자는 일상적인 문제를 놓고 툭하면 '권력 다툼'을 벌이는 평범한 부부였다. 크리스가 맺은 새로운 부부 관계에서처럼 카렌과 그녀의 배우자 사이에서도 권력이 균형을 잡고 있기 때문이다. 즉, 어느 한쪽이 지배적인 권력을 휘두르지 않는 관계를 맺고 있기 때문이다. 이것은 전혀 다른 종류의 승리이다.

물론 이상적인 배우자를 찾으려면 이 사람 저 사람 마구 만나야 한다고 말하려는 게 아니다. 사람의 개성은, 카렌과 크리스가 부부로 살던 때 그랬던 것처럼 현재의 인간관계 속에서 형성될 수 있다. 크리스는 수동적 성향을 가지고 있었고, 그래서 지배적 성향을 가지고 있는 여성에게 매력을 느끼거나 또 이런 여성이 크리스에게 매력을 느꼈을 수도 있다. 카렌은 지배적 성향을 가지고 있었으며, 그래서 자기가 지배력을 느낄 수 있는 남자를 무의식적으로 찾았을 수도 있다.

카렌과 크리스는 끊임없이 이어지는 승자와 패자의 관계 속에 매몰될 가능성을 안고 있었고, 또 실제로 그렇게 되었다. 그 겨울날의 산장에서 너무도 명백하게 알 수 있었듯이 두 사람 사이의 관계는 돌이킬 수 없는 것이었다. 두 사람 사이 관계의 불평등한 권력 상태가 악순환의 고리 속에서 두 사람의 뇌와 개성을 각각 특징적으로 규정했기 때문이다. 그러나 실제로 이런 일이 일어나기 전에는 누가 그렇게 될 줄 상상이나 했겠는가.

전 세계적으로 수많은 여성이 불평등한 권력 때문에 남성에게 희생되는 상황에서 카렌이라는 여성이 남성을 학대하는 사례를 선택한 게 이상하게 비칠 수도 있다. 많은 나라에서 인간으로서 누려야 할 피교육의 권리, 인간관계의 권리 및 직업 선택의 권리를 정치 및 종교적인 제도로 인해 체계적으로 박탈당하는 것은 남자가 아니라 여자이기 때문이다. 그 결과, 무력한 상태에 놓인 수억 명의 여자가 자기의 뇌를 근본적으로 바꾸어버려서 자기가 놓인 상황을 바꿀 스스로의 능력을 계속해서 축소한다.

내가 카렌과 크리스를 선택한 것은 남성이 여성을 학대하는 이야기보다도 두 사람의 행동을 시클리드 물고기 이야기에 빗대어서 말하기 한결 쉬웠기 때문이다. 만약에 크리스가 공개적인 자리에서 카렌을 모욕하는 이야기였다면, 본인 스스로는 통제할 수 없는 선천적인 생물학적 충동 때문에 어쩔 수 없이 여성을 지배하는, 동굴 생활을 하는 원시인 남성의 이미지가 독자의 마음을 무의식적으로 물들였을 것이다. 유전자적 숙명주의의 저주가 우리의 생각을 왜곡했을 것이라는 말이다. 그러나 동굴 생활을 하는 원시인보다 시클리드 물고기 이야기가 훨씬 더 적합하다. 좋든 싫든 간에 권력은 우리가 맺는 인간관계 안에 내재되어 있다. 누군가와 인간관계를 맺을 때, 내가 그 사람에게 어느 정도의 권력을 행사하고 또 그 사람이 나에게 어느 정도의 권력을 행사하지 않고서는 그 인간관계가 의미 있는 관계가 될 수 없기 때문이다.

권력은 다른 사람들이 필요로 하거나 소망하거나 혹은 무서워하는 어떤 것에 대한 통제력이다. 모든 인간관계에는 특히나 관심과 애정 그리고 거부의 위협이 내재되며, 이런 것들은 각각의 인간관계마다 다양한 수준으로 존재한다. 권력이 균형을 잃을 때 이 권력과 관련된 사람들은 물리적으로 그리고 정신적으로 변한다. 이 같은 변화의 극단적인 사례는 지킬 박사와 하이드에게서 볼 수 있다. 카렌과 크리스의 경우처럼 권력의 불균형이 극단적으로 치달을 때, 관계된 사람은 그 권력에 의해 타락할 수 있다.(때로는 그 권력에 도취되고 중독될 수 있다.) 그러나 권력은 단지 성인들끼리 맺는 배우자 관계에서만 존재하는 문제가 아니다.

엄마, 아빠! 우리는 당신들의 권력을 무너뜨릴 거야!

1920년대 소련의 어린이들이 누릴 수 있는 오락거리는 변변찮았다. 그래서 어린이 출판물인 그림 잡지 「무르질카Murzilka, Мурзилка」가 특히 널리 읽혔다. 그런데 그 시기의 이 잡지 표지에 '엄마, 아빠! 우리는 당신들의 권력을 무너뜨릴 거야!'라는 큼지막한 글자가 대문자로 박혀 있었다. 소련 공산당은 계급투쟁을 인류 역사상 가장 근본적인 관계인 부모 자식 사이로 끌어들였던 것이다.

자율성에 대한 욕구는 교제에 대한 욕구와 함께 인간에게서 가장 원초적인 욕구이다. 자식을 키우면서 이른바 '못된 두 살배기 terrible twos'가 어떤 것인지 경험해본 사람이라면 이 원초적인 계급투쟁이 어떤 것인지 직접 목격했을 것이다. 다른 누군가의 권력에 저항하는 것의 상징인 '싫어!'라는 말은, 불끈 화를 내거나 반항을 하거나 그저 싫다고 떼를 쓰거나 하는 행동과 함께 이제 막 걸음마를 시작한 아이가 일으키는 반란의 명쾌한 수단이다.

아이가 말을 배우기 시작하면서, 자기 삶을 스스로 통제하려는 압도적인 욕구 또한 자의식과 정체성의 거친 파편들과 함께 이때 시작된다. 아이오와대학교의 그라지나 코찬스카 교수와 그녀의 동료들은 부모가 영아를 대상으로 해서 권력을 행사하는 방식이 아이들의 성장 발달에 어떤 영향을 미치는지 알고자 했다.[4] 연구자들은, 두 살에서 세 살 사이의 어린 아이가 있는 101쌍의 부모를 대상으로 연구자들이 제공한 몇 가지 장난감을 치우라는 말 그리고 선반에 놓여 있는 매력적인 장난감에 손을 대지 말라는 말을 아이들에게 할 때 각 부모가 보이는 태도를 관찰했다. 그런데 놀랍게도, 이 부모들은 어느 정도 시간이 흐르자 자기가 관찰되고 있다는 사실을 쉽게 잊어버렸다. 특히 자기들이 사는 집에서는 더 그랬다. 그래서 여성 관찰자가 집의 한구석에 조용하게 앉아서 체계적으로 관찰하며 기록했는데도 부모는 이 사실에 전혀 개의치 않은 채 아이에게 평소 자기 모습대로 반응했다.

관찰자는 30초에 한 번씩 부모가 아이에게 어떻게 통제력을 행사하는지 관찰해서 평가 등급을 매겼는데, 어머니나 아버지가 아이를 그냥 내버려둘 때는 마이너스 2점, 통제력을 행사하지 않고 어떤 사교적인 소통을 할 때는 마이너스 1점, 암시나 힌트를 주는 식으로 부드럽게 유도를 할 때는 플러스 1점, '안 돼!'와 같은 직접적인 지시로 독단적으로 통제할 때는 플러스 2점, 화를 내거나 목소리를 높이거나 혹은 위협을 하는 방식으로 강제로 통제할 때는 플러스 3점을 각각 매기도록 했다. 그 밖에도 아이가 들고 있는 장난감을 가져간다든가 하는 식의 물리적이고 독단적인 행위를 포함해서 보다 강제적인 행위들도 있었는데, 여기에는 플러스 4점을 매겼고, 장난감을 거칠게 빼앗거나 가볍게 때리는 따위의 행위들에는 플러스 5점을 매겼다.

이 관찰 내용을 바탕으로 해서 두 살에서 세 살짜리 아이를 가진 이 부모들에게 아이와의 소통과 관련된 이른바 '권력 행사' 점수를 매겼다. 그런 다음에 관찰자들은 철수를 했다가 아이들이 약 네 살이 되었을 때 다시 돌아가서 관찰을 했고, 아이들이 다섯 살 반이 되었을 때도 다시 돌아가서 관찰을 했다.

아이들이 네 살이 되었을 때, 2년 전에 권력 행사 점수를 높게 받았던 부모의 아이들은 권력을 보다 조심스럽게 행사했던 부모의 아이들에 비해서 보다 화를 잘 냈고 또 반항적인 기질이 더 강했다. 그리고 아이들이 다섯 살 반이 되었을 때 권력을 강하게 휘둘렀던 부모의 아이들은 다른 아이들이나 어른들을 대하는 태도에서 상대적으로 더 파괴적이고 반사회적인 모습을 보였다. 이러한 현상은 부모, 특히 어머니와의 정서적인 교감을 확고하게 형성하지 못했던 아이들에게서 두드러지게 나타났다.

어린 시절 거칠게 행사되는 권력에 노출되었다면 아마도 당신은 지금 자신이 받은 것과 똑같이 지배적인 방식으로 당신의 아이들을 대하고 있을 것이다. 반사회적이고 파괴적인 행동은 감옥으로 나아가는 길로 인도하며 수많은 사람들에게 해를 끼친다. 이 연구는 부모가 자식에게 규율과 위협이라는 방식을 통해서 거칠게 휘두른 권력이 반사회적이고 파괴적인 행동의 주된 원인임을 보여준다.

아울러, 만일 어떤 사람이 어린 시절에 그런 식으로 권력을 행사하는 걸 배웠다면, 이 사람 역시 어른이 되어서 육체적으로 그리고 정신적으로 마구 몰아붙이는 동일한 양상의 행동을 배우자나 아이에게 행하게 된다. 이 같은 환경에서 성장한 남자는 물리적인 권력을 휘두르는 경향이 강하며, 또 이 같은 환경에서 성장한 여자는 배우자를 정신적으로 학대하는 경향이 강하다. 그리고 남자나 여자 모두 자기 아이를 물리적으로나 정신적으로 학대함으로써 왜곡된 권력욕을 충족하려 하고, 결과적으로 자멸적 폭력과 정신적 질병의 악순환을 영속시킨다. 부모의 권력을 이런 식으로 행사한 사람들은 부모와 자식 사이의 권력투쟁에서 승자의 기분을 느낄 수 있겠지만, 이것은 뒷맛이 고약한 승리일 뿐이다.

2007년 9월 12일, 전 세계에 충격을 준 정치적인 사건이 일어났다. 기자회견장에서 그 일이 발표되었을 때 기자들은 놀라서 아무 말도 하지 못했다. 그때 어떤 기자 하나가 벌떡 일어나 설명을 해달라고 고함을 질렀고, 다른 사람들도 뒤따랐다.

"왜죠?"

"하필이면 왜 지금이죠?"

"이유가 뭡니까?"

세계에서 세 번째로 경제 규모가 큰 나라인 일본의 정치 지도자이던 아베 신조 총리는 사임 발표를 한 뒤에 창백한 얼굴로 쏟아지는 질문을 받았다. 총리에 취임한 지 겨우 일 년밖에 되지 않은 시점이었다. 그가 촉발한 정치적인 트라우마의 위력은 전혀 예기치 않았던 일이었으므로 더욱 증폭되었다.

아베 총리에게는 힘든 일 년이었다. 여름에 그가 소속되어 있던 자민당은 역사상 처음으로 상원(참의원)에서 다수당 지위를 잃었다. 그는 미국이 아프가니스탄 전쟁에 파견되어 있는 일본군에게 군사적인 지원을 계속해줄 것이라고 약속했었다. 그러나 만일 정치적인 반대가 파병 연장을 무산시킬 경우에 그는 얼굴을 들 수 없을 정도로 심각한 손실을 입을 위기에 처했다. 그는 어마어마한 위력을 필연적으로 동반하는 어마어마한 스트레스를 경험했었다.

난리법석의 기자회견이 끝난 뒤에 아베는 탈진해서 응급실에 실려갔다. 아베 내각의 관방장관이던 요사노 가오루奧謝野馨는 다음과 같은 말로 아베의 사임 배경을 설명했다.

"아베 수상은 자기 건강이 수상으로서 수행해야 하는 빡빡한 일정과 수상으로서 받아야 하는 심리적인 압박감을 감당할 수 있을지 살피면서 진퇴를 판단할 겁니다."[5]

아베도 자기 입으로 지독한 설사라는 핑계를 내세웠고, 나중에 이 설사의 원인은 '스트레스와 피로'로 발표되었다. 그는 불면증 때문에 약을 복용했으며, 스트레스와 관련된 문제들이 쌓이고 쌓인 끝에 병원에 입원해서 링거 주사를 맞아야 했다.

권력은 사람을 더 똑똑하고 집중하게 만들며 또 어떤 문제에 대해서 냉정하게 만든다. 그렇지 않다면 어떤 지도자도 자기 어깨에 놓인 막중한 스트레스 때문에 지도자로서의 직책을 제대로 수행할 수 없다. 수억 명 혹은 수십억 명의 운명을 책임지고 이 사람들을 이끄는 지도자라면 자기가 보내는 대부분의 시간을 국민 개개인의 입장과 처지에 일일이 공감하면서 보낼 여유를 가질 수 없다. 만일 그런 여유를 누리려 한다면 그 지도자는 무기력한 마비 상태에 빠지고 말 것이다. 지도자가 국민의 일부에게 도움을 주기 위해서 내리는 중요한 정책 결정은 필연적으로 또 다른 국민들에게는 해를 입히기 때문이다.

권력을 잡고 또 계속 유지하려면 거칠어야 한다. 그런데 아베 신조는 충분히 거칠지 못했다. 세계 여러 지도자들의 재임 초기 사진과 그로부터 몇 년이 지난 뒤의 사진을 비교해보면 스트레스가 지도자들을 얼마나 빨리 노화시키는지 알 수 있다. 권력을 유지하는 데 들어가는 온갖 수고를 이겨내려면 권력을 '원해야' 하고 또 권력을 휘두르는 걸 '즐겨야' 한다. 권력은 사람들에게 영향력을 행사하는 것이다. 정치인, 기업가, 의사, 과학자, 간호사, 교사 혹은 경찰관 가운데 누가 사람들이 더 나아지는 방향으로 영향력을 행사하는 걸 원치 않겠는가? 우리가 정말 바라지 않는 것은 지도자가 권력을 원하지 않는 상황이다. 우리는 승자를 필요로 한다. 그러나 우리는 '나'를 위하는 것만큼이나 '우리'를 위해서 승리하고자 하는 승자를 필요로 한다. 우리는 카렌 혹은 두 살배기 아이에게 권력을 휘두르는 부모처럼 자신의 좁은 반경 속에서 권력을 휘두르는 것이 의미 있는 승리의 형태라는 환상에 빠진 지도자를 필요로 하지 않는다. 간단하게 말하면, 우리는 P 권력욕만큼이나 S 권력욕을 많이 가진 지도자를 필요로 한다.

1215년에 유라시아 대륙 북서쪽 해안에서 조금 떨어져 있는 작은 섬에서 역사상 유례가 없는 일이 일어났다. 마그나카르타Magna Carta(대헌장)라는 문서에 국왕이 서명한 것이다. 절대군주의 권력을 처음으로 제한하는 문서였는데, 이 문서는 어떤 '자유인freeman'도 법에 의거하지 않고서는 처벌받지 않는다는 내용을 담고 있었다. 잉글랜드의 국왕 존은 이 문서에 서명하고 싶지 않았다. 그러나 제후들의 집단 움직임에 국왕도 어쩔 수가 없었다. 그리고 이 문서의 핵심 정신은 오늘날까지도 영국 헌법에 고스란히 구현되어 있다.

앞서 1장에서 우리는 권력이란 많은 사람들로 하여금 자기가 이룬 업적이 신이 정한 것이라고 믿게 만들며 심지어 자기가 신이라고까지 믿게 만든다는 사실을 확인했다. 영국 왕실이 자기에게 주어진 권력이 '왕의 신성한 권리'라고 믿던 시기였음을 고려한다면, 하늘이 자신에게 준 권력을 포기해야 했던 존 왕으로서는 얼마나 비통했을지 쉽게 짐작할 수 있다.

2003년 조지 W. 부시 대통령은 팔레스타인 자치 정부의 총리 아부 마젠에게 신이 자기더러 이라크를 침공하라고 했다고 말했다.[6] 오사마 빈 라덴 역시 자기 행동은 신이 내린 지시에 따른 것이라고 믿었다. 이러한 믿음은 권력을 갈망하는 사람들의 뇌가 권력에 의해 왜곡되어 있다는 징후 가운데 하나이기도 하다.

헌법 규정에 따르면 조지 W. 부시는 두 번째 재임을 끝으로 대통령직에서 물러나야 했다. 그러나 이 세상의 독재자들은 자기에게 주어진 권력 행사의 기간을 피의 철권통치로 알뜰하게 모두 채운다. 그리고 이에 거치적거리는 견제와 균형의 요소들은 투옥과 고문과 살인으로 제거한다. 이런 상황에서 국제형사재판소가 새로운 또 하나의 마그나카르타로 비칠 수 있다. 그리고 한 국가 및 세계적인 차원의 법률·정치 체계는 권력 남용으로 정상적인 상태에서 일탈해버린 지도자들 때문에 희생자로 전락한 사람들이 살고 있는 전 세계의 드넓은 지역으로, 견제와 균형의 민주적인 세계 질서를 확장할 가능성을 한층 높여준다. 그러나 의문은 여전히 남는다. 권력을 가진 지도자를 반드시 둬야 한다면, 그 지도자가 권력 남용으로 뇌에 손상을 입고 정신적인 장애 상태에 빠지지 않도록 보호하기 위해서(그리고 아울러 지도자는 우리 삶의 많은 부분을 통제하기 때문에 우리 자신도 보호하기 위해서) 우리가 할 수 있는 일이 과연 있기나 할까?

1963년에 이루어진 한 연구는 자기에게 주어진 권력을 부패하게 사용한 정치인 30명을 대상으로 이들이 살아온 배경을 분석한 끝에, 어린 시절에 경험한 심각한 박탈감이 권력을 부패하게 사용하는 행동과 관련이 있다는 결론을 내렸다. 어린 시절 정서적 박탈감을 느꼈던 사람은 권력을 보상적인 차원의 자기 강화에 사용하는 경향을 보인다. 이에 비해서 순전히 물질적 박탈감을 경험한 사람은, 어린 시절 자기를 괴롭혔던 이런 박탈 상태에 또 다시 놓이지 않으려고 미리 예방이라도 하려는 듯, 물질적 이득을 취하는 데 권력을 이용하는 경향을 보인다.[7]

아카데미상 수상과 같은 것으로 불멸성을 부여받지 못한 외로운 자아에게 권력은 매력적일 수 있다. 이때 S 권력욕을 지향한다면 이는 커다란 만족감을 안겨줄 수 있다. 그러나 이기적이며 순수하게 P 권력욕을 지향한다면 이는 권력자에게 공허함을 안겨줄 수 있다. 이 같은 사실은 템플대학교의 데이비드 키프니스 교수가 입증했다.

서던캘리포니아대학교USC의 너대니얼 패스트 교수는, 부하 직원들에게 막강한 권한을 휘두르는 상사들 중 일부는 점잖게 행동하지만 일부는 자기에게 주어진 권한을 이용해서 공격적으로 권력을 휘두른다는 사실을 발견했다.[8] 그렇다면 어떤 동료가 자기에게 권력이 주어졌을 때 악당 골목대장으로 돌변할지 알아낼 수 있는 방법은 없을까?

권력은 사람을 악당 골목대장으로 만든다. 적어도 그렇게 보인다. 그런데 몇몇 사람들의 경우에만 그렇다. 그렇다면 그 사람들은 어떤 사람일까? 너대니얼 패스트가 그 질문에 대한 답을 찾았다. 그가 찾아낸 이 답을 듣는 순간 어떤 조직에서든 조직에 몸담고 일을 해본 경험이 있는 사람이라면 등골이 서늘해질 것이다. 권력은 자기가 상사의 역할에 적합하지 않다고 느끼는 사람을 악당 골목대장으로 만든다. 이 사실은 '조직 안에서 일하는 모든 사람은 자신의 무능력 수준에 도달할 때까지 승진하려는 경향이 있다.'[9]라는 명제로, 위계를 갖춘 조직이 무능한 사람들로 채워질 수밖에 없는 이유를 명쾌하게 밝힌 저 유명한 '피터의 원리'와 일치한다. 권력에는 부하와 동료 그리고 상사로부터 철저하고도 비판적인 감시를 받아야 한다는 조건이 뒤따른다. 이런 권력이 어떤 사람에게는 더 나은 힘과 명석함을 주지만, 권력 수준이 상대적으로 낮은 지위에 있었더라면 오히려 일을 더 잘할 수 있었던 사람, 예를 들면 아베 신조 총리와 같은 사람에게는 스트레스를 준다.

아카데미상 수상이 자아에 안전 신호로 작용해서 수명을 연장해주는 것과 동일한 양상으로, 권력을 행사할 수 있는 지위에 대한 자신감과 능력이 부족한 사람은 자기 자아가 공개적으로 모욕을 당할지도 모른다는 위협을 느낀다. 누군가로부터 물리적으로 위협을 받을 때는 방어 차원에서 공격적으로 대응하는 것이 자연스러운 반응이다. 자신의 무능함이 대중에게 드러날지 모른다는 심리적 위협을 받을 때 자아 역시 마찬가지로 반응한다. 자아를 방어하기 위해서 공격적으로 반응하는 것은 상식적이고도 당연한 것이다.

그렇다면 누가 이런 공격성을 가장 쉽게 드러낼까? 당연히 반격할 힘을 적게 가진 부하 직원이다. 낮은 수준의 권력을 가진 상사 역시 자기 자아가 위협을 받는다고 느끼고 방어적인 차원에서 공격성을 나타내는 경향을 보인다. 그러나 상대적으로 부족한 권력 때문에 이들은 쉽게 그렇게 하지 못한다. 나쁜 상사 혹은 지도자는 전 세계적으로 수조 달러에 이르는 비용이 드는 파괴와 죽음의 재앙을 유발한다. 권력은 한 부서의 책임자에서부터 국가 지도자에 이르기까지 수많은 사람을 부패하게 만든다. 권력이 사람을 보다 우아하게 만드는 경우는 지극히 드물다. 권력을 가진다는 것은 지극히 많은 스트레스를 떠안는 일이다. 조직이 제대로 되어 있지 않은 기업이나 국가에서 권력을 가진 사람이 자기는 현재 자기의 직책에 적절하다고 느끼기란 어려운 일이다. 권력을 탐욕스럽게 갈망하는 당파들이 경쟁하는 무정부적인 국가, 투지에 넘치는 창업자가 있는 빠르게 성장하는 기업, 동기부여가 제대로 되지 않은 직원들만 있는 부서 등과 같이 엉성한 조직의 책임자는 필연적으로 자기가 무능하고 적절하지 못하다고 느끼게 된다.

이처럼 투지에 찬 남자들이 자기 자아에 강한 위협을 받는 경우(남자가 여자에 비해서 권력이 있는 지위를 더 즉각적으로 그리고 더 자주 추구한다.) 자기 부하들에게 공격성을 띠게 된다. 짐바브웨의 로버트 무가베와 같은 독재자들의 경우에 이 공격성은 수만 명의 목숨을 빼앗고 수백만 명을 굶주림으로 내몰 수 있다. 인지 부조화가 필연적으로 이들 뇌의 dACC를 작동시키고, 그러면 뇌는 카렌이 크리스에게 가졌던 것과 같은 종류의 경멸을 자기 부하들(그리고 국민들)에게 품게 함으로써 그 부조화를 바로잡으려고 한다. 만일 권력이 뇌에 미치는 효과가 인간의 성장 발달 과정을 심각하게 억제한다면, 또 인간이 생존을 위한 궁극적인 경주에서 승리하지 못하도록 발목을 잡고 늘어진다면, 우리는 이에 대해서 긴급한 조치를 내려야만 한다. 마지막 장의 마지막 절에서 나는 몇 가지 제안을 하고자 한다. 물론 이 제안은 지금까지 우리가 뇌와 권력을 탐색하며 함께해왔던 여정에서 도출된 것이다.

권력 감사

우리 가운데 많은 사람들은 자기 체질량 지수가 얼마인지, 콜레스트롤 수치가 얼마인지 그리고 혈압이 얼마인지 대충은 알고 있다. 또 자기 신체 상태로는 유산소 운동을 어느 정도로 하는 게 좋을지도 대충은 알고 있다. 자기 신체와 건강에 대해서 이처럼 집중적으로 관심을 기울이는 세대는 우리가 처음이다. 우리 세대가 부모 혹은 조부모 세대보다 더 오래 사는 이유 중 하나도 바로 여기에 있을 것이다.

그러나 과연 우리는 자기가 권력과 어떤 관계를 맺고 있는지 잘 알고 있을까? 직장에서 일을 하면서 혹은 다른 사람들과 인간관계를 맺으면서 우리가 권력을 과연 어느 정도로 휘두르는지 알고 있을까? 교사, 관리자, 사회복지사, 의사, 심리학자, 공무원, 경찰관, 교도관, 은행원, 증권 중개인, 부동산 중개인, 영업 사원 등 어떤 종류의 직업을 가지고 있든 간에, 자기가 가지고 있는 권력을 어떻게 행사하는지 그리고 그것이 우리에게 어떤 영향을 미치는지 과연 우리는 알고 있을까? 또, 다른 사람이 우리에게 행사하는 권력을 의식할까? 바로 이런 것들이야말로 지금의 우리에게는 매우 중요한 질문이다.

어떤 권력이라도 권력을 가지고 있는 사람은 이따금씩 스스로에게 다음 질문을 반드시 던져야 한다.

"나는 지금 권력에 도취되어 있는 게 아닐까?"

야망은 훌륭하고 좋은 것이다. 그러나 친구나 배우자에게, 당신이 그들에게 보이는 행동 양상이 어떤지 물어보기 바란다. 그 사람들은 당신의 권력 동기가 무엇이라고 생각하는가? 권력 동기는 우리 대부분이 의식하지 않는, 자기 개성의 뿌리 깊은 곳에 자리 잡고 있다. 그러므로 이것을 정확하게 알고 싶으면 자기와 함께 살거나 함께 일을 하는 사람에게 물어보아야 한다.

권력욕을 감독하고 검사하는, 즉 감사鑑査하는 일에는 자신의 이기적인 P 권력욕이 높은 수준의 이타적인 S 권력욕에 의해 균형을 잘 잡고 있는지 묻는 것도 당연히 포함시켜야 한다. 만일 권력욕이 이기적인 자아에 의해 주로 추동된다면, 이 사람은 불행해질 수 있다. 권력에 도취되고 중독되어 결국에는 권력 때문에 부패하고 마는 위험에 노출되기 때문이다. 권력은 가장 가깝고 소중한 인간관계를 깨트릴 수도 있으며, 술이나 마약과 관련된 문제를 포함한 수많은 함정에 우리를 빠트릴 수도 있다. 그리고 만일 자신이 상당한 권력을 행사할 수 있는 지위에 있지만 스스로 그 지위를 수행하는 데 적절하지 못하다고 느낄 때, 우리는 공격성을 드러낼 수도 있다. 심지어 자기보다 낮은 지위에 있는 사람들에게 고약한 골목대장질을 할 수도 있다.

지도자가 한 약속을 통제할 수단을 가지고 있는 사람은(민주주의 사회에서는 모든 사람이 이 같은 수단을 가지고 있다.) 나중에 지도자가 될 수도 있는 사람의 권력 심리에 관심을 더 많이 기울일 필요가 있다. 권력을 원하고 또 제대로 행사할 수 있는 지도자를 우리는 필요로 하지만, 이 지도자가 S 권력욕과 P 권력욕의 균형을 갖추길 또한 우리는 원한다. 아울러 우리는 그 지도자가 의식적이든 무의식적이든 '이러면 안 되지.'라는 생각을 수없이 많이 하도록 만들 필요가 있다. 정치 지도자들을 대상으로 세심하게 권력 감사를 해야 할 필요가 있을 뿐만 아니라, 나중에 다른 사람에게 권력을 행사할 수도 있는 사람들에게도 그러한 지위에 오르기 전에 권력 감사를 상세하게 할 필요가 있다.

한 가지 분명하게 인식해야 할 신호는 '내가' 혹은 '나는'이라는 말이다. 지도자 혹은 잠재적인 지도자가 하는 연설에서 이 단어가 얼마나 많이 구사되는지 알아야 한다. 앞에서 살펴봤듯이 권력은 자기중심주의를 강화하고 타인에 대한 동정심을 약화시킨다. 권력은 자신감을 높이지만, 다른 사람들에게 적용하는 규칙을 자기 자신에게는 적용하지 않아도 된다는 마음이 들게 함으로써 일관성을 무너뜨린다. 지도자에게서 살필 수 있는 또 하나의 경고 신호는 그 지도자의 권력욕이 그가 맡고 있는 지위의 평균 수준보다 상회할 때이다. 특히 '나'라는 자아 지향적인 P 권력욕이 '우리'라는 사회 지향적인 S 권력욕을 앞지르지 않는지 살펴봐야 한다.

다행스럽게도 이렇게 살펴볼 수 있는 도구들은 이미 나와 있다. 앞에서도 설명했듯이, 지도자가 했던 즉흥 연설이나 그가 썼던 글을 체계적으로 분석하는 방법이 있다. 이 방법 덕분에 우리는 지도자 내면의 권력욕을 거칠게나마 파악할 수 있다. 권력은 인간관계의 중심적인 요소라고 영국의 사회학자 버트런드 러셀이 일찍이 지적했다. 비록 우리는 누가 권력을 가지고 있다든가 누가 권력을 가지고 있지 않다든가 하는 식으로 권력에 대해서 많이 이야기하지만, 사람들이 권력을 지나치게 많이 가지고 있음으로써 혹은 지나치게 적게 가지고 있음으로써 얼마나 많이 병이 드는지는 이야기하지 않는다. 권력은 사람들의 생각과 토론에서 자주 등장하는 주제가 되어야 한다. 건강에 대한 이야기만큼이나 많이 화제에 올라야 한다. 이것이 인간의 심리적 발달의 현 단계에서 우리가 해야 할 과제이다.

그리고 또 물론 각자 개인적인 인간관계 속에서 권력이 어떻게 행사되는지 살펴봐야 한다. 특히 자녀와의 관계 속에서 그래야 한다. 어린이는 제한과 통제를 좋아하고 또 필요로 한다. 자유방임주의로 양육했다가는 이 아이가 나중에 성장해서 자신감 부족이나 심리적 고통 혹은 불확실성으로 힘들어할 수 있다. 그러나 자녀에게 부모가 휘두르는 지나친 통제와 권력은 부모 자신을 잘못되게 만들 뿐만 아니라, 어린 시절 부모가 휘두르는 권력 앞에 무력감을 느꼈던 아이들이 분노의 감정과 왜곡된 통제 의식에 사로잡히게 됨으로써 장차 아이들까지 잘못되게 만들 수 있다. 부모 그리고 남편 혹은 아내는 인간관계 속에서 자기가 휘두르는 권력을 스스로 감독하고 조사해서 권력을 남용하는 게 아닌지 되돌아볼 필요가 있다.

권력을 가진 사람은 누구나 다 권력이 유발하는 사고의 왜곡 현상이 자기에게 일어나지 않는지 감독하고 조사해야 한다. 높은 수준의 권력이라는 지위를 이용하면 협상을 유리하게 이끌어낼 수 있다. 그러나 권력을 가진 사람의 오만 때문에 협상 자체가 어그러질 수도 있음을 명심해야 한다.

그리고 어떤 일을 진행할 때 권력을 가진 사람의 시점에서 일방적으로 마감 기한을 정했던 경우가 얼마나 많은지도 생각해봐라. 영국 켄터베리 대학교의 두 교수 마리오 와익과 애나 귀노트는 권력을 가진 사람은 목표 달성에 걸리는 시간을 지나치게 낙관적으로 바라본다는 사실을 입증했다.[10] 권력은 사람의 관심을 오로지 달성해야 할 목표에만 집중하도록 만드는데, 어떤 것에 관심을 집중하면 그것이 실제보다 더 가깝게 느껴지기 때문이다. 그래서 권력은 사람을 정신적으로 강하게 만들어줄 수 있긴 하지만, 자기 자아와 권력의 관계를 제대로 감독하고 조사하기만 해도 얼마든지 피할 수 있는 여러 문제들을 야기할 수도 있다.

민주주의와 인적 자원

'민주주의democracy'라는 단어는 그리스어인 '데모스demos(사람)'와 '크라티아kratia(권력)'에서 나왔다. 민주주의는 고대 그리스 시민이, 적어도 노예나 여자가 아닌 시민들 가운데서 가장 귀중하고 또 유력한 인적 자원, 즉 권력을 보다 공평하게 분배하기 위해서 발명한 천재적인 발명품이다.

예전에 독재 치하에서 신음하던 나라에서 자유선거가 실시되면, 가난한 사람들이 새벽부터 투표소에 나와 길게 줄을 서서 자기 차례를 기다린다. 이 사람들은 자유선거가 의미하는 권력 분점의 혜택을 누릴 기회를 놓치지 않으려고 날씨가 아무리 더워도 아랑곳하지 않고 차례를 기다린다. 민주주의와 교육 그리고 부富는 손을 잡고 나란히 걸어간다. 그리고 권한, 즉 **권력의 부여**가 이들 셋의 상호관계에서 핵심적인 요소가 아닐까 싶다.

내가 저서『마음을 조각하다Mind Sculpture』에서 설명했듯이[11] 교육은 뇌를 물리적으로 구축하고 지성을 높여준다. 그리고 또 교육은 건강과 장수에 결정적으로 기여한다. 어째서 이 같은 일이 가능할까? 교육은 어떤 한 사람을 인류 문화의 관계망 속으로, 축적된 인류 사상(민주주의, 자유, 권력, 책임, 의무 등)의 역사 속으로 밀어 넣고 그것의 한 부분이 되게 만든다. 이 추상적인 생각들은 셈하기와 읽기, 쓰기와 같은 일상생활 속의 실용적인 협상 기술과 마찬가지로 엄청난 힘을 발휘한다. 이 생각들이 가질 수 있는 힘을 조금이라도 의심한다면, 칼 마르크스가 런던의 영국국립도서관에서 여러 해에 걸쳐서 썼던 난해하고 모호한『자본론Das Kapital』이 한 세기 동안 세상을 어떻게 바꾸었으며 또 수십억 명의 삶을 얼마나 극적으로 결정짓고 수천만 명의 사람을 또 얼마나 극적으로 죽음으로 몰아넣었는지 생각하면 된다. 이것이 권력의 힘이 아니라면 무엇을 권력의 힘이라고 할 수 있겠는가?

교육을 받은 사람이 그렇지 않은 사람보다 오래 산다고 나는 주장하는데, 여러 가지 이유가 있겠지만 그 가운데 하나는 그 사람들이 교육 덕분에 사상의 제국으로부터 권력을 부여받았다는 점이다. 이렇게 부여된 권력은 그 사람들의 뇌를 내가 이 책에서 줄곧 설명했던 방식으로 바꾸어놓는다. 즉, 그 사람들을 보다 똑똑하게 만들고, 주도적으로 창의성을 발휘하게 만들며, 목표에 정신을 집중하게 만들고, 보다 행복하고 자신감이 넘치게 만든다. 권력은 또한 사람이 보다 추상적인 방식으로 생각하게 만든다. 3장에서 우리는 라드바우드대학교의 파멜라 스미스와 그의 동료들이 권력은 사람을 정신적으로 보다 예리하게 만든다는 사실을 확인했다. 이 연구진은 또한 누군가에게 사소한 어떤 권력을 휘둘렀던 일을 생각하는 것만으로도 보다 추상적으로 그리고 심지어 보다 창의적으로 생각하게 된다는 사실도 입증했다.[12] 그렇다면 이러한 사실의 역도 성립할 것이다. 즉, 교육이 정신적인 지평을 확장해준 덕분에 사람은 추상적으로 생각할 수 있는데, 이때 이 사람은 자기가 보다 많은 권력을 가졌다고 느낄 수 있다는 말이다.

2011년 초에 북아프리카와 중동에서 분 시민혁명의 불길은 교육을 통한 권력 부여와 '데모스(사람)'를 위한 '크라티아(권력)'에의 열망 사이의 상관성을 강력하게 증명한다. 교육을 잘 받았으며, 또 인터넷을 통해서 자기들이 연결되어 있다고 생각하는 사상에 목마른 청년들은 독재 정권이 휘두르는 숨 막히는 권력을 전복시키기 위해 노력할 권력이 자기들에게 부여되었다고 느꼈다. 한편 독재 정권의 진영에 있는 사람들 대부분은 과도한 권력 때문에 뇌에 손상을 입어서 정신적으로 병이 들었고 또 무능했다.

전 세계를 놓고 볼 때 민주 정부가 권력의 유일한 원천은 아니다. 전혀 그렇지 않다. 전 세계 수억 명이나 되는 사람을 피폐하게 만들었던 2008년의 금융 위기는 금융업 종사자들의 뇌에 발생한 유독한 '승자 효과'가 원인이었다. 점점 늘어나는 수익이라는 '성공', 즉 테스토스테론을 연료로 삼은 '성공' 때문에 이 사람들의 뇌는 뒤죽박죽되어버렸다. 그래서 이 사람들의 판단력은 흐려졌으며, 한때 이 사람들이 소중하게 간직했던 도덕적 지침도 훼손되고 망가져버렸다.

돈은 권력이다. 그러므로 극단적인 부富는 무소불위의 권력이 유발할 수 있는 것과 동일한 종류의 뇌 손상을 유발할 수 있다. 돈에 초점을 맞추고 살아가는 사람들은 불행해지고, 이 불행은 보다 많은 돈을 구하는 것으로써 불행에 맞서려는 싸움을 벌이게 만든다. 이 사실을 녹스칼리지의 팀 캐서와 그의 동료들이 입증했다.[13]

시티오브런던에서 주식 중개인으로 일했던 한 친구에게서 들은 이야기인데, 어마어마한 규모의 연간 보너스가 그 젊은 사람들을 오로지 돈과 보너스 규모에만 온 신경을 집중하고 거기에 매달리게 만들었다고 했다. 자기가 보기에 그 청년들은 돈과 보너스 외의 다른 이야기는 거의 하지 않는 것 같더라고 했다. 마약 중독으로 판단력이 망가지듯이 돈에 지나치게 초점을 맞출 때도 도덕성은 망가지고 사람은 비참한 존재로 전락한다는 사실을 두 사람은 증명했다.

인간의 뇌는 얼마든지 유연히 바뀔 수 있다

윌리엄 티머시 고워스는 케임브리지대학교의 수학자인데, 그는 캘리포니아대학교의 테렌스 타오와 함께 이른바 '폴리매스Polymath('박식한 사람'이라는 뜻)'라는 프로젝트를 시작했다. 가장 뛰어난 수학적 발견을 일반 대중이 해낼 수 있도록 하는 프로젝트였다.[14] 수학계의 노벨상으로 일컬어지는 필즈상을 수상한 이 두 사람은 인터넷에 토론 광장을 개설해서 수학의 여러 난제들을 수학적 재능이 있는 사람들에게 공개함으로써 일종의 '슈퍼브레인super-brain'을 만들었는데, 이것이 그 어려운 수학 문제들에 대한 보다 빠르고 정확한 하나의 해법을 이끌어내는 데 기여한다는 사실을 카네기멜론대학교의 연구자들이 입증했다.

국제적인 차원의 슈퍼브레인은 이 포럼에 자주 기고를 하는 고워스와 타오와 같은 노벨상 수상자 수준의 학자에서부터, 애리조나 주에서 고등학교 수학 교사로 일하며 비록 높은 차원의 수학적 논쟁에는 참여하지 못해도 포럼에 제시된 문제들 중 하나의 해법에 의미 있는 기여를 한 제이슨 다이어처럼 상대적으로 낮은 수준의 수학적 능력을 가진 사람들까지 모두 포괄했다.

이것은 '우리'를 지향하는 방향성과 권력과 지위의 '민주적인' 분배가 많은 사람들의 뇌를 하나로 연결해서 슈퍼컴퓨터처럼 기능하게 함으로써 인류가 직면한 가장 긴급한 문제들을 해결하는 데 실질적인 기여를 할 수 있음을 생생하게 증명한 사례이다. 한 사람의 뇌만 하더라도 지금까지 알려진 우주에서 가장 복잡한 실체이다. 그러므로 이러한 뇌 60억 개가 하나로 연결될 경우 인류의 삶을 근본적으로 바꾸어놓을 수 있을 것이라는 추정은 전혀 엉뚱한 발상이 아니다.

창의성과 민첩함으로서 경쟁에서 이기고 살아남고자 하는 조직이나 기업에도 이 논리를 똑같이 적용할 수 있다. 만일 어떤 기업이 전체 직원의 연산 능력을 종합해서 하나로 연결해 슈퍼브레인 시스템을 만들어낼 수만 있다면, 이 기업은 결코 망하지 않을 것이다. 그러나 이렇게 되려면 권력 부여가 필요하다. 그리고 또 각 개인의 성공을 가로막는 모든 장애물(내가 1장과 2장 그리고 3장에서 설명했던 장애물)에 대한 이해도 필요하다. 이 책의 핵심적인 결론은, 당신이 어떤 사람인가 하는 규정은 당신의 가정생활과 사회생활 그리고 직장생활이라는 전체의 맥락 속에서 파악되는 어떤 실체이다.

맥락은 인생의 초기 단계일수록 더 큰 영향력을 행사한다. 그리고 젊은 뇌는 상대적으로 보다 유연하기 때문에 그 맥락의 일부는 발달 과정에서 이미 뇌의 시냅스(신경의 접합부) 속에 각인될 수 있다. 그러나 아무리 노력해도 어차피 되지 않을 것이라며 우리가 어떤 성취를 이루어내는 걸 방해하는 유전자적 숙명주의의 저주가 있듯이, 이와 비슷한 이른바 '유아기 숙명주의'의 저주가 있다. 유아기 숙명주의는 사람들로 하여금 유아기의 경험은 지워지지 않는다는 가정을 하게 함으로써 사람들을 무기력하게 만든다. 물론 극단적인 경우에 사람들은 그렇게 될 수도 있다. 그러나 반드시 알아야 할 사실이 있다. 인간의 뇌는 **평생 동안** 얼마든지 유연하게 바뀔 수 있다는 점이다. 이 사실을 나는 『마음을 조각하다』에서도 이미 밝힌 바 있다.

맥락의 핵심적인 부분은 당신에게 주어진 역할이다. 예를 들어 많은 사람들이 큰 책임이 요구되는 지위로 승진했을 때 자기에게 새롭게 주어진 과제를 수행하기 위해서 '떨쳐 일어나며', 그 결과 아프리카의 시클리드 물고기처럼 육체적으로 또 정신적으로 변화한다. 당신의 동료나 가족 혹은 부하 직원들도 지금까지는 기회가 주어지지 않아서 발휘하지 못한 어마어마한 잠재력을 가지고 있을 수 있다.

세계적인 슈퍼브레인에게 닥친 손실들 가운데 가장 큰 손실 하나는, 앞서 2장에서 보았던 것처럼 부정적인 고정관념 때문에 기억력이 나빠져버린 늙은 사람들에게 권력을 부여하지 않고 이들을 배제하는 데서 비롯된다. 독재자나 언론의 거물들과 같은 경우에는 예외이지만, 사람이 늙어감에 따라서 권력과 관심을 추구하는 자아의 욕구는 누그러진다. 테스토스테론 수치가 떨어지면서 P 권력욕도 함께 줄어들기 때문이다. 그러나 여기에 대한 보상 차원에서 S 권력욕 동기는 늘어난다. 강한 자아는 개별적인 개인이 서로 연결되는 슈퍼브레인에 커다란 문제로 작용한다. 강한 자아를 가진 사람들은 민주적인 정보 흐름을 방해하기 때문이다. 늙은 사람들은 자기를 슈퍼브레인에 연결함으로써 권력을 부여받을 수 있다. 그리고 우리는 늙은 사람들에게 이러한 권한을 부여함으로써, 즉 그들의 뇌에 영양을 공급해서 그들의 테스토스테론과 도파민 수치를 높여줌으로써 그들을 개별적으로 보다 똑똑하게 만들 수 있을 것이다.

집단의 힘

어떤 개인이 다수의 일원으로 존재할 때 이 개인에게는 권력이 부여된다. 그리고 이 다수의 집단은 소수의 집단에 대해서 카렌이 크리스에게 품었던 것과 동일한 종류의 경멸을 품을 수 있다. 이 상황은 물론 다수 집단이 소수 집단을 나쁘게 대하는 상황으로 이어질 수 있다. 그리고 이 같은 일이 실제로 일어나면 다수 집단 구성원들에게서는 dACC가 부조화를 축소하는 뇌 회로가 작동한다. 그러면 이 사람들은 경멸을 증폭하고 또 소수 집단에 대한 경멸적 태도를 더욱 날카롭게 나타냄으로써 자기 행동을 합리화한다.

하지만 이런 종류의 신경 심리적 현상은 다수 집단에서만 일어나는 게 아니다. 다수 집단에 속함으로써 권력을 가지고 있다고 느끼게 된 사람들을 수백만 명씩 동원하는 일은 상대적으로 쉽다. 히틀러가 실제로 그렇게 했다. 그러나 집단 학살과 같은 일을 자행하도록 하려면 단지 다수 집단에 속한다는 조건만 가지고는 부족하다. 권력을 쥐고 있으면서 자기가 그 권좌에 적절한 인물이 아니라고 생각하는 사람은 보다 쉽게 공격적으로 바뀐다. 제1차 세계대전이 끝난 뒤 프랑스를 비롯한 연합국이 패전국 독일에 가한 굴욕적인 조건들 때문에 1920년대의 독일 국민의 자아는 심각한 상처를 입었다. 한때 강력한 권력을 행사했던 유럽의 이 거대한 산업 국가는 가난과 굶주림으로 더 큰 모욕을 당했으며, 또 그런 자신의 처지가 적절하지 않다고 느꼈다.

그래서 독일 국민의 허약한 자아와 권력에 침식된 뇌는 어떤 권력을 가질 수 있기를 갈망했다. 그리고 소수 집단인 유대인에게 행사할 수 있는 변변찮은 권력은, 히틀러에 의해 정성스럽게 다루어져 마침내 커다란 불길을 일으킬 수 있는 작은 불씨로 작용했다. 히틀러는 여러 가지 방식으로 이 작업을 했지만, 그 가운데 가장 핵심적인 것은 악당 골목대장질이라는 고전적인 수법이었다. 수백만 명의 중립적인 사람들이 유대인 희생자들에게 아주 작은 부정적인 행동을 하도록 술책을 부린 것이다. 그런데 최초의 이 작은 행동이 인지 부조화의 악순환 고리 속으로 독일 국민을 몰아넣었고, 그들의 dACC는 그 사악한 행동들을 합리화해서 마침내 독일 국민은 유대인은 없어져야 할 인종이라는 결론에까지 이르게 된 것이다. 이렇게 해서, '유대인이 정말 나쁜 족속이 아니라면 어째서 나처럼 선한 사람이 이런 행동을 그들에게 하겠는가?'라는 생각이 독일 국민의 마음속에 자리를 잡았다.

히틀러는 가게 주인, 공무원, 경찰관 등과 같은 평범한 독일 국민으로 하여금 유대인에 대해서 처음에는 아주 불편함을 가지게 만드는 법률을 통과시킴으로써 이 모든 과정에 불을 붙였다. 그리고 독일 국민의 아주 작은 첫 행동이 개시되면서 곧 수천만 명의 뇌를 조작하는 일이 시작되었다. 이렇게 해서 독일 국민은 이웃에 사는 유대인이나 가게에 물건을 사러 온 유대인에게 자기가 하는 악행을 합리화했고, 결국 유대인은 나쁜 인종이며 비극적인 운명을 맞아 마땅하다는 생각에 온전하게 물들었다. 이 과정이 일단 시작되자 히틀러는 유대인을 점점 더 부정적으로 대하도록 만드는 법률들을 추가로 제정했고, 이 과정은 결국 유대인 대학살로까지 이어졌다. 이것 역시 스스로 파멸의 씨를 뿌린 '승리'의 도착적인 한 행태였다.

이와 비슷한 일은 보스니아, 르완다, 다르푸르 등지에서도 일어났다. 그러나 이런 것들을 놓고, 인간에게 유전자적으로 각인되어 있는 생물학적이고 원초적인 여러 거부할 수 없는 충동, 모든 인간의 마음에 내재되어 있는 사악한 충동의 피할 수 없는 징후라고만 할 수는 없다. 정부가 의지만 있다면 외집단(규범·가치·습관·태도 등이 자기와 공통성이 없는 타인들로 이루어진 집단-옮긴이)을 대하는 국민의 태도를 올바르게 형성하도록 여러 정책들을 시행할 수 있다. 그리고 이렇게 해서 나타나는 변화는 dACC와 인지 부조화를 통해서 수백만 국민의 뇌를 다시 바꾸어놓을 테고, 나아가 더럽고 해를 끼치는 나쁜 집단으로 낙인이 찍힌 집단을 긍정적이고 호의적으로 바라보는 감정이 나타날 것이다. 그리고 만약 정부가 편견에 사로잡힌 집단으로 하여금 희생자 집단을 위해 사소하지만 긍정적인 어떤 일을 스스로 하게 하는 정책이나 상황을 만들어낼 수만 있다면, 인지 부조화는 그 다수 집단의 구성원들로 하여금 '내가 저 사람들을 위해서 이런 일까지 하고 있는 걸 보면 저 사람들은 좋은 사람들임에 틀림없다.'라는 생각을 하게 만들어줄 것이다.

무엇이 진정한 승자를 만드는가?

'나'는 아카데미상을 수상한다 하더라도 불멸의 존재가 될 수 없는 외로운 동물이다. 타락한 지도자가 가진 자아의 취약성은 수백만 명의 가난과 굶주림 그리고 학살 뒤에 숨어 있다. 자기 자아에만 초점을 맞추고 있는 지도자(혹은 상사, 사장)는 다른 사람의 인생을 비참하게 만들 수 있다. 사람들이 대부분 이따금씩 느끼는 '이기고자 하는' 이 강한 충동은 다름 아닌 '나'를 위한 목숨을 건 투쟁의 한 부분이다. 그러나 '나'는 다른 사람들과 맺고 있는 인간관계를 떠나서는 존재하지 않는다. 그래서 사람들이 저마다 '나'가 이기기 위한 투쟁에 몰두할 때, 영원히 끝날 수 없는 경주가 펼쳐진다. 왜냐하면 '나'는 키메라(사자의 머리와 염소의 몸통에 뱀의 꼬리를 단 그리스 신화 속 괴물 - 옮긴이)의 한 부분이기 때문이다. 강렬한 자아의식이 추구하는 P 권력욕에 강렬하게 사로잡힌 사람들이 결코 채워질 수 없는 권력에 대한 욕구를 점점 더 키워가는 이유도 바로 여기에 있다. 이 P 권력욕을 중화시켜서 균형을 잡게 해줄 강력한 S 권력욕이 있을 때만 우리는 권력에 대한 건강한 심리적 관계를 형성할 수 있다. 또한 그럴 때만 우리는 권력 행사에 따른 마약 중독의 효과에서 벗어날 수 있다. 이것이 바로 고약한 뒷맛을 맛보지 않아도 되는 진정한 승리이다.

그러나 화살은 이미 시위를 떠난 뒤다. 서구의 개인주의 문화는 뛰어난 개인들을 자극해서 위대한 과학적 업적을 쌓게 했다. 그래서 서양 문화권에서는 '나'는 총체적인 정체성 속에 한 부분으로 존재하는 사회적인 동물이라는 인식이 보다 일반적인 동양 문화권[15]에 비해서 노벨상 수상자도 훨씬 많이 나왔다. 앞서 2장에서 우리는, 이 외로운 '나'는 자기가 가진 개인적인 힘을 신이 내려준 선물이라고 함으로써(혹은 이 '병'이 보다 심각하게 발전한 경우 자기가 바로 신이라고 칭함으로써) 권력이 행사하는 효과를 합리화한다는 사실을 확인했다. 종교는 반드시 오만이나 오만이 빚어내는 효과를 차단하는 방어벽이 되지 못하며, 때로는 오히려 권력 중독을 증폭하는 기능을 하기도 한다. 그러나 종교적이고 윤리적인 제도 대부분은 권력에 중독된 승자의 권력 강화를 제한하는 장치를 갖추고 있다.

그렇다면 무엇이 진정한 승자를 만들까? 진정한 승자는 권력의 편익(예를 들면 테스토스테론을 연료로 삼는 충동, 똑똑함, 창조성, 목표 집중성 등)을 즐긴다. 또한 다른 사람들이 필요로 하며 가지길 원하는 여러 자원들을 나누어줌으로써 다른 사람들에게 영향력을 행사하는 걸 즐긴다. 진정한 승자는 영향력을 행사할 수 있는 상황 자체를 즐기며, 자기가 거둔 성공이 유전자적으로 보장된 것이라거나 어떠한 불변의 특성 덕분이라는 믿음을 가짐으로써 스스로 정신적인 불구자가 되는 길을 가지도 않는다. 이러한 믿음이 성공의 가장 큰 장애물임을 잘 알기 때문이다.

환경과 조건은 승자를 결정하는 데 상당한 정도로 작용한다. 사람은 대부분 자기에게 주어진 도전에 선뜻 응함으로써 승자의 길에 한 걸음 다가설 수 있다. 또한 권한과 영향력을 행사할 수 있는 지위에 놓일 때 우리는 그렇지 않을 때보다 훨씬 더 잘할 수 있다. 그러나 때로 우리는 자기 자신 및 다른 사람들의 뇌에 들어 있는 무의식적인 편견과 고정관념 때문에 그러한 환경에서 이득을 얻으려 하지 않는다. 지도자는 반드시 권력에 대한 욕구를 가져야 한다. 만일 이 욕구가 없다면 그 지도자가 받는 스트레스는 이만저만 크지 않을 것이다. 그러나 권력에 대한 이 갈망은 자아를 지속하기 위한 것(P 권력욕)뿐만 아니라 꼭 그만큼 다른 사람들의 이득을 위한 것(S 권력욕)이어야 한다. 권력에 굶주린 국가 지도자는 그렇지 않은 지도자보다 전쟁을 일으키는 경향이 더 높다. 그러므로 우리는 그 지도자가 어떤 유형의 권력욕을 가지고 있는지 주의 깊게 판단해야 한다. 진정한 승자는 자아 지향인 P 권력욕만큼이나 사회 지향적인 S 권력욕을 많이 추구한다.

  승자는 삶을 스스로 통제한다고 느낀다. 그리고 이 통제감은 승자를 스트레스로부터 막아주며, 그가 보다 나은 성공을 거두고 보다 오래 살며 또 보다 행복해지게 해준다. 그러나 진정한 승자는 자신의 자아가 아무리 대단하다 하더라도 위험하기 짝이 없는 사나운 개라는 사실을 충분히 인식한다. 권력이라는 무거운 짐을 지고 이것을 잘 사용하는 사람은 언제나 그 개를 멀찍이 떼어놓고 있으며, 또한 자기 자신을 넘어서서 사회적인 원칙에 대한 충실성이라는 목줄을 이 개에게 단단히 채워둔다. '나'를 길들이는 것이야말로 인류가 성공하는 데 해결해야 하는 가장 큰 과제가 아닐까 싶다.

| 책을 마치며 |

　　　　　　　　　　많은 저자들은 자기가 쓴 책이 세상의 미래에다 대고 말을 한다는 착각에 빠진다. 나도 이런 우쭐하는 착각에 빠지고자 한다. 이 세상은 온갖 환경적·사회적·군사적 문제와 관련된 심각한 과제에 힘겹게 직면해 있다. 인터넷 덕분에 보다 넓은 세상에서 서로 연결되어 있는 청년들은 정치·경제적으로 극심한 불평등을 너그럽게 받아들이는 상황이 더는 지속될 수 없음을 보여주고 있다. 인구는 세계가 감당할 수 있는 물과 음식 그리고 에너지 공급 수준을 넘어서서 급증하고 있고, 대량살상 무기의 양은 늘어나고 있으며, 아울러 기후 온난화의 위협은 점점 더 거세지고 있다. 이 상황에서 인류는 이제 매우 심각한 어떤 조치들을 반드시 취해야만 한다.
　이 여러 과제들을 해결하는 과정에서 가장 커다란 장애물은, 의사 결정을 내리고 정책을 입안할 사람들의 뇌에 권력이 미치는 위험한 효과를 제어하는 일이 무척이나 어렵다는 사실이 아닐까 싶다. 전 세계에서 소수의 국가들만이 민주주의 체제를 가지고 있는데, 이들 국가는 지금까지 책임성과 관련된 제도를 정교하게 발전시켜왔다. 선거, 사법부의 독립, 언론 자유 등이 그런 것들이다. 이 제도의 기본적인 기능은 권력을 쥐고 있는 사람들이 권력에 도취된 나머지 뇌에 손상을 입지 않도록 막는 것이다.

전 세계는 지금 지구온난화 문제를 함께 인식하고 대처하는 데 너무 꾸물거리고 있다. 어쩌면 이미 늦었을지도 모른다. 그러나 다행히도 비화석 연료, 이산화탄소 포집과 저장(지구온난화의 원인 물질인 대량의 이산화탄소가 대기로 배출되기 전에 고농도로 모은 뒤 압축해서 저장하는 것 - 옮긴이) 그리고 탄소 거래제 등과 같은 움직임도 적지 않게 진행되고 있다. 우리에게 지금 필요한 것은 권력이 인간의 뇌에 미치는 영향을 인식하고 대처하기 위해 국제적 노력을 기울이는 작업이다.

다른 사람들의 뇌를 조작해서 그들을 조종하는 속임수 기술을 배우면 승리를 쉽게 얻어낼 수 있다. 인간의 뇌는 왼손이 하는 일을 오른손이 종종 모르기도 하는 거대한 다국적기업과 비슷하다. 그래서 사람은 규모와 복잡성을 이용하는 속임수 기술을 이용하면 다른 사람에 대한 지배력, 즉 권력을 얻을 수 있다. 자기 가족을 지배하는 것 역시 쉬울 수 있다. 물리적인 체벌이나 집에서 쫓아버리겠다는 위협이나 정서적인 학대에 이르는 온갖 행동 통제기법들을 적용하면 된다. 굳이 세련된 기법이 아니라도 상관없다. 가정에서 통제권을 놓고 필연적으로 벌어질 수밖에 없는 싸움에서 당신은 얼마든지 '승자'가 될 수 있다.

직장에서 위계질서에 잘 적응한 약삭빠른 사람은, 아부나 경쟁자 헐뜯기 혹은 부하 직원 괴롭히기 등과 같은 낡은 수법뿐만 아니라, 영향력 행사와 관련된 속임수 기술을 이용해서 미끄러운 사다리를 타고서도 위로 잘 올라갈 수 있다. 만일 이 직원의 상사들이 S 권력욕보다는 P 권력욕의 동기에 의해 권력을 갈망하는 사람들이라면, 이기적인 마음에 빠져서 자기 부하 직원들이 부리는 이런저런 술책을 자신의 이해관계에 따라서 보고도 못 본 척할 것이며 또한 부하 직원들이 하는 아부의 말을 액면 그대로 받아들일 것이다. 이런 식으로 해서 그들은 약삭빠른 직원들의 속임수에 굴복하고 또 그 직원들이 이기적인 야망을 펼칠 수 있도록 길을 터줄 것이다.

정신적이거나 육체적인 상처를 입은 사람을 돌보는 책임을 떠안고 있는 간호사도 자기의 영향력 아래에 있는 환자들을 대상으로 해서 그들의 생명을 볼모로 삼아 절대적인 권력을 휘두르는 걸 즐길 수도 있다. 이렇게 간호사는 자기만의 작은 성채에서 강력한 권력을 행사하는 권력자이자 승자로 군림한다. 우리는 지금 권력이 사람의 뇌에 미치는 효과가 어떤 것인지 잘 안다. 엉뚱한 사람에게 권력이 주어졌을 때 그 사람은 그 권력 때문에 자기가 대하는 사람들을 하나의 인격체가 아닌 사물로 대하게 된다는 사실도 잘 안다. 권력에 도취된 간호사가 환자를 대하는 행동은 점점 나빠지지만, 간호사의 뇌에서 일관성을 추구하는 부분은 이 행동을 합리화하고, 그에 따라서 간호사는 환자를 바라보며 경멸과 혐오의 감정을 더욱 키워나간다.

학생에게 어떤 가르침을 주고 또 그들의 성적을 매김으로써 그들이 상급 학교에 진학하는 데 영향력을 행사하는 교사 역시 학생을 지배하는 권력자가 될 수 있으며, 상대적으로 약한 지위일 수밖에 없는 환자를 상대로 하는 의사도 마찬가지로 권력에 심취해서 환자를 학대할 수 있다. 누군가를 체포할 권한을 가지고 있는 경찰관이나 재소자를 감방에 넣고 자물쇠를 채울 권한이 있는 교도관 역시 권력자로 군림하며 자기에게 주어진 권한을 무자비한 권력으로 휘두를 수 있다. 제복을 입은 이 사람들이 나쁜 목적으로 승리에 대한 사악한 욕심을 가질 때, 이 사람들의 뇌는 자기가 가지고 있는 권력 때문에 손상되어 뒤죽박죽인 상태가 될 수 있다.

카렌은 크리스와 벌인 싸움에서 승자였지만 승자라는 그 지위 때문에 오히려 불행했다. 데이비드 키프니스와 그의 동료들이 실험 하나를 했다.[1] 다른 사람에게 영향력을 행사하는 다양한 기법들(예를 들어서 천식 예방 제품을 팔러 우리 집에 찾아왔던 영업 사원이 내 정신의 현관문을 열고 들어오는 데 사용했던, 상대방에게서 '네.'라는 대답을 이끌어내는 기법)을 사용해서 그 사람들을 조종하는 방법을 피실험자들에게 보여주었을 때, 이 피실험자들은 어쩐지 기분이 나빠졌다고 대답했다. 이 현상은 권력의 또 다른 중요한 원천인 돈을 좇는 사람들에게 일어나는 현상과 일치한다. 어떤 사람이 돈과 물질에 집중하면 할수록 그 사람이 느끼는 행복감은 줄어드는 경향이 있다.[2] 권력은 마약과도 같다. 마약이 비록 짧은 시간 동안에는 사람을 행복하게 해줄 수 있을지 몰라도 장기적으로 보면 사람을 비참하게 만든다는 사실을 우리는 잘 안다. 그렇다면 우리는 이 무서운 마약을 없애버리려고 노력해야 하는 것 아닌가? 권력은 정말로 이 세상에서 사악함의 위험한 원천일 수밖에 없을까?

그렇다. 두말할 필요도 없다. 그러나 권력은 또한 선함의 거대한 원천이기도 하다. 그래서 이 경우에 우리는 그 권력을 좋은 것이라고 말하고 또 리더십이라는 단어로 표현한다. 윈스턴 처칠과 프랭클린 루스벨트의 리더십이 없었더라면 나는 지금 어쩌면 '위대한 독일 제국'의 충성스런 파시스트 시민이 되어 있을지도 모르고 또 내 아이들은 '히틀러 청년단' 제복을 입고 있을지도 모를 일이다. 마틴 루터 킹은 백만 명의 지지자를 거리로 불러내는 권력을 가졌으며, 브라질의 룰라 다 실바 대통령은 브라질을 경제 신흥 강국으로 만들었다. 이 사람들은 수없이 많은 사람들의 이익을 위해서 권력을 가졌고 또 그렇게 사용했다.

그렇게나 멋지기도 하고 또 그렇게나 파괴적이기도 한 이 권력이라는 마약을 우리는 과연 어떻게 해야 할까? 자기 자아에게만 단기적인 환희를 가져다주는 게 아니라 우리 모두에게 이익이 되는 적절한 승리를 거둘 승자를 우리는 어떻게 만들어낼 수 있을까? 무가베와 같은 사람들이 국민을 굶어죽이고 학살하는 권력에 대한 게걸스러운 탐욕을 갖지 못하게 하려면 어떻게 해야 할까? 권력과 탐욕에 중독된 월 스트리트의 금융인들이 반드시 폭락할 수밖에 없는 위태롭기 짝이 없는 주식을 아무것도 모르는 순진한 고객들에게 팔면서 다른 한쪽에서는 이 주식이 폭락하는 쪽에 자기 돈을 걸어 시세 차익을 노리는 일이 일어나지 않도록 하려면 어떻게 해야 할까?

엔론의 수수께끼가 이 문제들에 명백한 답을 제시했다. 보다 많은 권력을 보다 많은 여성에게 부여하면 부패의 가능성은 그만큼 줄어든다는 말이다. 앞서 5장에서 살펴봤듯이 평균적으로 여자는 남자보다 S 권력욕의 수준이 높다. 그렇다면 권력을 남자가 아닌 여자에게 부여하는 게 보다 안전할까?

그럴 수도 있다. 그러나 이스라엘의 바르-일란대학교의 쉬라 케쉬트Shira Keshet 교수와 그녀의 동료들은 여자도 자기에게 권력이 주어지면 남자와 똑같이 행동하기 시작한다는 사실을 발견했다.[3] 영국 총리로 포클랜드 전쟁을 이끈 마거릿 대처나 국제 정치계에서 맨 처음 '철의 여인'으로 불렸던 이스라엘 총리 골다 메이어와 같은 여성 지도자들의 사례가 이 주장을 뒷받침한다. 심지어 20세기 이전에도 러시아의 예카테리나 여제나 영국의 엘리자베스 1세가 엄청난 권력을 휘둘렀으며, 8세기 비잔틴 제국의 지배자였던 이레네 여제는 오로지 환관만이 자기 신하가 될 수 있다고 명령했으며 자기 아들조차도 반역의 죄를 물어 장님으로 만들었다.[4]

나치 독일, 캄보디아, 스탈린 치하의 소련, 세르비아계 보스니아 등지의 수용소 교도관들이 보여준 행동은 인간의 뇌 속에서 양육된 피할 수 없는 생물학적인 잔인성 충동이 구현된 것이 아니다. 그것은 각 수용소의 소장이나 직원들에게 아무런 법적인 규제 없이 수용자들을 전적으로 처분할 수 있는 권력이 주어졌을 때 그리고 일정한 수준의 품위를 유지하는 리더십이 존재하지 않을 때 나타난 행동이다. 이 인물들은 자기에게 무제한의 권력이 주어지면 거의 예외 없이 자기가 감독하는 사람들을 인격체가 아닌 사물로 바라보기 시작하며, 그들 뇌 속에 있는 합리화 회로는 자기가 저지르는 잔인성을 합리화하기 위해서 희생자를 향한 경멸을 한껏 증폭시킨다. 그들의 뇌는 권력에 의해 뒤죽박죽인 상태가 되어 균형감을 상실하고, 그들의 행동은 다른 때라면 도저히 상상할 수 없는 수준으로까지 추악해진다. 그들은 시클리드 물고기처럼, 비록 통찰력을 발휘하고 자기반성을 할 역량이 어느 정도 남아 있긴 하지만, 그 새로운 환경 때문에 완전히 바뀌어버린다.

대규모로 진행되는 상상도 할 수 없는 잔인한 행위는 마치 전기 스위치를 조작하는 것처럼 쉽게 껐다 켰다 할 수 있다. 1994년에 일어난 르완다 학살은 라디오를 통해서 대학살 명령을 내린 소수의 정치 지도자들이 계획하고 지휘했다. 이때 수만 명의 후투족 사람들이 수십만 명의 투치족 이웃을 끔찍하게 학살했다. 그 이전 몇 달에 걸친 악선동을 통해서 이 학살은 차근차근 준비되었고, 마침내 그 끔찍한 일은 일어나고 말았다. 그런데 투치족 사람들을 칼로 난도질한 후투족 사람들은 이런 짓을 하도록 유전자적으로 프로그래밍되어 있지 않았다. 사실은 정치 지도자들이 정치적인 목적을 위해서 개발한 영향력 행사 관련 여러 기술들을 통해서 프로그래밍되었다. 그리고 그 기술들은 그다지 세련되지도 않았다. 어느 일요일 아침에 천식 예방 제품을 팔려고 우리 집을 찾아왔던 영업 사원이 구사하던 기술보다 특별히 더 정교하거나 낫지도 않았다.

인간은 T 시클로드 물고기와 달라서 바뀐 환경뿐만 아니라 사상(생각)에 의해서도 근본적으로 바뀔 수 있다. 그렇기 때문에 대중매체를 장악한 사람은 정치인만큼이나 강력한 권력을 가진다. 실비오 베를루스코니가 이탈리아에서 막강한 권력을 휘두르는 것은 언론 매체와 정부 둘 다 장악했기 때문이다. 영국의 미디어 황제 루퍼트 머독은 자기가 가진 미디어의 힘을 이용해서 특정 정당을 지지하거나 반대함으로써 정권을 세울 수도 있고 무너뜨릴 수도 있다. 토니 블레어가 1997년 선거 유세 때 정신없이 바쁜 일정을 소화하던 와중이었음에도 불구하고 머독으로부터 노동당 지지를 이끌어내기 위한 단 하나의 목적 때문에 그를 만나러 오스트레일리아까지 날아갔던 일은 유명한 일화로 남아 있다.

민주적인 정치인들은 자신의 권력욕을 여러모로 감시하고 억제한다. 이것이 바로 민주주의의 모든 것이기 때문이다. 그러나 미디어 귀족들은 어마어마한 권력을 휘두르면서도 전혀 그렇게 하지 않는다. 이들은 선거로 뽑힌 사람들도 아니고 공무원도 아니다. 법률적인 제한도 거의 받지 않는다. 주주를 제외하고는 그 누구에게도 재무적인 책임을 지지 않는다. 이 무소불위의 권력이 이 사람들의 뇌에 손상을 입히고, 이들 가운데 많은 사람들이 타락과 부패의 길을 걸어가고 만다. 비민주적인 정치인들의 뇌는 자기가 휘두르는 총체적인 권력에 의해서 한층 더 망가진다. 독재 권력을 휘두르는 정치인은 미디어 귀족들이 가지고 있지 않은 무기, 감옥, 경찰 그리고 중앙은행을 가지고 있기 때문이다. 독재자들은 권력 남용 때문에 뇌의 화학물질 제어가 정상적으로 이루어지지 못함으로써 정신적으로 병이 든다. 이것이 수억 명이나 되는 사람들에게 미치는 결과는 끔찍할 뿐이다. 권력이 사람의 뇌에 미치는 효과가 지구온난화만큼이나 위험한 이유도 바로 여기에 있다.

정부나 기업의 조직을 놓고 '우리가 원하는 것은 관대한 독재자이다.'라고 하는 말을 우리는 얼마나 자주 듣는지 모른다. 그러나 불행하게도, 이 책을 통해서 살펴보았듯이 관대한 독재자라는 건 존재하지 않는다. 아무리 낮은 차원의 권력이라 하더라도 규제받지 않는 권력은 이 권력을 휘두르는 독재자의 정상적인 뇌 기능을 망가뜨려서 부패하게 만들고, 나아가 권력을 남용하게 만든다. 국가라는 가장 높은 수준의 조직에서부터 병원, 기숙사, 학급, 공장, 사무실에 이르는 낮은 수준의 조직에 이르기까지, 좋은 정치의 조건은 단 하나이다. 그것은 인간의 뇌가 권력 때문에 손상되지 않도록 보호하는 것이다.

지도자에게는 반드시 권력이 주어져야 한다. 그러나 지도자는 권력을 사용할 때 규제를 받는다는 느낌을 받아야 하며 또 책임을 져야 한다. 지도자도 어느 정도 범위까지는 다른 사람이나 제도에 의해서 제한을 받아야 한다. 예를 들어서 대부분의 민주적인 국가에서는 경찰관이 피의자를 심문할 때 반드시 심문 내용을 녹음하도록 되어 있는데, 이 같은 장치로 경찰관이 피의자에게 휘두르는 권력이 정해진 범위를 넘어서지 못하도록 규제한다. 의사 역시 동료나 상급자에게 감시를 받을 필요가 있다. 그래야만 이들이 환자에게 휘두르는 권력에 도취되는 일을 막을 수 있다. 다른 사람에게 행사하는 권력을 가지고 있는 사람이면 누구나 그 권력 행사 방식에 대해서 책임을 져야 한다. 이것이 바로 좋은 정치, 좋은 관리이다.

국제형사재판소는 권력이 인간의 뇌에 미치는 효과 때문에 야기되는 여러 문제들을 다루기 위한 인류의 노력이 거둔 커다란 성취이다. 2011년 2월에 리비아의 독재자 무아마르 카다피를 국제형사재판소에 회부한 일이나 2009년 3월에 수단의 오마르 알 바시르 대통령을 다르푸르에서 자행된 민간인 학살이라는 전쟁범죄 혐의로 체포 영장을 발부한 일은 모두 민주주의가 도입된 뒤로 권력과 인간의 뇌가 관련된 문제를 다루고자 하는 중요한 시도들 가운데 하나다.

이러한 조치가 필요한 이유는, 제한받지 않는 권력을 지나치게 많이 가진 지도자가 자기 행동이 문제가 있다는 사실을 결코 깨닫지 못하기 때문이다. 이들은 마약 중독자와 마찬가지로 처음에는 그저 약간의 통찰력 부족에 시달리지만 나중에 가서는 자신의 삶은 말할 것도 없고 수많은 사람들을 비참한 상태로 몰아넣는다.

그러나 모든 종류의 중독 상담자라면 잘 아는 사실이지만, 문제를 구체적으로 기술하지 않으면 아무것도 바뀌지 않는다. 어떤 문제를 글로 써서 나타내는 것은 그 문제를 올바르게 이해하는 출발점이 된다. 이 책의 목적은 권력의 문제를 구체적인 언어로 구체적으로 기술해서 드러내는 것이다. 이 책에서 다루는 권력은 국가 정치가 이루어지는 대통령 집무실이나 의원 회관 혹은 수십 수백억 달러가 오가는 금융기관에서 행해지는 권력뿐만 아니라 어떤 관리자의 집무실과 한 가정의 식탁에서 행해지는 권력까지 모두 포괄한다. 국가 지도자, 기업의 지도자, 배우자 그리고 부모에게서 나타나는 권력에 따른 질병(혹은 이 질병의 악화 가능성)을 진단하는 일은 사람들이 건강 문제를 화제로 삼을 때처럼 그렇게 자주 그리고 자연스럽게 사람들의 입에 오르내려야 한다. 권력이 무엇이고 권력이 어떤 일을 하는지 잘 알 때만 실제로 권력을 가지고 있는 사람들을 보다 정확하게 통찰할 수 있다. 권력을 가진 사람은 잘못된 권력이 자신을 병들게 한다는 사실을 직시할 필요가 있다.

| 감사의 말 |

나의 대리인인 샐리 할러웨이의 창의성과 격려가 없었더라면 이 책은 세상에 빛을 보지 못했을 것이다. 옥스퍼드에 있는 펠리시티 브라이언 어소시에이츠 소속인 할러웨이는 책 내용에서 장 및 절의 제목을 뽑아주었으며 내가 말하고자 하는 것이 무엇인지 나 자신이 분명하게 알도록 일깨워주었다. 여러 해 동안 나에게 커다란 도움과 판단을 주었던 펠리시티 브라이언도 할러웨이 못지않게 고마웠다. 아울러 펠리시티 브라이언 어소시에이츠의 마이클 톱엄과 재키 헤드에게도 고맙다는 인사를 빼놓을 수 없다. 자기가 가진 기술과 열정을 다해서 이 책의 탄생을 도운 뉴욕 잉크웰 매니지먼트의 리처드 파인에게도 고맙다는 말을 전한다. 집필 초기 단계에서 개념을 잡을 때 많은 시간을 할애해서 함께 해주었던 피터 탈랙에게도 고마운 마음을 전한다.

블룸즈버리 출판사의 빌 스웬슨은 격려와 편집상의 여러 기술을 아낌없이 베풀었다. 닉 험프리와 런던 블룸즈버리의 멋진 팀에도 많은 빚을

졌다. 편집 작업 과정에서 부지런하고도 명석한 도움을 주었으며 관대한 격려를 아끼지 않았던 세인트 마틴 프레스의 피터 조셉에게도 무척 고맙다는 인사를 전한다.

많은 친구들 및 동료들이 초고를 읽으면서 도움을 주었다. 월요일 밤이면 테니스를 함께 치는 친구들이 내 형편없는 테니스 솜씨를 너그럽게 봐주며 가르침을 주듯이 그렇게 유용한 도움말을 주었다. 이모 오도허티, 톰 쉽시 그리고 에드윈 앨런, 고맙다. 원고를 읽은 뒤에 매우 유익한 피드백을 해준 트리니티칼리지의 셰인 오마라, 리처드 피에히, 레드먼드 오코넬, 조시 발스터스, 제인 오흘마이어 그리고 댄 브래들리도 모두 고맙다. 그리고 위스콘신대학교의 매튜 폭스예거도 고맙다. 또한 원고를 세심하게 읽고 나름대로 관점을 제시해준 보비, 필립 그리고 페이친 맥도너에게도 고마운 도움을 받았음을 밝힌다.

나는 인지 신경과학자이지 사회심리학자가 아니다. 그런데 이 책은 고도로 창의적이고 훌륭한 사회심리학자들 및 인지심리학자들의 저작물에서 많은 인용을 했다. 그분들에게 경의를 표시하고자 한다. 스탠퍼드대학교의 대처 켈트너, 데버러 그루엔펠드, 캐럴 드웩 그리고 너대니얼 패스트, 노스웨스턴대학교의 애덤 갈린스키, 틸버그대학교의 요리스 라메르스, 예일대학교의 존 바그, 엘랑겐대학교의 올리버 슐타이스, 플로리다주립대학교의 로이 바우마이스터, 캘리포니아대학교 샌디에이고 캠퍼스의 파멜라 스미스, 유니버시티칼리지런던의 애나 기노트, 미시간대학교의 리처드 니스벳과 데이비드 윈터, 그리고 그 밖의 여러 사람들이 바로 그분들이다. 이 책에서 인용을 했지만 이 자리에 일일이 거명을 하지 못한 많은 분들에게 양해를 구한다. 아울러 멋진 집필 환경을 제공해준 트리니티칼리지의 동료 교수들에게도 고맙다는 말을 전한다.

또한 지오프리 앤드루스와 웬드 앤드루스 및 스티브 오래힐리의 우정에도 감사한다. 우리는 2011년 7월 31일에 고인이 된 스티브의 아내 수지 오크스를 애정과 고마움으로 오래 기억할 것이다.

그리고 나의 형 짐은 영원한 청춘의 영감을 주는 존재이다. 고마워, 형.

마지막으로 지금까지 여러 해 동안 나를 참아주고 또 정신에 대해서 많은 것을 가르쳐준 피오나에게 사랑과 고마움을 전한다. 그리고 언제나 시원한 샘물 같고 사랑스러운 우리의 아이들인 디어드리와 루에이리 그리고 나이얼, '멈추지 마라, 결코 포기하지 마라.'라는 말이 무슨 뜻인지 너희들이 완벽하게 깨달을 날이 올 것이다.

| 옮긴이의 말 |

성공과 권력의 함정

'말 타면 경마 잡히고 싶다.'는 말이 있다. 사람의 욕심은 끝이 없다는 말이다. 권력을 향한 욕심이 특히 그렇다. 평범한 사람들이 보기에는 웬만하면 그만 멈추고 유유자적해도 된다는 생각이 들 만큼 충분히 많은 권력을 가지고 있고 또 그 권력을 충분히 많이 누린 사람들임에도 불구하고, 높은 자리에 있는 그 사람들은 좀처럼 그런 생각이 들지 않는 모양이다. 그래서 권력의 정점을 향한 걸음과 투쟁을 멈추지 않는다. 갈 데까지 간다. 그리고 끝내 끝장을 보고 만다. 거기가 지옥이든 천국이든······.

그런데 거기가 천국이면 다행이지만 만일 지옥이라면?

히틀러는 갈 데까지 가다 보니 결국 제2차 세계대전의 짧은 기간 동안만 유대인, 집시, 러시아인 등 약 천만 명 이상을 죽였고(이 가운데 약 육백만 명이 유대인이었다.) 자신은 자살로 생을 마감했다. 중동의 독재자들도 갈 데까지 가다 보니 국가 지도자로서의 사명감은 아집과 편견이 되고 결국 잔인한 압제와 테러를 거쳐 종착지는 감옥 아니면 처형대임을 깨달았다. 하지만 그들은 '진작 그만둘걸.'이라는 생각을 마지막까지도 할 수 없었다. 권력 중독으로 인해 그들의 뇌는 이미 화학적으로 바뀌어 있었기 때문이다. 그래서 그들은 역진 방지 장치가 장착된 톱니바퀴처럼 계속 앞으로 나아갔고, 결국 수많은 사람들에게 가난과 슬픔과 공포와 죽음을 안기고 자신 또한 비참한 최후를 맞았다.

권력 때문에 빚어지는 이 비극적인 상황은 국가적이고 세계적인 차원에서만 일어나는 게 아니라 가정, 직장, 학교, 병원 등 일상적인 공간에서도 늘 일어나며 평범한 사람을 괴물로 만든다. 처음에는 죽고 못 살 정도로 서로 사랑했던 사람이 (물리적·정서적 차원에서) 폭력적인 배우자가 되어 가정을 비참한 굴종의 현장으로 만들기도 하고, 다른 장소에서 만나면 더할 나위 없이 훌륭한 사람임에도 직장에서는 무자비한 권력을 휘두르며 부하 직원을 들들 볶아 말라죽게 만드는 악독한 상사가 되어 보람차야 할 일터를 지옥으로 만든다.

무엇이 이 사람들을 이렇게 만들었을까? 왜 이런 일이 인류의 역사 그리고 일상적인 인간사에서 끊임없이 반복될까? 어떻게 하면 이 같은 비극적인 일이 일어나지 않도록 할 수 있을까?

> 무엇이 승자를 만들고 또 권력이 어떻게 우리에게 영향을 미치는가 하는 질문들에 대한 해답은 인류 전체의 미래에 중요할 뿐만 아니라 개개인의 삶에서도 중요하다. 이것은 윤리적인 차원의 쟁점이나 이론적인 차원의 쟁점이 아니라, 개인의 자아와 이 자아가 맞닥뜨린 환경 사이에서 벌어지는 상호작용의 물리적인 산물이다. 권력과 성공의 이 물리적인 근원들을 올바르게 인식할 때 우리는 권력이 우리에게 미치는 영향과 우리 주변의 권력을 보다 잘 통제할 수 있을 것이다.(서문 중에서)

이 책은 권력의 속성을 다룬다. 보다 정확하게 말하면, 권력의 속성을 파헤쳐서 성공의 비밀을 캐낸다. 아울러 성공과 권력이 때로 손을 잡고 나란히 가기도 하고 때로 등을 돌린 채 반대 방향으로 가기도 하는 복잡한 관계 혹은 상황 속에서 사람의 운명이 어떻게 바뀔 수 있는지, 그리고 그 이유가 무엇인지, 그래서 어떻게 하면 진정한 성공을 거둘 수 있는지, 심리학 및 뇌 과학 분야에서 그동안 진행되었던 수많은 실험 사례들을 동원해서 때로는 논문처럼 자세하게, 때로는 이야기꾼처럼 흥미진진하게, 또 때로는 유쾌한 대중강연자처럼 재미있게 조곤조곤 설명한다.

참고로 책의 내용을 간략하게 요약하면 다음과 같다.

작은 성공을 거두어본 사람일수록 더 큰 성공을 거둘 가능성이 높다. 많이 이겨본 사람이 잘 이기며 성공도 성공을 해본 사람이 한다. 그런데 이 성공은 타고난 운명에 따라 결정되는 게 아니다. 사람의 지능지수도 환경과 의지에 따라서 바뀐다. 환경에 따라서 승자가 결정된다. 환경이 사람의 뇌를 성공에 유리하도록 강화하기도 하고 불리하도록 약화시키기도 한다. 그런데 성공의 지표인 권력은 권력을 가진 사람의 뇌의 화학적인 상태를 바꾸고, 그 사람이 다른 사람을 대하는 태도, 나아가 인생관·세계관까지 바꾸어놓는다. 그래서 권력에 도취되어 중독 상태에까지 이른 사람은 (마치 마약 중독자가 그렇듯이) 그렇지 않은 사람과 전혀 다른 눈으로 세상을 바라보며 권력을 휘두르고, 그 바람에 세상에는 온갖 불화가 끊이지 않는다. 그런데 진화 과정에서 형성된 생존 본능에서 비롯된 권력욕은 자아 중심적인 이기적인 권력욕과 사회 중심적인 이타적인 권력욕으로 구분이 되는데, 전자가 사회를 전쟁과 공포 속으로 몰아가는 데 비해서 후자는 사회를 건강하게 만든다.(여기에서 '사회'란 가정과 직장과 국가를 모두 아우른다.)

그래서 결론적으로 저자는 이렇게 말한다.

진정한 승자는 자신의 자아가 아무리 대단하다 하더라도 위험하기 짝이 없는 사나운 개라는 사실을 충분히 인식한다. 권력이라는 무거운 짐을 지고 이것을 잘 사용하는 사람은 언제나 그 개를 멀찍이 떼어놓고 있으며, 또한 자기 자신을 넘어서서 사회적인 원칙에 대한 충실성이라는 목줄을 이 개에게 단단히 채워둔다.(본문 중에서)

자, 그렇다면 당신은 당신의 자아가 얼마나 위험하고 사나운 개인 줄 알고 있는가? 당신은 이 개를 멀찍이 떼어놓고 있는가? 이 개에 사회적인 원칙에 대한 충실성이라는 목줄을 단단히 채워두고 있는가? 그렇지 않다면 당신은 권력자로 성공할 수는 있겠지만, 당신이 가정·직장·국가에 유익한 존재가 되지는 못할 것이다.

대중적인 뇌 과학 혹은 심리학 교양서인 이 책을 진지하게 읽는 사람이라면 저자가 제시하는 보다 근본적이고 철학적인 질문에 맞닥뜨릴 수도 있다.

"나 혼자 잘 먹고 잘 사는 '자아 중심적인' 권력자가 될 것인가, 아니면 사회가 함께 잘 되길 바라는 '사회 중심적인' 권력자가 될 것인가?"

선택은 물론 독자에게 달려 있다. 행운을 빈다.

| 주 |

서문

1. http://www.forbes.com/lists/2008/18/biz_2000global08_ The-Global-2000_Assets.html
2. *The Times*, London, 22 March 2009.
3. *The Times*, London, 20 January 2009.
4. *Daily Telegraph*, London, 1 February 2010.
5. *New York Daily News*, 13 February 2011.
6. *New York Times*, 25 February 2011.
7. http://www.forbes.com/wealth/power-women/list
8. *New York Times* 21 May 2009.
9. Jessica Shambora, CNN Money, 22 May 2009 http://postcards.

1장 피카소 아들의 미스터리

1. Marina Picasso, *Picasso: My Grandfather*, London, Chatto and Windus, 2001, p.9.
2. Marina Picasso, *Picasso: My Grandfather*, London, Chatto and Windus, 2001, p.11.
3. Gladwell, Malcolm, *Blink: The Power of Thinking Without Thinking*, New York, Little, Brown and Company, 2005, p.86.
4. Bennedsen, M., et al., *The Quarterly Journal of Economics*, 122 (2007), pp.647–691.
5. Luthar, S., and D'Avanzano, K., *Development and Psychopathology*, 11(1999), pp.845–867; Buss, D.M., *American Psychologist*, 55 (2000), pp.15–23.
6. Way N., Stauber, H.Y., Nakkula, M.J., and London, P., 'Depression and substance use in two divergent high school cultures: A quantitative and qualitative analysis', *Journal of Youth and*

Adolescence, 23 (1994), pp.331–357.
7. Luthar, S.S., and Becker, B.E., *Child Development*, 73 (2002), pp.1593–1610.
8. Linder, S., *The Harried Leisure Class*, New York, Columbia University Press, 1970.
9. *New York Times*, 28 April 1996, interview by Michael Kimmelman with Pablo Picasso's wife Francoise Gilot and his surviving children Claude, Paloma and Maya.
10. Helen Langdon, *Caravaggio: A Life*, London, Pimlico, 1999, p.382.
11. Andrew Graham-Dixon, *Caravaggio: A Life Sacred and Profane*, London: Allen Lane, 2010, p.420.
12. *The Times*, London, 12 November 1973.
13. *The Times*, London, 17 December 1973.
14. Getty, J.P., *As I See It: The Autobiography of J. Paul Getty*, Los Angeles, Getty Publications, 2003, p.335; see also: http://blogs.forbes.com/robertlenzner/2011/01/22/plutocracy-the-rich-elite-and-their-duty/
15. Interview with Maura Egan, *New York Times*, 23 September 2001.
16. Interview with Maura Egan, *New York Times*, 23 September 2001.
17. *New York Times*, 7 February 2011.
18. Ray, J.J., *Australian Psychologist*, 14 (1979), pp.337–344.
19. Mizuno, K., et al., *NeuroImage*, 42 (2008), pp.369–378.
20. Maehr, M.L., in Ames, R.E., and Ames, C., *Research on Motivation in Education*, New York, Academic Press, 1984, pp.115–144.
21. Fliessbach, K., et al., *Science*, 318 (2007), pp.1305–1308.
22. Miner, J.B., et al., *Journal of Applied Psychology*, 74 (1989), pp.554–560.
23. Ray, J.J., and Singh, S., *The Journal of Social Psychology*, 112 (1980), pp.11–17.
24. *Sunday Times*, London, 2 July 2006.
25. http://givingpledge.org/
26. McClelland, D.C., *The Achieving Society*, New York, Irvington Publishers, 1961, p.356.
27. O'Doherty, F., *Irish Medical News*, 27 September 2010, p.44.
28. Crandall, V.C., Katkovsky, W., and Crandall, V. J., *Child Development*, 36(1965), pp.91–109.
29. Diener, C., and Dweck, C., *Journal of Personality and Social Psychology*, 36(1978), pp.451–462.
30. Diener, C., and Dweck, C., *Journal of Personality and Social Psychology*, 39(1980), pp.940–952.
31. Blackwell, L., et al., *Child Development*, 78 (2007), pp.246–263.
32. Covington, M., *Annual Review of Psychology*, 51 (2000), pp.171–200.
33. Mangels, J., et al., *Social Cognitive and Affective Neuroscience*, 1 (2006), pp.75–86.

34. Duckworth, A.L., *Journal of Personality and Social Psychology*, 92 (2007), pp.1087–1101.
35. Bennett, D.A., et al., *Lancet Neurology*, 5 (2006), pp.406–12.
36. Dweck, C.S., and Leggett, E.L., *Psychological Review*, 95 (1988), pp.256–273.
37. Ericsson, K.A., et al., *Psychological Review* 100 (1993), pp.363–406.

2장 변신 물고기의 미스터리

1. Cashdan, E., *Aggressive Behavior*, 29 (2003), pp.107–115.
2. Bernhardt, P.C., et al., *Physiology and Behavior*, 65 (1998), pp.59–62.
3. *Independent*, London, 25 September 1995.
4. William McIlvanney, *Sunday Times*, London, 24 December 1995.
5. Landau, H.G., *Bulletin of Mathematical Biophysics*, 13 (1951), pp.1–19.
6. Landau, H.G., *Bulletin of Mathematical Biophysics*, 13 (1951), pp.245–262.
7. McDonald, N. W., Heimstra, A. L., and Damkot, D. K., 'Social modi-O cation of agonistic behaviour in O sh', *Animal Behaviour*, 16 (1968), pp.437–441.
8. Mazur, Allan, Booth, Alan, and Dabbs, James M. Jr., 'Testosterone and Chess Competition', *Social Psychology Quarterly*, 55 (1992), pp.70–77.
9. Robins, L.N., Davis, D.H., and Nurco, D.N., 'How permanent was Vietnam drug addiction?', *American Journal of Public Health Supplement*, 64(1974), pp.38–43.
10. Siegel, S., et al., *Science*, 216 (1982), pp.436–437.
11. Hill, R.A., and Barton, R.A., 'Red enhances human performance in contests: Signals biologically attributed to red colouration in males may operate in
the arena of combat sports', *Nature*, 435 (2005), p.293.
12. Bellizzi, Joseph A., and Hite, Robert E., 'Environmental colour, consumer feelings, and purchase likelihood', *Psychology and Marketing*, 9 (1992), pp.347–363.
13. Pryke, S., 'Is red an innate or learned signal of aggression and intimidation?', *Animal Behaviour*, 78 (2009), pp.393–398.
14. Khan, S.A., et al., *Psychological Science*, 22 (2011), pp.1001–1003.
15. http://www.maltavista.net/en/list/photo/1527.html
16. Neave, Nick, and Wolfson, Sandy, 'Testosterone, territoriality, and the "home advantage", *Physiology and Behavior*, 78 (2003), pp.269–275.
17. Pollard, R., 'Worldwide regional variations in home advantage in association football', *Journal of Sports Sciences*, 24 (2006), pp.231–240.
18. Brown, Graham, and Baer, Markus, 'Location in negotiation: Is there a home O eld advan-

tage?', *Organizational Behaviour and Human Decision Processes*, 2011, pp.114, 190–200.
19. MayO eld, J., MayO eld, M., Martin, D., and Herbig, P., 'How location impacts international business negotiations', *Review of Business*, 19 (1998), pp.21–24.
20. Schubert, ' omas W., and Koole, Sander L., " e Embodied Self: Making a Fist Enhances Men's Power-related Self-conceptions', *Journal of Experimental Social Psychology*, 45 (2009), pp.828–834.
21. *Guardian*, London, 30 November 2010.
22. Carney, D.R., et al., *Psychological Science*, 21 (2010), p.1363.
23. http://money.cnn.com/magazines/fortune/fortune500/2009/womenceos/
24. Plant, E. Ashby, et al., "The Obama Effect: Decreasing Implicit Prejudice and Stereotyping', *Journal of Experimental Social Psychology*, 45 (2009), pp.961–964.
25. Rudman, Laurie A. Greenwald, Anthony G., and McGhee, Debbie E., 'Implicit Self-Concept and Evaluative Implicit Gender Stereotypes: Self and Ingroup Share Desirable Traits', *Personality and Social Psychology Bulletin*, 27(2001), pp.1164–1167.
26. Phelps, Elizabeth A., O'Connor, Kevin J., Cunningham, William A.,Funayama, E. Sumie, Gatenby, J. Christopher, Gore, John. C., and Banji, Mahzarin R., 'Performance on indirect measures of race evaluation predicts amygdala activation', *Journal of Cognitive Neuroscience*, 12 (2000), pp.729–738.
27. *Miami Herald*, Wednesday, 12 August 2010.
28. *Journal of Personality and Social Psychology*, 2 (1965), pp.53–59.
29. Kiefer, A.K., and Sekaquaptewa, D., 'Implicit stereotypes and women's math performance: How implicit gender-math stereotypes ina uence women's susceptibility to stereotype threat', *Journal of Experimental Social Psychology*, 43 (2007), pp.825–832.
30. Bargh, J., et al., *Journal of Personality and Social Psychology*, 71 (1996), pp.230–244.
31. Hess, 'Thomas M., Hinson, Joey T., and Statham, Jill A., 'Explicit and Implicit Stereotype Activation EP ects on Memory: Do Age and Awareness Moderate the Impact of Priming?', *Psychology and Aging*, 19 (2004), pp.495–505.
32. Hess, ' omas M., Auman, Corinne, Colcombe, Stanley J., and Rahhal, Tamara A. " e Impact of Stereotype 'Threat on Age DiP erences in Memory Performance', *Journal of Gerontology: Psychological Sciences*, 58B (2003), pp.3–11.

3장 토니 블레어의 미스터리

1. Halberstam, D., *War in a Time of Peace: Bush, Clinton and the Generals*, London, Bloomsbury,

2002, p.423.
2. *New York Times*, 25 October 1993.
3. Mould, R.F., *Chernobyl Record: The De7 nitive History of the Chernobyl Catastrophe*, London, Taylor and Francis, 2000; *see also*: http://www.worldnuclear.org/info/chernobyl/inf07.html
4. Rosen, S., and Tesser, A., *Sociometry*, 33 (1970), pp.253–263.
5. Hofstede, G., *Culture's Consequences*, 2nd edn. London, Sage, 2001, p.79.
6. Hofstede, G., *Culture's Consequences*, 2nd edn. London, Sage, 2001, p.502.
7. Hofstede, G., *Culture's Consequences*, 2nd edn. London, Sage, 2001, p.500.
8. Powell, J., *The New Machiavelli: How to Wield Power in the Modern World*, London, Bodley Head, 2010, pp.6, 60.
9. *Guardian*, London, 2 February 2010.
10. Clarke, A., *Barbarossa: The Russian-German Con8 ict 1941–45*, New York, William Morrow and Company, 1965.
11. Galinsky, A.D., et al., *Psychological Science*, 17 (2006), pp.1068–1074.
12. Fast, N.J., et al., *Psychological Science* 20 (2009), pp.502–508.
13. Hermann, M.G., in Post, J.M. (ed.), *The Psychological Assessment of Political Leaders*, Ann Arbor, University of Michigan Press, 2005, p.315.
14. Dyson, S.B., *Foreign Policy Analysis*, 2 (2006), pp.289–306.
15. Campbell, A., *The Blair Years: Extracts - om the Alastair Campbell Diaries*, London, Random House, 2007, p.567.
16. Powell, Jonathon, *Great Hatred, Little Room: Making Peace in Northern Ireland*, London, 'The Bodley Head, 2008, p.10.
17. Woodward, Bob, *Washington Post*, Wednesday, 21 April 2004, p.A01; http://www.washingtonpost.com/wp-dyn/articles/A28710-2004Apr20.html
18. Smith, P.K., et al., *Psychological Science*, 19 (2008), pp.441–447.
19. Guinote, A., *Journal of Experimental Social Psychology*, 43 (2007), pp.685–697.
20. Mullins, C., Kirley, A., Gill, M., and Robertson, I.H, *Biological Psychiatry*,60 (2006), pp.1039–1045; Greene, C.M., Bellgrove, M.A., Gill, M., and Robertson, I.H., *Neuropsychologia*, 47 (2009), pp.591–594.
21. Winter, D.G., *The Power Motive*, New York, Free Press, 1973.
22. Hermann, M.G., in Post, J.M. (ed.), *The Psychological Assessment of Political Leaders*, Ann Arbor, University of Michigan Press, 2005.
23. Wirth, M.M., et al., *Hormones and Behaviour*, 49 (2006), pp.346–352.
24. Schultheiss, O.C., et al., *Social Cognitive and A4 ective Neuroscience*, 3 (2008), pp.333–343.
25. Schultheiss, O.C., *Journal of Research in Personality*, 37 (2003), pp.224–230.
26. http://www.forbes.com/proO le/dominique-strauss-kahn/

27. http://www.nytimes.com/2011/05/17/world/europe/17fund.html?_r=1
28. http://www.guardian.co.uk/world/2010/apr/29/vladimir-putin-polar-beararctic; http://www.guardian.co.uk/news/blog/2008/sep/01/russia
29. http://www.forbes.com/proO le/angela-merkel/

4장 아카데미상의 미스터리

1. Associated Press report by Bob 'Thomas, April 2008, archived in http://web.archive.org/web/20080409211126/http://ap.google.com/article/ALeqM5hIhnqF6LygGpQ54CQdntp6c74tTwD8VSHEV81
2. 'The original observation about the Oscars eP ect was made in Redelmeier, D.A., and Singh, S.M., *Annals of Internal Medicine*, 134 (2001), pp.955–962 ' e statistical method was criticised later in Sylvestre, M.P., et al., *Annals of Internal Medicine*, 145 (2006), pp.361–363, but these criticismswere successfully addressed in a further reanalysis by the original authors in Redelemeier, D.A., and Singh, S.M., *Annals of Internal Medicine*, 145(2006), p.392.
3. Rablen, M.D., and Oswald, A.J., *Journal of Health Economics* 27 (2008), pp.1462–1471.
4. Smith, G.D., et al., *British Medical Journal*, 305 (1992), pp.1554–1557.
5. Rablen, M.D., and Oswald, A.J., *Journal of Health Economics* 27 (2008), pp.1462–1471.
6. Christopher Meyer, *DC Con7 dential*, Weidenfeld & Nicolson, London, 2005.
7. http://www.dtic.mil/cgi-bin/GetTRDoc?AD=ADA058122&Location=U2&doc=GetTRDoc.pdf
8. Sapolsky, R.M., *Science*, 308 (2005), pp.648–665.
9. Zink, C.F., et al., *Neuron*, 58 (2008), pp.273–283.
10. Sapolsky, R.M., *Science*, 308 (2005), pp.648–665.
11. Marmot, M.G., et al., The *Lancet*, 337 (1991), pp.1387–1393.
12. The *Times*, London, 30 May 2006.
13. Moore, L.T., et al., *American Journal of Human Genetics*, 78 (2006), pp.334–338.
14. Marmot, M.G., et al., The *Lancet*, 337 (1991), pp.1387–1393.
15. Seligman, M.E.P., *Annual Review of Medicine*, 23 (1972), pp.407–412.
16. http://www.dtic.mil/cgi-bin/GetTRDoc?Location=U2&doc=GetTRDoc.pdf&AD=ADA058122
17. Collins, B.E., *Journal of Personality and Social Psychology*, 29 (1974), pp.381–391.
18. Pruessner, J.C., et al., *NeuroImage*, 28 (2005), pp.815–826.
19. Baumeister, R.F., *Journal of Personality and Social Psychology*, 52 (1987), pp.163–176.

20. Han, S., et al., *Social Neuroscience*, 3 (2007), pp.1–15.
21. Dickerson, Sally S., and Kemeny, Margaret E., *Psychological Bulletin*, 130(2004), pp.355–391.
22. Cole, S., et al., *Journal of Personality and Social Psychology*, 72 (1997), pp.320–336.
23. Dickerson, S., et al., *Journal of Personality*, 72 (2004), pp.1191–1216.
24. Levi, P., *If This Is a Man*, London, Penguin Modern Classics, 1979, p.85.
25. Pollak, D.D., et al., *Neuron*, 60 (2008), pp.149–161.

5장 전용 제트기를 타는 CEO들의 미스터리

1. http://abcnews.go.com/Blotter/WallStreet/story?id=6285739&page=1
2. http://www.msnbc.msn.com/id/28015687/ns/business-autos/t/gm-ceo-heading-capitol-way-malibu/
3. *New York Times*, 2 November 2008.
4. *BusinessWeek*, 15 May 2000; http://www.businessweek.com/2000/00_20/b3681075.htm
5. Enron Corporation Annual Report 2000; http://picker.uchicago.edu/Enron/EnronAnnualReport2000.pdf
6. Tippmann-Peikert, M., et al., *Neurology*, 68 (2007), pp.301–303.
7. Dodd, M. Leann, et al., *Archives of Neurology*, 62 (2005), pp.1377–1381.
8. Franken, I.H.A., *Progress in Neuro-Psychopharmacology and Biological Psychiatry*, 27 (2003), pp.563–579.
9. *New York Times*, 18 January 2011; *Daily Telegraph*, London, 22 March 2011.
10. Cited in Kets de Vries, M.F.R., *Leaders, Fools, and Impostors*, Lincoln, NE,iUniverse, 1993, p.31.
11. Bellgrove, M.A., Chambers, C.D., Johnson, K.A., Daibhis, A., Daly, M., Hawi. Z., Lambert, D., Gill, M., and Robertson, I.H., *Molecular Psychiatry*, 12 (2007), pp.786–792.
12. Bellgrove, M.A., Hawi, Z., Lowe, N., Kirley, A., Robertson, I.H., and Gill, M., *American Journal of Medical Genetics Part B: Neuropsychiatric* 136B(2005), pp.81–86.
13. Dreber, Anna, Rand, David G., Wernerfelt, Nils, Garcia, Justin R., Lum, J. Koji, and Zeckhauser, Richard, 'Dopamine and Risk Choices in DiP erent Domains: Findings Among Serious Tournament Bridge Players', Harvard Kennedy School Faculty Research Working Paper Series RWP10-034, July 2010.
14. Garavan, H., et al., *American Journal of Psychiatry*, 157 (2000), pp.1789–1798.
15. Nestler, E.J., *Nature Neuroscience*, 8 (2005), pp.1445–1449.

16. Schultheiss, Oliver C., Dargel, Anja, and Rohde, Wolfgang, *Journal of Research in Personality*, 37 (2003), pp.224–230.
17. Lammers, J., et al., *Psychological Science*, 22 (2011), pp.1191–1197.
18. Bargh, J. A., Raymond, P., Pryor, J. B., and Strack, F., *Journal of Personality and Social Psychology*, 68 (1995), pp.768–781.
19. *Houston Chronicle*, 15 February 2004.
20. For a number of such examples see: Jackson, R., and Beilock, S.L., 'Attention and performance', in Farrow, D., Baker, J., and MacMahon, C. (eds.), *Developing Elite Sports Performers: Lessons from Theory and Practice*, Routledge, New York, 2008, pp.104–118.
21. Mobbs, D., et al., *Psychological Science*, 20 (2009), pp.955–962.
22. http://money.cnn.com/2007/04/05/news/companies/ford_execpay/
23. Izuma, K., Saito, D.N., and Sadato, N., *Neuron*, 58 (2008), pp.284–294.
24. Kasser, Tim, and Sheldon, Kennon M., *Psychological Science*, 11 (2000), p.348.
25. Erk, Susanne, Spitzer, Manfred, Wunderlich, Arthur P., Galley, Lars, and Walter, Henrik, *NeuroReport*, 13 (2002), pp.2499–2503.
26. Keltner, D., et al., Stanford University Graduate School of Business Research Paper No. 1669, December 2000.
27. Gruenfeld, D.H., et al., *Journal of Personality and Social Psychology*, 95(2008), pp.111–127.
28. *New York Times*, 10 April 2003; *DW-World* (Deutsche Welle Englishlanguage radio broadcast), 3 October 2002.
29. Lammers, Joris, and Stapel, Diederik A., *Journal of Personality and Social Psychology*, 97 (2009), pp.279–289.
30. *New York Times*, 13 January 2010.
31. http://www.time.com/time/covers/0,16641,19870406,00.html
32. Lammers, Joris, Stapel, Diederik A., and Galinsky, Adam D., *Psychological Science*, 21 (2010), p.737.
33. Fliessbach, K., et al., *Science*, 318 (2007), pp.1305–1308.
34. http://www1.uni-hamburg.de/rz3a035//police101.html
35. *New York Times*, Friday, 15 November 1991.
36. Morris, M.W., and Peng, K., *Journal of Personality and Social Psychology*, 67(1994), pp.949–971.
37. Kusari, F., 'Predicting American Presidential Election Outcomes Based on Candidates' Power, Af liation and Achievement Motives', PhD Dissertation, Graduate School of Applied and Professional Psychology, Rutgers University, New Jersey, 2010.
38. Winter, D.G., *Journal of Personality and Social Psychology*, 52 (1987), pp.196–202.
39. McClelland, D.C., *Power: The Inner Experience*, New York, Irvington Publishers, 1975, pp.66–67.

40. McClelland, David C., *Journal of Studies on Alcohol*, 38, pp.142–144.
41. Magee, J.C., and Langner, C.A., *Journal of Research in Personality*, 42 (2008), pp.1547–1559.
42. Schultheiss, O.C., et al., *Hormones and Behaviour*, 36 (1999), pp.234–241.
43. Chusmir, L.H., and Parker, B., *Sex Roles*, 11 (1984), pp.759–769.

6장 진정한 승자의 정신

1. Gottman, John, *The Mathematics of Marriage*, Cambridge, MA, MIT Press, 2003.
2. Cialdini, R.B., *The Psychology of Influence and Persuasion*, New York, Collins, 2007.
3. Magno E., Foxe, J.J., Molholm, S., Robertson, I.H., and Garavan, H., "The anterior cingulate and error avoidance", *Journal of Neuroscience*, 26 (2006), pp.4769–4773.
4. Kochanska, G., et al., *Child Development*, 80 (2009), pp.1288–1300.
5. *New York Times*, 12 September 2007.
6. http://www.bbc.co.uk/pressoffice/pressreleases/stories/2005/10_october/06/bush.shtml
7. Rogow, A.A., and Lasswell, H.D., *Power, Corruption, and Rectitude*, Westport, CT, Greenwood Publishing Group, 1963.
8. Fast, N.J., and Chen, S., *Psychological Science*, 20 (2009), pp.1406–1413.
9. Peter, Laurence J., and Hull, Raymond, *The Peter Principle: Why Things Always Go Wrong*, New York, William Morrow and Company, 1969.
10. Weick, M., and Guinote, A., *Journal of Experimental Psychology*, 46 (2010), pp.595–604.
11. Robertson, Ian, *Mind Sculpture*, London, Bantam, 1999.
12. Smith, P.K., *Journal of Personality and Social Psychology*, 90 (2006), pp.578–596.
13. Kasser, T., *The High Price of Materialism*, Cambridge, MA, and London, MIT Press, 2002.
14. *New Scientist*, 7 May 2011, pp.10–11.
15. Nisbett, R.E., *The Geography of Thought*, New York, Free Press, 2005.

책을 마치며

1. Kipnis, David, in Lee-Chai, A.Y., and Bargh, J.A., *The Use and Abuse of Power*, New York, Taylor and Francis, 2001, pp.3–17.
2. Kasser, T., and Ryan, R.M., 'A dark side of the American dream: Correlates of financial success as a central life aspiration', *Journal of Personality and Social Psychology*, 65 (1993), pp.410–422.

3. Keshet, S., et al., *European Journal of Social Psychology*, 36 (2006), pp.105–117.
4. Winston, R., *Charlemagne: From the Hammer to the Cross*, London, Eyre and Spottiswoode, 1956, p.280; see also: http://www.britannica.com/EBchecked/topic/293922/Irene

| 참고문헌 |

- Cialdini, R. B., *Inuence: The Psychology of Persuasion* (New York: Collins, 2007)
- Dweck, C. S., *Self-eories: Their role in motivation, personality, and development* (Philadelphia, PA: The Psychology Press, 1999)
- Gladwell, Malcolm, *Blink: The Power of inking Without Thinking* (New York: Little, Brown & Co., 2005)
- Kasser, T., *The High Price of Materialism* (Cambridge, MA: The MIT Press, 2002)
- Kipnis, D., *The Powerholders* (Chicago: University of Chicago Press, 1976)
- Lee-Chai, A. Y., and J. A. Bargh, *The Use and Abuse of Power* (New York: Taylor & Francis, 2001)
- Marmot, M., *Status Syndrome: How Social Standing Affects Our Health and Longevity* (London: Bloomsbury, 2004)
- Nisbett, R. E., *The Geography of ought* (New York: Free Press, 2005)
- Robertson, Ian, *Mind Sculpture* (London: Bantam, 1999)
- Russell, B., *Power: A New Social Analysis* (London: George Allen & Unwin, 1938)
- Zimbardo, P., *The Lucifer Effect: How Good People Turn Evil* (London: Rider Books, 2007)

WINNER EFFECT

승자의 뇌

1판 1쇄 발행 2013년 8월 2일
1판 10쇄 발행 2024년 5월 1일

지은이 이안 로버트슨
옮긴이 이경식

발행인 양원석
편집장 정효진
영업마케팅 윤우성, 박소정, 이현주
펴낸 곳 ㈜알에이치코리아
주소 서울시 금천구 가산디지털2로 53, 20층 (가산동, 한라시그마밸리)
편집문의 02-6443-8847 도서문의 02-6443-8800
홈페이지 http://rhk.co.kr
등록 2004년 1월 15일 제2-3726호

ISBN 978-89-255-5101-2 (03180)

※ 이 책은 ㈜알에이치코리아가 저작권자와의 계약에 따라 발행한 것이므로
  본사의 서면 허락 없이는 어떠한 형태나 수단으로도 이 책의 내용을 이용하지 못합니다.
※ 잘못된 책은 구입하신 서점에서 바꾸어 드립니다.
※ 책값은 뒤표지에 있습니다.